集团公司管理
ENTERPRISE GROUP MANAGEMENT

第二版
SECOND EDITION

陈志军 著

中国人民大学出版社
· 北京 ·

前言

企业集团的主体是母子公司，集团公司管理的核心是集团（母）公司对子公司的管理。集团公司管理不同于单体公司的法人内管理活动，是法人对法人的管理；单体公司法人治理高于公司管理，而集团公司管理是母公司通过子公司治理实现对子公司的管理，因而集团公司管理高于子公司治理；单体公司的职能管理责权是完整的，集团公司的职能管理责权要在母子公司间进行分解；单体公司的流程管理限于法人内部，集团公司的流程管理是跨法人的；集团公司管理的任务包括纵向实现对子公司的管控，横向实现母子公司间的协同；集团公司管理的目标是实现总体利益最大化，关联交易、子公司间利益调整是集团公司的正常选择。

近年来，企业集团成为大企业的典型组织形式，在国民经济中占据主导地位。中国的企业集团大部分是从单体企业发展起来的，集团（母）公司和子公司如何分配权力、组织结构如何设计、集团公司如何为子公司创造价值等诸多问题都需要集团管理者做系统思考进而付诸实践。现有的管理类课程，特别是人力资源管理、财务管理、营销管理等职能管理课程主要以单体公司为研究对象，未能系统地提供集团管理理论和知识。鉴于集团公司管理与单体公司管理存在诸多不同，在高校开设一门课程普及集团公司管理理论和知识，既是工商管理学科课程改革的要求，也是管理实践的迫切需求。

近年来一些学者在该领域进行了积极探索并出版了相关论著，但体系框架大多不适宜作为教材。集团公司管理教材既要反映企业集团与单体企业管理的差异，又要包含职能管理的内容，内容丰富又具创新性，鲜有可供参考的范本，写作的工作量和难度都不小。我有信心和条件写作《集团公司管理》，一是因为从20世纪80年代中国企业集团发展初期起我便关注集团研究，自发表关于集团利益分配的文章（《经济管理》，1988年第1期）至今已有数十篇集团研究论文发表，相关研究成果获山东省优秀社科成果二等奖 3 次、三等奖 2 次，为本书的写作和修订打下了良好的基础。但学术文章限于与同行的交流和借鉴，受众面小，而学术观点和研究结论体现在教材中则有助于理论和知识的普及。二是我在海信、浪潮和鲁信等大型集团有近 5 年的工作经历，有机会深入了解集团公司管理和运作，有助于弥合理论研究和管理实践的裂痕。三是有我指导的研究生团队的协同努力。自 2002 年招收研究生以来，已有近 30 余位硕士、博士（后）聚焦集团公司管理研究并取得了可喜的研究成果，其中 3 篇毕业论文被评为山东大学优秀研究生论文（1 篇同时被评为山东省优秀论文），获 2 项山东省研究生优秀科研成果。没有团队的共同努力，该项研究难以顺利进行。

山东大学管理学院自 2007 年分别在本科、硕博士和 EMBA 等不同层次开设选修课集团公司管理，得到学生的欢迎和认可。2012 年，我在《经济管理》撰文《建议开设〈集团公司管理学〉课程》，并将该课程纳入管理学科教学体系，以满足企业集团发展的需要。在中国人民大学出版社丁一老师的邀请和督促下，我于 2014 年出版了《集团公司管理》，该书已重印 3 次，当当网上购书评论千余条，好评率 99.5%。

2018 年初，《集团公司管理》获批山东大学“双一流”人才培养专项建设项目新课程开发类支持项目（2018—2019），使得该书的修订完善有了明确的时间表。为使集团职能管理控制点的评价分类和选择使用更具科学性，我和研究生进行了人力资源、财务、研发和营销等管理控制点的专题研究，有关论文已发表或投稿在《科学学研究》等期刊，并体现在本书的相关章节中。本次修订增加了第十二章，简要介绍了集团管理研究的演变和管理实践的变革；优化了人力资源管理、财务管理、研发管理、营销管理等章节的写作结构和内容；更新了文献和案例以及章后的案例分析；完善了文字表述。我指导的部分在读和已毕业研究生（博士后）参与了本书的修订工作，他们是赵月皎、郑丽（第一、二、三章），王宁（第四章），刘素（第五章），唐贵瑶、刘锡禄（第六章），董美彤、徐英杰（第七章），徐鹏、牛璐（第八章），马鹏程（第九章），魏文忠（第十章），董美彤、胡晓东（第十一章），郑丽、牛璐、孙玮（第十二章），刘锡禄和孙兰珠协助作者进行了书稿的文字整理、格式规范和校对工作，任天龙、闵亦杰做了集团职能管理控制点等的研究工作，首都经济贸易大学王凯副教授提出了修改建议，在此一并感谢各位的辛勤付出！

感谢博士生导师韩经纶先生、博士后导师徐向艺教授长期以来给予的关心和指导；感谢王凤彬教授对书稿的审定和建议；感谢海信集团周厚健董事长、贾少谦总裁、汤业国和程开训副总裁，浪潮集团王兴山和冷严凌执行总裁提供的相关帮助；海信集团品牌部朱淑琴部长及朱艳丽女士、海信学院罗纪恩先生，浪潮集团王晓文副总裁和海尔模式研究院胡国栋副院长协助整理或审定了相关集团案例，一并致谢！

本书的写作既考虑了集团管理知识体系的完整性，又有相应的理论深度，同时辅以便于理解和思考的案例，适合高校本科生及 MBA、EMBA 学员等不同层次学生作为教材使用，也适用于 EDP 项目和集团内训，使用该书时可根据不同受众取舍相关内容。

近年来，我分别应邀在中信集团公司、延长石油集团公司、山东省国资委、山东省机场集团公司、中国社科院上海分院博士班、清华大学长三角研究院高管培训班、南开大学、暨南大学和天津财经大学等讲授书中的内容，得到广泛认可，这也从一个侧面说明集团管理培训需求与供给的不平衡。海信集团周厚健董事长、中国社科院李海舰教授、山东财政厅厅长刘兴云教授、山东国资委邵泽武副主任和浪潮集团王兴山执行总裁等曾为该书第一版写了书评，给予了很高的评价，周厚健认为该书“堪称集团公司管理的工具书”。现在南开大学、首都经济贸易大学等学校已将该书列入研究生教材或相关课程参考书目。

本书相关内容的研究同时得到了国家自然科学基金（企业集团内部网络特征与子公司技术创新关系研究：71672102）和山东省社科规划重点项目（企业集团内部管理模式与子公司技术创新的关系研究：18BSJJ14）的资助和支持。

作为《集团公司管理》教材的探索性成果，书中仍存在许多不足，恳望读者给予进一步指导和完善建议。

陈志军

目录

第一章

导　　言

第一节 集团发展简史

一、国外企业集团的发展历史

国外企业集团的历史可追溯到18世纪后期，但当时人们对于什么是企业集团并无统一认识，从垄断组织的发展历史和内在特征看，卡特尔、辛迪加、托拉斯和康采恩等已在不同程度上具有企业集团的某些特征。

卡特尔（Cartel）最早出现于1865年的德国，是指生产同类商品的企业为了获取高额利润，在划分市场、规定商品产量、确定商品价格等一个或几个方面达成协议而形成的垄断性联合。卡特尔的各成员企业在生产、销售、财务和法律上均保持自身的独立。

辛迪加（Syndicat）产生于19世纪末20世纪初，是同一生产部门的企业为了获取高额垄断利润，通过签订协议，共同采购原料和销售商品而形成的垄断性联合。参加辛迪加的企业在生产和法律上仍保持独立，但在购销领域已失去独立地位，它比卡特尔更集中，也更具稳定性。

托拉斯（Trust）出现在1882年的美国，它是垄断组织的一种高级形式，通常指生产同类商品或在生产上有密切联系的企业，为了获取高额利润，从生产到销售全面合并而形成的垄断联合。托拉斯组织具有法人资格，已有集团公司的功能，因此它是一种比卡特尔和辛迪加更高级的垄断组织形式，具有相当的紧密性和稳定性。

康采恩（Konzem）是分属于不同部门的企业，以实力最为雄厚的企业为核心而结成的垄断联合，是一种高级、复杂的垄断组织。这种垄断组织的参与者并不限于某一行业或某一生产部门的企业，生产、服务、运输、金融等不同部门的企业均可成为该组织的成员。康采恩是比卡特尔、辛迪加和托拉斯更高级的垄断组织形式，是工业垄断资本和银行垄断资本相融合的产物。

欧美企业集团是19世纪末20世纪初在资本主义竞争过程中通过资本的积聚、集中形成和发展起来的。它们以家族性财团为主体，以产业为中心，通过收购、兼并、控股形成庞大的系列企业，呈塔形管理结构。其形成过程一般是：先有核心企业，核心企业根据自身发展投资建立子公司、关联公司，形成母子公司关系；又通过将零部件生产承包出去，形成生产协作企业等，进而形成企业集团。

企业集团的概念是20世纪50年代在日本开始广泛使用的。日本的企业集团有两种类型，一种是以旧财阀体系为基础形成的集团，即三井、住友、美蓉、三和与第一劝业银行（简称财阀集团）；另一种是以制造业大公司如丰田、日立、东芝等为核心的企业集团（简称产业集团）。财阀集团的特点是：骨干成员之间交叉持股；各财团内部都以起支柱作用的大商业银行、大综合商社和大产业公司为核心，形成全方位的多样化经营；各财团成员企业之间开展经营时遵从市场交易规则，没有内部交易或内部市场，也没有财团总体的发展战略。产业集团的模式是以一个生产型大企业为核心，核心企业既是经营公司，又是控股公司，主要成员之间构成金字塔形的母子公司体制，母公司对子公司进行垂直控制。

发达国家企业集团的产生和发展主要有以下原因：一是生产集中和资本集中促使企业集团的形成；二是信用制和股份公司的发展为企业集团的出现创造了条件；三是科学技术进步、产业结构变化和合作需求，促使原有企业或企业集团向新的产业扩张并形成新的企业集团。

二、中国企业集团的发展历史

产生于20世纪80年代初的新中国企业集团是改革开放的产物，经历了初建、试点、深化和做强等不同阶段，逐步形成从政府行政性推动、契约形式的联合发展到以产权、资本为联结纽带的规范化企业集团，其发展大致可分为四个阶段。

（一）萌芽发展阶段（1980—1990年）

1980年7月国务院颁发的《关于推动经济联合的暂行规定》指出要走联合之路，组织各种形式的经济联合体，在全国掀起了企业横向经济联合的高潮，企业集团的雏形开始显现。为进一步鼓励和发展企业间的横向经济联合，1986年3月国务院颁发了《关于进一步推动横向经济联合若干问题的规定》，要求通过企业之间的横向经济联合，逐步形成新型的经济联合组织，发展一批企业群体或企业集团；企业之间要提倡以大中型企业为骨干，以优质名牌产品为龙头进行联合。至此，“企业集团”的概念在我国开始正式使用。1987 年 4 月，国家开始对部分大型工业联合企业在国家计划中实行单列，大大促进了企业集团的发展。为了推动企业集团的健康发展，1987 年 12 月，原国家体改委、国家经委联合发布了《关于组建和发展企业集团的几点意见》，对组建企业集团的条件作了原则性、引导性的规定，明确提出企业集团由紧密联合的核心层、半紧密联合层以及松散联合层组成，发布后不久便在全国掀起了一次组建企业集团的高潮。1989 年 7 月，据《人民日报》报道，我国具有一定规模的企业集团已发展到 1 500 家左右。

我国企业集团这一阶段的主要特点是：坚持“三不变”原则，即所有制关系、隶属关系和上缴利税渠道不变；成员企业以契约（即协议、合同）为联结纽带；组织松散、规模小，分散经营。

（二）试点发展阶段（1991—1995 年）

1991 年 3 月，原国家体改委、国家计委、国务院生产委员会联合召开全国企业集团工作会议，传达贯彻党中央、国务院关于发展企业集团的一系列指示精神。同年 12 月国务院批转了原国家计委等《关于选择一批大型企业集团进行试点请示的通知》，确定首批 55 家国家试点企业集团名单。1992 年 5 月，原国家工商局、国家计委、国家体改委、国务院生产办联合颁发《关于国家试点企业集团登记管理实施办法（试行）》，对企业集团组建的条件作了比较明确具体的规定。随后还下发了一系列试点配套文件，使企业集团的组建、发展有了规章依据。1993 年 11 月，党的十四届三中全会指出：发展一批以公有制为主体，以产权联结为主要纽带的跨地区、跨行业的大型企业集团，发挥其在促进结构调整，提高规模效益，加快新技术、新产品开发，增强国际竞争能力等方面的重要作用。1995 年 4 月，原国家经贸委、国家计委、国家体改委在北京联合召开全国试点企业集团工作会议。会议就进一步推动企业集团试点工作做出新部署，要求将维系企业集团的产供销、人财物“六统一”关系发展到母子公司的产权联结纽带上来。

这一时期企业集团的主要特点是：突破了“三不变”原则；大部分企业集团积极进行以产权联结为纽带的探索，依照《中华人民共和国公司法》(以下简称《公司法》）初步建立了公司治理结构，但许多集团由行政推动组建，有名无实。

（三）规范发展阶段（1996—2000年）

从1996年起，我国开始深化大企业集团的试点工作，推动大企业集团以资本为纽带联结和带动一批企业的改组和发展。为了推进经济体制和经济增长方式两个根本性转变，在国民经济的关键领域和关键行业形成一批大企业集团，发挥大企业集团在国民经济中的骨干作用，1997年4月国务院批转原国家计委、国家经贸委、国家体改委《关于深化大型企业集团试点工作的意见》，提出要按照建立现代企业制度的要求，重点抓好一批大型企业集团，并对如何建立以资本为主要联结纽带的母子公司体制作出了明确规定，63家企业集团被批准参加第二批试点。1998年，中国石油、中国石化、上海宝钢等一批大企业集团顺利组建。1999年，宝钢和上钢实现了联合重组，五大军工行政性公司改建成了十大企业集团，电信业四大集团亦开始组建。

企业集团此阶段的主要特点是：初步建立了以资本为主要联结纽带的母子公司体制；母子公司开始建立和实行现代企业制度；通过兼并重组，推动了生产要素和资源的优化配置，在一些重要行业和关键领域，初步形成了一批有一定规模且竞争力较强的大企业集团。

（四）快速发展阶段（2001年至今）

加入WTO以后，国家对企业集团的发展政策做出了重大调整，即由原先强调集团数量增加过渡到注重集团高质量发展，通过推进强强联合形成具有国际竞争力的大企业集团。2001年3月公布的国家“十五”计划纲要要求“通过上市、兼并、联合、重组等形式，形成一批拥有著名品牌和自主知识产权、主业突出、核心能力强的大公司和企业集团”。2002年11月，党的十六大又提出：通过市场和政策引导，发展具有国际竞争力的大公司大企业集团。2003年3月，国务院国资委成立。2004年9月国家颁布了《企业集团财务公司管理办法》。2015年国资委实施了《关于进一步促进中央企业财务公司健康发展的指导意见》，该意见肯定了企业集团资源优化配置和降低融资成本的作用，进一步促进集团财务公司融通和监控集团资金的平台作用。2017 年 5 月，国家制定了《千户集团名册管理办法》，要求填报企业在集团中的层级和上级企业名册，进一步加强企业集团风险管理。2018 年 8 月，国家取消企业集团核准登记①，同时强化集团母公司的信息公示，母公司应将企业集团名称及成员信息通过国家企业信用信息公示系统进行公示，这意味着政府进一步放宽企业集团审批程序，使更多相关企业能够合作成立企业集团，极大赋予企业集团自主权。

集团此阶段的特点是：进一步完善以资本为联结纽带的母子公司体制，发展多种形式联结纽带的企业集团，现代企业制度建设取得重大进展；集团控制由金字塔结构向扁平化结构演化；兼并重组不断发生，规模不断扩大，企业集团注重多元子公司之间的相关性；竞争能力不断增强，注重实施“走出去”发展战略。

企业集团经过 30 余年的发展，无论从数量上还是从质量上均已成为中国经济增长的主要推动力量。至 2019 年，中国企业 500 强营业收入总额为 79.10 万亿元，较上年增长 11.14%，增速与上年基本持平，继续保持两位数增长。与此同时，500 强的入围门槛提高至 323.25 亿元，较上年提高了 16.36 亿元。② 国家政策的支持、相关办法的实施以及审批手续的放宽共同促进了企业集团平稳发展。在未来，国有和民营企业集团将具有更多自主权与经营活力，通过企业集团多元化生态发展以及信息技术融合，实现规模经济下的发展和跨越。

三、企业集团快速成长的动因

企业集团成因的理论解释之一是科斯（Coase）和威廉姆森（Williamson）提出的交易成本理论。交易成本主要包括四种类型：寻找成本、签约成本、监督成本和强制执行成本。交易成本理论对企业边界进行了界定：企业的边界取决于内部治理成本与市场交易成本的比较。交易成本理论认为集团是一种市场内部化替代机制。如果将两个组织置于单一企业边界内的治理成本比

① 2018 年 8 月 17 日国家市场监管总局印发了《关于做好取消企业集团核准登记等 4 项行政许可等事项衔接工作的通知》。

② 2019 中国 500 强企业榜单发布！济南 9 家企业上榜．http://ijinan.jinannews.cn/index.php?m=content&c=index&a=show&catid=17&id=390096&from=groupmessage&isappinstalled=0.

采取市场交易的成本低，那么建立母子公司关系是有利的，否则不会建立母子公司。交易成本理论有助于解释母子公司的成因，特别是解释纵向一体化的动因。

企业集团成因的理论解释之二是制度理论（Khanna and Yafeh, 2007）。[①] 企业集团是其所处的经营环境和制度环境的产物。制度的缺失和市场的不完善，引发了信息不对称、融资约束、劳动力供给不足、制度限制和合同约束力等问题。在这种情况下，企业集团通过内部知识流通弥补信息不对称，通过内部资本市场缓解融资约束，同时推进社会诚信建设，与政府构建良好关系、降低关系维系成本、减少政策障碍，并获得更多市场机会。因而越来越多的企业采取了集团化经营模式，促进了企业集团的成长。

具体到中国企业集团快速成长的动因，还可从外部环境和内在诉求两方面阐释。

从外部环境看，中国企业集团的快速发展首先归因于政府的积极推动；其次，2006 年修改后的《公司法》取消了对外投资不得超过公司净资产 50% 的限制并允许设立全资子公司，2018 年取消了企业集团核准登记，同时取消注册资本最低限制，为企业集团的发展创造了宽松的环境；最后，地方政府为获得长期税收收益，往往支持外地企业在当地设立子公司而不是设立分公司，因为分公司不在当地缴纳所得税，而是由总公司统一在其所在地缴纳所得税。

从企业的内在诉求看，除了填补外部制度漏洞、弥补市场不完善、重组异地资产、取得抵押贷款和降低公司运营风险等动因，中国特色企业集团的成长还有以下原因：

一是传统文化的影响。家文化是中国文化的特点，从家庭到家族、到国家、到家天下。为了家族的传承，多子是前提，因而有“多子多福”的信条。推而广之，企业的子公司越多越好，且家文化本质就是费孝通先生说的“差序格局”，因此企业家对集团的多层次差序化体系钟爱有加。

二是企业信用的需要。公司的信用基础是公司营运资本的数量，相关法规规定了不同类型的公司的最低注册资本数量，因此，公司类型的名称与企

① Khanna T, Yafeh Y. Business groups in emerging markets: paragons or parasites? Journal of economic literature, 2007, 45(2): 331-372.

业信用密切相关。《企业集团登记管理暂行规定》起初曾规定集团公司的最低注册资本是 5 000 万元，与上市公司相同，现在各地集团公司最低注册资本虽有降低，但仍是除上市公司以外最高的，体现为较高的企业信用能力。

三是实现骨干员工和高层管理者持股的途径。部分国有企业为优化激励机制，积极推行高层管理者和骨干员工持股。在集团公司层面推行骨干员工和高层管理者持股可能存在障碍，如参股比例小，净资产收益率低，政策不允许等。为推行员工持股制度，大型国有集团（母）公司通过组建子公司推行员工持股制度，母子公司体制由此受到推崇。

第二节　概念界定

一、企业集团

早期的研究学者将企业集团看作一种企业联合组织。例如，斯特罗恩（Strachan）将企业集团定义为“多种多样的企业长期的联合体，并由同一个人（法人）所有和经营”，由同一个行政管理层或同一个财政控制下的、在各种不同市场上运作的公司群。学术界对企业集团的定义存在不同意见，但是总体上可以分成广义和狭义两种类型。广义上的企业集团的组成包括正式的股权结构和非正式的社会联结，强调成员企业间多种形式的纽带，例如组织间交易方式、家族、友情、等级制度（如印度的世袭阶级）、语言、种族和地区等。[①] 狭义上的企业集团将成员企业限制为那些只有股权关系的企业。例如，韩国交易与贸易委员会将 chaebol（企业集团）定义为“由公司组成的集团，其中超过 30% 的股份由某些个人或者这些个人控制的公司所有，因此整体管理，如任命执行官受到极大的影响”[②]。

尽管企业集团之间存在某些差别，但总体来看可分为两大类，即财团型企业集团和母子公司型企业集团。财团型企业集团的核心企业以金融机构为主，也有工商企业，成员企业环状持股，集团没有统一的投资和积累机构，

① Yiu D W et al. Business groups: an integrated model to focus future research. Journal of Management Studies，2007，44(8)：1551-1579.

② 吕源，姚俊，蓝海林．企业集团的理论综述与探讨．南开管理评论．2005(4)：28-35.

其规模往往庞大，实力雄厚（如日本三菱集团）；母子公司型企业集团是以大型公司为核心，通过控股、参股、契约形成比较密切的经济联合体，该大型公司在从事经营活动的同时又是母公司和控股公司，它们通过控制、协调和影响为数众多的子公司、关联公司和协作企业，形成具有共同利益的经济组织。

原国家工商行政管理局 1998 年 4 月发布的《企业集团登记管理暂行规定》中明确指出，“企业集团是指以资本为主要联结纽带的母子公司为主体，以集团章程为共同行为规范的母公司、子公司、参股公司及其他成员企业或机构共同组成的具有一定规模的企业法人联合体。企业集团不具有企业法人资格”。由此明确界定企业集团为母子公司型企业集团，本书也只探讨母子公司为主体的集团管理问题。

母子公司型企业集团的特征如下：

（1）产权联结性。集团内企业间以产权联结为主要纽带，以母子公司为主体。虽然集团内企业不排除以技术、契约等方式联结，但它有别于以行政隶属关系为联结纽带的行政性公司，还有别于以统一计划、统一承包、联营关系或合同与协议关系为主要联结纽带的经济联合体。

（2）层级组织性。集团内企业之间按资本联结程度不同形成多层次组织结构，包括核心企业（集团公司、母公司或控股公司）、控股层企业（由若干全资子公司、控股子公司组成）、参股层企业（关联公司）和协作层企业（通过技术、合同等纽带联结的成员企业）。

（3）非法人性。集团内母公司、子公司、关联公司和协作企业都是独立的法人。企业集团是多个法人企业的联合体，是法人的集合，但不是法人。

（4）组织规模性。企业集团的组织规模性体现在两个方面：资本规模和资产规模。其又可以分为集团公司的资本规模、资产规模和企业集团的资本规模、资产规模，后者的规模要大于前者的规模。我国《企业集团登记管理暂行规定》第五条在法规上对集团（母）公司和企业集团的资本规模、资产规模的规定是：企业集团应当具备下列条件：企业集团的母公司注册资本在 5 000 万元人民币以上，并至少拥有 5 家子公司；母公司和其子公司的注册资本总和在 1 亿元人民币以上；集团成员单位均具有法人资格。需要指出的是，省级集团公司的成立条件有所不同，均低于此要求。2018 年 8 月取消企业集团核准登记后，企业不需要再申请企业集团登记证，同时市场监管部门对企业集团成员的注册资本和成员数量不做审查。

二、母公司（集团公司）

企业集团的核心企业是母公司（parent company），又称集团公司或集团总部。市场监管总局指出：企业法人可以在名称中使用“集团”字样，该企业为企业集团的母公司。但母公司与集团公司又有一定的区别。母公司强调的是两公司间的关系行为，特别强调一个公司对另一个公司实际权益的管理控制行为，相对子公司而言；集团公司则是强调在一个企业集团的多企业群体中处于中心地位的公司，相对一级子公司而言，它本身也属于母公司的范畴。集团公司还是一个法律术语，必须登记注册。集团公司对外代表企业集团，对内影响成员企业的发展战略、经营方向、产品类型等，它在企业集团中起主导作用。但集团公司与母公司两个概念在现实中往往是混同使用的，相关文献也常将集团公司与母公司作为同一概念分析讨论，本书不作严格区分。①

集团公司往往也是控股公司，控股公司是通过持有其他若干公司的股份而实现自身经营目标的公司。控股公司按经营目标不同划分为两种类型。一种是非产业经营型控股公司，属于纯粹资本经营型公司，其特征是：（1）没有明显的产业、产品特征；（2）子公司之间的经营活动没有相关性或相关性较小；（3）不从事任何生产经营活动。公司经营的目标单一，即资本增值、最大化投资回报率，如基金型控股公司、信托投资公司等。另一种是产业经营型控股公司，属于资本经营与产业经营相结合的公司，其特征是：（1）有明显的产业、产品特征；（2）子公司间有一定的相关性。公司经营目标具有双重性，即资本增值目标和市场占有率目标。本书只探讨产业经营型控股公司的管理。

“财团型”与“母子型”一般是对企业集团的分类，产业经营型和非产业经营型是对控股公司的分类。“财团型”企业集团的母公司往往属于纯粹资本经营型控股公司，“母子型”企业集团的母公司大多属于产业经营型控

① 需要注意“企业集团”与“集团公司”概念不可混用，企业集团是法人联合体，不具有法人资格；而集团公司是法人，是在企业集团中处于中心地位的公司。

股公司。

产业经营型控股公司按不同的功能类型可划分为两类：一是单纯管理型集团公司，其特征是：（1）集团公司本身主要从事战略决策、资本经营及集团统一的经营活动，不直接进行生产经营；（2）集团公司是控股公司，通过持有其他公司的股份而实现自身的经营目标（如资本保值增值、品牌、市场占有率）；（3）集团公司机构设置根据公司功能决定，一般设有与战略规划、人力资源、财务、进出口、技术开发等有关的部门，与生产运营有关的部门如供应、销售、质量、生产计划等设在子公司；（4）集团公司的资产主要是对外投资，表现在子公司、关联公司就是实收资本。

二是混合经营型集团公司，其特征是：（1）集团公司既从事资本经营、战略决策、集团统一的经营活动，又直接从事生产经营活动；（2）集团公司既是总公司，其内部由不具有法人地位的工厂、分公司和事业部组成，形成总公司－分公司或事业部的组织形式，从事具体的产品生产经营活动，同时又是母公司，根据产品分类的不同，跨行业、跨地区投资设立若干子公司、关联公司；（3）集团公司的机构设置，分为直接负责生产经营的专业职能部门和负责集团战略经营、人力资源、财务等的综合职能部门；（4）集团公司的资产既有受其直接占有并使用的大量实体性资产——流动资产、固定资产（具体由工厂、分公司、事业部占有），又有长期投资（对外资本投资）。

三、子公司

子公司（subsidiary company/affiliates）是相对于母公司而言的法人企业，母公司是子公司的出资者，子公司的资本金全部或部分来源于母公司的投资。一级子公司是由集团公司直接控股的公司，由一级子公司再投资设立的公司为二级子公司，以此类推至三级、四级子公司。2002 年在《时代》杂志排名前 50 位的公司中，仅有 3 家只设 1 级子公司，拥有 4 级子公司的数量最多，为 10 家。在排名第 451 ～ 500 的公司中，没有设 5 级及以上子公司的，拥有 2 级子公司的数量最多。[①]2016 年，我国国有企业集团平均拥有 2.8 级子公司，子公司级数最多的达到 14 级；民营企业集团平均拥有 2

① 李维安．公司治理教程．上海：上海人民出版社，2002：330-331.

级子公司，子公司级数最多的达到 9 级。[①] 高一级的子公司也是低一级子公司的母公司。母公司与关联公司之间可交叉持股，全资子公司和控股子公司不得持有母公司的股份，并且其经营范围（生产范围）不能超出母公司的经营范围。

各国对母子公司关系的法律界定主要有两种方式：一种是按照控制股权比例超过半数原则；一种是拥有权益性资本基础上的实际控制原则。越来越多的国家采用后一种界定原则。《企业集团登记管理暂行规定》第四条指出"子公司应当是母公司对其拥有全部股权或者控股权的企业法人"，也遵循这一界定原则。根据实际控制原则，子公司可以分为全资子公司和控股子公司（分绝对控股、相对控股）。母公司持有另一公司一定股份，但不能对其实现实际控制，此公司为母公司的关联公司或参股企业。母公司参股其他企业的目的是与之结成战略联盟或获取投资收益。

按母公司持有子公司股权比例，子公司分类如下：

（1）全资子公司：母公司持有该公司 100% 的股权。全资子公司不同于分公司，分公司不具有企业法人资格，其民事责任由总公司承担。2018 年 10 月实施的修改后《公司法》第五十八条规定了一人有限责任公司设立的合法性。母公司设立的一人有限责任公司即是它的全资子公司。

（2）绝对控股子公司：若 A 公司持有 B 公司 50% 以上的股权，掌握对 B 公司的绝对控制力，B 公司为 A 公司的绝对控股子公司。

（3）相对控股子公司：若 A 公司持有 B 公司小于 50% 的股份，且处于第一大股东的地位，A 公司能够控制 B 公司的董事会，则 B 公司为 A 公司的相对控股子公司。

四、准母子公司制

准母子公司制是作者命名的一种特殊母子公司制，由母公司与其子公司或孙公司共同出资组建子公司，其产生的原因是要规避前《公司法》对有限责任公司至少需要两个出资股东的条文限制。

---

① 周静，辛清泉．金字塔层级降低了国有企业的政治成本吗？基于经理激励视角的研究．财经研究，2017，43(1)：29-40；徐伟，等．分类治理、控股方治理机制与创新红利：基于国有控股上市公司的分析．南开管理评论，2018，21(3)：90-102.

与规范的母子公司制相比，准母子公司制存在产权结构封闭，子公司治理结构不完善，管理模式较单一等缺陷。为优化母子公司结构，可将子公司持有的另一子公司的股权转让给外部投资者、子公司高管人员和技术骨干，或母公司收购子公司持有的另一子公司股权。

五、控制与控制点

控制（control）是管理的重要职能，无论是法约尔的计划、组织、指挥、协调和控制的五职能论，还是哈罗德·孔茨和西里尔·奥唐奈总结的计划、组织、人事、领导和控制五职能论，控制都被列入了管理的职能。控制一词被不同学者赋予了不同的含义，张相洲总结了西方学者对管理控制概念的界定，对管理控制的内涵作了广义和狭义的解释。广义的管理控制（administrative control）指组织采取引导员工实现组织目标的所有方法和手段，这种控制是通过组织结构、组织文化和人力资源政策实施的。狭义的管理控制（management control）从控制理论研究管理控制问题，认为管理控制是由确定标准、评价业绩、纠正偏差构成的信息反馈回路。[①]

控制点（locus of control）这一概念，最初来源于美国社会学习理论家朱利安·罗特（Julian Rotter）于 1954 年提出的一种个体归因倾向的理论，旨在对个体的归因差异进行说明和测量。罗特发现，个体对自己生活中发生的事情及其结果的控制点有不同的解释。对某些人来说，个体生活中多数事情的结果取决于个体在做这些事情时的努力程度，所以这些人相信自己能够对事情的发展与结果进行控制。此类人的控制点在个体的内部，称为内控者。对另外一些人来说，个体生活中多数事情的结果是个体不能控制的各种外部力量造成的，他们相信社会的安排，相信命运和机遇等因素决定了自己的状况，认为个体的努力无济于事。这种人倾向于放弃对自己生活的责任，他们的控制点在个体的外部，称为外控者。将控制点理论从个体视角转移至组织视角，就能通过组织中的控制点来解释和影响组织绩效。

控制点原理是控制工作的一条重要原理。这条原理可表述为，为了进行有效的控制，需要特别注意在根据各种计划衡量工作成效时有关键意义的那些因素。事实上，控制住了关键点，也就控制住了全局。控制工作效率的要

---

① 张相洲. 管理控制论. 大连：东北财经大学，2003：7-10.

求，则从另一方面强调了控制点原理的重要性。

依据重要性程度，控制点可分为关键控制点、重要控制点和一般控制点三类。其中一般控制点数量较多，对公司运营的作用一般重要；关键控制点数量最少，对公司运营最为重要；重要控制点居于两者之间。对于集团控制点的识别和选择，可遵循以下原则：

（1）合法性原则。企业集团控制点管理要符合《公司法》、会计法规等的要求。母子公司要按规设置相应的组织结构，母子公司都是独立法人，母公司对子公司的管理要体现合法性。

（2）全面性原则。集团管理在层次上分为子公司董事会、监事会、经理层和职能部门等；在内容上包括战略、文化、人财物等。因此，控制点要按照管理层次和管理内容的不同进行选择和设置。

（3）重要性原则。控制点的选择，首先要考虑那些影响子公司运转的重要业务与环节。重要性原则可以保证集团管控的成本降低，同时又能实现对子公司适度的分权。

（4）风险控制原则。控制点的选择能降低集团运行风险，避免重大损失的出现。控制点和风险点具有一致性。

（5）例外原则。集团公司必须关注子公司运转中出现的例外情况。一般而言，在前几项原则得到贯彻的情况下，集团公司有必要将控制工作放在例外情形上。

六、协同与协同点

协同一直是西方大型企业在制定多元化战略、策划企业并购与重组、成立跨国联盟或建立合资企业时所遵循的一个重要原则。安索夫（Ansoff，1965）的《公司战略》第一次阐述了基于协同理念的战略如何像纽带一样把公司多元化业务联结起来，他把协同置于公司战略四要素之一的位置，同时确立了协同的经济学含义，即取得有形和无形利益的潜在机会，以及利用这种潜在机会与公司能力之间的匹配关系来拓展事业。所谓协同是指使公司的整体效益大于各独立组成部分总和的效应，可表述为“2+2>4”。这是在资源共享的基础上产生的，安索夫将协同效应分为销售协同、运营协同、投资协同和管理协同四种类型。波特（Porter，1985）则将协同效应分成有形协同、无形协同和竞争性协同。有形协同是在企业业务单元之间具有相同的客户、渠道、技术或其他因素的前提下，相关单元可以进行的活动共享；无形协同来自不同价值链之间管理技巧的转移；竞争性协同来自在多领域与企业进行竞争的对手的存在。伊丹广之（Hiroyuki Itami，1987）把企业资源分为实体资产和隐性资产，他认为通过对资源的协同共享可以产生互补效应和协同效应。互补效应通过对资源的充分利用实现，两个市场使用同一种资源，可以相互填补空白，从而使多余的资源得到利用。伊丹广之认为协同效应主要是通过公司的隐性资产（如品牌、企业信誉、组织管理经验等）实现的，并且认为"隐性资产从本质上说是一种信息"，协同就是利用信息"搭便车"。例如企业利用已有品牌的良好形象，凭借企业良好的外部关系等能让新进入市场的产品产生"搭便车"行为。协同需要参与协同的各方相互配合、相互学习，协同的实现过程实际上也是一个学习型组织的建立过程。

协同点是指公司管理中能够实现协同效应的环节。依据产生协同效应的大小，协同点可分为关键、重要和一般三类。

一般来说，集团管理中的协同点也是控制点，特别是关键协同点。某些环节从控制的角度来看可能是一般控制点，但因为可能产生重大协同效应，便成为重要控制点甚至关键控制点，如集团公司人力资源管理的招聘流程和标准是关键控制点，具体组织工作是一般控制点，但统一招聘能产生较大协同效应，因而可能成为重要控制点。协同点的识别和设置应遵循以下原则：

（1）互补性原则。所谓互补性原则是指集团进行协同时，要善于利用母子公司现有或潜在的资源要素和能力协调运作，共同发挥各自的优势以弥补其不足，实现整体优势。

（2）利益共生原则。"共生"原本是生物学中的概念，指生物与生物之间合作共存、互利互惠的关系。这里所指的利益共生，是指集团公司协同方通过资源共享，相互合作以充分利用集团组织优势，在此过程中甚至可把各公司间看似具有对抗或竞争的关系转化为利益共生关系。

（3）成本最小化原则。协同效应在为企业创造新价值的同时，也会产生协同成本。协同的效果可能是正面的，也可能是负面的。波特在其《竞争优势》中把共享价值活动的有形关联成本分成三种类型：协调成本、妥协成本、僵化成本；无形关联成本则定义为传播成本。① 识别协同机会时，必须本着协同成本最小化的原则，以创造更大的价值和更多的利益。

第三节　集团公司管理的内涵与架构

一、集团公司管理的内涵

集团公司管理不同于单体企业的内部管理，它既包括对自身的管理，也包括对子公司的管理。集团公司自身的管理属于法人企业的内部管理，与单体公司管理活动没有本质差异，主要差异在于对子公司的管理。集团公司对子公司的管理属于法人对法人的管理。法人之间在法律上是平等的，但集团公司与子公司之间的出资与被出资关系又导致了二者在事实上的不平等——存在管理与被管理的关系。一般情况下，母子公司各自作为独立法人，承担有限责任，这是多数国家对于母子公司债务责任适用的原则。但在有些情况下，如母公司为了企业集团的整体利益，利用公司的有限责任原则，损害子公司少数股东及债权人的利益，母公司是否应对子公司的债务承担责任，相关规定尚不明确。

鉴于母子公司都是独立法人，从管理方式看，与单体企业对分厂、分公司和车间进行直接管理不同，母公司对子公司的管理主要通过完善子公司治理间接实现，母公司的管理体系必须通过子公司的治理结构传递到子公司。为体现集团公司管理的这种特点，人们又把集团公司管理称为集团管控。集团管控这一概念已被理论界与实务界广泛使用。

从字面意义上理解，"管控"一词主要表达了集团公司对子公司纵向的"管"，"管"与集权相关，体现的是上下级差序关系，但没有很好地体现集团公司和子公司以及子公司之间的"理"。"理"字含义很广，原指玉石内部的纹路，引申为顺着玉石内部的纹路切割玉石，进一步引申为顺着事物的内部道理做事，即顺势而为。管理的"理"可理解为梳理、协调，"理"与分权有关，它体现了等序关系。因此，集团公司的"管理"本身就包含着"管多理少"、"管、理均衡"和"理多管少"三种管理模式，比"管控"一

① 迈克尔·波特. 竞争优势. 北京：华夏出版社，2003(3)：336.

词更能反映管理体制与模式的差异。故此，本书多用“集团公司管理”这一概念。

集团公司管理可定义为：母公司为实现战略目标，完善并通过子公司治理，对子公司实施不同模式的管理。这一概念至少包含了以下要素：管理主体——母公司；管理客体——子公司；管理目标；管理体制与控制模式；管理手段。

上述要素之间的逻辑关系可表述为图 1-1。

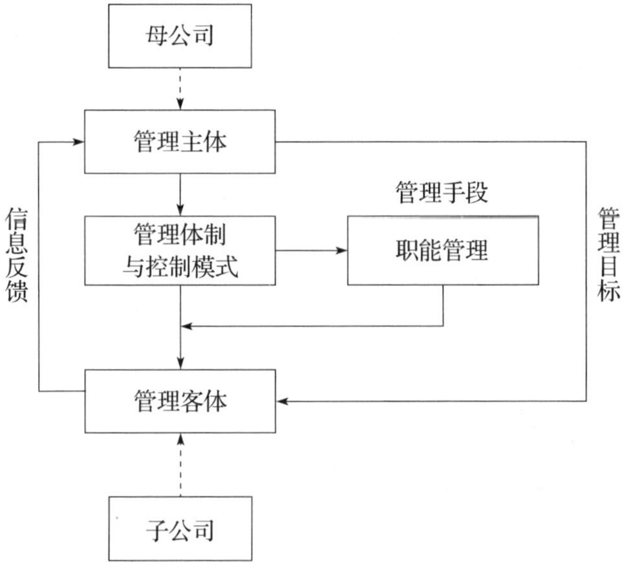

图 1-1　母子公司管理系统框架

二、管理主体

母公司作为管理主体，通过母公司的董事会、经理层、监事会和职能部门实施对子公司的管理。从法律规范看，子公司是独立法人，母公司对子公司的管理应通过子公司的股东会、董事会实现。

（一）母公司董事会

母公司对子公司实施管理的主体首先是母公司董事会。母公司董事会通过子公司股东会和董事会实现对子公司的管理。《公司法》赋予董事会决定公司的经营计划和投资方案，制定公司的年度财务预算方案、决算方案，制定公司合并、分立、解散或者变更公司形式的方案等职权，这些职权与子公司组建、变更有关；《公司法》赋予董事会决定公司内部管理机构的设置、制定公司的基本管理制度等职权，这些职权与子公司运行有关。

（二）母公司经理层

母公司经理层是母公司董事会的代理人，母公司对子公司的管理权责可由母公司经理层代理，从而提高母公司对子公司的管理效率。《公司法》规定，经理层组织实施公司年度经营计划和投资方案，拟订公司内部管理机构设置方案，制定公司的具体规章，决定聘任或者解聘除应由董事会决定聘任或者解聘以外的管理人员等。

（三）母公司监事会和独立董事

为使母公司董事会、经理层能尽职履行管理职责，监控对子公司实施管理的效率和效果，母公司监事会应成为管理主体的监督机构。董事会中的独立董事在某种程度上既是决策主体，又是决策的监督主体。

（四）母公司职能部门

迈克尔·古尔德等（Michael Goold et al.，2004）指出，母公司对下属的业务单位施加影响通常是首席执行官和总部其他高级直线经理的职权。[①] 与此同时，母公司还设有一系列参谋职能和服务部门。这些职能和服务部门为业务单位（子公司相应部门）提供职能方面的指导和规模经济服务，以及协助直线经理实施业务或连接影响来创造价值。

三、管理客体

在单体公司中，公司治理是管理的前提。在母子公司管理中，集团公司管理则决定着子公司的治理，治理和管理的关系是颠倒的。对子公司而言，母公司对子公司的管理居于治理层面；对母公司而言，子公司的治理居于管理层面。因此，上述关于单体企业治理与管理的关系应转化为母公司管理与

① 迈克尔·古尔德，安德鲁·坎贝尔，马库斯·亚历山大．公司层面战略．北京：人民邮电出版社，2004：78.

子公司治理的关系。

为进一步表述两者关系，作者参考特里克（R. Tricker）的治理行为与管理行为的比较及其关联图，给出集团公司管理与子公司治理的关系图（见图 1－2）。

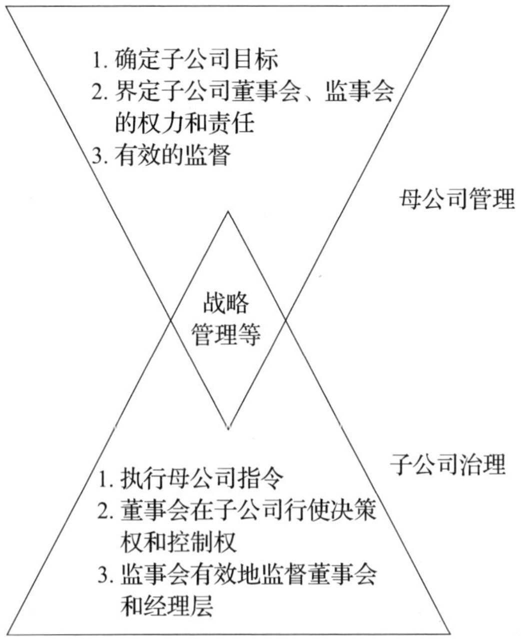

图 1－2　集团公司管理与子公司治理的关系图

子公司作为集团管理的客体，需要被管理的对象包括子公司董事会、监事会、经理层以及职能部门。

（一）子公司董事会和监事会

母公司作为出资人通过选派董事直接控制子公司董事会。子公司董事会的职权和议事规则依子公司章程而定，子公司董事会成员主要由母公司经理层、职能部门负责人组成。

母公司通过子公司监事会对子公司董事会和经理层实施监督，子公司监事会的成员主要由母公司监事、财务审计部门专业人员等组成。

（二）子公司经理层

母公司对子公司经理层的管理应通过子公司董事会实现，为简化委托代理层次，提高控制的有效性，代表母公司的子公司董事会成员可兼任子公司经理。实践中，子公司经理往往直接参加集团经营会议，母公司经理直接对子公司经理进行管理。

（三）子公司职能部门

母公司对子公司职能部门的管理是间接进行的。母公司职能部门对子公司经理层和职能部门有业务指导功能，在得到母公司经理层授权或已体现在子公司章程中时，可代表集团公司对子公司职能部门进行管理。

四、上市子公司独立性与集团协同管理

为防止控股股东损害中小股东利益，证监会 2018 年 9 月发布的《上市公司治理准则》要求上市公司实行人员、资产、财务分开，机构和业务独立，具体包括以下要求：

（1）人员独立。企业的劳动、人事及工资管理必须完全独立。董事长原则上不应由股东单位的法定代表人兼任；董事长、副董事长、总经理、副总经理、财务负责人、董事会秘书，不得在股东单位担任除董事、监事以外的其他职务，也不得在股东单位领取薪水；财务人员不能在关联公司兼职。

（2）资产完整。企业应具有开展生产经营所必备的资产。企业改制时，主要由企业使用的生产系统、辅助生产系统和配套设施、工业产权、非专利技术等资产必须全部进入发行上市主体。企业在向证监会提交发行上市申请时的最近 1 年和最近 1 期，以承包、委托经营、租赁或其他类似方式，依赖控股股东及其全资或控股企业的资产进行生产经营所产生的收入，均不超过其主营业务收入的 30%；企业不得以公司资产为股东、股东的控股子公司、股东的附属企业提供担保。

（3）财务独立。企业应设置独立的财务部门，建立健全财务会计管理制度，独立核算，独立在银行开户，不得与其控股股东共用银行账户，依法独立纳税。企业的财务决策和资金使用不受控股股东干预。

（4）机构独立。企业的董事会、监事会及其他内部机构应独立运作。控股股东及其职能部门与企业及其职能部门之间没有上下级关系。控股股东及

其下属机构不得向企业及其下属机构下达任何有关企业经营的计划和指令，也不得以其他任何形式影响其经营管理的独立性。

（5）业务独立。企业应具有完整的业务体系和直接面向市场独立经营的能力。属于生产经营企业的，应具备独立的产、供、销系统，无法避免的关联交易必须遵循市场公正、公平的原则。在向证监会提交发行上市申请时的最近 1 年和最近 1 期，拟上市公司与控股股东及其全资或控股企业，在产品（或服务）销售或原材料（或服务）采购方面的交易额，占拟上市公司主营业务收入或外购原材料（或服务）金额的比例都应不超过 30%；委托控股股东及其全资或控股企业，进行产品（或服务）销售或原材料（或服务）采购的金额，占拟上市公司主营业务收入或外购原材料（或服务）金额的比例都应不超过 30%。企业与控股股东及其全资或控股企业不应存在同业竞争。

集团协同区别于企业间的合作行为，在充分尊重和保护上市子公司利益的同时，也要充分考虑合理的关联交易和协同行为，以实现集团整体利益最大化。为使集团公司对子公司的直接管理合规、透明、高效，子公司在不违背相关法律规定的前提下，在子公司章程中明确把子公司的部分职权上移至集团公司相关部门。

五、管理目标

（一）公司管理的共性目标

无论是集团还是单体企业，管理者实施管理的目的都在于协调和驾驭组织中的各个部分以实现组织的整体目标。一个组织的整体目标往往由不同层次的目标构成，较低层次的目标是较高层次的目标的实现手段。组织最高层次目标（purpose）是组织的使命，如满足客户需要和实现社会价值；中层目标（goals）是指一个组织长期、具体的追求，如实现所有者的需要；低层目标（objectives）是指一个组织具体、明确的经营计划指标，目的在于引导、控制组织内部管理者与员工。

股东、经营者、管理者和普通员工都有各自的目标，如股东的目标是财富最大化、财产安全、获得如实报告；经营者的目标是实现既定的经营目标、不断增加经营效益；管理者的目标是完成责任目标、资产安全、获得业务运行的真实报告；员工的目标是实现物质和精神收益。只有在管理主体及其目标明确的情况下，才能实施有效管理。

（二）母子公司管理的特定目标

葛晨（2001）指出，母子公司管理的目标是使各自的组织目标得以实现，尤其是使母公司战略性投资与子公司战略得到执行，这是集团公司管理的纲领性目标。[①] 具体包括：母公司权益最大化；母公司权益的安全性；母子公司目标的统一性；子公司经营效率最大化。郭培民（2001）研究指出，集团最为合理的管理目标是母子公司网络整体利益最大化。[②]

企业集团的管理目标可以概括为：确保集团资产的保值增值；确保集团战略的贯彻落实；确保集团运营效率的提高；确保集团成员企业的协同发展。一言以蔽之，母子公司管理的主要目标是实现企业集团总体利益的最大化，子公司利益要服从整体利益。

六、管理体制与模式

集团公司管理体制的核心是母公司与子公司的权力划分，即权力是较多地集中于集团公司还是较多地委授于子公司。一般说来，母子公司管理体制分为相对集权、相对分权和集权与分权相结合（或称为相对均衡）三类。

管理模式与体制是形式与内容的关系，母子公司管理模式是母子公司管理体制的表现形式，母子公司管理体制是母子公司间权力分配的概括和抽象，管理模式对这种概括与抽象赋予了具体的内容。管理模式的设计与选择是集团公司管理体系建设的核心，集团公司需要根据所处的内外部环境因素权变选择一种或几种管理模式对子公司进行管理。

七、管理手段

管理手段，即管理主体所采取的作用于客体的方法。随着网络信息技术的发展，管理手段现代化、信息化、专业化和精细化已逐渐成为发展趋势，

① 葛晨. 母子公司管理与控制. 杭州：浙江大学，2001：26-30.

② 郭培民. 基于企业资源论的母子公司性质及管理策略研究. 杭州：浙江大学，2001.

主要包括：技术性管理手段、利益性管理手段、契约性管理手段、社会科学性管理手段。①

技术性管理手段包括设备技术性和信息技术性管理手段。设备技术性管理手段通过调整技术设备来实现对人的管理，通过机器控制人的行为从而产生高效管理。信息技术性管理手段更强调对信息技术和电子计算机的运用，例如网络管理、网络办公、电子商务、模型求解等。

利益性管理手段指通过满足被管理者的不同利益从而实现对其管理的手段。管理者通过对被管理者需求或偏好的满足，调整其欲望和行为，最终实现管理目标。

契约性管理手段是利用规章制度、合同契约来管理企业的一种方法。在集权型的企业中，规章制度较多，契约性管理手段可以发挥较强作用。契约和规章使管理手段由对人的管理转向对岗位的管理。

社会科学性管理手段强调运用社会学、心理学和人类学的研究，通过利用行为科学成果对企业员工进行管理。

八、集团公司管理的核心理念：权变管控，协同运作

企业集团具有规模大、多元化经营、多法人等特点，其管理更具复杂性和挑战性。与单体企业管理相比，“权变管控，协同运作”集中体现了集团公司管理的特点。

（一）权变管控

集团公司权变管控的含义有二：一是指集团公司根据环境差异总体上采用不同的管理模式；二是对不同的子公司进行不同模式的管理。换言之，集团公司对子公司的管理要根据具体情况分别实行相对集权、相对分权或集分权相结合的管理。

权变管控与集中管理是两个既有联系又有区别的概念，集中管理的含义体现为两个方面：一是信息的集中。无论是集权管理还是分权管理，集团公司对子公司的管理建立在及时全面地掌握子公司运营状况信息的基础上，否则集团公司的决策将无的放矢，因此信息集中是集团有效管理的前提和保

① 魏杰．中国企业制度创新．北京：中国发展出版社，2006：212-216.

证，现代信息技术特别是 ERP 等管理软件的发展，为信息集中提供了技术支持。二是各种职能管理特别是财务管理、人力资源管理、战略管理的适度集中。集中管理并不等同于“集权管理”。无论是集权管理还是分权管理都需要管理的适度集中，区别在于集中度不同。高集中度称为集权管理，低集中度称为分权管理，介于两者之间的称为集分权相结合。

权变管控要体现有效性，使母公司既能对子公司进行全面的监督、控制和协调，又能充分调动子公司的积极性和能动性，达到母子公司共同发展的目的。母子公司的有效管控具有如下特征：（1）及时性。及时性指集团公司的管控系统应能及时提供信息，迅速做出反应。（2）适度性。适度性是指管控的范围、程度和频率要恰到好处。（3）灵活性。集团公司管控系统应在环境变化的条件下有足够的灵活性。（4）客观性。集团公司的控制系统必须是客观的、精确的。（5）经济性。集团公司各种管理手段、方法和技术的采用要充分考虑收益和成本比。

（二）协同运作

母子公司对某些资产的共享和协同使用，更容易获得资产的规模效应和范围经济效应。母子公司协同可分为共享型协同和互补型协同两类。

按照价值链对企业基本价值活动的区分，共享型协同大致可以分成生产、市场、采购、基础设施等几类。资产和活动的共享使母子公司可以实现对成本的节约，更重要的是，在多个子公司的产品线之间实现共享，可能是减少庞大的销售和服务网络高额费用的有效途径。

互补型协同通过具有协同潜力的双方进行专业化或者互为专业化的资产投资来建立和实现。所有同一价值链上具有纵向前后关系的活动及其资产的匹配关系都可能产生协同效应。互补型协同的可能形式包括：按照准时制（JIT）生产模式实现物流转移时间的配合，减少仓储设施和库存；改善各个活动之间的界面，例如使前一个活动的产出品更符合后一个活动的投入品的标准和要求，通过相同格式的数据库减少重复信息管理工作等；将资产地理位置集中，缩短各单元间后勤运输的距离；使用专用的生产技术装备，提高生产效率；使用适合某种产品的专用的后勤系统；将多个互补性产品捆绑在一起，为客户提供“一站式消费”价值。

协同的实现环节一般包括：协同机会的发现和评估、协同的建立、协同收益共享、协同的评价。有效协同具有如下特征：（1）目标一致。母子公司有共同的目标，才能使系统的整体功能最强。（2）同步互动。协同运作要求母子公司协同过程中的要素配合在时空上是同步的，衔接上是紧密的。（3）价值补偿。价值补偿指集团公司根据子公司协同贡献度来合理分配利益。

第四节 内部控制理论

集团公司管理是一门具有综合性特点的课程，与其他课程有密切的联系，并建立在其他许多理论或课程基础上。

管理学原理是工商管理学科课程体系中的基础课程，可称为管理哲学，也是集团公司管理的重要理论基础，其主要内容包括管理理论的产生和发展、现代管理的一般原理与原则、管理职能、管理者及其行为和管理方法等内容。单体公司的职能管理理论是集团公司相关职能管理理论的基础。公司管理学开设的人力资源管理、财务管理和营销管理等课程探讨的是单体公司的职能管理，集团职能管理的权责要在母子公司职能部门间分配，因此各职能管理课程是集团公司管理课程的先导课程。

集团公司管理是跨国公司管理课程的基础。跨国公司是集团公司的高级形式。跨国公司管理理论包括跨国公司进入外国市场的方式、跨国公司的经营战略、跨国公司并购管理、组织结构、跨国公司采购、技术管理、生产与营销管理、跨文化管理和风险管理等内容。集团公司管理应是跨国公司管理的先导课程。

集团公司管理与内部控制在理论和知识体系上有许多交集，内部控制理论是集团公司管理的重要理论基础，这也是许多相关著作命名为集团管控的重要原因。本节主要介绍内部控制的相关内容。

内部控制是指组织为了实现经营目标，保护资产的安全完整，保证会计信息资料的正确可靠，确保经营方针的贯彻执行，保证经营活动的经济性、效率性和效果性，而在组织内部采取的自我调整、约束、规划、评价和控制的一系列方法与措施的总称。

一、西方内部控制理论的发展

从会计角度看，西方内部控制理论的发展大致经过了内部牵制、内部控制、内部控制结构与内部控制整体框架等四个不同的阶段，现已进入企业风险管理整体框架阶段。

（一）内部牵制阶段

内部牵制思想（internal check）产生于20世纪40年代以前，这是内部控制的最初形式，主要目的在于保护财产安全、确保账目正确。[①]在这一时期，虽然也提及过内部控制或有过内部控制的定义，但人们习惯于用内部牵制这一概念。内部牵制包括实物牵制、物理牵制或机械牵制、体制牵制或分权牵制、簿记牵制或账簿牵制。内部牵制理论建立在两个基本假设之上：两个或两个以上的人或部门无意识地犯同样错误的可能性很小；两个或两个以上的人或部门有意识地串通舞弊的可能性大大低于单独一个人或部门舞弊的可能性。虽然学者对内部牵制与管理的一致性认识有分歧，如有学者认为这一阶段人们还没有意识到内部管理控制的必要性和重要性，也有学者认为内部控制并不是为审计服务的，它完全是从管理的角度出发，而且在这个时期，管理和控制是两个基本相同的概念，它们在含义上是基本一致的。[②]内部牵制降低了错误和舞弊的可能，成为组织结构控制、职务分离控制的基础。因此，内部牵制思想在现代内部控制理论及其应用中占有重要的地位。

（二）内部控制阶段

内部控制阶段（internal control）始于20世纪40年代末，止于20世纪70年代末。1949年，美国注册会计师协会（AICPA）首次正式阐述了内部控制的定义，即内部控制包括组织机构的设计和企业内部采取的所有协调方法和措施，旨在保护资产、检查会计信息的准确性和可靠性，提高经营效率，促进既定管理政策的贯彻执行。这就形成了内部控制制度的思想。这一定义强调内部控制“制度”不局限于与会计与财务部门相关的控制方面，还

① 池国华，吴晓巍．管理控制的理论演变及其与内部控制关系．审计研究，2003(5)：53.

② 张宜霞．内部控制：基于企业本质的研究．北京：中国财政经济出版社，2004：3.

包括预算控制、成本控制、定期报告、统计分析和内部审计等。但是审计人员认为该定义的内涵过于宽泛，超出了审计人员评价被审计单位内部控制所应承担的职责。迫于这种压力，AICPA 于 1953 年在其颁布的《审计程序说明》第 19 号中对内部控制定义做了正式修正，并将内部控制按其特点分为会计控制和管理控制两个部分，做这种划分是为了规范内部控制检查和评价的范围，缩小注册会计师的责任范围。其中内部管理控制包括组织规划中所有与经营效率、贯彻管理方针有关的方法和程序，这些方法和程序与财务记录有间接关系而不是直接关系。它一般包括统计分析、业绩报告、员工培训计划和质量控制等。

内部控制概念的发展，不仅使内部控制从简单的内部牵制发展为一种制度，形成比较完整的内部控制定义、内容、目标和方法，而且经内部控制可靠性和经营效率目标的分离，提出会计控制和管理控制两个范畴。但学界对内部会计控制和管理控制进行研究时发现两者是不可分割的，因此在 20 世纪 80 年代提出了内部控制结构的概念。

（三）内部控制结构阶段

AICPA 在其 1988 年颁布的第 55 号审计准则公报《会计报表审计中对内部控制结构的关注》中，用“内部控制结构”（internal control structure）的概念取代了“内部控制”，并指出内部控制结构由控制环境、会计系统和控制程序三个要素组成。

（1）控制环境（control environment），是对企业控制的建立和实施有重大影响的一组因素的统称，反映了董事会、管理者、业主和其他人员对控制的态度和行为，主要包括管理哲学与经营方式、组织结构、董事会及审计委员会的职能、授权与分配责任的方式、管理方法、内部审计、人事政策与实务等。还包括管理者监控和检查工作时所用的控制方法，主要是经营计划、预算、预测、利润计划、责任会计和内部审计等。

（2）会计系统（accounting system），指公司为汇总、分析、分类、记录、报告业务处理的各种方法和记录，包括文件预先编号、业务复核、定期调整等。一个有效的会计制度包括以下内容：鉴定和登记一切合法的经济业务；对各项经济业务进行适当的分类，作为编制报表的依据；计量经济业务的价值以使其货币价值能记录在财务报表中；确定经济业务发生的时间，以确保它记录在适当的会计时期；在财务报表中恰当地表述经济业务及有关的内容。

（3）控制程序（control procedure），指为合理保证公司目标实现而建立的政策和程序，它包括适当授权、恰当的职责分离、充分的凭证、财产记录和实物控制、业务的独立检查等。会计系统是内部控制结构的关键要素，也是审计师要直接利用的要素，控制程序是保证内部控制结构有效运行的工具。

内部控制结构的概念将内部控制环境纳入其中，不但涉及会计控制，而且也包括了更多管理控制的内容，因此此时的内部控制融会计控制与管理控制于一体。也有学者认为，内部控制在此阶段依然被当作“各种政策和程序”，仍然是作为从企业管理中抽象出来为审计服务的一个工具。

（四）内部控制整体框架阶段

1985年美国成立的反舞弊性财务报告委员会（National Commission on Fraudulent Financial Reporting）下属的COSO委员会（Committee of Sponsoring Organizations of the Treadway Commission）于1992年发布了《内部控制——整体框架》（IC-IF）的研究报告。COSO报告提到内部控制构成要素应该来源于管理阶层经营企业的方式，并与管理的过程相结合，指出企业所设定的目标是一个企业努力的方向，而内部控制组成要素则是为实现或达成该目标所必需的条件，两者之间存在直接的关系，因此与企业目标相适应。内部控制组成要素包括控制环境（control environment）、风险评估（risk appraisal）、控制活动（control activities）、信息与沟通（information and communication）和监督（monitoring）。[①] 在五要素中，控制环境是其他要素赖以存在的基础；风险评估是管理目标出现偏差时能得以纠正的保证，是内部控制的依据；控制活动是针对影响企业目标实现的各种风险而采取的行动，是内部控制的手段和措施，通常包括职责分工控制、授权控制、审核批准控制、预算控制、财产保护控制、会计系统控制、内部报告控制、经济活

① 宋建波．企业内部控制．北京：中国人民大学出版社，2004：14-19.

动分析控制、绩效考评控制、信息技术控制等；信息与沟通是促进控制活动运转的条件和力量；监督是内部控制有效运行的保证。五要素相互联系，密切配合，共同构成完整的框架，已不局限于纠错防弊，更多的是为了保障战略目标实现，提高组织管理水平。

二、内部控制的新发展——企业风险管理整体框架

风险管理起源于20世纪30年代的美国。1929年到1933年经济危机后，大量银行和企业破产，美国许多企业内开始设立保险管理部门。1955年宾夕法尼亚大学沃顿商学院施耐德教授提出了“风险管理”的概念，1956年拉赛尔·加拉尔发表了《风险管理——成本控制的新名词》一文，标志着人们开始使用科学的方法研究风险管理问题，风险管理也开始发展成为一门学科。

20世纪70年代以后掀起了全球性的风险管理运动。1975年，美国风险和保险管理协会（RIMS）成立。之后法国、日本等也开始引进并研究风险管理理论，先后组建了地区性的风险管理协会。1983年在美国召开的风险和保险管理协会年会上，通过了《101条风险管理准则》，这标志着风险管理的发展进入了一个新的阶段。20世纪80年代末开始，随着经济的发展和社会的进步，风险变得更加复杂，损失也更为严重，人们开始意识到企业的损失是在内外部环境多种因素的共同作用下产生的，单一的风险管理方式已经无法应对复杂的环境。由此风险管理进入了一个全新的阶段——整体风险管理阶段。1995年澳大利亚和新西兰共同出台了全球第一个企业风险管理标准——澳大利亚/新西兰风险管理标准（AS/NZS 4360），在操作层面为企业的风险管理提供了一个广泛适用的框架。1996年全球风险管理专业人士协会（Global Association of Risk Professionals，GARP）成立，其宗旨是通过加强风险管理从业人员之间的交流，促进风险管理工作的开展。

2001年北美非寿险精算师协会（CAS）提出了全面风险管理的概念，把风险分为外部风险、金融风险、运营风险和战略风险四种类型，细化了环境扫描、风险识别、风险分析、风险集成、风险评估、风险应对和风险监控七个管理流程。

2001年11月的美国安然公司倒闭案和2002年6月的世通公司财务欺

诈案等会计舞弊事件，使企业的风险管理问题得到全社会的关注。2002 年 7 月，美国国会通过《萨班斯－奥克斯利法案》（Sarbanes-Oxley Act），要求所有在美国上市的公司必须建立和完善内部控制体系。《萨班斯－奥克斯利法案》被称为美国自《1933 年证券法》和《1934 年证券交易法》等联邦公司治理领域法案以来最重要的公司法案。在其影响下，世界各国纷纷出台类似的法案，加强公司治理和内部控制规范，强化信息披露的要求，加强企业全面风险管理。

自 COSO 报告发布以来，内部控制框架已经被世界上许多企业采用，但理论界和实务界纷纷对该框架提出改进建议，认为其对风险的强调不够，无法将内部控制与企业风险管理相结合。因此 2004 年 9 月，COSO 委员会在 1992 年 COSO 报告的基础上，结合《萨班斯—奥克斯利法案》在报告方面的要求，颁布了《企业风险管理整体框架》的报告（ERM）。该报告把企业风险管理定义为：一个受企业的董事会、管理当局和其他职员影响，应用于战略制定并贯穿整个企业，用于识别可能影响企业的潜在事项并在企业的风险偏好内管理风险，为企业目标的实现提供合理保证的过程。企业风险管理由内部环境、目标设定、事项识别、风险评估、风险反应、控制活动、信息与沟通、监控等 8 个相互关联的要素组成。内部控制和风险管理日益融合，风险导向已是内部控制的发展方向。

企业风险管理整体框架与内部控制整体框架相比，有以下几种变化：

第一，目标的拓展。由 IC-IF 的三个目标——经营、财务报告和遵循性，扩大到 ERM 的四个目标——战略、经营、报告和遵循性，两者中只有经营和遵循性这两个目标的定义相同。IC-IF 中财务报告目标只与公开披露的财务报告的可靠性相关，而 ERM 中报告目标的范围有很大的扩展，包括企业所有对内和对外的报告，报告目标的范围从仅仅关注财务信息扩展到同时关注非财务信息。此外，ERM 还增加了战略目标，不仅强调在整个企业范围内识别和管理风险的重要性，还强调为了实现企业目标在企业战略制定阶段就应考虑一系列备选方案的风险因素，从而使 ERM 的应用深入到了战略制定层次。

第二，要素的增加。ERM 增加了目标设定、事项识别和风险反应这三个与风险密切相关的要素，遵循了“目标—风险—控制”的逻辑顺序，充分体现了对风险的关注。

第三，对原有要素内容的充实和丰富。在内部环境要素中，ERM 更直接地关注企业的风险文化与风险偏好。在风险评估要素中，倾向于更准确地进行风险评估，采用定性或定量的方法对事项发生的后果和可能性进行估计，并将风险与相关的目标联系起来。在信息与沟通要素中，考虑了来自历史、现在与将来潜在的事项和沟通方式，并要求与企业信息系统整合。此外，ERM 还明确了控制活动的目的，指出控制是有助于确保管理层的风险反应措施得以执行的政策和程序。

第四，提出风险组合观的概念，全面贯彻了风险理念。ERM 要求管理者以风险组合的观点看待风险，对相关的风险进行识别并采取措施使企业所承担的风险保持在风险偏好范围内。因为对企业内部各个部门而言，其风险可能落在该部门的风险容忍度范围内，但从企业总体来看，总风险则有可能超过企业总体的风险偏好范围。

三、我国内部控制的发展阶段

我国内部控制理论的发展大体经历了内部牵制、内部会计控制和全面风险控制这三个发展阶段。

（一）内部牵制阶段

在 20 世纪 70 年代末至 80 年代，内部牵制开始受到重视。1978 年 9 月 12 日，国务院颁布《会计人员职权条例》，明确要求企业的生产、技改、基建等计划和重要经济合同，应由总会计师会签；1984 年 4 月 24 日，财政部发布《会计人员工作规则》，要求各单位建立会计人员岗位责任制，出纳人员不得兼管收入、费用、债权、债务账簿的登记工作以及稽核工作和会计档案保管工作；1985 年 1 月 21 日通过的《中华人民共和国会计法》(以下简称《会计法》)，重申了会计岗位责任制的要求；1996 年财政部颁布《会计基础工作规范》，该规范只提到内部会计控制，并定义为单位为了提高会计信息质量，保护资产的安全、完整，确保有关法律法规和规章制度的贯彻执行等而制定和实施的一系列控制方法、措施和程序，这个定义为后来财政部发布的其他内控文件以及《会计法》所沿袭。

（二）内部会计控制阶段

20世纪90年代，现代企业制度和市场经济体制开始建立。1996年6月17日，财政部发布《会计基础工作规范》，要求各单位进一步建立健全包括但不限于内部牵制制度的内部会计管理制度。1999年10月31日修订通过的《会计法》将内部控制制度当作保障会计信息“真实和完整”的基本手段之一，其中第二十七条规定：各单位应当建立、健全本单位内部会计监督制度。单位内部会计监督制度应当符合下列要求：记账人员与经济业务事项和会计事项的审批人员、经办人员、财物保管人员的职责权限应当明确，并相互分离、相互制约；重大对外投资、资产处置、资金调度和其他重要经济业务事项的决策和执行的相互监督、相互制约程序应当明确；财产清查的范围、期限和组织程序应当明确；对会计资料定期进行内部审计的办法和程序应当明确。上述加强单位内部会计监督的法律要求，体现了内部会计控制的本质，标志着我国开始了系统的内部控制建设。

（三）全面风险控制阶段

2001年6月，财政部颁布了《内部会计控制规范——基本规范（试行）》《内部会计控制规范——货币资金（试行）》，指出内部会计控制是单位为了提高会计信息质量，保护资产的安全、完整，确保有关法律法规和规章制度的贯彻执行等而制定和实施的一系列控制方法、措施和程序；2002年财政部颁布了《内部会计控制规范——销售与收款（试行）》和《内部会计控制规范——采购与付款（试行）》；2003年10月，财政部颁布了《内部会计控制规范——工程项目（试行）》；2004年8月，财政部又颁布了《内部会计控制规范——担保（试行）》和《内部会计控制规范——对外投资（试行）》；中国内部审计协会2003年颁布了《内部审计具体准则第5号——内部控制审计》等。这些规范性文件从不同的角度对内部控制进行规范。

2006年6月，国务院国有资产监督管理委员会制定了《中央企业全面风险管理指引》，要求中央企业围绕总体经营目标，通过在企业管理的各个环节和经营过程中执行风险管理的基本流程，培育良好的风险管理文化，建立健全全面风险管理体系，包括风险管理策略、风险理财措施、风险管理的组织职能体系、风险管理信息系统和内部控制系统，从而为实现风险管理的总体目标提供合理保证的过程和方法。企业的风险管理是战略层面上的，最终将落脚在内部控制上。

2008 年，财政部、证监会、审计署、银监会、保监会以财会〔2008〕7 号文件的形式联合发布了《企业内部控制基本规范》。这一规范于 2009 年 7 月 1 日起首先在上市公司范围内实行。这是中国在会计审计领域又一次与国际接轨的改革。这个规范的发布标志着我国取得了内部控制体系建设的重要阶段性成果。2010 年 4 月 26 日，财政部、证监会、审计署、银监会和保监会共同发布了《企业内部控制配套指引》。此次发布的《配套指引》包括《企业内部控制应用指引第 1 号——组织架构》等 18 项应用指引、《企业内部控制评价指引》和《企业内部控制审计指引》。《企业内部控制应用指引》是对企业按照内部控制原则和内部控制“五要素”建立健全本企业内部控制所提供的指引，在配套指引乃至整个内部控制规范体系中占主体地位；《企业内部控制评价指引》是为企业管理层对本企业内部控制有效性进行自我评价所提供的指引；《企业内部控制审计指引》是注册会计师和会计师事务所执行内部控制审计业务时的执业准则。为确保企业内部控制规范体系顺利实施，配套指引的实施分步进行：自 2011 年 1 月 1 日起在境内外同时上市的公司中实行，自 2012 年 1 月 1 日起在深沪主板上市公司中实行；然后再在中小板和创业板上市公司、非上市大中型企业中逐步执行。

为全面掌握我国上市公司执行企业内部控制规范体系情况，2018 年财政部会同证监会对沪深两市 3 485 家上市公司公开披露的 2017 年度内部控制报告进行了系统分析，并发布《我国上市公司 2017 年执行企业内部控制规范体系情况分析报告》。总体来看，在 3 485 家上市公司中，共有 3 245 家上市公司公开披露了内部控制评价报告，占比 93.11%。其中，3 177 家内部控制自我评价结论为整体有效，2 602 家聘请会计师事务所进行了内部控制审计，并有 2 596 家被出具无保留意见。企业内部控制规范体系在上市公司得到有效运行。①

《企业内部控制基本规范》给中国所有的公司进行经营活动提供了一个

① http://kjs.mof.gov.cn/zhengwuxinxi/diaochayanjiu/201811/t20181108_3063044.html.

通用的平台，国家希望通过该法律文件的实施提升公司财务状况的透明度，强化管理者的信托责任意识。《企业内部控制基本规范》的创新点在于该规范已超越会计问题，从企业管理的视角来看待内控问题，而不是局限于财务报表审计，这对于企业改善经营管理和提高风险防范能力意义重大。

思考题：

1. 中国企业集团快速发展的原因是什么？
2. 谈谈集团公司管理的特点。

第二章

集团公司管理模式

第一节 集团公司管理体制与管理模式的内涵

一、集团公司管理体制

（一）集团公司管理体制的含义

《辞海》对“体制”一词的定义是：国家机关、企业和事业单位设置和管理权限划分的制度，如国家体制、企业体制；题材、格局；艺术作品的题材风格。至于管理体制的含义，无疑是指机构设置和权力划分。机构设置是实现权力划分的组织保证，是为权力划分服务的。权力划分是根本和前提，体制问题的关键是权力划分问题。权力与职权是密切相关又有区别的概念。管理中的职权是管理职位所固有的发布命令和期望命令得到执行的一种权力，它因职位而合法存在，并可以委授到下属管理人员；权力是一种影响力，它与组织中的职位不完全相关，其外延宽于职权。因此，组织中的权力划分，严格讲应是职权划分。在探讨组织中的职权时，人们往往用权力替代职权且不会引起歧义，因此使用权力概念时也不再与职权严格区分。

管理体制的核心是权力划分，组织中权力划分的关键是权力的集中与分散问题。通常情况下，集分权的程度根据各管理层次所拥有的决策权情况来衡量，其具体标志是：不同类型决策的集中情况；决策审批程序的繁简；规章制度对于决策的控制等。

集团公司管理体制的核心是母公司与子公司的权力划分，即权力是较多地集中于母（集团）公司还是较多地委授于子公司。

（二）集团公司管理集权与分权的关系

集团公司管理的集权与分权各有优缺点。集权和分权是矛盾的两个方面，过分强调集权会影响分权带来的自主性与创新性，过分强调分权则势必会牺牲集权产生的协同与高效。在现实中，既没有绝对的集权，也没有绝对的分权。绝对集权意味着管理权都集中在母公司，这样子公司就没有存在的必要；反之，绝对的分权意味着管理权都委授于子公司，这样集团作为一个整体也就不复存在。所以，集权与分权是相对而言的。所谓集权制就是更偏向于集权，所谓分权制就是更偏向于分权，多数组织根据自身条件和外部环境寻求两者的有机结合。一般说来，组织的管理体制可分为相对集权、相对分权和集分权相结合（或称为相对均衡）三类。当然，也可以更细分为多类，如绝对集权、相对集权、集分权相结合、相对分权和绝对分权等。

二、集团公司管理模式的内涵

《现代汉语词典》把“模式”定义为“某种事物的标准形式或使人可以照着做的标准样式”。那么管理模式可理解为管理的标准形式，因管理实践具有丰富多彩性，绝对的标准样式并不存在，用参考样式来表述可能更为准确。因此，管理模式可理解为管理的参考样式。集团管理模式是建立在母子公司管理体制基础上的集团公司对子公司的具体管理方式和形式。

管理模式与管理体制是形式与内容的关系，母子公司管理模式是母子公司管理体制的表现形式，母子公司管理体制是母子公司间权力分配的概括和抽象，管理模式为这种概括与抽象赋予了具体的内容。母子公司管理体制一般可分为相对集权、相对分权和集分权相结合（或称为相对均衡）等类型，管理模式反映了各种权力分配的类型。学者从不同的角度对母子公司集分权进行了概括并冠以名称，从而命名了不同的集团管理模式，并反映不同的集团管理体制。

张先治等（2017）认为，所谓管理控制模式，是指管理控制目标、内容、方法、程序以及管理控制工具选择的整体导向。[①] 管理控制系统框架各个构成可以有多种不同的选择，如管理控制方式既可以选择反馈性间接控制，也可以选择前馈性直接控制；业绩衡量既可以选择定性标准，也可以选择定量标准；在管理控制工具的选择方面，既可以使用预算管理工具，也可以使用平衡计分卡，还可以使用标准成本系统，以及作业管理、价值管理等其他工具。以上管理控制系统要素的不同组合形成了不同的管理控制模式，而每一种管理控制模式都应当能够适应企业所处特定的内外部经济条件和市

---

① 张先治，王兆楠，柳志南．基于管理会计的企业管理控制模式创新探讨．会计研究，2017(12)：24-29.

场竞争环境，并且能够使管理控制系统要素（目标、内容、方法、程序）之间相互协调、相互配合。

朱方伟等（2018）认为，管控模式主要是指集团管控理念的差异，导致的母子公司之间的管控组织、管控内容、管控方式、管控深度等方面的变异，进而形成的若干典型的管理范式。①

集团管理模式可分为狭义和广义两种。狭义的管理模式即集团公司对子公司的具体管理方式，侧重于权力配置方面。广义的管理模式还包括集团公司的战略与定位、集团公司和子公司的治理结构、集团组织架构、岗位职责划分、对集团重要资源的管理方式（如对人、财、物的管理体系）以及绩效管理体系等。② 迈克尔·古尔德等（Michael Goold et al.，2004）对母子公司集分权态势进行分类，并称之为管理风格（母合风格或母公司的管理风格）③，该定义与集团管理模式概念并无本质差别，管理风格即管理模式。

总结管理模式的概念是为了把管理实践进行理论概括和优化，以进一步指导实践。实践中管理方式是多种多样的，反映了不同类型的管理体制。因而为了描述管理体制、明确母子公司集分权程度并使之具化到形式上，学者从不同角度对管理模式进行了划分并命名，兼具理论价值和实践意义。

三、集团公司管理模式的内容

广义的集团管理模式应包括以下内容：

（一）集团公司的战略和定位

集团公司的战略和定位是集团管理体系设计的重要依据，它决定了管理模式选择、组织结构安排及管控手段设计。集团公司战略作为公司层面的战略，主要回答两方面的问题：集团公司通过何种方式向何种行业投入资源，以及集团公司如何影响子公司业务并处理与它们的关系。

集团公司作为子公司的出资者，是整个集团的战略决策中心、协调控制

① 朱方伟，等. 国有集团母子公司管控模式的选择：多关键因素识别与组合影响. 南开管理评论，2018，21(1)：75-87.

② Egelhoff W G. How the parent headquarters adds value to an MNC. Management International Review，2010，50(4)：413-431.

③ 迈克尔·古尔德，安德鲁·坎贝尔，马库斯·亚历山大. 公司层面战略. 北京：人民邮电出版社，2004：393.

中心、服务指导中心等，负责制定、执行并控制集团整体发展战略，协调母子公司之间的关系，搭建协同平台，并为子公司的具体运营提供服务与指导，以实现集团整体价值的最大化。一般而言，集团公司的定位越复杂，功能就越多，集团公司越偏向于集权管理。

集团公司的战略目标需要通过子公司的具体运营活动实现，子公司将投入的资源转化为顾客所需的产品和服务，从而创造价值。子公司根据集团的定位，分别定位为集团的成本中心、利润中心或投资中心。

（二）母子公司治理和职能部门设计

根据钱德勒（2002）“战略决定结构，结构追随战略”的理论，合理的组织结构是战略实施的有效保障。组织结构设计包括集团公司的治理结构和职能结构设计、子公司的治理结构和职能结构设计。其中，治理结构是股东会、董事会、监事会和经理层之间的制衡方式；职能结构是职能部门的构成方式，职能结构设计包括确定集团公司和子公司应设置哪些部门，以及职能部门间的联系。

企业集团治理包括集团公司治理和子公司治理。[①] 完善的法人治理结构是集团公司管理体系建设的基础，可以确保集团公司决策的科学性和民主性。组建起企业集团后，应在集团公司和子公司中建立股东会、董事会、监事会和经理层，使其各行其职、各负其责、协调配合。因为企业集团是以资本为联结纽带的多法人经济组织，所以企业集团中的公司治理就跨越了法人的边界，集团公司对子公司的管理主要通过完善子公司的治理结构间接实现。[②]

集团公司治理水平在总体上影响着子公司的治理水平及集团管理的集权程度。例如，治理水平较低的集团公司因为无法发挥治理结构应有的作用，对子公司往往采用集权的管理模式，与之相对应，子公司治理结构也往往形同虚设。

集团公司的重要作用就是通过业务影响和连接影响为子公司创造价值。在不同的管理模式下，集团公司职能部门设计也因管理职责不同而各具特征。例如，集权管理模式下，管理权限更多地集中于集团公司，集团公司职

① 钱婷，武常岐．国有企业集团公司治理与代理成本：来自国有上市公司的实证研究．经济管理，2016，38(8)：55-67.

② 李维安，武立东．企业集团的公司治理：规模起点、治理边界及子公司治理．南开管理评论，1999(4)：4-8.

能部门的数量和职权较分权管理模式更多。具体来看，单纯管理型集团公司的定位是集团战略决策中心，大多采用偏分权的管理模式，一般设置战略规划部、财务部、人力资源部等综合职能部门，主要职责包括建立规章制度，制定标准和流程，为子公司运营提供保障。而混合经营型集团公司一般采用偏集权的管理模式，除了为子公司提供指导与服务，还直接从事生产经营活动，因此还要设置采购部、生产部、销售部等专业职能部门。有些规模较大的集团，还在集团下分设财务公司、营销公司及人力资源中心、信息中心、研发中心等协同平台机构，以实现母子公司资源共享和协同合作。

无论集团公司采用何种管理模式，子公司的职能部门都是比较完整的，其数量一般多于集团公司职能部门的数量。

（三）母子公司职能管理的权限划分

企业职能管理包括文化、战略、人力资源、财务、采购和销售等内容。实现职能管理需设置相关职能部门并协助直线部门履行职责。相对于直线部门所拥有的决策、指挥和命令权（直线职权），职能部门主要承担参谋职权和职能职权。同直线职权相比较，参谋职权的特点是：（1）它不能向其他部门或人员发号施令，不能决定而只能影响他人或集体的行为，即只能出主意、提建议、做指导，起咨询作用；（2）在职责范围内执行参谋职权，不是去指挥其他部门或人员如何进行作业，而是帮助工作、予以合作，对整个企业或某些部门提供服务，发挥助手的作用。与此同时，职能部门也具有管理职权，是经直线领导授权产生的。具体来说，它是由直线主管向参谋机构和人员授予，允许其按照规定的程序和制度，在一定职能范围内做出规定，向下一级直线部门和人员发布指示、提出要求的权力。

某项工作的管理权限按照管理主体参与程度的高低，可以分为决策权、审核权、建议权和知情权等 4 种，其中决策权包括决定、批准、裁决、否决等权力；审核权包括审查、核对、审议、会签等权力；建议权包括提议、提案、推荐等权力；知情权包括备案、通报、查询、参会等权力。

在单体公司中，职能部门的参谋职权和管理职权是完整的，而在母子公司管理中，职能部门的参谋职权与管理职权要在集团公司和子公司相应职能部门间进行分配，并体现在主要业务流程的制定和管理上。不同的集团管理模式在母子公司的职能部门设置、职权划分与流程设计上存在差异。

（四）母子公司流程设计

流程管理（设计）主要是集团公司以流程的形式对集团的经营活动进行规范，并围绕流程的运行进行管理。流程是指组织内部完成功能作业的程序和方法，主要包括管理流程与业务流程。流程管理能够将集团日常管理活动和经营活动的执行过程清晰地呈现出来，各子公司必须根据相关流程进行决策、配置和申报。流程管理有助于提高母子公司管理的可操作性和实用性。如集团公司可以对集团的关键流程进行梳理，确定关键控制点和协同点，并对其进行重点控制。

综上所述，管理模式的设计与选择是集团公司管理体系建设的核心。母子公司权责划分总体上遵循“集权有道、分权有序、授权有章、用权有度”的原则，以达到权责匹配、提高管理效率的目的。

第二节　集团公司管理（控）模式的分类

关于集团公司管理模式的分类，中外学者进行了积极探讨，作者梳理了国内外学者的理论观点，在此基础上提出了新的管理模式分类。学者们为对管理模式进行分类选取了不同的视角，有的从母公司视角出发，也有的以子公司视角或者母子公司管控关系的视角作为管控模式的分类依据。

一、母公司视角下的分类

（一）以控制内容为依据的分类

古尔德和坎贝尔（Goold and Campbell，1987）在对 19 个英国企业集团进行个案研究后，提出其控制型态的观点。他们认为集团公司在与各子公司的互动关系中扮演了三种重要角色：（1）规划及分配资源；（2）控制及稽核绩效；（3）提供共同的服务项目。基于上述角色，古尔德和坎贝尔认为集团公司可通过对子公司规划影响及控制影响来管理子公司。[①] 其中，规划

① Goold M, Campbell A. Strategies and styles: the role of the centre in managing diversified corporations. Basil Blackwell，1987.

影响是指各子公司在做战略决定前，集团公司介入的程度；控制影响是指集团公司对子公司结果或绩效的反应及处理方式。他们基于规划影响及控制影响两个维度，定义出八种不同的战略管理风格（控制型态），即集权化型（centralization）、战略规划型（strategic planning）、战略方案化型（strategic programming）、战略冒险型（strategic venturing）、战略控制型（strategic control）、财务方案化型（financial programming）、控股公司型（holding company）和财务控制型（financial control）。集团公司可通过目标设定以及绩效考核来影响控制过程。

八种控制型态中，以战略规划（运营管控）型、战略控制型及财务控制型最为普遍，其定义分述如下（见图 2－1）：

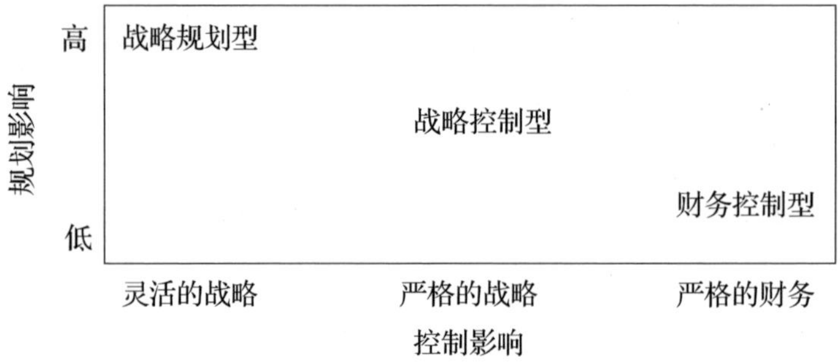

图 2－1　古尔德和坎贝尔三种基本母合风格或控制型态

资料来源：迈克尔·古尔德，安德鲁·坎贝尔，马库斯·亚历山大．公司层面战略．北京：人民邮电出版社，2004：394.

（1）战略规划型。战略规划型，亦称运营管控型，该模式下母公司深度介入子公司的决策和经营。母公司的职能部门通常庞大而健全，并拥有大多数权力，承担较多责任，同时母公司的职能部门影响整个公司共有的资源。在大多数情况下，战略规划型集团会积极鼓励子公司之间的合作与协调，其组织结构往往重叠较多，或类似于矩阵型结构，或采取资源共享结构。战略规划型管理强调业务的长期发展，注重长期愿景。只要母公司确信子公司的管理部门正在实施正确的战略，那么就可认为月度的财务绩效考核是不重要的。母公司通常会要求子公司把集团视作一个整体，而不是只看到自身的业务；母公司的激励体制既重视子公司自身的业绩，也重视子公司为集团发展所做的贡献。古尔德和坎贝尔发现，在西方国家完全采用这种风格的公司较少，在日本较为流行。[①]

（2）战略控制型。战略控制型的母公司将计划（战略）下放给子公司，但仍保留对子公司的建议、指导、核准和评价的权力。战略控制型模式下，集团层面的职能（参谋）部门的主要作用是支持母公司。战略规划、资本支出和财务预算可以作为母公司监控子公司战略执行的工具，用于考察子公司经营和战略的一致性、实际绩效与财务预算的一致性。母公司会鼓励各子公司进行相互合作以取得协同效应，但母公司的组织结构和权责划分是以子公司业绩为重心的。战略控制型的母公司相信分权的好处，同时认为自己的作用是确保战略的合理性，母公司在控制过程中强调财务目标的实现情况，同时也关注战略进程和战略目标的实施情况。古尔德和坎贝尔发现战略控制型介于战略规划型和财务控制型之间，是一种广泛采用的类型。在对英国公司的调查中，一半以上的公司认为自己属于战略控制型。

（3）财务控制型。财务控制型的母公司将更多权力下放给子公司，子公司能够自行制定并执行战略，母公司对子公司的管理仅限于对财务绩效或财务目标的考核。该模式下，子公司自主性强、职能部门较为完善；母公司仅保留对子公司的财务目标考核和财务控制，职能部门较少。子公司经理对子公司的归属感较强，多关注子公司绩效而非集团整体绩效，母公司经理则更注重对多个子公司的投资收益。子公司与子公司之间的协同与合作较少。古尔德和坎贝尔分析了若干英国财务控制型公司，并指出纯粹的财务控制型公司在欧洲并不流行，仅有个别集团属于该类型。

我国咨询界目前通常采用的运营管控（或操作管控）、战略管控和财务管控的分类即源自古尔德和坎贝尔的三种基本控制型态。

在迈克尔·古尔德等（2004）的分类中，运营管控型模式可归为集权模式，财务控制型是分权模式，战略控制型介于两者之间，可归为集分权相结合模式。[②]

按照控制内容的不同，余明助和秦兆玮（2002）将管理模式分为行为控制（behavior control）、产出控制（output control）、社会控制（social

① Goold Michael, Andrew Campbell A. Strategies and styles: the role of the centre in managing diversified corporations. Basil Blackwell，1987.

② 迈克尔·古尔德，安德鲁·坎贝尔，马库斯·亚历山大. 公司层面战略. 北京：人民邮电出版社，2004：394.

control)。[①] 行为控制是指组织通过集权官僚控制、清楚的程序、紧密的监督和行为评估来影响子公司达成目标所采取的手段。产出控制是着重于绩效标准设定、评量和反馈的传统性控制。该模式的管控措施包括：母公司对子公司阶段性的绩效进行评估，建立子公司汇报制度以向母公司及时提供信息，将子公司的人员薪酬激励与子公司绩效相关联。社会控制也称文化控制或规范整合，指通过共享价值观与文化，达成管理的目的。

（二）以控制机制为依据的分类

Martinez and Jarillo（1989）依据母子公司关系的不同，将组织控制机制分为两大类[②]：（1）正式与结构的控制机制；（2）非正式与微妙的控制机制（见表 2－1）。两种不同的属性分别对应两种不同的管控模式，即"正式管控模式"与"非正式管控模式"。Martinez and Jarillo（1989）指出控制是为了协调，控制亦包含协调，母子公司协调的实现方式也是控制的实现方式，协调手段往往也是控制手段。一般而言，正式的控制机制有利于实现集权管理，非正式的控制机制有利于实现分权管理。

表 2－1　两种组织控制机制的比较

正式的控制机制	非正式的控制机制
1. 集权化：决策的核心处于较高层的指挥链中。 2. 正式化：将政策、规划、工作说明书等制作成手册或文件，引导建立标准的作业程序或通则。 3. 规划：主要指系统程序。如战略规划、预算、时间表的建立、目标设定、功能性的计划，其目的是指导子公司的活动。 4. 产出控制：对子公司各项管理所呈报的档案、记录及报告进行控制，又称绩效控制。例如财务控制、技术报告、销售资料。 5. 行为控制：对子公司具体的经营行为进行命令和指导。	1. 平行关系：组织垂直结构的切断面。包括不同部门经理组成的工作小组、合作团队、委员会等。 2. 非正式沟通：有不同关系的非正式沟通或者是个人接触创建的沟通网络，包括不同子公司经理之间的网络、公司会议、个人拜访以及经理人的轮转。 3. 组织文化发展：通过塑造相同的行事风格、沟通方式，公司目标与价值观对个人进行社会化；还包括培训、经理人的轮调、职业生涯规划、合适的奖酬制度等。

资料来源：Martinez J, Jarillo J. The evolution of research on coordination mechanisms in multinational corporations. Journal of international business studies，1989：489-514.

① 余明助，秦兆玮．台商海外子公司控制机制与绩效关系之研究：以代理理论和资源互赖之观点．第二届两岸产业发展与经营管理学术研讨会，2002.

② Martinez J, Jarillo J. The evolution of research on coordination mechanisms in multinational corporations. Journal of International Business Studies，1989：489-514.

李维安等（2002）把母公司对子公司的控制模式归纳为三种：间接、直接和混合控制模式。间接控制模式是指母公司不直接控制子公司，而是通过子公司董事会对子公司的经营活动进行控制；直接控制模式是指母公司直接任命子公司管理层，对子公司的财务、人事、经营活动进行全面控制；混合控制模式是指母公司投资控股子公司，并让子公司管理层人员持股成为子公司的股东，子公司管理层人员进入子公司的股东会及董事会等决策机构。

（三）以控制基础为依据的分类

Ouchi（1979）将母子公司管理模式分为三类：官僚式控制（bureaucratic control）、市场式控制（market control）和小团体式控制（clan control）。[①] 该分类的依据是每种管理模式控制的基础不同。官僚式控制的基础是组织等级、行政权威、成熟的规则和标准体系，可以表述为“基于官僚制体系的管理模式”；市场式控制则基于价格和竞争的一系列经济交换关系，可以表述为“基于市场的管理模式”；小团体式控制也可以称作“宗族式控制”，其对应的控制基础是控制主体与客体之间的信任、一致的价值观与信念。与官僚式控制和市场式控制相比，小团体式控制带有非正式组织的色彩。每种控制战略所要求的具体条件如表 2－2 所示。

表 2－2　三种组织控制战略

类型	要求
官僚式控制	规则，标准，层级制，法定权威
市场式控制	价格，竞争，交换关系
小团体式控制	传统，共享价值和信念，信任

资料来源：理查德·L. 达夫特. 组织理论与设计精要. 北京：机械工业出版社，1999：172.

（四）以控制工具（维度）为依据的分类

Willianmson and Bhargava（1972）以控股公司、战略控制、过渡性调整、作业决策、适度部门化五种控制工具界定了六种集团公司用以控制其

① Ocuhi W. A conceptual framework for the design of organizational control mechaninism. Management Science，1979 (25)：883-884.

子公司的型态（模式）:（1）单一型态（U 型），指以传统功能控制所属子公司;（2）控股公司型态（H 型），指授予子公司最大限度的自主权;（3）多部门型态（M 型），指集团公司保有战略决策权，而将作业决策权授予子公司;（4）过渡多部门（M' 型），指正在调整中的分部门控制型态，有别于上述 M 型;（5）集权化多部门（M" 型），指集团公司对子公司介入很深的控制型态，有人称之为集权式的多部门控制型态（CM 型）;（6）混合型态（X 型），指在一个集团公司内，对不同子公司采用不同的控制型态。①

Willianmson and Bhargava 从组织结构的三种基本形式（职能制、事业部制和子公司制）的角度对母子公司管理模式进行了命名，具有管理实践的可操作性。其中，U 型是最为集权的控制模式，M" 型是较为集权的控制模式，M 型、M' 型是集权与分权相结合的控制模式，H 型是最为分权的控制模式，X 型是集团公司对子公司采用差异化的控制模式。

Hill（1988）认为集团管理模式是母公司对子公司的作业流程、绩效结果以及战略制定等控制力的综合反映。Hill 通过下述三个控制维度来衡量母公司在关键控制点上的管控程度，并据此界定管理模式:（1）作业控制维度，指集团公司对子公司各生产过程介入的程度，此维度可分成分权、集权两个极端;（2）市场控制维度，指以客观和绝对报酬率作为控制工具的程度，例如在绩效评估时，各项奖励措施与客观报酬率的相关程度;（3）战略控制维度，指各子公司必须在集团公司所赋予的战略使命下确认其竞争战略，集团公司使用组合规划技术来赋予子公司不同的战略使命。

Hill 根据上述三种控制维度，通过集群分析找出了三种集团公司控制型态，如表 2 - 3 所示。其中第一个型态是“战略—结构”文献中所定义的“多部门”或 Willianmson and Bhargava 所定义的“ M 型控制”型态；第二个型态是“战略—结构”文献中的“控股公司”或“H 型控制”型态；第三个则是“集权化的多部门公司”或者“ CM 型控制”型态。因而，Hill 的分

① Williamson O E, Bhargava N. Assessing and classifying the internal structure and control apparatus of the modern corporation: market structure and corporate behavior theory and empirical analysis of the firm, London: Gray-Mills，1972.

类是从不同角度对 Williamson and Bhargava 控制模式的具体化。

表 2－3 Hill 集团公司控制型态与控制维度

控制维度			控制型态（管控模式）
作业控制	市场控制	战略控制	
分权	广泛使用	广泛使用	多部门或 M 型
分权	很少使用	很少使用	控股公司或 H 型
集权	一般使用	一般使用	集权多部门或 CM 型

资料来源：Hill. Corporate control type, strategy, size and financial performance. Journal of management studies，1988(9)：403-417.

Hill 所采用的划分维度较为完整，包含规划、作业及绩效考核与奖赏决定。其中的战略控制维度，基本上类似于古尔德和坎贝尔的战略控制型模式。

（五）以复合维度为依据的分类

葛晨和徐金发（1999）认为母子公司管理模式有四种类型：（1）资本控制型。（2）行政管理型。（3）自主管理型。在这种模式下，母公司投资控股子公司，子公司的管理层以自然人身份持有子公司股份，成为子公司的股权所有者。这一模式可以充分调动子公司管理层的积极性。（4）平台控制型。在这种模式下，母公司全资控股或绝对控股子公司，子公司成为母公司的"作业平台"，为母公司完成特定的工作（如加工、生产、销售等）。①

葛晨和徐金发（1999）对管控类型的划分有诸多值得商榷的地方。首先，股权是形成母子公司关系的前提，资本控制不是控制模式，控股程度只是为管理模式的选择提供了空间。其次，划分标准不统一，从多个维度对集团管控模式进行划分容易导致概念间的重叠。最后，管理层持股是一种激励手段，不宜作为一种管控模式。该划分的理论意义在于行政管理型模式的提出，虽然此类管理模式侵犯了子公司的权益，但在实践中大量存在。

① 葛晨，徐金发．母子公司的管理与控制模式：北大方正集团、中国华诚集团等管理与控制模式案例评析．管理世界，1999(6)：190-196.

二、子公司视角下的分类

（一）以子公司自主性为依据的分类

Vancil and Buddrus（1979）认为集团公司对子公司的控制，可依据授予各子公司自主性的大小划分为“高自主性”和“低自主性”管理模式。Garnier（1982，1984）也是从此角度界定集团公司如何管理、控制其跨国子公司。

（二）以子公司治理角度为依据的分类

集团公司对子公司的管理是通过子公司治理实现的，已有分类未能充分体现这一特征。为此，作者基于子公司治理角度划分集团管理模式。

借鉴约翰·庞德（1995）[①] 和葛晨等的研究结果，结合对母子公司管理实践的认知，作者将管理模式从子公司治理角度划分为三种类型：基于子公司治理不作为的行政管理型模式，基于子公司治理的管理型模式和基于子公司治理的治理型模式。[②]

从子公司治理角度对管理模式进行分类借鉴了约翰·庞德的经典观念。约翰·庞德在《治理型公司的前景》一文中从权力归属角度把公司模式分为管理型和治理型，并提出可以从管理型模式向治理型模式转变的观点。约翰·庞德指出，在管理型模式的公司中，高层经理负责领导和决策，董事会的职能主要是聘用、监督高层经理并在他们无所作为时解雇他们。股东的作用是在公司经营不善时撤换董事会。在此管理模式下，股东似乎没有能力亲自评估公司政策，所以必须依靠董事会和经理层。管理型模式的公司是上市公司规模化和股权分散化的产物，几十年里一直居于主导地位。在治理型模式的公司中，高层经理和董事会在决策上实现真正合作。经理和董事会积极寻求机构投资者股东的参与，机构投资者不再是股东大会中的消极组成部分，它们在公司治理中发挥了监督者的角色，能够降低第二类代理成本。在治理型模式中，股东和董事会与决策过程紧密联系。从管理型模式到治理型模式的转变不是以权力转移为核心，而是以角色和行为的变化为重点。两种

---

① 约翰·庞德．治理型公司的前景 // 孙经纬．公司治理．北京：中国人民大学出版社，2004：69-91.

② 陈志军．母子公司管控模式选择．经济管理，2007(3)：34-40.

模式的比较见表 2－4。

表 2－4　管理型模式与治理型模式比较

	管理型模式	治理型模式
董事会作用	聘用、监督和在必要时撤换管理层	支持有效的决策和纠正错误的政策
董事会特征	1. 拥有足够的权力控制 CEO 及其考核过程 2. 有独立性，保证 CEO 得到公正的考核，董事不会因利益冲突而妥协或者与管理层合谋 3. 拥有能使外部董事公正有效地考核经理层的程序	1. 拥有足够的专业知识使董事会能够为决策过程增加价值 2. 有激励，保证董事会投身于公司价值的创造 3. 有支持公开讨论的程序，董事有获得信息的渠道，董事能够适应股东需要
政策	1. CEO 和董事会主席职务分离 2. CEO 不参加董事会会议 3. 由独立董事组成的委员会负责考核 CEO 4. 外部董事有独立的财务顾问和法律顾问 5.CEO 的绩效考核有明确的判断标准	1. 董事会必须具备所需的专业才能，如核心行业和财务的专业才能 2. 为董事提供较高的股票期权报酬 3. 指定代表咨询新的政策建议 4. 与大股东定期开会 5. 董事会可自由地向雇员了解信息

资料来源：孙经伟．公司治理．北京：中国人民大学出版社，2004：69-91.

1. 行政管理型模式

行政管理型模式是母公司越过子公司董事会直接对子公司行使集权管理的模式。行政管理型模式下，虽然从法律意义上看子公司是与母公司地位平等的法人，实际上子公司没有独立的决策权。子公司治理层的设立只是为了使其符合法律规范的要求，并没有实际作为。母公司对子公司的管理几乎等同于单个企业对分公司、分厂的管理。行政管理型模式是一种最为集权且在中国较为多见的管理模式。

行政管理型模式的优点如下：一是母公司对子公司实施直接控制，控制力度大，有利于实现协同效应；二是信息对称，母公司能及时全面地掌握子公司的经营状况与财务状况。该模式也有一定的缺点：一是母公司在纵向管理和横向协调方面工作量大，管理难度大，管理成本较高；二是子公司经理层权力弱，经营管理的主动性差。因此，采用此模式时要注意加强对子公司经理层的激励，充分调动子公司的积极性。母公司的职能部门在制定政策、发出指令时要注意与其他职能部门的政策相互协调，减少不必要的部门冲突。

2. 管理型模式

管理型模式的内涵为：母公司对子公司的管理是通过子公司治理实现的，子公司董事会对子公司运营享有较完整的决策和控制权，经理层享有子公司运营权。具体特征是：子公司的法人治理结构较完善；母公司的管理客体主要是子公司董事会，母公司对子公司经理层的管理是间接的；母公司的职能部门对子公司没有直接的控制职能，但可提供服务并协助母公司经理对子公司进行考核；子公司董事会对子公司有实际控制权，子公司有较大的经营决策权；母公司派往子公司的董事有相对独立的话语权，母公司若对子公司经营业绩不满，主要通过改组董事会实现对子公司经营的干预。管理型模式是最为分权的一种模式，母子公司关系类同于约翰·庞德提出的管理型公司董事会与经营者的关系。为避免与行政管理型模式的名称出现混同，管理型模式亦可称为“自主管理型模式”。

这种模式的优点一是母公司的横向协调工作量小，管理成本低；二是子公司决策权力大，能很好地适应外部环境的变化。其缺点一是母公司对子公司控制力度小，不利于实现集团协同效应；二是信息不对称现象较严重，母公司难以及时全面地掌握子公司的状况并及时控制其经营风险。因此，采用这一模式时要注意对信息系统的建设，以期及时全面地了解子公司的经营状况。母公司应注意通过采用复合控制手段实现协同效应。

3. 治理型模式

治理型模式的内涵为：母公司对子公司的管理是在尊重其独立法人地位的前提下通过完善子公司的治理实现的。具体特征为：母公司与子公司高度合作，母公司对子公司保持必要的管理控制，子公司又有决策的自主权；母公司在掌握相关信息的前提下参与子公司决策。治理型模式下的公司的核心不在于监督经理而在于改善决策，它的目标是降低发生错误的可能性和加快纠正错误的速度；母公司的管理客体主要是子公司董事会，并通过董事会决定子公司高管人员的任命；母公司的职能部门对子公司有一定的控制职能，主要提供服务并协助母公司对子公司进行考核；子公司经理的经营决策权受到较大限制。治理型模式是一种集分权相结合的模式，母子公司关系类同于约翰·庞德提出的治理型模式下的公司董事会与经营者的关系，高层经理和董事会在决策上真正实现合作。

该管理模式吸收了前两种模式的优点，又在较大程度上避免了它们的缺点，对不同类型的企业集团有较强的适应性，是一种较为理想的控制模式。

三种管理模式是一种理论的抽象和高度的概括，实践中管理的形式多种多样，许多企业集团的管理模式往往是混合模式。

案例

通用电气公司管理的历史变迁

1892 年成立的通用电气公司（GE）在全世界 100 多个国家开展业务，在全球拥有员工近 30 万名，现有 6 个产业部门：基础设施、工业、医疗、商务融资、消费者金融、NBC 环球。

GE 的发展史就是一部不断改革企业管理体制、优化集团管理模式的历史。20 世纪 50 年代初，公司采用分权的事业部制。当时，整个公司一共分为 20 个事业部。每个事业部独立经营，单独核算。1963 年，公司的组织机构共分为 5 个集团组、25 个分部和 110 个部门。当时公司销售正处于停滞期。1967 年以后，经营业务迅速增长，公司于是把 5 个集团组扩充到 10 个集团组，把 25 个分部扩充到 50 个，110 个部门扩充到 170 个。

20 世纪 60 年代末，GE 在市场上遭遇激烈竞争，为走出危机，1971 年 GE 在事业部内设立了战略事业单位，实行分权式管理。

20 世纪 70 年代中期，美国经济出现滞胀，GE 重新实施集权化管理，采用的是行政管理型模式。公司从 1978 年 1 月实行执行部制，即超事业部制，在各个事业部上再建立一些超事业部，来统辖和协调各事业部的活动。董事长和两名副董事长组成最高领导机构执行局，下设 5 个执行部，执行部下设 9 个总部（集团）、50 个事业部和 49 个战略事业单位。在这种模式下，从战略规划制定到实施总部几乎什么都管。为了保证战略的实施和目标的达成，集团的各种职能管理对下一级公司的管理渗透得非常深，如人事管理不仅负责制定全集团的人事制度政策，而且负责管理各下属公司二级管理团队及业务骨干人员的选拔、任免。为了保证总部能够正确做出决策并应对解决各种问题，总部职能人员的人数会很多，规模会很庞大。当时 GE 总部的职能人员多达 2 000 人。

1981年杰克·韦尔奇任CEO后，GE转为治理型模式，集团总部负责集团的财务、资产运营和集团整体的战略规划，各子公司同时也要制定自己的业务战略规划，并提出达成规划目标所需投入的资源预算。总部负责审批子公司的计划并给予有附加价值的建议，批准其预算，再交由子公司执行。

GE目前采用的是自主管理型模式，集团总部只负责集团的财务和资产运营、集团的财务规划、投资决策和实施监控，以及对外部企业的收购、兼并工作。子公司每年会制定各自的财务目标，而它们也只要达成财务目标就可以。在实行这种管理模式的集团中，各子公司业务的相关性可以很小。总部主要负责资产运作，因此总部的职能人员并不多，主要是财务管理人员。

成熟的自主管理型模式往往不再是单一的坐等分红的消极运作，而倾向于采取主动的措施影响子公司的经营方向和活动，用种种措施实现高效的集团公司管控，推进企业下属事业部的协同，将大集团的强实力与小企业的灵活性融为一体。GE就是采用这种主动自主管理型模式的典范。

第三节　集团公司管理模式选择的影响因素

母子公司管理体系是一个有机系统，选取哪种关键控制变量、采用哪些控制标准、运用哪些控制手段和控制模式，在很大程度上取决于母子公司所处的内外部环境。管理体系的环境是指对管理模式等有影响的一切因素的总和，包括母子公司的外部环境、自身战略、企业文化、组织结构等。控制环境由最初作为管理的外部因素逐渐演变为管理的一个组成部分，并不断得到强化和重视，被视作整个管理控制体系的基础和保证。

不同学者对企业控制环境有不同的分类：美国COSO委员会在其发布的《内部控制——整体框架》报告中指出，控制环境是内部控制的基础，包括：员工的诚实性、道德观、胜任能力；董事会等权力机构的状态；管理层的管理哲学和经营方式；组织结构与信息传递；授予权力和责任的形式；关键部门经理的职责是否有充分规定；人力资源政策和实施等内容。达夫特（1999）将控制环境划分为10个部分：行业、原材料、人力资源、财务资源、市场、技术、经济环境、政府、社会文化和国际等。这些控制环境因素可以进一步细分为任务环境和一般环境两个层次。

影响管理模式的因素可从母公司、子公司以及母子公司组合特征因素等方面分析。

一、母公司因素

母公司因素包括集团类型、集团战略、控股程度、信息化水平、领导风格、管理哲学和文化传统等。

（一）集团类型

根据经营性质不同，企业集团可以分为偏资本经营型、偏资产经营型以及资本和资产并重型三类。对于偏资本经营型的企业集团而言，其母公司主要职能是从事资本经营和战略决策，并不从事直接的生产经营活动，且子公司从事的业务类型广泛，母公司需要对子公司进行较广泛的分权，以充分调动其积极性和主动性，其管理模式一般为自主管理型或治理型。偏资产经营型的企业集团由于其母公司工作以生产经营为主，子公司经营自主权较小，这类集团宜采用行政管理型模式。而对于资本和资产并重型的企业集团，母公司不但要从事资本经营、战略决策和集团统一的经营活动，而且还直接从事生产经营活动，宜采用混合型管理模式。

（二）集团战略

根据 Rumelt（1974）的观点，可以将企业战略分为专业化战略、主导型多元化战略、关联型多元化战略和非关联型多元化战略四种。[①] 采用专业化战略的企业集团，其各个子公司之间的业务基本相同，实施行政管理型模式有利于提高效率，降低运营成本。而对于采用多元化战略的企业集团而言，由于经营品种增加、生产经营活动的复杂程度上升，管理组织的适当分权成为必然。各种不同多元化战略类型的母子公司，其需要分权的程度不同，因此管理模式也有所差别，具体如下：（1）主导型多元化战略。对从事主导业务的子公司可实施行政管理型模式，而对生产非主导产品的子公司则

① Rumelt, Richard P. Strategy, structure, and economic performance. Journal of Behavioral Ecomomics，1975.

可以适当分权，即采用治理型或自主管理型模式。（2）关联型多元化战略。母公司一方面要落实集团战略，实现协同效应；另一方面又要充分调动子公司的积极性和主动性，宜采用治理型模式。（3）非关联型多元化战略。为保证各子公司有足够的资助空间，实施此类战略的企业集团应主要实施自主管理型模式。

（三）控股程度

如果母公司是子公司的全资股东或绝对控股股东，母公司可以完全控制子公司，但对于非绝对控股的子公司，母公司应只对子公司重大事务实施控制。母公司对子公司的控股程度往往会反映出母公司的意图：是试图控制、影响子公司的业务还是稳定与子公司的协作关系。根据母公司对子公司的控股程度，母子公司之间的控制关系见图 2－2。

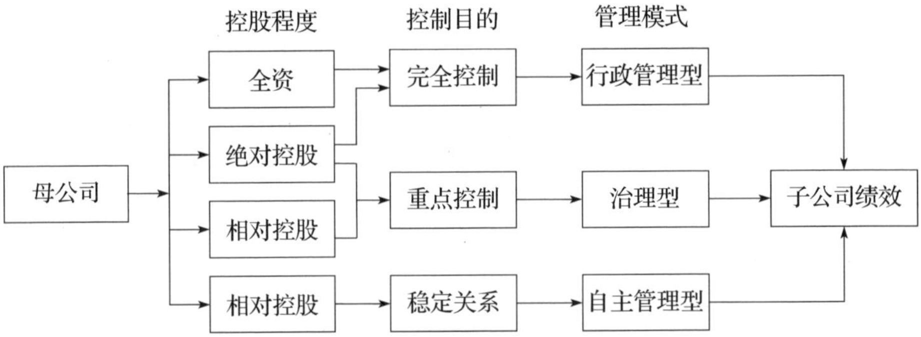

图 2－2　母子公司控股程度与管理模式关系图

（四）信息化水平

企业集团的信息化水平影响母子公司管理模式的选择。ERP、CRM 等信息管理系统为母子公司管理提供了更多更精确的信息，这有助于母子公司集权水平的提高，因此采用行政管理型或治理型模式的可能性增加。另一些学者则认为对信息技术的使用促进了组织分权。事实上，信息化水平的提高既可服务于集权程度高的管理模式，也可服务于集权程度低的管理模式。

（五）领导风格

组织领导者人格理论认为领导者人格是影响组织结构、战略、控制模式及组织文化的重要因素。Kets De Vries and Miller（1984）研究发现，组织文化及由战略、结构、控制管理模式所组成的组织构形在本质上是对组织领导者人格的一种反映。他们认为企业领导者有什么样的人格特质，其组织就会有与领导者人格特质一致的组织文化及组织构形。比如，若领导者有被迫害妄想症和多疑特质的人格，其组织文化就会表现为猜疑及互不信任、不断寻求及确认环境中的敌人、低落的士气、一致但扭曲的认知、将信息当成权力来源；其组织构形则表现为：使用严密的控制及信息系统、集中的决策权、使用复杂的环境侦测系统。

以勒温的领导风格理论为例，领导风格可以分为独裁式、民主式和俱乐部式三种。独裁式领导风格往往运用行政管理型模式来管理子公司；民主式领导风格倾向于治理型模式；而俱乐部式领导风格则喜欢自主管理型模式。

（六）管理哲学和文化传统

除高层领导的领导风格外，母公司整体的管理哲学与文化传统也会影响对管理模式的选择。公司领导者的个人风格以及偏好对整个企业文化有重要影响，但从更广泛的层面上看，企业管理哲学与文化传统是公司全员共同塑造的结果。同时，企业文化又往往是国家与地区文化的亚文化。相关研究发现，欧美国家的公司往往习惯采用更为分权的管理模式；如中国、韩国、日本等国的公司则更倾向于采用相对集权的管理模式。

二、子公司因素

子公司的特征也影响着母子公司管理模式的选择。

（一）子公司外部环境

企业面临的外部环境是动荡变化的，具有一定的不确定性。所谓外部环境的不确定性，是指企业能够了解并适应外部环境因素的程度。不确定性高，企业决策者则难以获得确切可靠的与环境相关的信息，不利于掌控外部条件变化的方向与速度，导致决策困难或决策失误。

关于对环境不确定性程度的衡量，邓肯（Duncan，1972）提出的外部环境的复杂性与稳定性这两个维度，比较全面地概括了外部环境不确定性的整体特征。[1] 复杂性是指与企业经营有关的环境因素的数量以及彼此因素之间的相互影响，稳定性则是指环境因素在时间上的变化状况。根据这两个指标可以把外部环境的不确定性划分为四种类型（见图 2－3）。

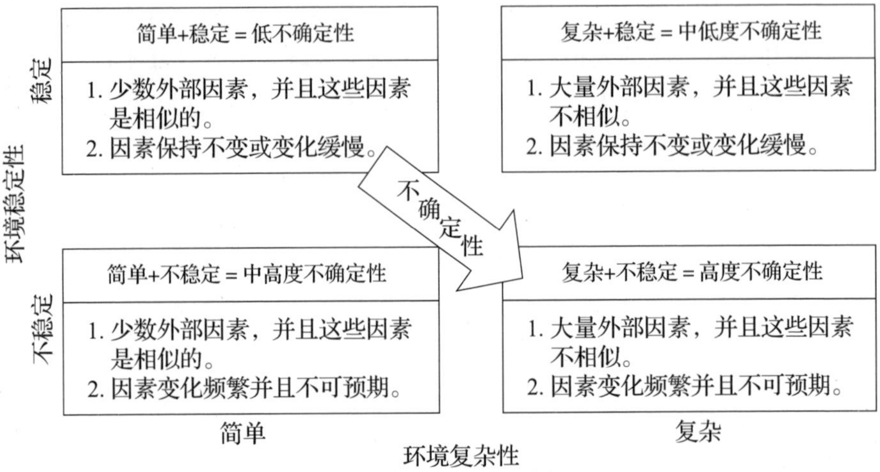

图 2－3　评价环境不确定性的框架

资源来源：Duncan R B. Characteristics of perceived environment and perceived environmental uncertainty. Administrative science quarterly, 1972 (17)：313-327.

在“简单＋稳定”象限中，外部环境的不确定性程度较低，集团对环境的把握和预测较为容易，决策相对简单，因此管理模式可以选偏集权的设计，即采用行政管理型模式。

在“复杂＋稳定”象限中，外部环境的不确定性程度有所提高，这主要是因为集团面临的外部环境因素大大增加了。企业有效掌控外部环境的能力有所下降，较难预测并适应环境，因此集团有必要分权，可采用治理型模式。

在“简单＋不稳定”象限中，外部环境的不确定性程度进一步提高。影响企业的外部环境因素虽然不多，但是这些因素变化剧烈，很难预测，导致决策困难，对分权的要求提高。集团公司对子公司的管理可采用治理型模式或自主管理型模式。

在“复杂＋不稳定”象限中，外部环境的不确定性程度最高，要求组织进行广泛分权，以快速响应外部环境的变化。集团公司对子公司的管理可采

---

① Duncan R B. Characteristics of perceived environment and perceived environmental uncertainty. Administrative science quarterly，1972(17)：313-327.

用自主管理型模式。

（二）子公司战略

根据不同的划分标准，企业战略可以分为许多种类。Porter（1980）将竞争战略分为成本领先、差异化和目标集聚三类。成本领先战略关心的重点是成本的降低，因此其对生产过程的控制严密，适宜采用行政管理型模式；差异化战略强调的是创新和变革，需要营造相对宽松的环境和氛围，因此分权和授权成为必要，适宜采用自主管理型模式；而目标集聚则是介于前两者之间，更适合采用治理型模式。

Miles and Snow（1978）将业务单元分为防御者、探索者、分析者和反应者四种战略。在这四种分类中，大多数权变管理研究都集中研究探索者和防御者的区别和差异。防御者战略所处的行业是稳定的，适宜采用行政管理型模式；而探索者战略则处于不稳定的行业，处于不确定性程度高的环境中，需要经常寻找新的产品和市场机会，因此其组织结构的柔性程度高，适宜采用自主管理型模式。

（三）子公司组织工作的信息特性

Ouchi（1979）认为组织工作的信息特性是决定管理模式的主要变量。所谓的信息特性可分两种：一是工作的可规划性或转换过程需要的知识；二是衡量结果的能力或结果的可衡量性。组织理论对管理模式的影响见图 2－4。

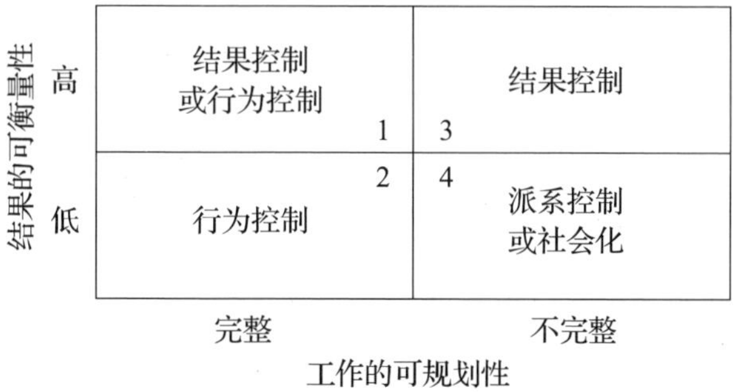

图 2－4　管理模式与信息特征

资料来源：Eisenhardt K. Control organizational and economic approaches. Management Science，1985 (2)：135.

（四）子公司地域分布情况

企业集团按地域分布情况可以分为地区性集团、全国性集团以及全球性集团。如果子公司的地域分布较集中，则方便采取集权式管理，采用行政管理型模式，实现集中管理。但是大多数企业集团的子公司的地域分布较广，可采用自主管理型模式或治理型模式，以方便其根据当地客观情况和环境变化做出及时的经营决策。

（五）子公司生命周期

企业生命周期可以分为创业阶段、集合阶段、规范化阶段和精细阶段。[①] 在创业阶段，企业规范化程度低，主要依靠创业者个人能力来管理和运作，因此对企业内部活动的控制主要依靠创业者的亲自监督；在集合阶段，企业的规章制度初步建立和完善起来，其权力还是主要集中于企业最高层，基层管理人员只有很少或几乎没有什么权力；在规范化阶段，企业管理走上正轨，组织架构、规章制度都趋于完善，高层领导为了专注处理日益繁重的战略性事务，逐渐将权力下放到较低的管理层来行使；在精细阶段，企业进入了变革图新时期，以解决存在的官僚主义，否则企业就会产生危机进而衰退下去，为了鼓励创新和变革，企业必须进行分权，以提高企业员工的积极性和主动性。

具体到母子公司管理上，在子公司的成长初期，采用行政管理型模式可能是适宜的；随着子公司的成长，母公司对子公司的分权管理就成为必要，治理型模式或自主管理型模式可能是合适的。

（六）子公司责任中心类型

责任中心是指企业内的成本、利润和投资发生单位，这些内部单位需要完成特定的职责，其责任人则被赋予一定的权力以便对该责任区域进行有效的控制。在企业集团中，这些责任中心主要是指各个子公司，有些子公司被赋予成本责任中心职责，有些子公司扮演着利润责任中心角色，而另一些则成为母公司的投资责任中心。

---

① 理查德·L. 达夫特. 组织理论与设计精要. 北京：机械工业出版社，1999：89-91.

1. 成本责任中心

成本责任中心是指那些只对成本或费用发生状况承担责任的责任中心，具体来说就是子公司经理只对本子公司发生的成本或费用负有责任，而不对经营收入负责。对于定位为成本责任中心的子公司，母公司重点关注的是该子公司的运营流程和成本控制，因此可采取行政管理型模式。

2. 利润责任中心

利润责任中心是指那些不仅要对成本承担责任，还要对收入状况承担责任的责任中心。利润责任中心负责人对本部门的利润大小负有责任，而且同时被赋予相应的经营自主权。对于定位为利润责任中心的子公司，母公司不仅需要关注该子公司的运营过程，更需要管理其最终的产出绩效，这就要求母公司对子公司进行适当放权，宜采用治理型模式。

3. 投资责任中心

投资责任中心是指那些不仅要对成本和收入承担责任，而且还要对开展经营活动所涉及的营运资本和实物资产承担责任的责任中心。这类部门的经理的决策权力更大，他们在负责本部门成本和利润的同时，还要对资本支出决策、存货量决策、应收账款管理、坏账收回与处理和原辅料采购等经营活动负责。因此，对于定位为投资责任中心的子公司，母公司关心的主要是最终的产出结果，需要使该子公司享有充分的经营自主权，可采用治理型模式或自主管理型模式。

（七）子公司资源与能力

子公司综合能力体现在子公司所掌握的资源与组织能力上，同时也体现在子公司价值链的完整程度上。子公司具备的能力是影响管理模式选择的重要因素之一。首先，子公司掌握的相应资源越多，竞争能力越强，就越有能力做独立决策。其次，子公司对决策所需信息的掌控，受子公司与网络成员的连接程度与组织跨边界程度的影响。如果子公司与网络中的各个节点联系密切，其经营决策需要与网络成员频繁互动、深度合作才能掌握足够的信息，集团公司应当允许子公司在更大的权力范围内自主行动。同理，组织跨边界行为也会影响子公司所掌握的决策信息量，为母公司对子公司进行相对分权的管理提供了重要的基础。最后，子公司价值链完整程度也会影响母子公司管理模式的选择。子公司价值链越完整，表示子公司在所处的竞争环境（如行业、地理范围）中可以越自主地应对市场，与母公司沟通协调的需求降低，母公司可采用较分权的管理模式。

（八）子公司高管特征

集团在考虑是否对子公司放权时，子公司高管的特征也是重要的权衡因素。母公司应关注子公司高管团队两方面的特征：能力特征和态度特征。对于管理经验丰富、任职年限较长且对组织承诺较高的高管人员，母公司可以适当放权；相反，若子公司的高管团队总体来说资历较浅，尚未形成程度较深且较为稳定的组织承诺，母公司则需要采用相对集权的管理模式。

三、母子公司组合特征因素

（一）母子公司依赖程度

资源依赖理论认为次级单位的作为或产出在本质上是组织的一项资源，资源越重要，组织对其依赖越深，组织越会设法去控制它。换言之，当一个组织对次级单位依赖越深，或次级单位对组织来说越重要时，组织通常越会施以较严密的控制，给予较少的自主权，采用较直接、集权的控制。因此，可以用资源依赖理论来说明母公司如何去控制其子公司，即为何对某些子公司实施严格控制，而放任另一些子公司自行运作。

根据资源依赖理论，母公司对各子公司采取的管理模式会受子公司重要性的影响。Jaeger and Baliga（1984）指出，对于受其他子公司依赖程度较高且影响层面广的子公司，母公司通常采取集权控制方式，极少分权，即一般可采用行政管理型模式。对母公司重要性低的子公司，可采取治理型或自主管理型模式，有效地调动其积极性，促进其自主发展。

（二）母子公司相对规模

子公司规模和母子公司管理水平之间存在复杂的关系，这是因为：一方面，规模的扩大意味着下属子公司经营实力的增强并减少对母公司的依赖；另一方面，由于大型的子公司在整个企业集团中占据举足轻重的位置，母公司对其的关注自然较多。因此，对于小型的子公司，母公司一般不会付出过多关心，可能采用自主管理型模式；对于规模偏大的子公司则可能加强管理的力度，增强集团凝聚力。

（三）母子公司文化距离

关于公司之间文化距离的研究多见于对跨国公司管理的相关研究。跨国集团下辖的海外子公司所处的国家一般都有各自的宗教信仰、风俗习惯、价值观体系以及特定的行为方式，因此海外子公司或分支机构的文化往往会受东道国文化的影响，最终形成与跨国公司总部不同的文化。从集团公司管理的角度讲，文化距离也是选择管理模式时必须考虑的因素。当母子公司文化距离较大时，应倾向于选择自主管理型模式；而当母子公司文化距离较小时，母公司可权变使用治理型模式或行政管理型模式。

（四）母子公司整合程度

母子公司间的整合程度反映了子公司与母公司资源共享、联系沟通和协同合作的状况。母子公司的高度整合表明二者具有很多相同的管控客体，例如共同的市场、渠道以及人力资源等。一般而言，在其他因素不变的情况下，母子公司整合程度的提高为集团公司集权管理创造了条件。在高度整合的情况下，子公司可能只作为集团价值链的一个环节存在，适宜采用行政管理型模式；整合程度较低时，可采用自主管理型模式；而整合程度介于“两端”之间时，可以采用治理型模式。

（五）母子公司高管团队的关系

母公司与子公司两级高管团队的关系是决定管理模式的重要因素。这一点在东西方文化情境下都得到了相关研究的印证。例如，在西方文化情境下进行的一项研究表明，领导者对于自己颇为信任的下属，往往采用授权型的领导方式。在东方文化中，人们更为看重“关系”的作用，使得管理行为无可避免地带有很强的“关系导向”。因此，当母子公司两级高管团队中的主要领导人关系密切、互相信任时，母公司对子公司的管理往往呈现为更加分权的状态；相反，当两级高管团队的关系是单纯契约型的、不稳定的状态时，母公司往往在授权时保持非常谨慎的态度。

集团管理模式的影响因素如表 2－5 所示。

表 2－5　集团管理模式影响因素

类别	影响因素
母公司因素	集团类型
	集团战略
	控股程度
	信息化水平
	领导风格
	管理哲学和文化传统
子公司因素	子公司外部环境
	子公司战略
	子公司组织工作的信息特性
	子公司地域分布情况
	子公司生命周期
	子公司责任中心类型
	子公司资源与能力
	子公司高管特征
母子公司组合特征因素	母子公司依赖程度
	母子公司相对规模
	母子公司文化距离
	母子公司整合程度
	母子公司高管团队的关系

第四节　集团公司管理模式选择的定量分析

没有最佳的和万能的集团管理模式，只要模式适宜自身状况即可。为寻求相对适宜的管理模式，可运用定量分析方法。管理模式定量分析的基本思路是：梳理管理模式的影响因素，构建影响因素指标体系，确定指标权重，确定指标取值，计算综合指标得分并确定管理模式。

一、梳理管理模式的影响因素

集团公司管理模式受到诸多因素的影响，正确识别并深入分析影响因素成为选择管理模式的首要任务。影响管理模式的既有母公司的因素，也有子公司的因素，也可能有母子公司的组合特征因素。对不同影响因素进行梳理和分析，判断各因素对集团管理模式的影响方向和程度是进行管理模式定量分析的前提。

二、构建影响因素指标体系

管理模式影响因素指标体系依据理论广泛选取影响因素，然后运用德尔菲法、头脑风暴法或名义小组法，集思广益、去粗存精，并通过专家检验，形成最终的指标体系。本书以用德尔菲法征询专家意见为例构建指标体系。首先确定专家人数和结构，专家一般不超过 20 人，专家组成员一部分来自集团的高级管理者，另一部分来自研究集团管理的专家。其次采用电子邮件、电话或者当面交流等方式，请专家对指标体系的建立、修改和添加提出意见。如果专家的结论一致性较低，则进行第二轮甚至第三、第四轮对指标体系的讨论，最终形成较为一致的评价指标体系。

在设计指标体系时，要突出重点且覆盖适宜，避免进行不加筛选和分类的堆砌，防止指标内容之间存在互相冲突、互相解释的情况。指标的层级设计应当遵循逻辑性、系统性和可操作性，选择的指标体系应当具有相关性、制衡性、支撑性和定量性。相关性强调指标之间能够进行横向和纵向对比，避免指标间的相互抵消和相互解释，尽可能排除异常和偶然事件的影响；制衡性要求指标体系要具备相互制约的内在机制，避免单一指标的变异影响整个指标体系的最终结果；支撑性是指低层级指标能够解释反映高层级指标，低层级指标具有完备性，高层级指标具有概括性；定量性考虑了调查对象对指标赋值的影响，不同评估者得出的结论存在偏差，如果设定定量的参考值，并辅以例证等方法，能够减少评估中的个性因素和主观因素，使赋值评估更加客观。

本书综合理论与实践，提出供参考的集团管理模式选择的指标体系，如表 2－6 所示。该指标体系的综合指标为 A 级目标层指标；管理模式影响因素为B级准则层指标，包括母公司因素、子公司因素和母子公司组合特征因素；解释或反映准则层指标的因素为C级基础层指标。该集团管理模式选择指标体系具有一定的普适性，集团在应用时可根据自身情况和专家意见对该指标体系进行修改和删减。

表2－6 集团管理模式选择的指标体系

目标层指标（A级）	准则层指标（B级）	基础层指标（C级）
集团公司管理模式A	母公司因素B_1	集团类型C_{11}
		集团战略C_{12}
		控股程度C_{13}
		信息化水平C_{14}
		领导风格C_{15}
		管理哲学和文化传统C_{16}
	子公司因素B_2	子公司外部环境C_{21}
		子公司战略C_{22}
		子公司组织工作的信息特性C_{23}
		子公司地域分布情况C_{24}
		子公司生命周期C_{25}
		子公司责任中心类型C_{26}
		子公司资源与能力C_{27}
		子公司高管特征C_{28}
	母子公司组合特征因素B_3	母子公司依赖程度C_{31}
		母子公司相对规模C_{32}
		母子公司文化距离C_{33}
		母子公司整合程度C_{34}
		母子公司高管团队的关系C_{35}

三、确定指标权重

指标权重的确定方法包括主观赋权法、客观赋权法及综合赋权法。主观赋权法根据专家的经验和主观判断确定权数，包括层次分析法（AHP）、专家经验法、模糊分析法和二项系数法等。客观赋权法根据历史数据显示的指标间相关关系来评估，包括主成分分析法、最大熵技术法和最大离差法等。综合赋权法是将主观与客观赋权法结合使用。集团管理模式各层级指标权重可通过主观赋权法或综合赋权法确定，单独使用客观赋权法容易造成数据对实践的偏离和不符。

本书以层次分析法为例，确定指标体系权重。层次分析法是定性与定量相结合的方法，通过数学计量反映人们对主观重要性的判断，适用于对多层次结构综合评价问题的权重确定。使用层次分析法首先要将研究问题系统化和层级化，构造一个递阶层次分析模型，前文中构建的管理模式选择的指标体系就是这样一个分析模型，可直接运用。

其次，构造两两比较的判断矩阵。根据管理模式选择指标体系，确定上下级元素的隶属关系。对每一个指标，按照下一层级的影响元素，采用1～9标度对指标的重要性程度赋值①，形成各层级的判断矩阵。以表2-6中母公司因素为例，其支配的C级元素有6个，针对母公司因素而言，集团类型和集团战略哪个更加重要，重要多少，使用1～9标度对重要性程度赋值。依次两两比较，属于母公司因素的6个被比较元素构成一个两两比较的判断矩阵，如表2-7所示。

表2-7　企业集团管理模式指标母公司因素权重判断矩阵

母公司因素 B_1	集团类型 C_{11}	集团战略 C_{12}	控股程度 C_{13}	信息化水平 C_{14}	领导风格 C_{15}	管理哲学和文化传统 C_{16}
集团类型 C_{11}	α_{11}	α_{12}	α_{13}	α_{14}	α_{15}	α_{16}
集团战略 C_{12}	α_{21}	α_{22}	α_{23}	α_{24}	α_{25}	α_{26}
控股程度 C_{13}	α_{31}	α_{32}	α_{33}	α_{34}	α_{35}	α_{36}
信息化水平 C_{14}	α_{41}	α_{42}	α_{43}	α_{44}	α_{45}	α_{46}
领导风格 C_{15}	α_{51}	α_{52}	α_{53}	α_{54}	α_{55}	α_{56}
管理哲学和文化传统 C_{16}	α_{61}	α_{62}	α_{63}	α_{64}	α_{65}	α_{66}

再次，通常情况下指标权重判断矩阵的打分由专家进行，因此将设计好

① 1表示两个因素相比，具有同等重要性；3表示两个因素相比，前者比后者稍微重要；5表示两个因素相比，前者比后者重要；7表示两个因素相比，前者比后者明显重要；9表示两个因素相比，前者比后者绝对重要。

的指标权重调查问卷发放给专家，请专家对指标重要性打分，形成判断矩阵。

最后，根据判断矩阵计算其特征向量，对特征向量进行归一化处理，即形成被比较指标的相对权重。例如，由表 2－7 得到判断矩阵 B_1，根据公式 $B_1{*}w=\lambda_{max}{*}w$ 得到 B_1 基础层指标的对应权重 w。[①] 之后对判断矩阵进行层次排序和一致性检验，对各指标的权重结果进行修正。

管理模式选择的指标权重分配如表 2－8 所示。其中母公司因素的 C 级隶属指标为 6 个，其权重可写为向量形式：$W_{C_{11}-C_{16}}=(w_{11}, w_{12}, w_{13}, w_{14}, w_{15}, w_{16})$。

表 2－8　管理模式选择指标权重分配示例图

准则层指标（B 级）	权重	基础层指标（C 级）	权重
母公司因素 B_1	W_{B_1}	集团类型 C_{11}	w_{11}
		集团战略 C_{12}	w_{12}
		控股程度 C_{13}	w_{13}
		信息化水平 C_{14}	w_{14}
		领导风格 C_{15}	w_{15}
		管理哲学和文化传统 C_{16}	w_{16}
子公司因素 B_2	W_{B_2}	子公司外部环境 C_{21}	w_{21}
		子公司战略 C_{22}	w_{22}
		子公司组织工作的信息特性 C_{23}	w_{23}
		子公司地域分布情况 C_{24}	w_{24}
		子公司生命周期 C_{25}	w_{25}
		子公司责任中心类型 C_{26}	w_{26}
		子公司资源与能力 C_{27}	w_{27}
		子公司高管特征 C_{28}	w_{28}
母子公司组合特征因素 B_3	W_{B_3}	母子公司依赖程度 C_{31}	w_{31}
		母子公司相对规模 C_{32}	w_{32}
		母子公司文化距离 C_{33}	w_{33}
		母子公司整合程度 C_{34}	w_{34}
		母子公司高管团队的关系 C_{35}	w_{35}

① λ_{max} 是判断矩阵 B_1 的最大特征根，w 是相应的特征向量。

四、确定指标取值

采用专家打分法对集团管理模式指标进行赋值。专家打分既可以是对指标的定性评价，也可以是定量评价。专家进行定量打分时，发放给专家的调查问卷需阐明对每个指标进行定量打分的依据。例如子公司因素中的资源与能力指标，需提供各子公司的营业收入、资产价值等数据，对该指标打分时，依据各子公司营业收入、资产价值占集团总量的比重赋予其相应的分数值。专家打分法定量赋值具有一定的局限性，并非所有的指标都可以用数据和排名来量化赋值。本书重点介绍模糊综合评价法。

模糊现象是指某些事物类属标准不清晰，不能准确划分事物类别所表现出的模糊性。集团管理的集分权程度具有内在模糊性；母子公司管理模式的影响因素判断也具有模糊性；影响因素评价指标是定性指标，各指标间的比较具有模糊性。综合考虑以上因素，本书采用模糊综合评价法确定指标的取值。

模糊综合评价法利用模糊集和隶属度函数等概念，应用模糊变换原理，把定性评价转化为定量评价，从多个方面对事物的隶属类别或等级状况进行整体评价。在管理模式定量选择指标体系的基础上，运用模糊综合评价法应当遵循以下步骤（以表 2－6 所示的三级指标体系为例）：

第一，依据指标对管理模式集权程度的影响结果进行划分，将评价尺度分为 5 个等级：某指标对管理模式集权程度的影响很小（0.1）、较小（0.3）、适中（0.5）、较大（0.7）、很大（0.9）。评价集是以专家对各指标对集权程度的影响做出的评判结果为元素的集合，故评价集为：

$V=$（很小，较小，适中，较大，很大）

相应地，评价集的标准隶属度为：

$U=(0.1, 0.3, 0.5, 0.7, 0.9)$

第二，根据管理模式选择指标体系和模糊评价集，编制隶属度调查问卷，将调查问卷分发给评判专家小组（专家小组应当包含母子公司成员），请专家对相应指标对管理模式集权程度的影响进行评价，得到隶属度评价结果。隶属度调查结果示例如表 2－9 所示。

表 2-9　企业集团管理模式选择指标隶属度调查结果示例

指标	专家 1	专家 2	专家 3	专家 4	…
$R_{C_{11}}$	较大（0.7）	较大（0.7）	适中（0.5）	较大（0.7）	…
$R_{C_{12}}$	很小（0.1）	较小（0.3）	较小（0.3）	适中（0.5）	…
$R_{C_{13}}$	适中（0.5）	较大（0.7）	很大（0.9）	较大（0.7）	…
$R_{C_{14}}$	…	…	…	…	…
⋮	⋮	⋮	⋮	⋮	⋮
$R_{C_{21}}$	…	…	…	…	…
$R_{C_{22}}$	…	…	…	…	…
R_{C_i}	…	…	…	…	…

第三，根据隶属度结果建立模糊综合评价矩阵。模糊综合评价矩阵示例：$R=(r_1, r_2, r_3, r_4, r_5)$。$R$ 代表某指标的评价等级向量，例如集团战略的评价等级向量。r_1 代表 R 指标的第一评价等级得分，即认为 R 指标对管理模式集权程度影响很小的专家人数占全部测评人数的百分比，其他 r_i 含义类似。将同类的基础层指标评价得分综合后，得到一个模糊综合评价矩阵。

例如表 2-6 中 B 层指标“母公司因素”隶属层（C 级）指标共有 6 个，其模糊评价矩阵 R_{B_1} 如公式（2-1）所示。r_{111} 表示给 C 级第一个指标“集团类型”打 0.1 分的专家占总人数的百分数，r_{112} 表示给 C 级第一个指标“集团类型”打 0.3 分的专家占总人数的百分数，r_{121} 表示给 C 级第二个指标“集团战略”打 0.1 分的专家占总人数的百分数，r_{122} 表示给 C 级第二个指标“集团战略”打 0.3 分的专家占总人数的百分数，其余含义类似。相应地，可以得到 R_{B_2} 和 R_{B_3} 的模糊综合评价矩阵。

$$R_{B_1}=\begin{bmatrix} r_{111} & r_{112} & r_{113} & r_{114} & r_{115} \\ r_{121} & r_{122} & r_{123} & r_{124} & r_{125} \\ r_{131} & r_{132} & r_{133} & r_{134} & r_{135} \\ \vdots & \vdots & \vdots & \vdots & \vdots \\ r_{161} & r_{162} & r_{163} & r_{164} & r_{165} \end{bmatrix} \tag{2-1}$$

第四，计算指标取值。将模糊综合评价矩阵与评价集的标准隶属度相乘，计算指标取值。例如，将母公司因素的模糊评价矩阵 R_{B_1} 与评价集的标准隶属度 U^T 相乘（如式（2-2）所示），得到母公司因素隶属 6 个指标的得分矩阵 $V_{C_{11}-C_{16}}$。

$$V_{C_{11}-C_{16}}=R_{B_1}\times U^T=\begin{bmatrix} r_{111} & r_{112} & r_{113} & r_{114} & r_{115} \\ r_{121} & r_{122} & r_{123} & r_{124} & r_{125} \\ r_{131} & r_{132} & r_{133} & r_{134} & r_{135} \\ \vdots & \vdots & \vdots & \vdots & \vdots \\ r_{161} & r_{162} & r_{163} & r_{164} & r_{165} \end{bmatrix}\times\begin{pmatrix} 0.1 \\ 0.3 \\ 0.5 \\ 0.7 \\ 0.9 \end{pmatrix} \tag{2-2}$$
$$=(C_{11},C_{12},C_{13},C_{14},C_{15},C_{16})$$

同理可得子公司因素 8 个指标的得分矩阵 $V_{C_{21}-C_{28}}$ 见式（2－3），母子公司组合特征因素 5 个指标的得分矩阵 $V_{C_{31}-C_{35}}$ 见式（2－4）。

$$V_{C_{21}-C_{28}}=R_{B_2}\times U^T=(C_{21},C_{22},C_{23},C_{24},C_{25},C_{26},C_{27},C_{28}) \tag{2-3}$$

$$V_{C_{31}-C_{35}}=R_{B_3}\times U^T=(C_{31},C_{32},C_{33},C_{34},C_{35}) \tag{2-4}$$

五、计算综合指标得分

计算集团对某子公司管理模式指标体系的综合得分，将该子公司的指标与对应权重相乘得到上一级指标取值，反复进行，最终求得某子公司的综合得分。

例如，母公司因素得分的计算如式（2－5）所示，权重取值来源于表 2－8。

$$V_{B_1}=W_{C_{11}-C_{16}}\times V_{C_{11}-C_{16}}{}^T=(w_{11},w_{12},w_{13},w_{14},w_{15},w_{16})\times\begin{pmatrix} C_{11} \\ C_{12} \\ C_{13} \\ C_{14} \\ C_{15} \\ C_{16} \end{pmatrix} \tag{2-5}$$

同理得子公司因素得分（见式（2－6））、母子公司组合特征因素得分（见式（2－7））：

$$V_{B_2}=W_{C_{21}-C_{28}}\times V_{C_{21}-C_{28}}{}^T \tag{2-6}$$

$$V_{B_3}=W_{C_{31}-C_{35}}\times V_{C_{31}-C_{35}}{}^T \tag{2-7}$$

母公司对该子公司管理模式选择的综合得分为（见式（2－8））：

$$V_A=(\mathrm{W}_{B_1},\mathrm{W}_{B_2},\mathrm{W}_{B_3})\times\begin{bmatrix} V_{B_1} \\ V_{B_2} \\ V_{B_3} \end{bmatrix} \tag{2-8}$$

六、确定管理模式

运用模糊综合评价法，确定不同子公司各指标取值，计算各子公司综合得分 V_A。母公司依据管理模式判断标准（见表 2－10）和子公司综合得分范围，选择对该子公司的管理模式。

表 2－10 集团管理模式定量选择判断标准

子公司综合评价值	0 ~ 0.35	0.35 ~ 0.65	0.65 ~ 1
母公司对子公司的管理程度	分权	集分权相结合	集权
母公司对子公司的管理模式	自主管理型	治理型	行政管理型

资料来源：乔雪莲．母子公司管控模式设计及其影响因素的实证研究．天津：天津大学，2011：91-94.

集团管理模式选择将定性分析转化为定量计算，为实现集团内部多种管理模式共存提供了科学依据和数学方法，为制定合理的管理制度提供了前提和基础。

□ 案例分析

鲁银投资集团人力资源管理模式选择

一、鲁银投资集团概况

鲁银投资集团主营业务包括羊绒纺织、房地产开发、制药和材料生产，为综合性企业集团。鲁银集团总部设立办公室、规划投资管理部、财务部、人力资源部等 8 个职能管理部门；旗下共有 11 个子公司，员工人数总计 2 404 人，集团总部人数总计 98 人。鲁银投资集团对各子公司采取统一的管理模式，未考虑其行业特点和公司差异等因素，限制了部分子公司的发展。

二、鲁银投资集团人力资源管理存在的问题

鲁银投资集团人力资源管理中存在的主要问题是：第一，人力资源管理模式单一，没有依据不同子公司的特征制定适宜的管理模式。第二，人力资源共享机制缺失，子公司之间各自为政。第三，人力资源管理信息化水平低。

三、人力资源管理模式定量选择

下面拟运用定量方法，帮助鲁银集团选择人力资源管理模式，以改善集团人力资源管理现状。

集团对子公司人力资源管理采取不同模式，首先确定影响管理模式选择的关键因素，构建人力资源管理模式影响因素指标体系，然后对子公司进行评价，最终依据评价结果，为子公司选择合适的管理模式。

1. 构建人力资源管理模式影响因素指标体系

在理论与实践基础上发现，影响母公司对子公司人力资源管理模式的因素包括子公司人力资源现状、子公司发展现状、子公司管理水平、子公司企业能力四个方面。通过理论文献的筛选，结合公司高管的经验，构建鲁银集团人力资源管理模式指标体系如表 2-11 所示。

表 2-11　鲁银集团人力资源管理模式指标体系

评价内容	评价指标体系	变量
人力资源现状	人员数量	L_{11}
	个人能力	L_{12}
	个人素质	L_{13}
	集团意识	L_{14}
发展现状	成立年限	L_{21}
	业务相关度	L_{22}
	文化一致性	L_{23}
	形成过程	L_{24}
管理水平	领导能力	L_{31}
	制度完善性	L_{32}
	管理目标一致性	L_{33}
	业务处理水平	L_{34}
企业能力	资金支持能力	L_{41}
	运营能力	L_{42}
	扩展能力	L_{43}
	组织优化能力	L_{44}

2. 获取子公司指标得分

鲁银集团依据人力资源管理模式指标体系，设计包含以上指标的调查问卷。问卷采用五级量表方式，将上述每个指标表述为相应的问题，发放给母子公司成员进行打分，最低分为 1 分，最高分为 5 分。一共发放问卷 250 份，涉及 11 家子公司，为了保证样本的均衡性，尽量达到每个子公司的调查问卷数量相近，回收问卷并进行筛选后，有效问卷为 240 份。

将问卷数据进行统计整理，对变量取值进行标准化处理，采用 SPSS 软件进行因子相关性分析，因子之间的相关性程度较高，可以采用因子分析法（主成分分析法）对变量进行降维处理。

使用 SPSS 软件对鲁银集团子公司人力资源管理影响因素进行因子分析，提出三个主因子，可解释所有指标方差的 82.9%。通过旋转后的因子载荷矩阵，分析每个主因子解释的原始指标，并对主因子进行命名。依据主因子反映的内容，分别将三个主因子命名为：子公司企业经营能力（Y_1）、子公司资源积累能力（Y_2）和子公司文化认同（Y_3）。依据因子分析结果中的因子得分表，结合原始指标的取值，计算因子取值。

主因子权重的取值，采用因子对指标的解释能力作为权重，该值可以通过因子分析的总方差解释表获得。因此，鲁银集团子公司人力资源管理模式影响因素综合得分计算公式为：

$$Z = 0.62Y_1 + 0.12Y_2 + 0.08Y_3$$

利用该公式，分别计算 11 个子公司人力资源管理模式影响因素总体得分，结果如表 2－12 所示。

表 2－12　鲁银集团子公司人力资源管理模式影响因素总体得分

子公司	粉末冶金	禹城粉末	禹城羊绒	山东毛绒	鲁邦地产	济南鲁邦	莱芜鲁邦	青岛豪杰	鲁银经贸	鲁银文化	弘德物业
总得分	4.15	3.62	3.34	3.64	4.20	2.85	2.70	3.54	3.61	2.72	2.74

鲁银集团人力资源管理模式影响因素得分一定程度上反映了子公司人力资源管理现状。子公司得分越高，表明其人力资源管理能力越强，自主性、创新性越强，因此母公司可对其人力资源采取分权的管理模式；子公司得分越低，表明该公司在内部管理方面存在越多欠缺，机制越不完善，缺乏

经营性人才，因此母公司应对其人力资源采取集权的管理模式，帮助子公司尽快建立人力资源管理流程。母公司依据管理模式定量选择判断标准（见表2－13），以及子公司的得分（见表2－12），对11家子公司分别选取相应的管理模式，结果如表2－14所示。

表2－13　鲁银集团人力资源管理模式定量选择判断标准

子公司综合评价值	0～3	3～4	4～5
母公司对子公司的管理程度	集权	集分权相结合	分权
母公司对子公司的管理模式	行政管理型	治理型	自主管理型

表2－14　鲁银集团母公司对子公司人力资源管理模式选择

子公司名称	人力资源控制层次	集权程度	管理模式
粉末冶金	董事会、监事会	分权	自主管理型
禹城粉末	董事会、监事会；经理层	集分权相结合	治理型
禹城羊绒	董事会、监事会；经理层	集分权相结合	治理型
山东毛绒	董事会、监事会；经理层	集分权相结合	治理型
鲁邦地产	董事会、监事会	分权	自主管理型
济南鲁邦	全部	相对集权	行政管理型
莱芜鲁邦	全部	相对集权	行政管理型
青岛豪杰	董事会、监事会；经理层	集分权相结合	治理型
鲁银经贸	董事会、监事会；经理层	集分权相结合	治理型
鲁银文化	董事会、监事会；经理层；	相对集权	行政管理型
弘德物业	全部	相对集权	行政管理型

鲁银集团公司对粉末冶金和鲁邦地产子公司采取自主管理型人力资源管理模式，鲁银投资集团只需对子公司的董事会和监事会进行控制，为子公司提供咨询服务，子公司根据自己的特点和需求进行人力资源管理。鲁银集团对子公司进行治理型模式的管理时，不仅要对子公司董事会和监事会进行必要的管控，同时还要对子公司的经理层进行控制，为子公司提供人力资源管理必要的指导和监督，子公司拥有一定的人力资源管理权限，可对专业技术人员及普通员工进行管理。鲁银集团对子公司采取行政管理型管理模式时，

母公司对子公司的所有人力资本进行控制，不仅要对子公司的董事会、监事会和经理层进行控制，同时要对子公司的专技人员和一般员工进行统一管理，子公司仅负责执行母公司的政策和决议。

资料来源：王蕾．鲁银投资集团人力资源管控研究．济南：山东大学，2013：23-47.

思考题：

1. 如何理解集团公司要动态调整管理模式?

2. 谈谈你所任职或熟悉的集团公司管理模式的现状并对其做评价。

第三章

集团治理与组织结构设计

第一节 集团治理

一、公司治理与集团治理

（一）公司治理的内涵

公司治理有广义和狭义之分。狭义的公司治理是指经营管理过程中各参与者（股东、董事会、经理层）的权力、责任、利益、结构关系及其相互制衡机制。广义的公司治理不仅涵盖了狭义公司治理的内容，还包括公司活动对外部环境的影响，以及对其他利益相关者的责任。[①]

公司治理主要解决三个问题：第一，解决所有者和经营者之间的代理问题，所有权和经营权的分离产生了代理成本，通过公司治理机制可以保证股东利益。[②]第二，解决控股股东与中小股东之间的代理问题，协调股东之间的利益，保护中小股东，防止控股股东的侵占行为和利润转移行为。第三，解决股东与相关利益者之间的代理问题，承担社会责任，维护其他利益相关者利益，例如债权人、消费者等。

（二）公司治理与管理的区别与联系

《公司治理》杂志主编、牛津大学教授R.特里克在《公司治理》一书中，最早明确提出公司治理的重要性及其与公司管理的区别。[③]他认为，管理是运营公司，而治理则是确保这种运营处于正确的轨道上。

穆勒对治理与管理做了以下对比[④]：（1）公司治理涉及公司战略方针的制定、控制和监督，以及公司与外部社会、经济和文化的联系；管理则是运

---

① 张春子，张维宸．金融控股集团管理实务．北京：机械工业出版社，2010：47-52.

② 郭全中．集团公司治理与管理体制研究．北京：中国人民大学，2004：24.

③ 李建伟．公司制度、公司治理与公司管理：法律在公司管理中的地位与作用．北京：人民法院出版社，2005：84.

④ 赵增耀．企业集团治理．北京：机械工业出版社，2002：72-73.

用一定的方式来指导或监督某一活动。（2）治理的焦点在外部；管理的焦点则在内部。（3）治理假定一个开放系统；而管理假定一个封闭系统。（4）治理基于战略方面的考虑；管理基于任务方面的考虑。（5）治理讲的是董事会借以监督经理的程序、结构和关系，重点强调对利益关系的调整；而管理讲的是为了达到公司的目标，经理应做什么及怎样做，重点强调为达到特定目标应选择的手段、方法和管理技术。

王璞认为，公司治理与管理在考察角度、研究的核心内容以及在企业管理中的地位和发挥的作用都不相同：①（1）从企业财富创造角度看，管理关注的是如何创造更多的财富，而治理则是确保这些财富的创造合乎各方利益要求的一种制度安排。（2）从研究内容角度看，公司治理是董事会、监事会、经理层的相互制衡机制及其结构和联系的制度体系，公司管理则是管理人员在确定目标以及实现目标的过程中所采取的行动。（3）从地位和发挥的作用角度看，公司治理侧重于战略规划、重大项目投资决策、治理模式设计等，而公司管理主要负责战略管理、中层管理和作业管理。

尽管公司治理与管理存在上述区别，但是两者之间也存在一致性和紧密的联系：（1）公司战略。公司治理负责战略规划、监督、评估与反馈，公司管理侧重于战略实施，二者共同完成公司的战略目标。（2）执行董事。如果把治理看作董事会的工作，管理看作经理层的工作，那么执行董事则兼具二者的职能。他们大多是公司内部的高管人员，既参与治理，又参与管理，并执行董事会决议。总经理（或CEO）与董事长由同一人兼任，就会在公司的最高职位上实现管理与治理的统一。②（3）组织结构。公司治理集中于董事会这一层次，管理则集中于总经理及以下的管理层次，都从属于一个公司的组织结构内。（4）共同目标。企业目标是实现收益最大化，公司治理与公司管理则是为实现企业这一终极目标在不同方面做出努力。

总体来看，治理与管理具有同一性，共同作用于公司的运作（见图3－1）。公司治理与公司管理的差异与联结点总结见表3－1。

---

① 王璞．母子公司管理．北京：中信出版社，2003：31-32.

② 席酉民，企业集团治理．北京：机械工业出版社，2002：73.

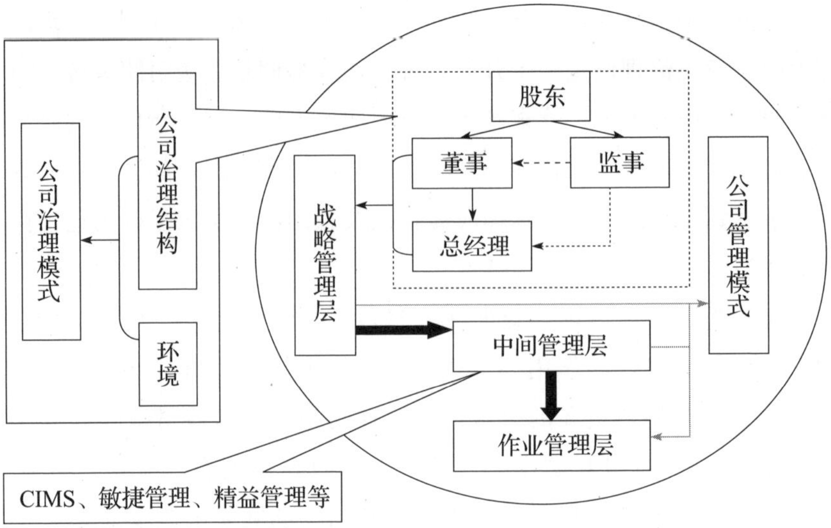

图 3－1　公司治理与管理相统一的系统模型

资料来源：席酉民．企业集团治理．北京：机械工业出版社，2002.

表 3－1　公司治理与公司管理的差异与联结点

	公司治理	公司管理
主要目标	实现利益相关主体间的制衡，解决代理问题；规定公司的基本框架，以确保管理处于正常的轨道	经营决策，产生绩效；规定公司具体的发展路径及手段
基本职能	监督、确定责任体系和指导	计划、组织、指挥、控制和协调
层级结构	以董事会为中心的治理结构	以总经理为中心的内部组织结构
实施基础	主要是契约关系	行政权威关系
法律地位	主要由法律、法规决定	主要由经营者决定
实施内容	资源配置	资源利用
相互联结点	公司战略的管理层次、组织机构、企业文化等	

（三）集团治理与单体公司治理的异同

企业集团是多个独立法人公司的联合体。集团治理由母公司治理和子公司治理构成，无论是母公司治理还是子公司治理都需要解决所有者和经营者之间的代理问题，设计股东大会、董事会、监事会和经理层结构，建立决策、激励与约束机制，这与单体公司治理相同。

集团治理与单体公司治理也存在差异，主要体现在以下方面：第一，集团治理的对象和边界比公司治理更加宽泛，更为复杂。集团治理不仅包括集团公司和子公司作为独立法人对其自身的股东大会、董事会、监事会和经理层的治理，还包括集团公司作为最终控股公司，需涉入各子公司治理结构，包括股东大会、董事会、监事会和经理层等，以协调、监督子公司，确保子公司行为符合企业集团的整体利益。第二，集团治理链条比单体公司治理更长。我国企业集团控股模式为金字塔式控制链条，链条顶端为集团公司，顺链条而下依次为一级子公司、二级子公司、三级子公司……因此，集团治理包括多层委托代理关系，集团治理结构比单体公司更为复杂。第三，集团公司管理高于子公司治理，集团公司对子公司的管理通过子公司治理实现，而单体公司治理高于管理。换言之，集团公司作为子公司的控股股东，可以通过涉入子公司决策层的方式实现对子公司的治理，即集团公司对子公司的管理高于子公司自身的治理。而单体公司的决策层属于公司治理，公司决策的顺利实施依靠公司内部的管理规则、流程等，单体公司的管理服从于该公司治理层的决策。

二、集团公司治理

（一）集团公司治理结构

1. 集团公司股东大会

股东是公司的所有者，股东大会是集团公司的最高权力中心。依据《公司法》规定，股东应当依法行使对公司的权利，并履行相应的责任。股东权利包含剩余索取权、重大事项投票权、知情权、起诉权以及监督权。股东应当依法行使重大事项表决权，例如，关于集团经营方向、投融资管理、利润分配等事项的表决。

集团公司在子公司中拥有绝对或者相对多数的股份，可以通过集团公司股东大会制定子公司战略，然后通过管理子公司股东大会、董事会推进战略决策的实施。因此，集团公司股东大会不仅要决定自身发展战略，也需综合考虑子公司的发展战略及协调合作，确定对子公司的管理体制等，因而集团公司的股东比一般公司股东的权利更多且更复杂。

2. 集团公司董事会

董事会和董事对股东大会负责，受股东委托对集团的经营活动进行决策，并激励、指导和监督经理层履行代理职责。董事会拥有决策、监督和反馈职能，包括确定集团发展方向、批准财务预算、制定规章制度和确定经理人选及薪酬等。

集团公司董事会是集团的核心领导层，既是集团公司股东和经理人沟通的桥梁，也是连接不同子公司董事会的纽带，集团公司董事会可通过向子公司派遣董事的方式，发挥其对子公司的战略协助、控制、协调和外部服务的四种功能。[①] 战略协助是指参与子公司战略的制定；控制是指监督和批准子公司层面的重要决策，评估子公司的绩效和管理；协调是指信息和知识在母子公司之间的转移；外部服务是指涉入人员代表母公司与当地利益相关者交流以便于子公司获取当地资源。

3. 集团公司监事会

集团公司监事会职责包括：监督检查集团董事、经理人员、财务人员及其他高级管理人员是否依法履行其职责；审计集团财务；纠正董事或经理人损害公司利益的行为；提议召开临时股东大会等。监事会向集团公司全体股东负责，维护公司及股东的权益。为了监督子公司是否贯彻落实了集团公司对其的战略目标，减少代理问题，集团公司可以向子公司派遣监事，以监督子公司高层管理者的行为。[②]

4. 集团公司专业委员会

集团治理的特点之一是专业委员会数量较多。由于具有复杂的经营环境、多元的经营范围和庞大的经营规模的特点，集团公司需要成立承担不同职能的专业委员会，实现分工治理，以准确把握集团的发展方向，实现对子公司的有效管控。集团公司通常设置战略发展委员会、风险与投资委员会、薪酬与考核委员会、审计委员会和提名委员会等。

专业委员会的类型包括以下三种[③]：

---

① Du Y, Deloof M, Jorissen A. The roles of subsidiary boards in multinational enterprises. Journal of International Management，2015，21(3)：169-181.

② 郑丽．陈志军．母子公司人员嵌入、控制层级与子公司代理成本．经济管理，2018，40(10)：75-91.

③ 佐佑研究院．人为本（第 21 辑）．北京：中国经济出版社，2011：23-25.

第一，董事会下属专业委员会。董事会下属专业委员会是集团公司的常设机构，由董事会依照股东大会决议设立。参照《上市公司治理准则》的要求，集团公司设置战略委员会、提名委员会、审计委员会和薪酬与考核委员会等。董事会下属委员会成员全部由董事担任，其中提名委员会、审计委员会和薪酬与考核委员会中，独立董事应当占半数以上，并且担任召集人职责，审计委员会的召集人应当是会计专业人员。

战略委员会负责制定集团长期发展战略和重大投资决议；提名委员会负责制定董事和经理人员选择标准及流程，搜寻优秀的董事和经理，对候选董事和经理人进行审查；薪酬与考核委员会负责考核董事与经理人员绩效，审核董事及经理人员薪酬；审计委员会负责提请或更换外部审计事务所，连接起内部审计与外部审计，监督集团内部审计制度的实施，审核集团财务信息和内部控制制度。[①] 专业委员会为董事会职责的履行提供帮助，对集团运行的效果进行监督。专业委员会最终对董事会负责，其提案也需提交董事会审查。董事会下属各专业委员会依据需要可聘请专业中介机构提供意见，相关费用由公司承担。

第二，经理层专家委员会。依据集团公司经营的实际需求，公司可设立经理层专家委员会，该类委员会由经理层专家组成，对公司的日常经营活动提供参谋和监督，最终对公司的经理层负责。

第三，专家咨询委员会。集团公司的董事会可挑选部分董事、经理人员、中层管理者或者其他外部专家组成咨询委员会，为集团公司经营管理决策提供参谋意见。专家咨询委员会具有一定的独立性，类似于第三方咨询机构。

设立专业委员会有利于完善集团公司的治理结构，提高决策效果和效率。专业委员会为集团公司与子公司之间的沟通提供了渠道，促使集团战略和政策的有效传递，为子公司发展提供专业帮助，对子公司活动进行实时监督。

（二）国有集团公司治理结构

中国国有企业集团治理的特点非常鲜明，其治理结构包括国资委、党组

① 中国证券监督管理委员会. 上市公司治理准则（2002-01-07）.

织、职代会（工会）、董事会、监事会、经理层。[①]

国资委负责以下内容：依据国家授权行使出资人权力，审理、核查、批准集团公司董事会制定的章程和修改方案；委派董事（不包括职工董事），委任董事长和副董事长，对董事会成员的绩效进行评价，决定董事报酬；审批董事会工作报告；代表国务院或者地方政府委派集团公司监事会成员；审批集团战略发展变动方案、发行债券方案、资本金变动方案、财务方案、利润分配方案、集团分立和兼并方案等；审批有关国有产权、股权或资产转让和处置事项，并且对企业负责人的管理活动进行抽查审计。

党（委）组织负责以下内容：培育国企集团文化、增强集团内凝聚力与感召力，参与决策、积极实施、共同监督，支持董事会和经理层的民主科学决策行为，通过多种形式带动各级党、团、工会组织投身企业集团建设，贯彻企业目标，动员和带领员工全力工作。

职代（工）会负责以下内容：关心集团员工生活和心理，创造和谐的工作氛围，调动员工的积极性，凝聚员工的力量，反映员工的意见，维护员工的权益。

国有集团公司的董事会、监事会和经理层职能与非国有集团公司基本相同，但有额外要求——董事会中有职工董事和党委书记，监事会中有职工监事，接受职工的意见和监督。《公司法》规定国有独资公司监事会成员不得少于5人，其中职工代表的比例不得低于1/3，具体比例由公司章程规定。监事会成员由国有资产监督管理机构委派；但是，监事会成员中的职工代表由公司职工代表大会选举产生。监事会主席由国有资产监督管理机构从监事会成员中指定。纪委书记与监事会主席原则上也可由一人担任。纪委委员可以以合法身份参与到企业日常的财务监督、制度监督等业务中来，形成党政监督的合力。董事会、未设董事会的经理班子研究“三重一大”事项（重大决策、重要人事任免、重大项目安排和大额度资金运作）时，应事先与党委（党组）沟通，听取党委（党组）的意见。进入董事会、未设董事会的经理班子的党委（党组）成员，应当贯彻党组织的意见或决定。可见，国有集团公司治理与一般公司存在差异。

---

① 国务院国有资产监督管理委员会研究局．探索与研究国有资产监管和国有企业改革研究报告（2010）．北京：中国经济出版社，2011：629-635.

（三）国外（集团）公司治理结构

企业集团的产生不仅受到市场和经济因素的影响，还受到各个国家政治、社会和文化等因素的影响，因此不同国家的公司治理也存在着差异。

本书选取美国、日本、德国，说明不同国家在公司治理方面的差别，如表 3－2 所示。

表 3－2　美国、日本和德国公司的公司治理比较

国家	股权结构	主要所有者	资本结构	治理结构	激励机制
美国	分散（高度流动性）	机构投资者	权益资本为主	单层治理模式，不设监事会；董事由股东大会选任，外部董事占 3/4，内部董事为高管，董事会行使监督权	高管持股较高，现金激励，股权激励
日本	集中（交叉持股）	金融机构和公司	债权为主（银行）	股东大会流于形式；董事会成员以内部董事为主，内部晋升，由集团内领导兼任	高管持股较低，事业型激励，职务晋升、荣誉称号
德国	非常集中（交叉持股）	银行	债权为主（银行）	双层董事会结构，监事会任命董事	高管持股较低，津贴

美国企业集团的股权结构属于分散型，通常单个机构投资者持有的股权比例不足 2%[①]；由于其证券市场和法律体系较为成熟，所以股权流动性较强。美国公司的治理结构采取单层治理模式，集团公司不设监事会；由股东大会选任董事会，3/4 的董事源于集团外部，董事会行使决策权和监督权，董事会选任经理人员。董事会下设专业委员会，协助董事会监督。

日本企业集团的股权结构属于集中型，集团公司的最终控股者多为金融机构和法人，股权流动性较差。由于历史原因，企业集团大都相互交叉持股。由于股权集中程度较高，股东大会决议由控股法人决策，股东大会几乎不发挥作用。控股法人对企业进行监督和控制，可罢免经理人员。[②]日本集团公司的董事通常由内部人员晋升而来，多为集团内部各分公司或子公司的

① 蔡继明，解树江．公司治理结构的国际比较．南开经济研究，2000(2)：22-27.

② 高明华．公司治理学．北京：中国经济出版社，2009：220-227.

高管，集团公司董事长兼任总经理，董事会既是决策者又是执行者。

德国企业集团股权结构最为集中，股票市场不发达，市场价格机制和产权机制不完善，德国企业主要通过内部机制来提高治理效果。德国公司治理结构的最大特点在于双层董事会制度，公司设立监事会、理事会和股东大会。公司股东大会是权力机构，负责确定和委任监事会成员，决定公司的兼并和解体。监事会成员一半由股东任命一半由职工选举产生，负责做重大决策、任免经理人员。

综合来看，虽然不同国家的公司治理结构及机制存在差异，但都遵循所有权、决策权和执行权分离的做法，形成了相互制约的机制。

三、子公司治理

子公司治理是指子公司对董事会、监事会和经理层的权力进行配置，并通过决策层对执行层进行激励与监督，以实现子公司层面的科学决策。[①]

（一）子公司章程

《公司法》第十一条规定，设立公司必须依法制定公司章程，公司章程对公司、股东、董事、监事、高级管理人员具有约束力。子公司作为独立的法人，必须制定子公司章程。子公司章程是指子公司依法制定的，规定子公司名称、住所、经营范围和管理制度等重大事件的基本文件。子公司章程是母公司及其他股东共同一致的意思表示，明确了子公司组织活动的基本准则，规定了子公司中股东、董事和监事的各项权责，是子公司的基础、宪章和灵魂，是母公司实现对子公司管理的途径。

1. 子公司章程的制定与修改

《公司法》第七十六条规定，公司章程由发起人制定，采用募集方式设立的经创立大会通过；《公司法》第四十三条规定，股东大会有修改公司章程的权力，需经代表 2/3 以上的表决权股东通过。

子公司为集团公司全资子公司的，子公司章程可由集团公司董事会拟定，并报由集团公司股东大会批准。非全资子公司由集团公司以控股股东身份主导，与其他股东共同制定或修改子公司章程。

① 陈志军，孟执芳. 子公司治理探讨. 生产力研究，2008(10)：25-27.

2. 子公司章程的内容

子公司章程的内容依照《公司法》《中华人民共和国证券法》(以下简称《证券法》)中的相关规定制定，并参照《上市公司章程指引》。子公司章程应当载明的事项包括：子公司名称和住所；子公司经营范围和设立方式；子公司股份发行、增减和转让；子公司股东和股东大会的权力，股东大会的表决和决议；子公司董事会和监事会的组成、职权及议事规则；子公司财务会计制度、利润分配与审计制度；子公司合并、分立、增资、解散；股东大会认为需要规定的其他事项，包括子公司委托部分管理职权由集团公司代行的内容等。

子公司章程规定了子公司股东大会、董事会和监事会的权责及议事规则，以便更好地维护子公司、股东和债权人的合法权益，规范子公司组织行为。

3. 子公司章程是集团公司管理的基本规范

子公司章程是股东共同意愿的表示，是集团意愿的体现。母公司基于子公司治理实现对子公司的管理；母公司可通过制定调整子公司章程的内容，对子公司董事会、监事会和经理层的权责进行调整，从而实现对子公司不同程度的管理。在行政管理型模式下，集团公司制定子公司的战略规划、投资方案、财务预算和利润分配方案后，在子公司股东大会或董事会通过后由子公司执行；在治理型模式下，由集团公司派出的董事就重大事项形成建议并报集团公司批准，依章表决成为子公司董事会决议后由子公司执行；在自主管理型模式下，集团公司将重大事项的制定权和决策权授予子公司董事会，集团公司派出的董事就重大事项依据自身判断独立做出决策，形成董事会决议并由子公司执行。

与单体企业相比，子公司的部分职能管理权限上移至集团公司相关部门，为使此类职能上移合法化，可体现在子公司章程中。当然，当集团公司的管理对子公司造成损害时，集团公司要承担相应的责任。

(二) 子公司治理结构

1. 子公司董事会

子公司董事会是由母公司作为出资人通过委派董事而直接控制的，母公司对子公司的管理主要通过子公司董事会实现。Donald H. Chew（1997）研究指出，子公司董事的背景可分为六种情况：（1）来自子公司最高管理部门的董事；（2）来自母公司或部分持股公司的董事；（3）持有大量股份或代表外部股东的董事；（4）独立的外部董事；（5）既是子公司执行董事，又是控股公司董事；（6）持有大量股份或代表持有大量股份的股东，同时又是子公司管理部门成员的董事。① 由此看来，子公司董事的来源以母公司为主。子公司董事会的职权和议事规则依子公司公司章程实施，子公司章程根据《公司法》制定；母公司派出的子公司董事会成员可以是母公司经理层或职能部门负责人。为直接体现母公司股东利益，母公司派往子公司董事会的成员也可同时是母公司董事会成员。母公司职能部门负责人担任子公司董事不仅便于对子公司实施控制，而且能提高子公司董事会的专业化水平和决策能力。

2. 子公司监事会

子公司监事会是由母公司作为出资人通过委派监事而实现控制的，母公司对子公司董事会和经理层的监督主要通过子公司监事会实现；子公司监事会的职权和议事规则依子公司章程而定；母公司派出的子公司监事会成员可包括母公司财务审计部门专业人员等。母公司派往子公司监事会的人员可同时是母公司监事会的成员。

3. 子公司经理层

母公司对子公司经理层的控制是通过控制子公司董事会实现的，为提高控制的有效性，缩短事实上的委托代理链，母公司派往子公司董事会的成员可直接担任子公司经理。② 如此，子公司经理实际上直接对母公司负责。管理实践中，子公司经理往往直接参加集团经营运行会议，母公司经理直接对子公司经理行使指挥权，然而这种管理方式在某种意义上侵犯了子公司的权益；母公司对职能部门的管理控制是间接的，为实现集团的协调运作，各子公司要执行母公司的管理标准和技术标准，而管理标准和技术标准的制定和督办主体一般是母公司的职能部门。母公司职能部门对子公司经理层和职能部门有业务指导功能，在得到母公司经理层授权后，可对子公司职能部门

① Donald H, Chew. Studies in international finance and government systm: a comparision of the U. S. Japan, Europe. New York: Oxford University Press，1997. 转引自李维安，武立东. 公司治理教程. 上海：上海人民出版社，2002：340.

② 陈志军. 解救子公司治理. 董事会，2010（12）：70-71.

进行管理，子公司职能部门由此成为控制客体。如前所述，为使此类职能管理合法化，可以事先在子公司章程中做好约定。子公司治理结构来源如表 3－3 所示。

表 3－3　子公司治理结构来源

子公司董事会构成	母公司董事、母公司经理、母公司职能部门负责人、职工代表、专家董事、其他股东选派董事
子公司监事会构成	母公司财务审计部门专业人员、母公司监事、职工代表、股东代表
子公司经理层构成	母公司派驻子公司董事、母公司外派的经理人员、子公司董事会委任的经理人员

四、集团公司派驻子公司人员的管理

外派人员是指集团公司为了实现对子公司的直接管理、监督子公司运营状况而外派到子公司中的各类管理人员，包括子公司董事、监事、总经理、财务总监等中高层管理人员。为提高外派人员管理水平，集团公司需拟定外派人员管理制度，对外派人员的派出、管理、权责、返回等进行统一规定。

外派人员管理制度一般包括外派人员任职资格、任免程序、权利和义务、报告制度、绩效考核与薪酬五个部分。

（一）外派人员任职资格

外派人员管理制度首先规定了外派人员的任职资格，明确外派人员的基本范围。任职资格包括一般要求和专业要求两部分。一般要求指对外派人员的道德品质和身体素质方面的要求。专业要求指对外派人员教育背景、工作经验、专业技能和个人能力方面的规定，专业要求因外派岗位的不同而不同。例如集团公司向子公司外派监事，其主要目的在于监督子公司的财务状况，因此外派人员应具备会计专业知识和实际工作经验；如果集团公司向子公司外派董事，那么该外派董事应熟悉行业状况，了解相关法律规定和投融资知识，从而更好地发挥其在子公司的决策权及管理权。

（二）外派人员任免程序

集团公司对子公司进行人员派出与召回时，应遵循统一的制度和流程，以保证外派工作有序稳定地进行，并作为处理突发事项的依据。外派人员任免程序包括人员派出、返回和变更。

外派人员的派出包括选拔、推荐、批准和派出。依据母公司或子公司需求，母公司董事会提名推荐董事、监事，母公司经理层提名推荐子公司经理和财务总监；母公司董事会对提名进行批准；人力资源部准备委派文件和相关材料，负责办理外派人员聘用手续；外派人员派出期间应遵守公司章程，履行相关职责。在任期结束之后，外派人员可返回母公司；在任期未满时，派驻单位不得无故罢免外派人员；需要变更外派人员的，应当向集团公司提出申请。

（三）外派人员权利和义务

外派人员在派驻公司应充分行使其权利，勤勉履行其义务。外派人员管理制度应详细规定外派人员的权利和责任。外派人员的责任包括：忠实执行集团公司的决议，维护集团公司利益；履行其在子公司的岗位职责；出席子公司股东会、董事会或监事会，代表集团公司行使相应权利；阅读派驻子公司的财务报告或工作报告，及时了解子公司重大事项及影响，并尽快向集团公司汇报。外派人员的权利包括：依据章程行使相应的管理权和监督权；对子公司投融资和人员任免提出建议；享受派驻子公司相应的补贴和津贴待遇等。

（四）外派人员报告制度

母公司通过外派人员了解子公司财务及运营状况等信息，因而需要制定外派人员工作报告制度。报告制度规定外派人员报告的频率、形式和内容。报告频率因事件不同而不同：外派人员每月向母公司报告本人的工作情况；每季度向母公司报告子公司经营情况；及时向母公司报告重大或特殊事项。外派人员应报告对母公司股权产生重大影响的事件，包括子公司股东会和董事会表决事项及会议纪要，子公司董事、监事及高管人员变动，子公司签订的重要合同，子公司重大诉讼事件，子公司投融资变化及利润分配方案。外派人员应在子公司董事会或股东会召开之前向母公司汇报相关议题，并按母公司的决定在会议上进行表决。

（五）外派人员绩效考核与薪酬

外派人员管理制度应明确外派人员绩效考核标准和薪酬水平。外派人员考核主要由集团公司执行，集团公司人力资源部门和相关人员（如董事长和总经理）对外派人员进行绩效评价，评价结果作为发放薪酬和调整外派的依据。其中外派人员的薪酬由集团公司发放还是子公司发放受限于集团公司的管理模式，如果集团公司支付外派人员薪酬，则更多地反映出母公司对子公司的集权管理；如果由子公司发放，则子公司拥有更高的自主决策权。①

第二节　组织结构形式和设计原则

一、组织含义及构成要素

现实工作和生活中，一方面每个人都从属于一个或多个组织，另一方面工作又需要通过多人合作才能完成。因此，建立一个健康的组织并使之有效运转，无论对个人目标还是组织目标来说都至关重要。组织结构是进行资源配置和生产运营的载体，组织设计在管理活动中占据着十分重要的地位。

概括地讲，组织设计是一项管理职能，根据计划要求，按照权责关系，将所需的活动进行分解与合成，把工作人员编排组合成分工协作的体系，以适应外部环境变化，实现内部组合优化，达成组织的预定目标。

组织作为具有活力的、能动的有机整体，是由一些基本要素构成的。这些要素可分为有形要素和无形要素两种类型。

组织的有形要素包括：（1）人员。这是构成组织的核心要素。（2）职务。组织中的人员必须从事一定的工作，承担一定的义务，人员从事的工作和承担的义务应是实现组织目标所必需的。（3）职位。同一种工作或业务无法由一个人完成的，需要设置多个从事相同工作或业务的岗位，即职位。（4）关系。担任不同职务、处于不同职位、承担不同责任的人员之间必然存在某种联系，即关系。组织成员之间的关系主要是责任关系、权力关系和利

① 潘怡麟，朱凯，陈信元．决策权配置与公司价值：基于企业集团的经验证据．管理世界，2018，34(12)：111-119.

益关系。（5）生存条件。一个组织要生存和发展离不开必要的物质条件，它包括组织运行所必需的资金、工作场所、交通通信工具等。

组织的无形要素指道义及精神条件，包括：（1）共同的目标。这种共同的目标既为组织运营和组织协调所必需，为组织成员所理解和接受，同时又随环境条件的变化而做适当的变更。（2）协作意愿。即组织成员对组织共同目标做出贡献的意愿。对于组织成员来说，其协作意愿的强弱主要取决于组织成员对自己在组织中所做的贡献与所取得的报酬的比较。（3）信息沟通。组织的共同目标和个人的协作意愿只有通过信息沟通联系和统一起来才有意义和效果。信息沟通是组织内一切活动的基础。①

对于正式组织来说，有形要素和无形要素都是其存在的必要条件，尤其是无形要素，缺少任何一个，组织都将趋于解体。

二、主要组织结构形式

随着管理实践的繁荣及管理理论研究的深入，人们设计并创造出了许多组织结构形式，典型的有直线职能制、事业部制、母子公司制。直线制和职能制组织结构是早期人们在企业规模小、生产品种单一、管理简单的情况下采用的组织结构形式。在现代企业制度下，大型企业的组织结构越来越复杂，普遍采用事业部制和母子公司制。以下简单介绍几种组织结构形式：

（一）直线职能制（U 型）

直线职能制简称 U 型组织结构（unitary form），是较早出现、较为传统、采用最多的一种组织结构形式。这种组织结构形式在各级直线领导者的领导下，按照分工设置相应的职能机构，从事各种专业管理。各职能机构没有对下级的直接的行政指挥权，只为直线领导提供助手和参谋作用。该组织结构形式将整个管理系统中的管理人员分为两类：一类是直线领导者，从上到下实行直线领导，从而保证指挥的统一性；另一类是职能管理人员，他们是直线领导者在业务管理方面的参谋和助手，以适应业务活动越来越复杂的发展形势。

直线职能制是一种古老的组织形式，但作为一种有意识的、深思熟虑的

① 切斯特·I. 巴纳德. 经理人员的职能. 北京：机械工业出版社，2013：31-33.

组织结构则是亨利·法约尔在20世纪初期设计出来的，并在许多国家得到应用。

直线职能制结构具有许多明显的优点。首先，这种结构分工细致，任务明确，部门职责界限清晰，便于建立岗位责任制，强化专业管理。其次，各级领导者都有相应的职能机构做参谋和助手，因而可以克服领导者个人知识范围有限的弱点，使其能够适应组织活动日趋复杂化的特点。最后，管理权力高度集中，有利于高层管理人员对整个公司实施严格的控制。

直线职能制也存在一定缺点，尤其是随着环境的变化和企业规模的扩大，问题也逐渐显现。首先，因为它按职能划分部门，各部门分管的业务工作不同，观察和处理问题的角度就会不一致，各部门或人员往往关注自己分内的事情，较难协调工作。其次，企业领导工作繁重。因为只有在总经理一级才能将生产、研发、销售、财务等工作协调起来，这使得企业高层管理人员陷于行政事务中。再次，不利于培养高层次管理人才。这种组织形式容易使管理人员仅重视与自己有关的业务知识的学习和能力的培养，而忽视对综合素质的培养。最后，当企业规模较大时，组织层次变多，内部沟通很困难，加上缺少有效的协作机制，容易使企业变得僵化而无法适应环境变化。

（二）事业部制（M型）

事业部制简称M型结构（multidivisional form），亦称联邦分权制。事业部制是为满足企业规模扩大和多样化经营带来的对组织机构的要求而提出的一种组织设计。事业部的第二级机构不是按职能而是按企业的事业——产品、地区、顾客等来划分部门，即事业部。每个事业部都有自己的产品和特定的市场，能够完成某种产品或服务的生产经营全过程。事业部不具有独立法人资格，但具有较大的生产经营权限，实行独立核算、自负盈亏，是一个利润责任中心，基本上相当于一个完整的企业。在事业部内部，仍按职能结构设置职能管理部门。

事业部制组织结构最初由皮埃尔·杜邦（Perre DuPont）于1920年改组杜邦公司时提出，但当时只是一种很粗略的形式。1921—1922年，小阿尔弗雷德·斯隆（Alfred P. Sloan，Jr）作为总裁在通用汽车公司推行了更为完善的“联邦分权制”，成为分权制的一种典型。之后，许多企业加以模仿和改进。其中美国通用电气公司于 1950—1952 年之间进行改组时提出的组织结构形式，成为在全世界流行的标准模式，被称作事业部制。[①]

事业部制的优点在于：（1）组织最高管理部门可以摆脱繁杂的日常行政管理事务，成为真正强有力的决策机构。（2）各事业部自成体系，独立经营、核算，可以发挥其灵活性和主动性，进而提高企业整体的灵活性和适应能力。（3）可促进各事业部之间的竞争，促进企业发展。（4）通过权力下放，各事业部接近市场和顾客，按市场需要组织生产经营活动，有助于经济效益的改善和提高。（5）有利于培养和训练管理人才。

事业部制的不足之处：一是容易产生本位主义，各自为政。由于允许事业部之间进行竞争，各事业部往往只考虑本部门或本单位的利益，影响相互间的协作。二是各事业部均设置相应的职能部门，导致管理机构重叠，管理人员增多，管理成本上升。

（三）母子公司制（H 型）

母子公司制简称 H 型结构（holding form），是以股权控制为联结纽带的组织形式。[②] 在母子公司制的企业集团中，母公司通过对子公司的投资，持有子公司全部或者部分股份，控制和协调子公司的生产经营活动，以出资额为限对子公司承担有限责任。子公司是独立的法人机构，具有生产经营自主性。

母子公司之间并非基于传统的科层级行政管理关系，而是基于资本投资和产权关系，因此也有学者称之为控股型组织结构。一般情况下，规模较大或多元化程度较高的集团采用母子公司制。事业部组织中的事业部、分厂或分公司，都可以发展为集团内的子公司；也可以通过母公司资本或者物质投资，购买其他公司使其成为子公司。

母子公司制的优点在于母公司既能对子公司的发展方向和目标予以控制，又能给予子公司较大的经营自由；子公司的决策权力与经营责任相对

---

① 孙耀君. 西方管理思想史. 太原：山西经济出版社，1987：634.

② 李建伟. 公司制度、公司治理与公司管理：法律在公司管理中的地位与作用. 北京：人民法院出版社，2005：258-259.

应，权责匹配；子公司是独立法人，独立承担经营风险和民事责任，母公司只以出资额为限承担风险和责任，风险较小；子公司可因时因地做决策和实行变革，随市场变化而反应，及时抓住机遇或规避风险。

母子公司制的缺点在于：一是母子公司管理与子公司治理之间存在一定的冲突；二是母子公司之间可能因为存在业务或产品销售上的竞争而难以协调。

（四）其他类型的组织结构

其他组织结构包括矩阵式组织结构、网络组织结构、委员会制组织结构和多维立体组织结构等。每一种组织结构都包含基本的直线制和职能制结构，直线制和职能制是其他组织结构的基础。直线制结构是自上而下的命令链条，实行垂直领导，下属接受单一上级指令。职能制是在直线主管负责人之外，设置职能参谋机构，协助主管负责人完成岗位职责，各职能机构可在权力范围内指导、监督、帮助下级行政单位。

矩阵式组织结构是由纵横两套管理系统交错而成的组织结构，它是企业为完成某项特定任务而在内部组建的，一个员工同时接受原部门的垂直领导和项目负责人的横向指挥。

网络组织结构由较小的中心组织构成，企业之间以合同为基础，通过职能分工与合作，从事采购、制造、营销等活动，网络组织具有更大的灵活性和应变能力，是适应经济网络化和信息化而产生的。

企业要完成一致目标或实现既定愿景，就需要一个好的组织结构作为生产运营的载体。因此企业应依据内部需求和外部环境，选择适宜的组织结构，并保持结构的稳定性和灵活性。

三、组织结构设计原则

组织结构设计是以企业组织结构的安排为核心的组织系统的整体设计工作，是企业总体设计的重要组成部分，是有效实施管理职能的前提条件。组织设计应以完成组织任务为前提，遵循一定的原则。

国外一些学者做过统计，所有组织在管理方面出现的问题大多数是组织结构不合理造成的，而遵循一些最基本的原则可以大大减少管理上的障碍。

1. 任务目标原则

任何组织都有其特定的战略及目标。组织结构设计只是一种手段，其目的是保证组织战略的顺利实施和目标的实现。因此，在进行组织结构设计时，首先要明确组织的发展战略及目标是什么，并以此为依据，分析确定组织内应设立什么机构、建立什么部门、拟定什么职位以及选用什么人等问题。

2. 统一指挥原则

统一指挥原则，是指按照管理层次建立统一指挥、统一命令的系统。下级只接受直属上级的命令和指挥并对其直接负责，下级一般不能向上越级请示报告，上级不得向下越级指挥，避免出现由于多头领导和政出多门造成的下级无所适从和相互推卸责任的局面。

3. 控制幅度原则

控制幅度原则是指一个上级直接领导和指挥下属的人数应该有一定的限度，并且其指挥应该是有效的。设计组织结构，要注意合理确定管理幅度，尽量减少管理层次，以达到精简高效的目的。当然，合理的管理幅度必须与管理者的能力相匹配。

4. 分工协作原则

现代组织分工细密、协作关系复杂，要实现组织目标，在设计组织结构时，应贯彻分工协作原则。既要在管理组织之间进行合理的分工、划清责任范围、提高工作效率，又应注意各项专业管理工作之间的内在联系，在分工的基础上加强协作，妥善处理好专业管理和综合管理之间的关系。

5. 责权对等原则

责权对等原则要求职责与职权保持一致。职责是指各种组织职位所承担的责任。在组织体系中，职责是各构成部分之间的联结点，只有形成各负其责的责任体系，才能使组织体系中各部分协调开展工作，共同完成组织目标。职权是指某职位在其职责范围内，为完成其责任必须具有的权力。职责与职权要对等，如果有责无权或少权，就有可能影响责任方的主动性、积极性，从而影响工作的完成情况；如果有权无责或权力不明确，有可能导致权力的滥用。

6. 稳定性与适应性相结合原则

为保证组织的各项工作正常进行及秩序的连贯性，组织结构应保持相对稳定性。但组织本身在发展，环境条件也在变化，组织应有一定的柔性，随组织环境及战略目标的变化而做相应的调整。

彼得・德鲁克提出组织设计的七项原则[①]：

（1）要明晰，不是简单。哥特式大教堂在设计上并不简单，但身处其中，你的位置是显而易见的；你知道站在何处，应该走向何方。一座现代化的办公大楼在设计上非常简单，但在里面很容易迷路。

（2）努力用经济来维持管理，并把摩擦降至最低。用于控制、监督、引导人们取得成绩的力量应该保持在最低限度上。组织结构应该能使人们实现自我控制，并鼓励人们自我激励。

（3）关注点直接投向产品，而不是投向生产过程；投向效果，而不投向所做的努力。组织可以比作一种传送带，这种传送带越直接，各个活动取得成绩时的速度越快，方向的改动就越小，组织效率就越高。必须使意愿和能力为成果而工作，而不是为工作而工作；为未来而工作，而不是躺在过去的成绩上；为了增强实力，而不是为了虚胖。

（4）每一个人都要理解自己的任务，以及组织总体的任务。组织的每一个成员，为了把自己的努力同组织的利益联系起来，需要了解如何使自己的任务适应整体的任务，以及整体的任务对个人的任务与贡献的要求是什么。组织结构需要促进而不是阻碍信息交流。

（5）决策把注意力集中在正确问题上时要面向行动，而且尽可能使低层的管理人员做出决策。

（6）要稳定，反对僵化，以求在动荡中生存下来；要提高适应性，以便从动荡中学到东西。组织必须在周围的世界处于动荡时也仍能运行。稳定性并不是僵化，一个极其僵化的组织不是稳定的，而是脆弱的。一个组织只有其结构能使自己适应新的情况、新的需求、新的条件，以及新的面孔和新的个性时，才能继续存在。

（7）要能永存和自我更新。一个组织必须能够从内部培养出未来的领导者。为此一个基本条件是组织不应该有太多的层次；组织结构应该帮助每一个人在所处的每一个职位上都能得到学习和发展，应该设计得使人能够继续学习。

---

① 陈传明，周小虎．管理学原理．北京：机械工业出版社，2007：153-154.

第三节　母子公司职能部门设计

一、职能部门类型

职能部门化是指依照组织的业务分工和管理职能进行部门划分。[1] 对企业来说，管理职能的划分具有相对性，可从不同的角度加以分类。在组织设计中，常用的分类方式有：（1）按管理范围和权限分类，可分为对外经营职能和对内生产管理职能。（2）按管理层次划分，可分为高层、中层和基层三个层次的职能。（3）按管理工作过程的不同阶段分类，可分为决策、计划、协调、控制、监督、反馈等职能。（4）按管理专业分工来划分，可分为生产管理、技术管理、供销管理、劳动人事管理、财务管理等。每一分类还可细分，例如技术管理还可分为设备管理、工具管理、工艺管理等。（5）按业务工作的性质划分，有专业性、综合性和服务性职能。供应、运输、动力、安全等属于专业性职能，侧重于从纵向进行控制；计划、质量、财务等属于综合性职能，侧重于从横向进行协调；医疗卫生、膳食、行政等属于服务性职能。（6）按照在实现企业战略任务过程中的重要性分类，有关键性职能和非关键性职能之分。关键性职能在不同企业有所不同，有的企业可能是技术开发，有的企业可能是质量管理，有的企业可能是市场营销等，也可以是它们的组合。（7）按制定和贯彻落实企业经营决策的不同作用划分，可分为决策性、执行性和监督保证性等三类职能。（8）按照对生产经营活动有无直接指挥关系划分，可分为直线职能和参谋职能。

职能部门为执行生产任务的部门提供支持、指导、协调和监督，多数企业在某一层次都会按照职能进行部门划分。在企业集团中，集团公司的部门基本上都是职能部门，子公司则根据需要设立相应的职能部门。[2]

二、母子公司职能部门设置

母子公司均是独立的法人主体，母子公司按照《公司法》《证券法》相关规定设置董事会和监事会，按照《会计法》披露公司财务信息。为了服务董事会和监事会，母子公司均设有办公室部门；为了依法披露公司财务信

① 陈传明，周小虎．管理学原理．北京：机械工业出版社，2007：153-154.

② 王吉鹏，李巧梅．集团组织结构．北京：中信出版社，2008：26-30.

息，母子公司均设有财务部门。其他职能部门则依据集分权情况和母子公司间职责分配，按需设置，具有一定的灵活性。

当集团管理趋于集权时，子公司部门的许多职责上移，母公司部门的职责增加。母公司设置相应的职能部门进行分类管理，如人力资源部、市场部、审计部、采购部等。子公司职责减少，职能部门也减少。例如，子公司的销售和研发工作如由母公司市场部和研发部统一规划指挥，子公司可不设置该部门。

当集团管理趋于分权时，母公司职责下移至子公司相应部门，子公司自主权增加，承担较多的部门职责。此时集团公司部门减少，子公司部门增加。例如，子公司自主规划发展、决定生产销售、单独招聘与培训，子公司要为相关活动设置战略发展部、运营生产部、市场部、研发部等；集团公司主要给子公司的工作以指导和监督，工作职责相对较少，可不专设以上部门或合并设置。

作者曾以山东省为例，选取了省内 54 家企业集团作为调研对象。以单纯管理型母公司代表相对分权管理模式，产业经营型母公司代表相对集权管理模式，部门设置情况如表 3－4 所示。

表 3－4 母公司职能部门设置

母公司类型	样本数	比例	母公司类型	样本数	比例
单纯管理型母公司	18	33.3%	产业经营型母公司	36	66.7%
母公司设置部门			母公司设置部门		
总裁（总经理）办公室	18	100%	总裁（总经理）办公室	36	100%
战略规划部	8	44.4%	战略规划部	20	55.6%
企业管理部	6	33.3%	企业管理部	21	58.3%
人力资源部	18	100%	人力资源部	36	100%
财务部	18	100%	财务部	36	100%
企业文化部	4	22.2%	企业文化部	9	25.0%
营销中心	2	11.1%	营销中心	21	58.3%
生产运营部	2	11.1%	生产运营部	26	72.2%
资本运营部	8	44.4%	资本运营部	14	38.9%
审计部	8	44.4%	审计部	20	55.6%
其他	5	27.8%	其他	10	27.8%

由表 3－4 可见，集权管理模式下母公司部门设置较多，其设置生产运营部、营销中心、企业管理部的比例大于分权管理模式下母公司中设置这些部门的比例。概言之，集权管理模式下，母公司对子公司管理较多，子公司部门职责上移，母公司职能部门设置较全；分权管理模式下，母公司将多数权力下放给子公司，由子公司自主决策执行，母公司职能部门相应设置较少，子公司设置较多。

实践中集权管理模式下，集团公司担承的职责较多，设置的部门也多，例如海信集团。海信集团成立于 1969 年，业务涵盖多媒体、家电、智能信息和服务业等多个领域。以彩电为核心的 B2C 产业，与智慧交通、精准医疗和光模块等科技板块相得益彰，海信正在实现由传统家电公司向高科技公司的转型。

海信集团下辖电子信息集团、家电集团、智能科技集团三大产业集团，集团公司聚焦战略，产业集团聚焦效率。集团公司现设 11 个部、2 个中心、1 个学院和 1 个办公室，分别是：总裁办公室、战略管理部、人力资源部、经营与财务管理部、投资与产业发展部、品牌管理部、管理提升部、法务与知识产权部、IT 与数据管理部、审计部、工业设计中心、物流管理部、海信学院、安全环保部、行政后勤中心，如图 3－2 所示。

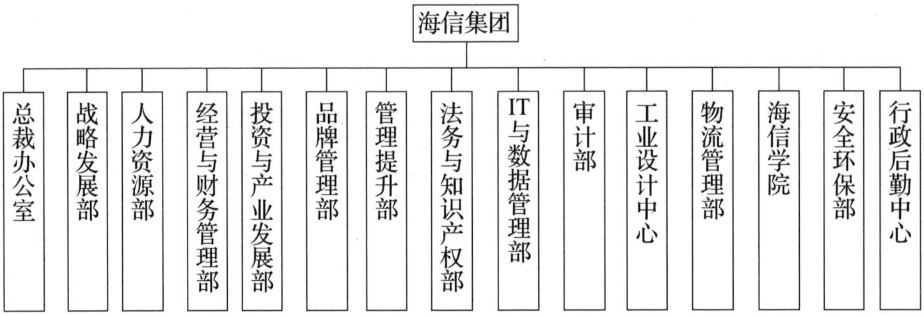

图 3－2　海信集团职能部门设置

鲁银投资集团是以资本运作和资产管理为核心业务的投资控股集团，旗下拥有 20 家全资或控股子公司，涉及钢铁、粉末冶金及制品、房地产开发、羊绒纺织及铁矿开采等产业。鲁银投资集团对子公司的管理属于分权管理型，集团总部职能部门仅有 7 个，负责制定集团发展战略、监督子公司人员调配、协调子公司间运营等，集团部门职责较多转移给子公司部门，集团总部部门设置如图 3－3 所示。

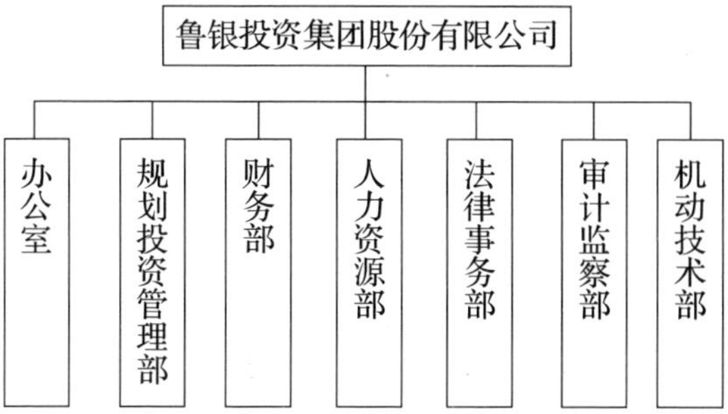

图 3－3　鲁银投资集团职能部门设置

三、职能部门职责

母子公司的职能部门职责有分工和交叉，同一职能部门的职责依管理模式差异在母子公司部门间进行分配。公司部分职能部门的一般职责简介如下。

（一）办公室

办公室主要为董事会和经理层服务，是经理层与各职能单位之间沟通的纽带。办公室职责包括：建立和完善董事会和经理层发布的各项制度；负责与董事会会议和经理层会议相关的筹备通知、组织安排和协调工作；负责董事会、各专业委员会和经理层内部信息的传达、交流和记录工作；负责职能部门间协调、信息传递、交流和记录工作；负责文件的接收、登记、归档和保管工作；负责接待来访人员及其他对外联络服务工作。

（二）财务部

财务部是公司经济业务核算和监督部门，负责公司中所有关于资金、会计和财务的核算工作，其工作内容包括财务策划与管理、会计编录与审核、财务目标与预算、财务分析与内部控制管理、会计工作信息化、内部财务资源整合等。

（三）人力资源部

人力资源部负责与企业人力资源相关的工作，其主要职责分为六大块：

人力资源规划、招聘与选拔、培训与开发、绩效考核、薪酬管理以及员工关系管理。企业通过该部门满足用人需求，帮助员工成长，考核员工绩效，管理员工薪酬，最终实现企业经营目标。

（四）战略（规划）发展部

战略发展部负责分析行业趋势和竞争对手情况，编制、分解和落实公司战略，指导、审核和监督各部门战略规划和年度计划，进行企业投融资重大决策。

（五）审计（监察）部

审计（监察）部负责企业财务收支、会计核算、内部控制、经济责任和风险的审计，向企业反馈真实的经营情况，促进内部控制，加强风险管理，改善经营质量。

（六）市场（营销）部

市场（营销）部负责企业产品或服务销售环节的管理、监督和协调工作。市场部一般职责包括市场调查、市场企划、销售合同的评审与实施、客户和信用风险管理、销售收入费用及人员管理、售后服务管理、品牌建设和广告宣传等工作。

（七）运营（生产）部

运营（生产）部负责企业的采购和生产活动，是利润创造部门。运营部职责一般包括制定生产和采购方案，控制并监督生产过程等。

四、国有集团公司职能部门设置

国有集团公司与民营集团公司职能部门设置的差异主要体现在以下几个方面：

一是党委办公室与董事会、总经理办公室可并设。从工作职责上看，董事会和总经理办公室主要负责董事会、经理层的相关事务。党委办公室与董事会或总经理办公室虽然在职责上有一定区别，但作为党委和董事会或总经理的日常办事机构，两者在工作性质和服务职能上比较接近。同时，由于党委会与董事会组成人员高度重合，且党委书记和董事长多由一人担任，因此，把党委办公室与董事会或总经理办公室进行融合，实行“一套人马、两块牌子”，不但可以减少机构设置、精干人员队伍、提高工作效率，而且有利于党组织更多地了解和支持董事会、经理层的工作，更好地参与企业重大决策的全过程，有利于董事会、经理层在党组织的支持、监督下更好地开展工作。

二是组织部门与董事会或经理层下设的人力资源委员会（含提名委员会、薪酬与考核委员会）或人力资源部可并设。组织部门是企业党组织落实具体管理职责的主要机构。从职责权限来看，企业组织部门除要对党员进行管理之外，还有管干部、管人才的职责。人力资源委员会（部）则主要是帮助董事会挑选经理层人选，负责考核经理层的经营业绩和提出薪酬建议。这与组织部门管干部、管人才的职责联系紧密，与组织部门代表党委向上级组织考察和推荐后备干部的职责是一致的。因此，将组织部门与人力资源委员会（部）融合，共同负责对企业经营管理人才的选拔推荐、绩效考评和薪酬激励以及企业整体的人才战略是完全可行的，也必将促进企业党组织对人才工作的统一协调和指导，有利于“党管干部”原则在企业的贯彻落实。

三是宣传部门与董事会、经理层下设的品牌、文化等部门可并设。企业党组织的宣传部门与董事会、经理层下设的相关部门在职责上具有较高的一致性，都是通过文化建设达到凝心聚力、提升企业形象、提高品牌影响力的目的。因此，实现两者融合，将思想政治工作寓于企业文化和品牌建设之中，不仅创新了思想政治工作的思路和手段，而且赋予思想政治工作以新内容，有利于党组织政治核心作用的有效发挥。

四是党组织的纪检工作部门与监事会或经理层下设的监察和审计监督委员会（部）可并设。企业党组织领导下的纪检部门与监事会或经理层领导下的监察和审计监督委员会（部）分别从党纪和政纪、财经纪律等方面对相关部门与个人实施监督，都是行使监督职能。因此，党组织的纪检部门与监事会或经理层下设的监察和审计监督委员会（部）并设，不仅能够有效整合监督资源、减少机构设置，而且可以进一步丰富企业党组织的监督手段，改善监督效果。

除此之外，党组织领导下的工会、团委等群团机构可以与董事会、经理层下设的公共事务委员会或其他机构融合，有利于形成强大的党政工作合力，促进企业党组织政治核心作用的有效发挥。

□ 案例分析

浪潮集团公司与子公司人力资源部职责分配

浪潮集团公司与子公司人力资源部职责详述如下：

一、集团公司人力资源部职责

1. 负责制定集团公司人力资源发展的各种规划，并监督各项规划的实施；

2. 负责研究建立人力资源管理体系，制定、完善和落实人力资源各项管理制度，组织开展公司日常人事管理工作；

3. 负责组织开展人员招聘及录用工作，统筹集团招聘策略和人才引进政策；

4. 负责集团薪酬激励体系的制定与完善，统筹集团薪酬和保险福利制度的制定和完善；

5. 负责集团员工劳动关系政策的制定和国家相关政策的发布；

6. 负责集团人事考评政策的制定和发布；

7. 负责集团干部管理政策的制定和发布，以及集团级干部和子公司经理班子的管理及考评工作；

8. 负责浪潮大学的组织结构设置、培训规划和日常计划管理；

9. 负责博士后工作站的日常管理；

10. 负责技术职务管理及专家荣誉申报工作；

11. 负责公司外事管理工作；

12. 完成公司领导交办的其他工作和任务。

二、子公司人力资源部职责

1. 负责制定本公司人力资源发展的各种规划，并监督各项计划的实施；

2. 根据集团人力资源政策，完善和落实本公司人力资源各项管理制度，组织开展公司日常人事管理工作；

3. 负责组织开展本公司的人力资源需求调研分析及人员招聘、录用工作；

4. 根据集团薪酬激励政策，负责组织和开展本公司薪酬及保险福利管理工作；

5. 负责员工劳动关系的管理；

6. 负责组织开展全员人事考评工作；

7. 负责本公司除经理班子以外干部的管理及考评工作；

8. 负责组织开展公司教育培训工作；

9. 负责配合集团开展技术职务管理及专家荣誉申报工作；

10. 负责配合集团开展公司外事管理工作；

11. 完成公司领导交办的其他工作和任务。

思考题：

1. 谈谈集团治理的特点。

2. 浪潮集团公司和子公司人力资源管理职责划分界限清晰吗？

第四章

集团公司文化管理

第一节　集团公司文化管理概述

一、集团公司文化管理的主体

现代企业集团往往是多重子公司或部门的复合体，这就必然会形成集团内部的多元性，这种多元性在集团文化发展过程中必然也会造成集团内部文化的多元性。在企业集团中，集团文化为主文化，子公司文化为亚文化。

集团文化管理的主体不仅包括集团公司，即母公司，还包括企业集团所属的各成员单位，即子公司。

母公司是集团文化管理的主导者。集团文化指的是由母公司主导建设的，在集团整体中得以贯彻的企业文化，是建立在集团所属成员单位个性文化基础之上的共性文化，具有战略性、主导性和整合性。集团文化统领着子公司文化，深刻影响着集团各成员单位的文化建设。集团文化对所属成员单位的文化建设具有主导性，其核心理念、集团形象必须高度统一并得到成员单位的认同和认真贯彻执行。

子公司是集团文化管理的实践者。在集团文化管理中，还需要充分发挥子公司文化建设的积极性和创造性，在母公司文化的引领下，结合自身的工作性质和经营特点，有针对性、有特色地开展集团文化建设工作，并通过与自身经营管理的有效结合，丰富集团文化的内涵，使集团文化得以贯彻实施。如果集团公司对成员单位的个性和特质差异（如产业类型、地域或领导者价值观偏好的差异）视而不见，片面追求“大一统”，则可能导致集团文化无法落地，母子公司貌合神离，无法充分发挥成员单位的能动性和积极性。

综上所述，集团文化是子公司文化的基础，子公司文化是集团文化的丰富和发展，两者之间相互联系、相互促进、相互依赖、相互作用。集团文化管理，是指集团公司基于不同管理模式对集团企业文化建设采取的管理方式与策略，围绕集团统一的核心价值观念、制度文化和物质文化等三个层面对子公司文化建设进行引导和干预，充分发挥企业文化对集团科学管理的推动作用。集团文化管理与财务管理、人力资源管理、营销管理等其他方面的最大差别在于文化管理具有无形的、内隐的凝聚力。

二、集团公司文化管理的特点

（一）集团内文化的层次性

单体企业内的部门在同一法人主体内，企业内部相对容易形成一致的组织文化。集团内则可能存在两类（多种）正式的组织文化：一类是集团共有的文化，另一类是集团内部子公司的企业文化（子系统文化），后者是前者的亚文化。[①] 集团文化管理要处理好集团整体文化与子公司文化建设的关系。正如国务院国资委《关于加强中央企业企业文化建设的指导意见》指出的："大型企业集团要处理好集团文化与下属企业文化的关系，注重在坚持共性的前提下体现个性化。要以统一的企业精神、核心理念、价值观念和企业标识规范集团文化，保持集团内部文化的统一性，增强集团的凝聚力、向心力，树立集团的整体形象。同时允许下属企业在统一性指导下培育和创造特色文化，为下属企业留有展示个性的空间。"应努力实现集团文化共性与下属企业文化个性的有机对接，使之既适应集团战略需要，又有利于子公司的健康发展；集团总部与子公司在文化建设上应分工协作，使整个集团的企业文化管理高效有序，最大限度地增强集团的核心竞争力，通过有效的集团文化管理来促进母公司和子公司的协同发展。

案例

海信电器是海信集团下属的上市子公司，海信集团直接持有其39.53%的流通股（截至2019年9月15日），是海信电器第一大股东。作为海信集团核心业务单元的承载者，海信电器接受集团相对严格的管理，文化管理方面也不例外。而海信日立是海信与日立公司成立的合资公司，双方对等持股，但由于是合资企业，海信日立在遵循海信集团主文化的前提下，也衍生出包含日企风格的亚文化（见表4－1）。

① 祝慧烨，等．企业文化管理：中国企业进化之道．北京：机械工业出版社，2012．

表 4－1　海信集团、海信电器和海信日立企业文化对比

	海信集团	海信电器	海信日立
企业愿景	建百年海信，成为全球最值得信赖的品牌	成为全球智能显示产品及内容服务优秀提供商	做中国中央空调高端市场的领导者
企业使命	致力于科技创新，提升人类生活品质，幸福亿万家庭	致力于电子信息技术的研究与应用，以卓越的产品与服务满足顾客的需求，提升人类生活品质	致力于中央空调技术的开发与应用，提供专业的、健康的、人性化的空调系统解决方案，构筑精美工作、生活空间
价值观	诚实正直、务实创新、用户至上、永续经营	诚实正直、务实创新、用户至上、永续经营	诚实正直、务实创新、用户至上、永续经营
企业精神	敬人、敬业、创新、高效	敬人、敬业、创新、高效	同心协力、人尽其能
企业作风	开拓进取、雷厉风行	开拓进取、雷厉风行	真诚、勤奋、细心、专业

（二）集团文化管理的冲突性

由于企业文化具有历史性、根源性和适应性，一部分子公司对于自身的亚文化高度认可，而对外来文化则本能性地排斥，这使统一的集团文化和子公司亚文化在文化融合上总存在一定的矛盾和冲突。并购得到的子公司、子强母弱型子公司以及海外子公司的企业文化都与集团公司存在一定的冲突性，需要通过文化整合来解决。必须看到，这种文化的冲突性有其破坏性的一面，也有其建设性的一面。如果处理得当、整合成功，可能塑造起集团新的文化特色，从而提升集团竞争力。

（三）文化协同增效的可能性

文化的协同增效（cultural synergy）最早是由加拿大学者阿德勒（Adler）提出的。美国学者哈里斯（Harris）与莫兰（Moran）认为文化协同增效是指文化的差异性可以促进跨文化交流中各参与方的共同发展和完善，这种差异性对跨文化交流的贡献远大于单个文化团体。单体企业内，组织的文化一致性较高，会限制企业内各单位的协同性。集团内文化一致性低、差异性高，因此潜在的协同机会大。通过协调文化、强调相似性和共同关心的问题，把

来自不同文化的人整合起来，丰富人类的活动和体系。通过把各个文化精华综合在一起，寻求最广泛的投入，从而产生具有多种效果和综合的解决办法。

案例

海尔集团收购日本三洋家电后，双方开展了有效的互动和互相学习。中方学习日方的渠道经验，以期在日本市场打响海尔的品牌，同时日方也在学习海尔的目标管理体系，并开始尝试引进海尔的“人单合一”管理体系，结果是其不仅将2012年的销售计划从70亿日元调高到了350亿日元，而且完成了348亿日元的销售。这一突破让日方高管和员工都始料不及，也为海尔完成对三洋家电的文化整合奠定了基础。从2013年开始，海尔的“人单合一”管理体系、“自主经营体”和“倒三角”组织结构在三洋家电全面推行，并得到了全体员工的认可，很多在并购之初选择离开投奔松下的“老三洋”家电员工陆续回到海尔工作。

资料来源：王淑娟，等. 一种跨国并购渗透式文化整合路径：双案例研究. 南开管理评论，2015(4)：47-59.

（四）文化管理效果评估机制的独特性

单体企业在评估文化管理的效果时，主要考虑文化管理实施前后员工层面的变化，如组织承诺、组织认同是否加强，组织绩效是否改善等。而集团文化管理效果评估着重考虑的应是母子公司之间关系的改善和子公司实现集团战略的主观能动性。此外，还会评估子公司亚文化是否超越集团整体文化边界、子公司是否服从集团整体利益最大化等方面，评估内容较多，也更复杂。

三、集团公司文化管理的功能与作用

（一）发挥集团文化的凝聚力，实现集团各单元的协同作战

集团管理体系的建立最终是要实现母子公司的控制与协同效应，这种控制与协同不仅体现在组织结构、资源配置、制度设计等层面，还要求实现集团内部企业及员工的心理共识。在集团跨区域、跨行业发展的过程中，文化

凝聚力同时也是文化控制力[①]，是子公司内在的行为准则。强有力的集团文化有助于降低集团管控的成本，提高集团运营效率。

（二）发挥集团文化的包容力，推动集团百花齐放、持续创新

集团文化管理不是追求“大一统”，而是在贯彻主导文化的前提下，鼓励各下属单位依据自身的业务特点、员工特点以及市场环境等，塑造适合自己的子文化。

案例

韩都衣舍集团奉行的本草文化，源自中国传统的本草学，即中药学。在本草学中，一味草药不能构成良方治病救人，很多味草药组合在一起，才能真正发挥药效，解决问题。践行本草文化，可以让员工产生这样的认知：单打独斗不可取，集合所有伙伴的力量，发挥各自所长，才能更好地解决工作中遇到的问题。随着韩都衣舍逐步进入多品牌时代，为了匹配不同定位的品牌特性和品牌文化，也为了避免在员工激增时出现价值端文化稀释的现象，韩都大学基于本草文化，着手引导各部门发展子文化。例如，韩都大学的小黄人文化，是让自己发光的同时也照亮他人。营销中心的羊文化，遇水为洋，是包容；遇君为群，是团结；插翅为翔，自由向上。客服中心的蚂蚁文化，ANT表示目标（aim）、永不放弃（never give up）和团队（team）。产品中心的狼文化，代表着团结、勇敢、自由、强悍的进取精神。

（三）发挥集团文化的环境适应力，应对快速变化的市场环境

今天，我们面对的是一个前所未有的快速变化的时代。无论是大数据与人工智能推动的技术变革，“一带一路”、持续开放带来的市场机遇，还是新技术与新生代员工引发的雇佣革命，都对企业集团适应变化的能力提出了挑战。集团文化管理一方面要通过贯彻一致的核心文化，保证集团这艘大船前

① 马君，任茹，闫嘉妮. 超级明星领衔的团队何以溃败. 清华管理评论，2018(12).

进方向的稳定性；另一方面也通过发展子公司多样的子文化，增加大船抵御风险、应对变化的灵活性。

（四）发挥集团文化的辐射力，提升集团社会责任主体形象

公众对企业的要求越来越高，除了合格的商品、公道的价格、便捷的渠道等，大家都期待企业能够承担更广泛的社会责任。集团型企业下属单位多、涉及行业多，与单体企业相比，呈现出关系多层性、主体多元性的特点①，这更有利于其树立社会责任主体形象。集团拥有标识、着装、口号等统一的物质文化，有利于在公众面前形成一致的品牌符号和集团印象。各下属单位结合自身情况积极承担社会责任，积少成多，有助于放大集团的正面形象。集团各主体一荣俱荣，体现出文化的辐射力。

（五）发挥集团文化的感染力，构建集团"组织相"

"夫妻相"的概念广为人知，说的是夫妻二人在一起生活久了，表情、动作会越来越相似。"夫妻相"其实是夫妻共享价值观的体现。夫妻双方长时间共同生活在一起，经过磨合与沟通，逐渐形成彼此认同的价值观，表现为行为方式的趋同性。在同一文化背景下，相似的自然环境、社会环境、法律制度、行为规范等因素的长期作用，也会塑造出相似的心理结构以及相似的行为模式。借鉴"夫妻相"的概念，我们将全体组织成员呈现出来的这种相似的行为模式或共有的行为特征定义为"组织相"。②集团文化管理是从上到下的集团价值观的塑造和意识形态的灌输，有效的集团文化管理能够贯彻集团核心价值理念，提高组织成员间行为一致性程度，塑造"组织相"。

案例

"前橙会"是阿里离职员工集会的组织。这些阿里前员工最大的特点是抗踢打、能坚持，遇到困难和瓶颈不会简单放弃，而是寻求蜕变、创新、转型，寻求新的突破点。所以后来涌现出大批让人眼前一亮的阿里系项

① 肖红军，李平．平台型企业社会责任的生态化治理．管理世界，2019(4).

② 陈志军，阎维波．"组织相"探讨．山东社会科学，2010(11).

目。根据“前橙会”一年一度公布的“阿里校友创业黄埔榜”，2015—2017年，阿里离职员工偏好的创业方向包括企业服务、电商、金融，这些都是“阿里系”擅长的领域。阿里员工即使离职创业，仍然带着深刻的阿里“组织相”。

第二节 集团公司文化管理的关键点

构建集团文化管理体系的过程，也是设置文化管理关键点的过程。王吉鹏（2017）认为文化管理体系要做到“五统一”：统一集团企业的使命、统一集团企业的愿景、统一集团企业的精神、统一集团企业的核心价值观、统一集团企业的视觉识别系统。若集团规模大、业务复杂，则至少应做到在核心价值观和视觉识别系统两个方面的统一。[①]《集团公司管理——基于三种管理模式》一书中从物质文化、制度层面和价值观文化层面探讨过文化管理体系的关键控制点，本书从文化管理的内容体系、组织结构、培训系统、传播系统、评价系统几个方面进一步完善。

一、集团公司文化内容体系

集团文化内容体系包括价值观层面、制度文化层面和物质文化层面三部分内容，此三方面内容亦是控制点。

（一）价值观

价值观层面的文化是集团整体文化的最高层次的核心文化，主要包括集团使命、核心价值观、经营理念等能反映集团最根本价值取向的内容。价值观文化管理是集团文化管理的核心目标和必然要求。

案例

海信集团的价值观

海信集团核心价值观是诚实正直、务实创新、用户至上、永续经营，其

① 王吉鹏．企业文化建设．北京：中国人民大学出版社，2017.

经营理念是技术立企、稳健经营、以人为本。技术立企反映了海信的基本经营思想，海信一直将销售收入的5%以上投入到技术研发中，并形成了独特的技术孵化产业的发展模式。稳健经营在海信主要表现为严格的财务管理与质量管理，体现了海信人"诚实正直"的价值观念。周厚健曾说过，"海信是一个企业，更是一项事业，需要千千万万的海信人世世代代去成就"。以人为本的理念与海信"敬人、敬业"的企业精神相契合。海信集团的文化管理相对集权，下属子公司在遵循母公司价值观的基础上，可以进一步丰富衍生本公司的亚文化。

（二）制度文化

制度文化管理相对价值观层面文化管理而言，是更为外显的、硬性的、直接的文化管理内容。集团倡导的价值观层面文化通过制度保证来实现，并使企业精神转化为员工在生产、学习、生活中的自觉行动。一般说来，广义的制度文化涉及计划、组织、领导与激励、控制、创新等管理的各项职能范畴。狭义的制度文化通常包括《员工手册》《企业文化手册》《对外宣传管理制度》《大型活动管理制度》《工作环境管理制度》等，还包括一些集团文化管理的组织机构设置规定、文化评价制度等。

（三）物质文化

物质文化是价值观文化和制度文化在物质上的反映，它包括生产经营的成果、企业建筑、产品、包装和设计、文化娱乐设施、企业网站、仪式与典礼等内容。通常情况下，集团内企业会使用统一的形象标识、统一的服装、统一的环境色彩等，这都是集团物质文化一致化的要求。

母公司对子公司采用不同的管理模式会影响到文化管理的内容。一般说来，不论在哪种管理模式下，母公司都会要求各子公司统一物质文化，如采用相同的企业标识、相同的作息时间、相同的服装等；在任何管理模式下，母公司都会加强对价值观的灌输和统一，比较典型的是联想的"入模子"及海尔的"激活休克鱼"。集团文化管理的差别主要体现在对制度文化的管理上。在行政管理型模式下，母公司相对集权的管理习惯和传统会表现在方方面面，对子公司的文化管理也面面俱到。但在治理型模式和自主管理型模式下，母公司对制度文化的控制有所区别。在自主管理型模式下，子公司在制度建设方面享有高度自主权，母公司可能仅会对关键的财务政策和投资政策进行干预。治理型模式下的制度文化管理无论是内容还是强度，都居于行政管理型模式和自主管理型模式之间（见表4－2）。

表4－2　文化控制与管理控制模式的匹配关系

控制层次、方法		行政管理型	治理型	自主管理型
控制层次	价值观	是	是	是
	制度文化	是	部分	部分（如财务制度）
	物质文化	是	是	是

资料来源：陈志军．母子公司管理控制研究．北京：经济科学出版社，2006：125.

二、集团文化管理组织结构

为促进集团文化管理的顺利实施，企业集团需要建设自上而下的四层管理机构以提供组织保障，如图4－1所示。

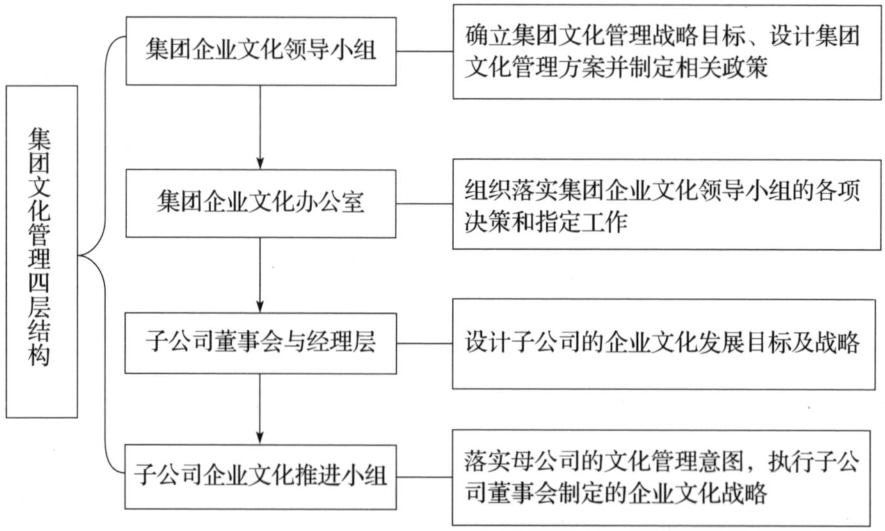

图4－1　集团文化管理的四层结构

（一）集团企业文化领导小组

集团企业文化领导小组通常由集团董事会下设专业委员会或总裁办公室的人员组成，集团总裁亲自参与其中。它是整个集团文化管理决策的最高机构，一般来讲，集团企业文化领导小组主要负责以下工作：确立集团文化管理战略目标、设计集团文化管理规划方案并制定相关政策、确定文化管理所需组织机构以及相应负责人的聘任等问题，并对集团文化管理制度、例外事项等行使审批权。[①]

（二）集团企业文化办公室

集团企业文化办公室或企业文化部，是集团公司下辖的重要职能部门，部分集团中该部门由总裁办公室、战略规划部或党委宣传部等设置相应岗位承担此职责。设立企业文化管理部门或岗位有利于扩大企业文化建设在整个集团中的影响力，有利于系统科学地推进集团文化管理。一般认为，如果母公司要求母子公司文化一致性程度较高，则应设置母公司企业文化管理部门；若母公司对文化一致性的要求较为宽松，则设置母公司企业文化管理部门的必要性降低。

集团企业文化办公室或企业文化部的主要职责就是组织落实集团领导小组的各项决策和指定工作。具体内容主要有：依据集团文化管理战略目标，建立企业文化管理流程、文化评价体系等具体的文化管理制度；具体行使对子公司文化管理的职能，对子公司文化建设进行指导、监督、评价和推广等。

（三）子公司董事会与经理层

当母公司对子公司采取相对宽松的文化管理模式时，子公司拥有较为自主的企业文化建设与管理权力。子公司的董事会需要对子公司企业文化的发展目标与战略负责，保证其与集团公司的要求一致，并且要对子公司企业文化的建设成果进行监督和评价。

为了降低对子公司特别是并购的子公司进行文化管理的成本，母公司可以采用外派经理人的方式帮助其实现文化控制的目标。因为外派经理往往在

---

① 王凤彬，赵民杰．企业集团管控体系：理论、实务、案例．北京：经济管理出版社，2012：214-269.

母公司工作多年，已接受了母公司的价值观，当其在子公司开展工作时能有意识地加强母公司文化在子公司的渗透。为了保证母公司派遣的董事、经理人员能够更好地履行各自的职责，母公司需要做好以下几方面的工作：首先，选出能够真正代表母公司利益，认同集团文化，并能对子公司生产、经营有帮助的人进入子公司董事会和经理层；其次，建立严格的绩效考评机制，将子公司企业文化建设绩效纳入绩效考评体系；最后，加强对该部分人员定期的文化培训，保证其对集团文化做正确、及时的领会。即使不采用"空降"经理人员的方式，母公司也要对子公司董事会及经理层进行文化培训并保持密切沟通，以确保子公司文化建设不偏离集团文化的要求，并有必要把子公司企业文化建设情况纳入对子公司董事会及经理层的考核。

（四）子公司企业文化推进小组

子公司的企业文化推进小组处于集团文化实施管理机构的第四级，却承担着让集团文化落地实施的直接控制和管理职责，能确保企业文化落地实施责任到人、分管到人、执行到位，从而保证集团文化战略目标的实现。子公司企业文化管理部门的主要任务是切实落实母公司进行企业文化建设和管理的意图与计划，而不是脱离母公司另起炉灶。在工作分工上，子公司企业文化管理部门的主要职责体现为执行、建设、配合、监督四个方面，即执行集团公司的企业文化战略与决策；建设子公司内部的具体文化；配合集团及母公司的各项任务和管理工作；监督并评价子公司自身的企业文化建设工作。

集团公司的各相关职能部门在集团文化管理推行的过程中，也应积极参与，可能需要承担以下文化建设工作（见表4－3）。

表4－3　集团公司的职能部门可能承担的企业文化建设职责

职能部门	企业文化建设职责
党委	统筹企业文化建设的指导思想
工会	以融合企业文化理念为核心，组织各类员工活动
宣传部	运用企业内刊、网络媒体、文化手册等宣传媒介对企业文化进行宣传
人力资源部	规划并组织企业文化系列培训，将企业文化建设成果与绩效考核挂钩
各下属单位	根据上级要求进行专项特色文化塑造

案例

海信集团的文化建设

海信集团在1999年以前，全集团企业文化系统的建设由集团企业文化部负责。随后，企业文化建设的职能随着管理流程的调整，先归集团经济管理研究中心管，后又归集团人力资源部管。

目前，海信集团的文化建设由总裁办牵头，人力资源部负责内宣，品牌管理部负责外宣，海信学院以培训为手段，全面立体地进行贯彻宣导。集团总裁办通过行政手段，从规章制度层面进行文化宣贯，保证全集团文化准则的一致性。人力资源部通过设立“企业文化面试官”，从招聘开始实施全流程的企业文化管理。内宣方面，还建立了集团自有的电视台、报纸、微信公众号等，进行集团内部文化传播。海信学院还会定期组织文化培训，对海信的发展历史、品牌理念、质量和技术理念进行介绍，保证文化的传承性。

三、集团公司文化培训系统

集团文化、基础管理制度、集团战略与经营策略等培训内容，应由集团公司统一协调安排并监督、考核。企业文化专项培训，尤其应由集团公司统一组织，针对下属单位不同层次的员工进行。例如，对新聘用员工，往往由集团进行企业文化培训后，再由子公司进行业务方面的培训。《联想集团管理大纲》《华为基本法》，都属于公共培训的内容。海信集团出版了一套《海信企业文化培训丛书》，作为不同层级的员工以及各级管理干部入职、任职、晋级等的培训教材，由集团公司统一部署培训。另外，对下属子公司从事相近业务的人员的培训也应由集团公司统一组织，以降低培训成本，并保证培训内容的一致性和文化的统一性。企业文化培训的方式可以多样化，如举办研讨会、专题讲座、演讲比赛、征文比赛等，海信学院等集团内部培训机构即承担集团内的此类培训任务。

四、集团公司文化传播系统

有学者对联想、宏碁、华为等企业进行调查后发现，在这些企业的成长过程中，当营业额达到30亿～50亿美元规模时，均会通过信息化建设，加强集团内部的沟通与合作。[①] 集团公司在实施文化管理时，应根据传播的文化内容选择合适的沟通渠道。既要有正式的集团统一性沟通，如会议、培训、内部刊物、集体活动等，也要重视对新媒介的应用，特别是普及性社交媒体的文化传播力，并注意防范新媒介可能带来的文化风险。

五、集团公司文化评价系统

对集团文化管理进行监督和评价，是促进集团文化落地实施的手段和途径。通过评估，可以找到集团文化落地建设的不足之处，从而加强在文化短板方面的建设，消除企业内部冲突、整合资源，为集团发展提供文化导向力、文化约束力、文化支撑力等。集团文化评估系统主要包括过程评价和效果评价两部分。

（一）过程评价

过程评价主要从领导重视度、员工参与度、机制健全度、方法科学度等方面展开。集团文化管理过程评价主要依靠完备的管理制度体系实现。例如《集团文化管理报告制度》能使集团公司及时有效地获取子公司企业文化方面的工作信息。在华润集团6S管理体系中，企业文化报告体系是重要组成部分。子公司向母公司提供企业文化报告的方式主要有书面报告、联席会议制度、经验交流会等方式。集团公司还可通过定期或不定期的企业文化实地调研对子公司的文化建设进行现场指导、控制和监督。

（二）效果评价

1. 价值观文化管理

价值观文化管理效果主要表现为各子公司对集团文化理念的认知与认同程度、转化程度。具体来说，子公司对集团文化理念的宣传贯彻程度，子公司的管理风格是否体现集团文化理念，子公司员工的工作态度、组织认同及工作绩效等方面均能反映集团公司文化管理效果的显著程度。评估

---

① 梁晓雅，卢向华．产品创新、架构变革与文化协同：基于多案例比较的电子企业可持续成长分析．研究与发展管理，2010，22(3)：58-66.

的方法以问卷调查、访谈、观察和各种管理文件分析为主，选择调查对象时要考虑到全局性、代表性及公正客观性。在通用电气集团中，所有的员工每年都要接受“C法庭”评价。该评价包括员工业绩和对通用电气价值观的践行两部分，如果业绩不错但未遵循公司价值观也不能得到好的成绩。

2. 制度文化管理

对制度文化管理的评价主要体现在以下几点：第一，制度的制定是否符合集团的内外部实际情况；第二，制度的执行过程是否合理；第三，制度是否得到了有效贯彻实施，效果如何，比较该制度实施前后有无明显的进步和提高等。对于第三个方面，集团可以聘请专门的测评机构，通过企业访谈、问卷调查、现场观察的形式，评估制度实施前后的变化情况。

3. 物质文化管理

物质文化管理效果评价包括对集团工作环境一致性的评估，对企业名称、标识、商标、品牌的使用情况进行评估及对企业沟通和宣传渠道的评估等方面。具体而言，集团下属子公司是否按照母公司要求使用企业名称、标识、商标、品牌；企业名称、标识、商标、品牌等有没有被外部厂商侵权使用；消费者和客户对企业名称、标识、商标、品牌的认知情况和认知程度；企业网站设计是否符合企业的精神文化理念；企业内部局域网是否符合企业的办公模式；企业自上而下和自下而上的沟通渠道是否得到有效利用，如E-mail系统等；企业外部宣传方式和宣传成本是否合理等。

（三）评价方式

在评价方式上面，采用自我评估、内部互评和集团公司考评的三维评价模式。自我评估主要是指子公司各部门、个人按照上级要求进行文化建设过程与效果的自我评价，通过对比要求，实时进行对集团文化方向的审查和纠偏；内部互评是子公司各部门根据业务往来过程中表现出的文化特点进行互相评价；集团公司考评是集团公司对子公司贯彻集团文化的程度做全面评估，力求重过程、见实效。自我评估、内部互评和集团公司考评各环节在各阶段可交替进行。自我评估可纳入对个人及部门的绩效考核体系中，集团公司考评则应纳入对子公司的绩效考核体系当中。

第三节　不同模式的文化管理流程

集团文化管理模式选择是构建集团文化管理体系的一项基础性工作。集团根据对各子公司的战略定位，对子公司实施不同的文化管理模式。集团文化管理模式大致可分为文化继承模式、文化共建模式与文化自主模式三种。

一、文化继承模式

文化继承模式是指由母公司直接管理其子公司的文化建设，子公司只需做到严格执行母公司的文化决策、塑造共享文化，从而继承集团公司文化的优势，降低控制成本即可。一般而言，采用行政管理型模式的集团多采用此种文化管理模式。从文化管理的实施过程来看，通常由母公司文化部门依照集团董事会的要求为子公司制定文化策略，并进行监督与评价，子公司企业文化主管部门只要照章办事、严格执行即可，基本没有自主建设企业文化的空间。文化继承模式下的集团公司文化管理流程如图 4 - 2 所示。

二、文化共建模式

文化共建模式下，集团公司“抓大放小”，在核心文化方面要求子公司求大同，在表层文化方面允许子公司存小异，建设有别于集团文化的亚文化。采用治理型管理模式的集团公司宜采用此种文化管理模式。从文化管理的实施过程来看，通常是由母公司企业文化部依照集团董事会的要求为子公司制定企业文化建设目标，然后由子公司根据集团要求制定子公司的文化发展战略，并报集团公司审批。审批通过后由子公司文化主管部门自行确定企业文化建设的内容与制度并进行推广。但是母公司的企业文化部门会对子公司的企业文化建设情况进行监督与评价，并有权提出质疑和整改要求。该模式下集团公司文化管理流程如图 4 - 3 所示。

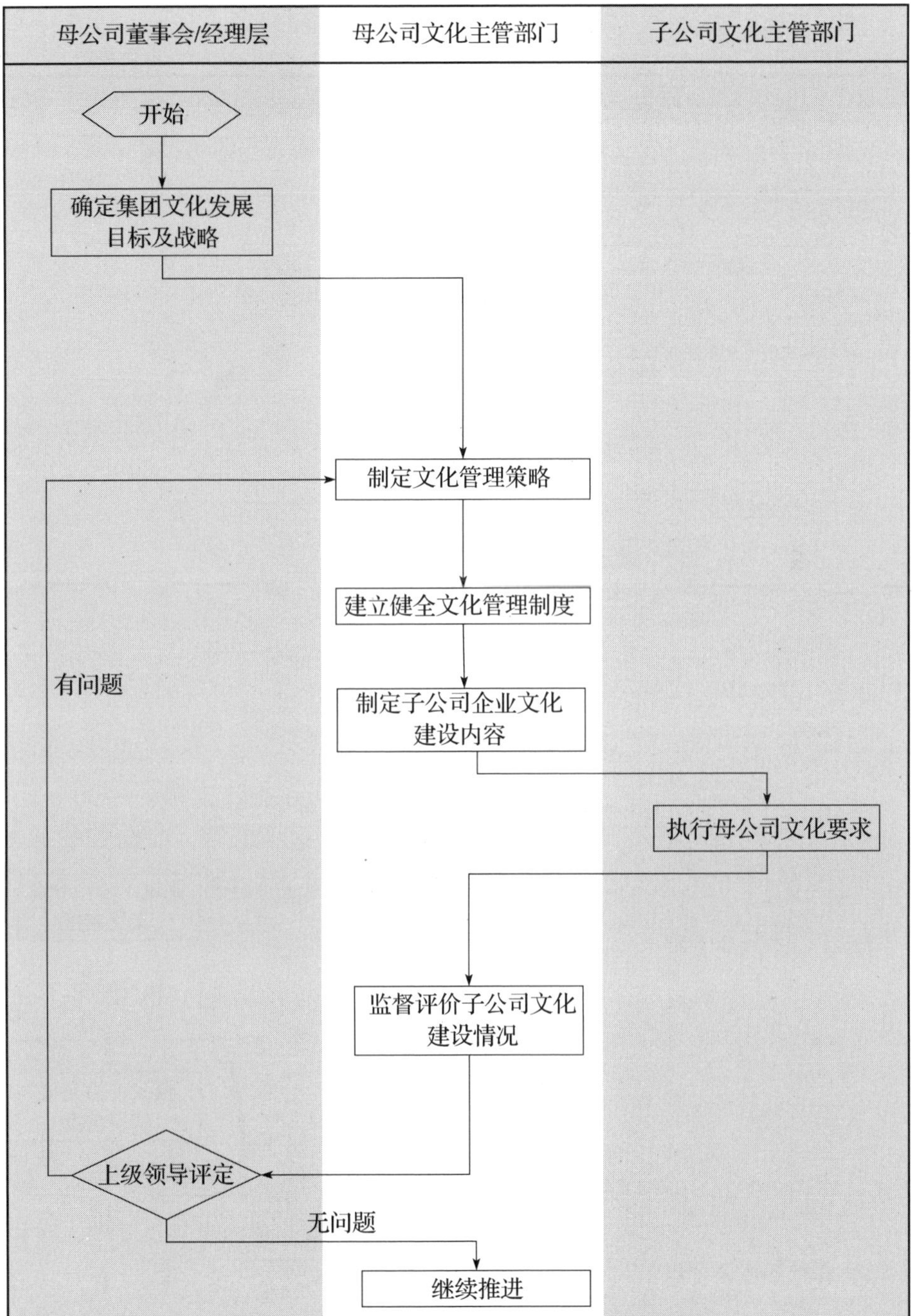

图 4－2　文化继承模式下集团公司文化管理流程图

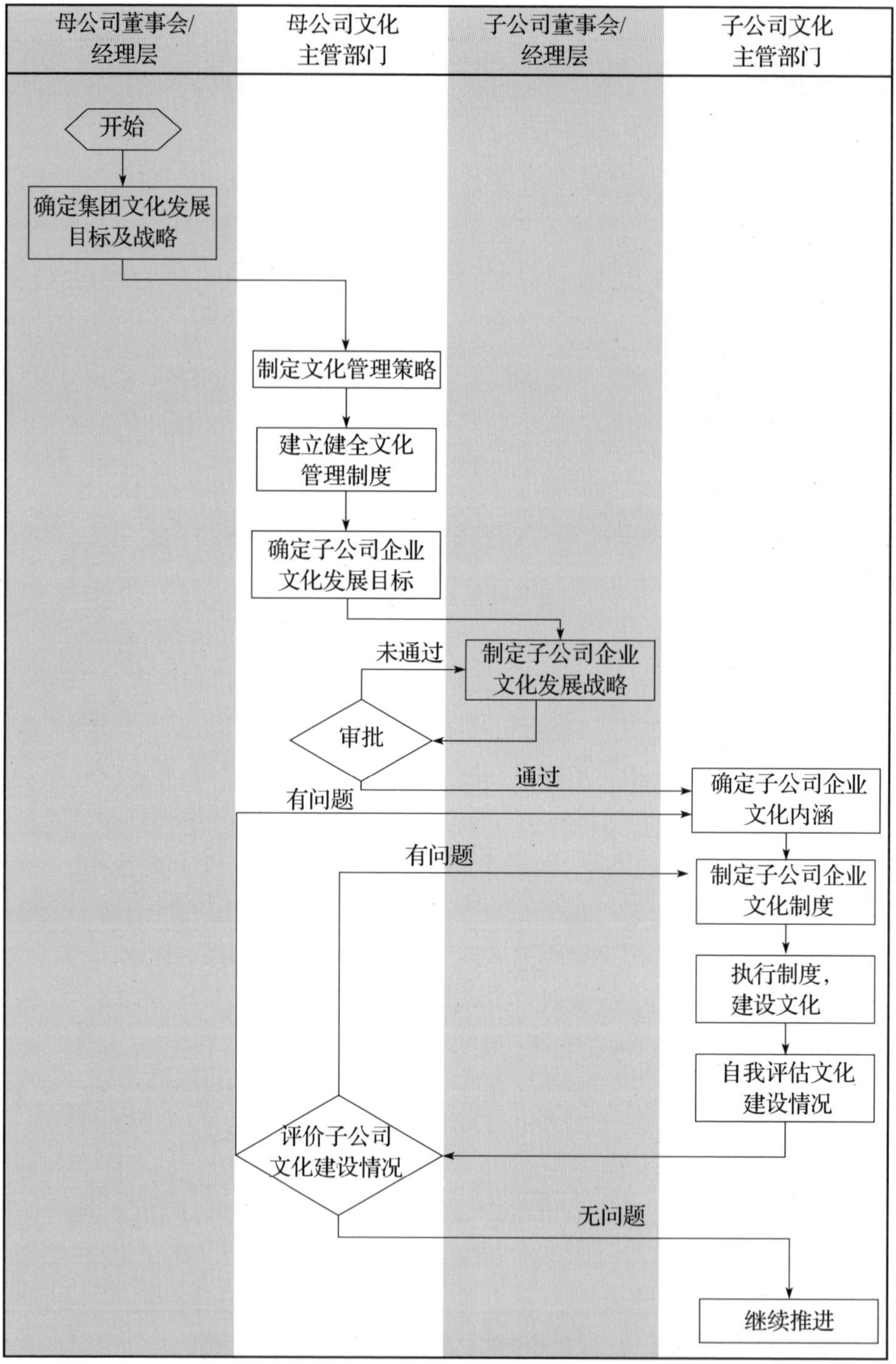

图 4-3 文化共建模式下集团公司文化管理流程图

三、文化自主模式

文化自主模式下，允许子公司在保持与集团文化统一价值观的前提下自主建设企业文化，但母公司可通过制定集团文化管理的基本政策和方针来指导和监督子公司的文化建设，保证其不偏离集团文化的管理方向。从文化管理的实施过程来看，通常是由子公司董事会按照集团企业文化建设的指导思想自行确定其企业文化建设的目标和战略，并由子公司企业文化主管部门负责建设和评价。集团公司不会干涉子公司的企业文化建设内容，但是会对子公司董事会制定的企业文化建设目标和战略进行审批，以确保与整个集团的企业价值观保持一致。

第四节　集团公司文化管理的实现路径与方法

集团文化管理不仅要有指导性，还要有可操作性，集团文化管理重在落地。集团文化管理应在合适的时机依靠领导垂范、组织社会化、规则约束、培训引导、强化典型、交流沟通、多渠道积极传播、借力党建等途径得以实现。

一、领导垂范

柳传志说过："领导人率先垂范，不是建立企业文化的一种方式，而是唯一的方式。"企业领袖、企业领导是企业文化的首倡者和领头羊。企业领袖及高层管理者首先应从思想上深刻理解企业文化，改变思维模式，并形成与企业文化一致的行为习惯和处事风格，进而向下影响部门、团队，并成为员工的行为指导。无论是阿里巴巴的六脉神剑文化、腾讯的产品经理文化，还是华为的奋斗者文化、京东的兄弟文化，每一种文化都是企业领袖积极倡导并身体力行的结果。

理论界甚至有"文化领导"的提法，并认为这一概念是任何一种现有的领导理论都不能完全代替的。因为文化领导的直接目标和结果是员工对组织文化的认同和内化，虽然其他领导理论的部分内容能得到此结果，但其所提出的领导行为和特征都不以此为直接目标。[①] 特莱斯（Trice）等是最早提出

① 曲庆，等. 文化领导力：内涵界定及有效性初探. 南开管理评论，2018(1)：191-202.

“文化领导”这一概念的学者，他们于1993年在其著作《工作组织中的文化》中提出的文化领导行为包括五项内容：率先垂范、建立成功及胜任的印象、清晰表达理念、向下属传递高期望和对他们的信心、激励。

二、组织社会化

集团公司在对子公司实施文化管理时，首先要在集团公司层面形成统一的认识，形成相应的文化氛围和文化认知；其次要做好子公司高层管理者的文化植入工作。为了降低子公司高管对母公司文化的抵触心理，母公司通常会采用两种方式：一是向子公司派出管理者，实现“外部社会化”；二是将子公司本部的管理者“内部社会化”。外部社会化（out-socialization）是指母公司会派遣那些熟谙集团文化的总部管理人员进驻子公司，这一过程称为外部社会化。一般来说，母公司外派管理人员会被任命为子公司的高级管理者，对整个子公司的企业文化形成有最为直接的影响。外派经理往往在母公司工作多年，已经接受了公司的价值观，可以实现对母公司原有价值观的扩散，使子公司成员与母公司拥有共同的价值观、行为规范及目标。内部社会化（in-socialization）是指通过为子公司管理者建立管理人员职业生涯发展规划，采用物质和精神双重激励，拓宽他们的能力，增强他们对公司愿景和目标的承诺感①，使其真正融入企业，成为集团文化的代言人。

案例

杰瑞集团的文化管理

烟台杰瑞集团是国内顶尖的石油和天然气生产、处理、加工装备、服务及一体化方案提供商，业务遍及全球60多个国家。尤甘斯克公司位于俄罗斯西西伯利亚中部，是杰瑞的全资子公司。该子公司自2015年开始运营，一直十分重视海外文化的建设，但还存在着诸多制约因素影响文化管理工作的开展，例如，子公司俄籍员工有330名，中方员工不到30人，属于弱势团体；俄籍员工中低学历人员占很大比重，导致文化宣传的效率较低；由于经济和文化原因，俄罗斯大多数家庭都有贷款，经济负担较重，更注重实利；由于语言、文化习惯等原因，中俄员工交流很低效，文化宣导也比国内

① 滕飞，李雪莲．组织社会化策略对员工组织认同的影响机制．管理学刊，2017(4)：41-49.

困难。

针对上述情况，公司发挥中方关键人员的文化引领作用。通过调整组织架构，将关键中方人员纳入公司管理体系，统一、平等管理；加强对中方人员的俄语和俄罗斯文化的培训，使其了解当地文化，避免文化冲突；加强中方人员的文化引领作用，以身作则，提倡、推介先进的杰瑞文化；等等。

除了向俄籍员工展示优秀文化在生产管理、公司经营、社会福利等多方面的优越性，通过员工的切身体会加强先进文化的宣传效果，公司还积极吸收当地文化中的合理成分，如直率、集团荣誉感、家庭使命感等，在进行文化宣导时提倡这些正能量。同时，采用可视化及具体案例等容易为普通员工接受的手段进行文化渗透，每年选派优秀人员到烟台参观，采用感性冲击和理性说服相互补充的形式，使杰瑞优秀文化逐渐深入俄籍员工内心。

三、规则约束

文化管理的实施离不开正式控制手段的协助。制度化是创建“执行文化”，将文化理念转化为员工自觉行为的关键。所谓制度化就是把企业倡导的价值观转化为可操作的管理制度的过程。价值观与管理制度是一个问题的两个方面，价值观只有转化为管理制度才具有生命力；同时，任何管理制度都应是对企业价值观的体现。[①] 员工首先要接受、认知企业的制度，然后才产生情感，积极的情感进而产生积极的行动，积极的行动使制度由他律变为文化自律。如果制度能够被员工普遍认同，那么制度就内化为员工的传统或文化。

文化制度化的首要方面就是建立以母公司为主导的企业文化主管部门，这样不仅可以使母公司的文化精髓和要求及时、准确、高效地传达到子公司，而且能够随时监控子公司文化的发展趋势，并对其中存在的问题及时纠正。此外，要建立文化管理相关制度，增强文化的执行力。最后，在员工考核体系中应纳入文化指标，并把文化指标作为评价和任用干部的重要参考因素。

① 詹小慧，杨东涛，栾贞增．个人与组织价值观匹配的形成机制：基于 A.O. 史密斯公司的案例研究．管理案例研究与评论，2015(3)：210-223.

案例

烟台杰瑞集团于2014年制定了《管理者案例征集管理办法》，旨在挖掘文化培育、团队建设、员工培养、管理改进、思想交流等方面的成功经验或不成功做法，要求所有管理者每三个月提交一个案例，主送人力资源培训专员，抄送部门主管和分管高管以及人力资源部主管和分管高管。2016年制定了《"企业文化"文章征集办法》，明确规定集团中高层管理者每三个月提交一篇企业文化相关文章，基层管理者每六个月提交一篇，鼓励普通员工提交，由人力资源管理部企业文化中心负责考核。

四、培训引导

集团文化培训的最终目的是让集团文化变成员工行为的内在约束机制，成为企业和员工行为的自然约束机制。集团文化培训包括系统培训和非系统培训两种方式。系统培训是指采用一定的方式，有组织、有计划、有规模地对内部员工开展培训工作。非系统培训主要是指通过企业形象物、典礼和仪式、典故、象征物、标语口号等载体来影响员工，以达到宣贯的目的。

从培训对象来看，集团文化培训可以分为针对新员工的培训和针对老员工的培训。为了更好地贯彻集团文化，集团在招聘新员工时，往往倾向于选择那些与集团核心价值观相匹配的人。[①] 因此，集团经常会选择那些与现有成员有相似背景的人加入集团，这将大大降低文化培训的成本。比如，集团的校园招聘每年固定在几所高校开展，这样会使有相同校园文化背景的人进入同一集团文化，易于形成共享的价值观念。

对新员工的文化培训主要包括公司的发展历史、价值取向、文化资源、企业习惯等。对于集团的老员工，文化培训的重点则应放在使其理解并执行公司倡导的价值体系和制度规范的行为要求方面。针对那些有一定资历和经验的管理人员，要适时开展跨文化培训，以便于其职业成长。跨文化培训是为了提高员工特别是母公司外派管理人员对不同文化传统的反应和适应能力，

① 詹小慧，杨东涛，栾贞增．个人与组织价值观匹配的形成机制：基于A.O.史密斯公司的案例研究．管理案例研究与评论，2015(3)：210-223.

促进不同文化背景的人之间的沟通与理解，促使子公司尤其是异地（跨国）或兼并设立的子公司员工形成对母公司企业文化的认同。[①] 其内容包括对双方现有文化差异的认识、对新企业文化的了解、员工的文化敏感性训练、对跨文化沟通障碍及冲突的处理、跨文化语言的学习、地区环境的模拟等。

案例

阿里集团的新员工培训

任何人，只要在阿里工作过一天，恐怕都不会忘记它的入职培训：新员工会给自己起一个“花名”，收到一本名为《百年阿里》的小册子，然后开始至少为期一个月的“精神洗礼”。那些不能全面接受阿里文化的人，可能会视之为“洗脑”，甚至在这个阶段就坚持不下去；而那些适应阿里文化的人，则会感到如鱼得水，在这里待上许多年。在集团培训结束后，还会进行业务部门自身的培训，往往会持续一年之久。在完成新人培训流程后，阿里员工还会持续感受到“政委体系”带来的压力和动力。所谓的“政委”，是指业务性 HR，他们与业务部门主管共同负责对员工进行管理。阿里的“政委”权力很大，不但具备传统企业 HR 的职能，还能够监督业务负责人、参与重大决策，是业务部门名副其实的“二把手”。阿里的员工若出现任何思想、文化上的“水土不服”，他的“政委”绝不会坐视不管。强大的“政委体系”，使得阿里的全体员工保持着狼性的精神状态和较高的执行效率，被广泛视为阿里的核心竞争力之一。

五、强化典型

早在 20 世纪 80 年代初期，迪尔与肯尼迪在其合作的《西方企业文化》一书中，就谈到了“英雄人物”在企业文化培育中的重要作用。在集团文化管理中，通过树立典型人物、推出先进事迹来表达集团的价值主张，也是较为有效的方法。

在选拔“典型”时，要注意看典型人物或事件能否反映集团的核心价值

①　程兆谦，王世良．跨国并购中文化差异的作用机制：基于 GLOBE 的案例研究．管理案例研究与评论，2015(05)：471-482.

观，能否实现集团要求的软硬两方面的业绩指标。[①] 比如，海尔著名的“砸冰箱事件”，反映了当时海尔对质量战略的追求。通过这一事件，海尔冰箱的质量问题彻底解决了，完成了“硬”指标；海尔人的思想观念转变了，实现了“软”指标。这就是集团应强化的典型事件。集团树立的典型人物，可以是创业者或企业家，因为他们本身就对企业发展发挥了巨大作用，具有一定传奇色彩；他们也是文化的塑造者和倡导者，他们的事迹能够深刻体现企业文化的产生发展过程，说明企业文化的核心内容。典型人物也要注意选择一些普通员工，以增强企业文化建设的参与性和人本性，增强员工的共鸣感。无论是典型人物还是先进事迹，在体现企业精神理念的同时，要注意传播形式的故事化、生动化，既要让员工印象深刻，又要便于理解。企业一旦出现了合适的典型，就应抓住时机大力宣传，及时充分地利用典型强化集团文化。

六、交流沟通

在实施文化管理的过程中，交流和沟通起到了重要作用。交流沟通既包括正式沟通也包括非正式沟通。实施文化控制的欧洲公司和日本公司，通常借助母子公司经理人之间良好的私人关系进行管理。交流沟通机制可分为垂直机制与水平机制。[②] 垂直机制是指母子公司间管理者各种形式的沟通和接触，其目的是使母子公司互相了解，建立共同的目标和价值观，包括总部派遣、培训等。水平机制用于促进不同子公司间管理者的沟通与接触，其目的是使子公司明确各自的角色和其他子公司的角色，更好地协作。母公司应多利用会议、培训、聚会等形式，为各子公司经理人提供相互交流的机会，或是利用不同单位间委员会、临时任务小组或永久性团队等使子公司经理人了解其特殊的角色和其他子公司的角色，增强子公司与子公司之间的相互了解与接触，促进子公司之间的协调与合作，培育集团共享价值观。

七、多渠道积极传播

文化传播应是集团文化管理中例行化、制度化、规范化的工作。在此过

① 王成刚，石春生．组织文化对组织创新的作用机理研究．科研管理，2018(7)：78-84.

② 魏江．管理沟通：成功管理的基石．4 版．北京：机械工业出版社，2019.

程中需要注意的是：一方面，子公司是集团文化传播的客体，是集团文化的接受者；另一方面，子公司在与集团外部环境发生联系时又成为了集团文化的对外传播者。因此，员工行为、子公司行为都是集团文化对外传播的流动窗口，这就越发凸显了集团文化内部传播的重要性。只有当集团上下对集团文化有基本一致的认知和理解，外界才能够获得对集团一致的、清晰的认识。

集团文化管理要充分利用企业文化传播渠道，对集团核心价值体系进行解读。要注意各种媒介的不同特点，注意媒介传播的广度与深度，从不同角度、以不同方式对集团文化做全方位诠释，并对学习宣传情况进行追踪报道。传统的传播媒介主要包括文化宣传手册、员工行为规范、企业简介、企业内部报刊、企业局域网络、企业书籍或光盘等。随着移动互联网技术的发展，基于移动端的企业社交网络媒体——微信、QQ、微博等，都成为企业文化传播的有效阵地，在渠道建设上企业可以大胆创新。

腾讯、阿里、百度等企业均利用自身技术优势构建了企业文化建设移动信息平台 APP①，内容涉及企业文化资讯管理、企业文化微社区、集团知识库、活动发布、简单流程审批集成、会议与日程管理、考勤和假期管理、便捷服务等方面，在为员工提供方便的同时，自然而然地增强了企业文化传播的频率和力度。

八、借力党建

党的十八大以来，在企业中加强党的队伍建设工作日益重要，这一工作不仅要求在公有制企业当中推进，在非公有制企业也要积极开展。事实上，加强党建为企业的文化建设与管理提供了很好的契机。党建活动不是花架子，党建与企业文化建设有共同的内涵，两者相辅相成。党建过程中所倡导的理想、信念与初心等，都是企业需要进行全员渗透的正能量与价值观。②

① 史璇，江春霞．互联网“独角兽”企业社会责任的履行及治理．理论探讨，2019(4)：115-119.

② 田改伟．深化党的组织改革的重要领域：“小个专”领域党组织建设研究．科学社会主义，2019(2).

案例

成立于2006年的韩都衣舍电子商务集团股份有限公司，早在2012年6月就成立了集团党支部，并于2017年3月升格为党委，是山东首家成立基层党委的非公互联网企业。近年来，韩都衣舍党委坚持把党建工作融入经济发展，探索符合非公企业实际的互联网企业党建工作新路子。韩都衣舍集团党委书记胡近东说："党建既是生产力，又是凝聚力，更是竞争力！"这也成为公司真抓实干做好党建的根本认知。

韩都衣舍构筑了一套独具特色的"三级政委"体系：集团总"政委"由企业党委书记担任，负责牵头总抓；部门"政委"由党支部书记担任，与部门经理搭档，专做基层党员的思想政治工作；基层"政委"由党小组组长担任，协助部门"政委"开展工作。"政委"具备五大职能：思想工作、文化建设、职业规划、KPI考核与业务支持。"党建+"就是结合公司的实际，把党建与创新、文化、团建、廉政、统战、人才、公益等各方面进行深度链接，通过"政委体系"执行落地。

□ 案例分析

合适的就是最好的——腾讯的"联邦自治"与阿里的"中央集权"

有人说，腾讯和阿里是两个世界的碰撞：腾讯是"佛系文化"，阿里则是"狼性文化"；腾讯的管理是"联邦自治"，阿里则是"中央集权"。究竟孰优孰劣？其实，这都是核心业务和企业发展路径的自然选择。以社交和游戏起家的腾讯，更注重多元化和自由度；以电商起家的阿里，则将组织和执行力放在第一位。

任何互联网公司都面临着"流量、产品、运营"的铁三角关系问题，它们必须让每项都及格、至少一项达到优秀。腾讯在产品上做到了极致，公司中笼罩着"产品经理"的文化——以用户体验为导向。阿里则在运营上做到了极致，运营的魔鬼都在细节上，因此产生了效率导向、执行力为王的文化。极致的产品和极致的运营效率，各自成为腾讯和阿里的核心竞争力。

2016年以来，腾讯与阿里都在对外投资方面一掷千金，但是方式有些不同。腾讯更重视对联营/合营公司的投资，并且不断将财务投资转化为联营投资，却很少进行并购。阿里则更重视全面并购，甚至将许多重要联营公司并表了，这就意味着阿里对被并购企业拥有绝对的控制权。所以，腾讯与阿里扩张战略的差异，关键体现在对自由度和执行力的不同追求。腾讯倾向于保持被投公司的独立性、鼓励“赛马机制”；阿里则倾向于将对方全面纳入自己的体系，以强大的执行力取胜。从文化上看，腾讯基于产品经理文化建立了“联邦自治”体制，各个事业群、事业部都是一方“诸侯”。只要其把自己的任务完成好，腾讯管理层没有兴趣介入子公司或联营公司的日常工作。阿里则基于运营文化建立了“中央集权”体制，不存在真正的“山头”，整个公司的思想行动高度统一。在这种情况下，收购和联营的区别就很大了。怎么才能让一项新业务在思想上向阿里看齐、在组织上与阿里融合？当然是全面并表。

无论是在内部还是在外部，腾讯一贯鼓励实行“赛马机制”。简单地说就是：兄弟登山，各自努力，谁打下了新领地，谁就是这片领地的主人！所以，腾讯不会阻止《王者荣耀》借鉴《英雄联盟》的玩法，也不会阻止《英雄联盟》开发自己的手游；不会在虎牙和斗鱼两个被投电竞直播平台之间拉偏架，更不会偏袒自己的企鹅电竞；在短视频领域，重要的微信入口给了微视，但是“腾讯系”文娱资源仍然大量倾注到快手上。对于腾讯来说，不存在“亲儿子”和“干儿子”的区别，谁能打胜仗，谁就是亲儿子。

2018年10月，腾讯进行了有史以来最大规模的组织架构调整，形成了六大事业群：WXG（微信）、IEG（互动娱乐）、PCG（平台与内容）、CSIG（云与智慧产业）、CDG（企业发展）、TEG（技术工程）。腾讯的“联邦自治”管理体系，反映得淋漓尽致。腾讯的各个事业群，甚至各个事业部/产品团队/工作室，都具有强烈的自主性。腾讯是“诸侯林立”的联邦，而且每个大诸侯下面还有小诸侯。

那么，阿里的答案呢？不是“自由”，而是“执行力”；不是“独立”，而是“整合”。只有整合，才能最大限度地发挥阿里的组织能力、运营能力。如果一个企业家不认同阿里的文化和管理体系，不希望阿里接触自己的数据、运营，他可以不接受阿里的投资。并入阿里体系会丧失独立性，却可以获得更高的效率。有监测数据显示：2017年底口碑APP独立上线之后，日活跃用户数量（daily active user，DAU）立即突破200万；2018年下半年全面并入阿里之后，其DAU跃升至400万量级。交叉导流、强大的地推、市场活动的丰富经验……在阿里体系外是很难得到的。

阿里的体系不仅适用于国内，也早已扩张到海外。作为东南亚最大的电商平台之一，Lazada不仅在技术、数据上全面接入阿里，在市场活动上也与阿里同步：2018年“双十一”“双十二”中，Lazada都是重要的参与者。蚂蚁金服前董事长彭蕾于2018年4月接任Lazada CEO、12月任董事长。在东南亚、南亚、中东等互联网行业发展速度不及中国的地区，阿里可以扮演“传火者”的角色，将先进的制度与理念输出。因此，即便在印度和土耳其，阿里也更倾向于以并购加强执行力。

事实证明，腾讯的“联邦自治”体制和阿里的“中央集权”体制，各自成就了两个世界级的互联网巨头，腾讯和阿里都选择了最适合自己核心业务的文化管理机制，合适的就是最好的。

资料来源：创事记微信公众号. 腾讯系VS阿里系：从战略、组织到执行，究竟有何异同？. 2019-7-4.

思考题：

1. 分析不同集团管控模式中文化管理呈现的特点。
2. 结合企业实践，讨论文化管理的实现路径与方法。

第五章

集团公司战略管理

第一节 集团公司战略管理概述

一、集团公司战略管理内涵

集团公司战略是指集团公司为实现集团使命而制定的决定全局利益和长远利益的竞争目标与计划。它涉及产业方向选择、竞争能力培育和资源配置等方面，核心在于通过多产业组合设计追求协同效应，进而实现集团整体利益的最大化。战略管理是一个动态过程，集团公司战略管理也不例外，其实施过程包括以下环节：战略分析、战略制定、战略实施、战略评价和战略控制。[①] 企业集团依据其对国内和国际市场的分析，研究市场竞争特点和产业结构变动发展趋势，立足集团现有和未来的优势，确定今后的发展战略；在实施战略的过程中又不断地从市场和组织内部获得反馈，适时地调整战略部署。

集团公司战略管理不同于单体企业的战略管理，这主要是由企业集团的多级法人制所决定的。集团公司战略管理既包括自身战略管理，例如统筹各部门的战略规划、在集团组织架构下跨组织层级的战略管控、产业组合与产融结合等，[②] 又包括对各子公司的战略管理，例如子公司的战略目标、产品与市场组合、客户价值主张、竞争策略以及职能战略等。子公司战略管理在服从并服务于集团公司战略的前提下，呈现出相对的自主性。[③]

二、集团公司战略管理功能

（一）明确集团发展方向

企业集团一般会实施多元化战略，涉足多种业务。集团公司通过实施战

---

① 朱方伟，等．国有集团母子公司管控模式的选择：多关键因素识别与组合影响．南开管理评论，2018(1)：75-87.

② 王璁，王凤彬．大型国有企业集团总部对成员单位控制体系的构型研究：基于 102 家中央企业的定性比较分析．南开管理评论，2018，21(6)：185-197.

③ 张爽，王世权，李欣禹．子公司主导行为研究进展述评．外国经济与管理，2018，40(12)：138-151.

略管理，界定经营范围，明确集团发展的共同目标，满足集团生存发展所需达到的项目目标（例如业绩和能力目标），以及满足与企业有利益关系的各个社会群体（例如顾客、职工、股东等）所要求的目标。[①] 集团战略管理，能使集团机构设计和资源整合更具目的性和原则性，进而增强组织机构与战略的匹配性，优化资源配置，实现资源价值最大化。[②]

（二）提高集团应变力

集团需要不断对未来做出重新估计，随着产业的发展寻求实时协调，通过明确利益相关者和自身的优势、劣势、机会、威胁，将企业能力与资源结合在一起，在支配资源和避免风险之间保持平衡，以相对从容地应对机遇、诱惑和市场变化，提高风险控制能力和市场应变能力，进而提升集团竞争力。

（三）加强子公司管理

集团公司通过战略制定和管理，明确了未来一定时期内子公司的战略目标，界定了子公司的经营框架，通过加强子公司管理可以把子公司执行战略过程中所产生的实际效果与预定的目标和标准进行比较，评价业绩、发现偏差、采取措施，以达到预期的战略目标。[③]

（四）实现协同效应

集团公司战略管理有助于实现母合优势，降低子公司的战略管理成本，提高管理水平，实现战略管理的协同。[④] 同时，战略协同既有助于实现母子公司战略自身的协同，又有利于实现文化、人力资源、财务等的协同。协同体现了母子公司间的横向协调，企业集团通过协同运作可使公司的整体效益

---

① Ranganathan R, Ghosh A, Rosenkopf L. Competition–cooperation interplay during multifirm technology coordination: the effect of firm heterogeneity on conflict and consensus in a technology standards organization. Strategic Management Journal，2018，39(3)：3193-3221.

② 潘怡麟，朱凯，陈信元．决策权配置与公司价值：基于企业集团的经验证据．管理世界，2018，34(12)：117-125.

③ 宋旭琴，蓝海林．结构与战略同行．企业管理，2006(7)：63-66.

④ 王凤彬，王骁鹏，张驰．超模块平台组织结构与客制化创业支持：基于海尔向平台组织转型的嵌入式案例研究．管理世界，2019(2)：122-150.

大于独立部分总和的效益。控制和协同体现了处理母子公司间纵横关系的基本准则，管理是协同运作的前提，没有权力的集中，就无法实现母子公司间的协同；协同则是管理的重要目标和结果。①

三、集团公司战略管理层次

安索夫（2004）认为战略和具体目标是可以互相转换的。两者可以在不同的时点、不同的公司层级进行转换。一些绩效属性（如市场份额）在某些时段可能是公司的具体目标，在另一些时点上则可能成为公司的战略。公司各层级都需要制定战略及目标，在典型层级关系下，上一级管理层的战略元素成了下一级的具体目标。②

斯琴德尔和霍费根据安索夫的研究成果开发了战略的四个层面：职能层面、业务层面、公司层面和企业层面，如图 5－1 所示。

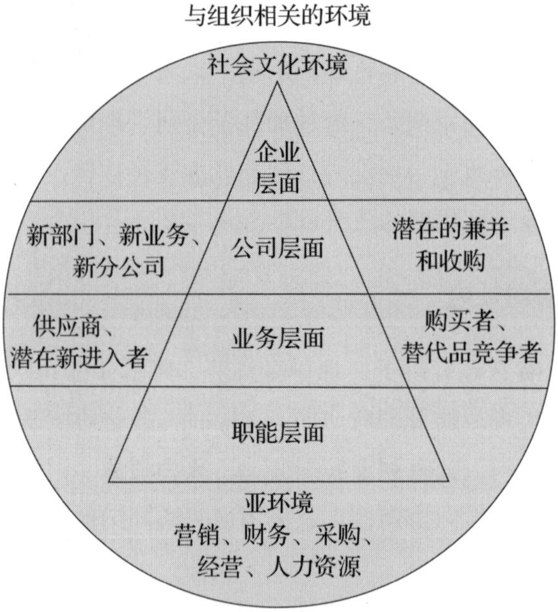

图 5－1　战略层面

① Goold M, Campbell A. Taking stock of synergy: a framework for assessing linkages between businesses. Long Range Planning，2000，33(1)：72-96.

② H. 伊戈尔・安索夫，彼得・H. 安东尼奥．变革国家中公司发展战略．北京：中国人民大学出版社，2004：36.

组织类型决定了战略层面。目标单一的小型公司较少考虑企业层面和公司层面的战略，大型多元化公司则重视每个层面的战略，其中在企业层面更强调组织与公众的相互关系。广义上讲，公众包括公司的社会文化环境，由与公司相关的文化、人口、社区和经济系统组成。企业层面的战略包括社会责任战略和伦理战略。伦理是指道德标准和价值观，是行为标准的基础。集团公司一般是实施多元化战略的大型公司，所以需要从四个层面考虑战略。为简化研究，企业层面可归入公司层面中，即企业战略可划分为集团公司、子公司（业务）和职能等三个层面的战略，如图 5－2 所示。

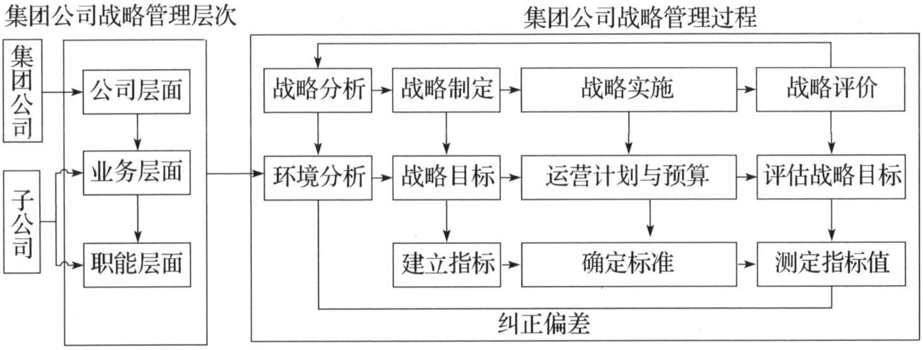

图 5－2　基于战略管理全过程和各层面的集团公司战略管理

（一）集团公司层面

集团公司层面战略（又称公司战略）主要解决的问题是应该做什么样的业务，以及如何利用各个业务之间的关系更好地发展这些业务，它在企业战略中居最高层次。[①] 从战略管理的侧重点来看，集团公司层面战略需要明晰三个方面的内容：（1）集团任务系统确定，集团任务系统的重心主要是确定集团的使命、价值观与愿景，包括确定企业集团存在的意义、各单位应当遵循的集团核心价值以及集团总体规划；（2）集团发展规划与业务规划，包括确定公司投资的优先序列和各业务单元间投资资本的分配方式，使公司资源流向最有吸引力的业务单元；（3）理顺多元化的业务单元关系并创造协同效

① Khanna T, Rivkin J W. Interorganizational ties and business group boundaries: evidence from an emerging economy. Organization Science，2006，17(3)：333-352.

应。协同效应既可以通过协调集团内部不同业务单元之间核心能力和稀有资源（如技术、生产设备和客户等）实现，又可以通过集团总部与各业务单元之间的纵横协调来实现，例如战略物资集中采购、财务资源集中控制或人力资源集中招聘等。

（二）子公司层面

相对于集团公司层面战略，子公司层面战略属于业务层面战略。业务层面战略是指管理层为取得某一特定业务领域的成功而制定的行动方案和经营策略。① 它包含对集团各个业务的具体规划，是各业务单元实施竞争的战略。② 子公司层面战略的制定是由母公司来主导，还是由子公司来主导，取决于母子公司的管理模式。无论战略由谁来主导制定，集团公司都应确保各子公司的业务战略协调一致、不冲突，并定期追踪业务战略的执行情况，确保业务层次的目标体系遵循公司层次的目标体系和战略主题。③

业务层面战略主要明确三个方面的内容：（1）贯彻落实集团的使命、价值观与愿景，根据各子公司业务的特点，确定各自的使命、价值观与愿景，对业务所处环境的变化做出积极反应；（2）制定各子公司的具体发展目标，把集团公司的总体发展目标落实到各子公司的业务发展中；（3）确定关键的战略举措。业务层面的关键战略举措是指各业务单元在不同发展阶段的关键行动或措施，其主要目的在于利用集团配置的资源，培育自身的核心能力，获取该业务范围内的竞争优势；制定恰当的业务竞争方案和市场经营策略，以获取持久的竞争优势。④

（三）职能层面

职能层面战略关注如何落实集团公司的公司层面战略与子公司的业务层

① Rugman A M, Verbeke A. Subsidiary-specific advantages in multinational enterprises. Strategic Management Journal，2010，22(3)：237-250.

② Garcia Pont C, Canales J I, Noboa F. Subsidiary strategy: the embeddedness component. Journal of Management Studies，2010，46(2)：182-214.

③ Ferraris A. Rethinking the literature on “ multiple embeddedness ” and subsidiary-specific advantages. Multinational Business Review，2014，22(1)：15-33.

④ Moore K J. A strategy for subsidiaries: centre of excellences to build subsidiary specific advantages. Management International Review，2001，41(3)：275-290.

面战略。职能层面战略由详细方案与行动计划组成，涉及财务、生产、销售、研发、采购、人事等各个职能。职能层面战略制定的目的是使职能部门的管理人员清楚地认识到本部门在实现企业总体战略和业务单元战略过程中的责任与要求。所以，它更详细具体，更具有可操作性，职能层面战略的规划侧重于以下方面：各职能部门支持集团业务发展的总体原则；各业务职能的发展目标与主要阶段；实施职能层面战略的关键举措；实施职能层面战略的风险应对策略。

四、集团公司战略管理的主体、控制点与协同点

在单体企业中，战略管理的主体是企业自身，战略管理主体与法人主体相一致。在集团公司中，集团公司层面的战略管理主体与法人主体是一致的，子公司战略管理则因集团公司的参与可能出现战略管理主体与法人主体不一致的情况。在行政管理型模式下，集团公司往往主导着子公司的战略；治理型模式下，集团公司与子公司同为子公司战略的实施主体；自主管理型模式下，子公司主导着自身的战略。[①] 集团战略管理中，集团公司应根据管理模式的差异，对子公司战略管理中的控制点采取不同程度的控制方式。[②] 战略管理的控制点主要体现在以下几个方面：

一是识别战略制定的关键因素。关键的战略因素可分为企业外部的因素与企业内部的因素，这些因素的任何变化都可能影响到企业战略管理的效果。从外部看，影响企业实现战略目标的因素包括竞争者行动、需求变化、技术变化、经济状况变化、政府行为等[③]；从内部看，关键战略因素包括员工素质、资源配置、动态定位、运营方式、品牌声誉和创新能力等。[④] 在识别关键战略因素的变化的基础上，系统收集、分析并研究这些变量之间的相互作用关系、可预测到的关键因素变化与战略实施之间的紧密联系，可达到

---

① 杨雷．民营企业管理机制运作实效研究：对美的集团管理机制的 S 调查案例．南开管理评论，2005, 8(5)：93-98.

② Carney M, et al. Business group affiliation, performance, context, and strategy: a meta-analysis. Strategic Direction，2010(2)：437-460.

③ 綦好东，郭骏超，朱炜．国有企业混合所有制改革：动力、阻力与实现路径．管理世界，2017(10)：8-19.

④ 黄江明，赵宁．资源与决策逻辑：北汽集团汽车技术追赶的路径演化研究．管理世界，2014(9)：120-130.

对这些控制点进行日常监控的效果。①

二是对子公司战略管理的流程实施控制。母公司通过制定统一的战略管理流程来对子公司战略管理进行控制，各子公司在战略分析、战略制定、战略实施、战略评价和战略控制的各个环节，都必须按照集团公司规定或批准的流程来执行。②战略管理流程在体现流程制定的一般原则的前提下，必须充分体现管理模式的差异。③由集团公司主导的战略管理要充分体现集团公司的责权利，由子公司主导的战略管理要充分体现子公司的责权利，以确保子公司战略管理的水平。④

三是对集团公司战略管理中存在的协同点进行控制，以提高协同水平，实现协同效应。集团公司战略管理在战略分析、战略制定、战略实施、战略评价和战略控制等环节都有可能实现协同，识别并控制战略管理各环节的协同点，是集团公司战略管理的重要工作。例如，在战略分析和战略制定过程中，集团公司对宏观环境做统一监控，协助子公司进行行业环境监测，明晰集团公司及各子公司面临的机会与威胁；帮助子公司分析内部条件，以了解自身的优势与劣势，制定外部环境与内部条件匹配的战略。⑤在战略实施过程中，集团公司对子公司的战略执行进行指导，而子公司间要加强沟通交流并努力实现资源共享以提高战略实施水平。⑥

五、不同管理模式下的战略管理职责划分

（一）行政管理型

为实现集权的战略控制职能，一般来说母公司要设置战略管理部门，子

---

① 王凤彬，江鸿，王璁．央企集团管控架构的演进：战略决定、制度引致还是路径依赖？一项定性比较分析（QCA）尝试．管理世界，2014(12)：92-114.

② 沈昊，杨梅英．国有企业混合所有制改革模式和公司治理：基于招商局集团的案例分析．管理世界，2019(4)：171-182.

③ Mahmood I P, Zhu H, Zaheer A. Centralization of intragroup equity ties and performance of business group affiliates. Strategic Management Journal，2017(38)：1082-1100.

④ 冯米，张曦如，路江涌．战略与结构匹配对新兴市场企业集团绩效的影响．南开管理评论，2014(12)：63-71.

⑤ 韩鹏飞，等．企业集团运行机制研究：掏空、救助还是风险共担？管理世界，2018(5)：120-136.

⑥ Mahmood I P, Zhu H, Zajac E J. Where can capabilities come from? Network ties and capability acquisition in business groups. Strategic Management Journal，2011，32(8)：820-848.

公司则无须设专门的战略管理部门，其战略管理职能由子公司经理层直接命令或委授其他部门行使。

母公司战略管理部门负责制定集团的战略发展规划，并根据集团战略规划、各子公司内外部环境制定子公司战略，报董事会审核后将各子公司战略下达到子公司董事会或经理层，子公司负责执行战略。母公司战略管理部门有权根据子公司战略执行情况及内外部环境变化调整子公司战略。因此，一般来说，在行政管理型的战略控制中，子公司没有制定战略的权限，其战略管理职能主要是执行母公司为其制定的战略，在战略实施过程中根据母公司战略管理部门的需要及要求报备战略执行情况，并根据母公司战略管理部门要求调整战略。

（二）治理型

集团为实现其战略管理的控制职能，可在母公司和子公司分设两级战略管理机构。

母公司战略规划部门负责制定集团的战略规划，子公司有战略规划制定的建议权。子公司战略规划部门依据母公司战略规划制定本公司的战略，报母公司战略规划部门及母公司董事会审批。母公司战略规划部门和子公司共同负责对子公司战略实施情况进行动态跟踪、分析和评估。母公司有权根据集团内外部环境变化对子公司战略予以适时调整。子公司战略规划部门需按照母公司战略规划部门的要求适时将战略执行情况上报母公司战略规划部门，并根据母公司战略规划部门下达的战略调整意见加以改进。

（三）自主管理型

集团公司战略管理的职责主要局限于公司层面的战略。子公司战略管理部门负责制定子公司的战略，报集团公司审批备案。子公司根据集团公司需要报备战略执行情况，子公司在一定范围内可自行调整战略。[①] 当超

---

① Cavanagh A, et al. How do subsidiaries assume autonomy? A refined application of agency theory within the subsidiary-headquarters context. Global Strategy Journal，2017，7(2)：172-192.

出集团公司规定范围时，子公司战略管理部门对战略的调整应报集团公司审批。[①]

第二节 集团公司战略分析与制定

一、战略分析的内涵

战略分析是对战略环境进行分析、评价，并预测其未来的发展趋势，以及这些趋势可能对企业造成的影响及影响方向，它为战略方案选择提供依据。集团战略分析包括集团公司层面和子公司层面的分析。从现代战略控制的角度看，战略分析已成为一个动态过程，包括对环境的持续监视。

现代战略控制观点提出了前馈控制的理念，这就需要对战略前提和重要的战略事件进行监视。所谓前馈控制，即开始实施战略后，定期检查当初选择这一战略时对环境条件的前提假设是否依然正确。如果前提假设发生重大变化，相应的战略也该做及时调整。实施战略前馈控制需要在制定战略时分析并列出战略的前提假设，事后才能系统化地追踪与检讨，否则前馈控制将无法实施。不是所有的变化都会对企业产生潜在的重大影响，所以前馈控制的重点应放在关系到战略实施成功与否的关键前提上。

战略监视的重点是发现原来未发现的内部与外部的关键事件，以便尽早发现能够影响战略方向的环境变化。安索夫（2004）提出的战略问题管理（strategic issues management，SIM）讲的正是战略监视的方法。[②]其控制过程包括：（1）识别战略环境的显著变化；（2）根据环境变化的急缓程度进行处理，并适时调整战略内容；（3）在战略实施过程中持续做出响应。这一方法的关键在于其环境扫描系统涉及面广（内外部环境均在监视之列）、信息丰富。值得关注的是，SIM是对战略的内容而不是战略的实施进行

① Sharon B, Niron H. The architecture of attention: group structure and subsidiary autonomy. Strategic Management Journal，2019，40(10)：1610-1643.

② 伊戈尔·安索夫，彼得·安东尼奥. 变革国家中公司发展战略. 北京：中国人民大学出版社，2004：18.

控制。

战略分析主要包括两部分内容，一是外部环境分析；二是内部资源与能力分析。外部环境分析主要是要了解企业所处的外部环境（一般宏观环境和行业环境）的特性，以及正在发生或将要发生的变化，并分析这些变化将会给企业带来机遇还是威胁。外部环境分析是战略制定的前提。内部资源与能力分析主要是了解企业拥有的资源和具备的能力，与同行竞争对手相比，有哪些优势和弱点，而这些资源和能力决定的是企业在所经营的行业中所处的地位。① 内部资源与能力是集团战略选择的基础。

二、战略制定的内涵

通过战略分析，决策者在认清集团内外部条件以及利益相关者的期望与要求的前提下，即可制定集团战略。战略制定是一个复杂的决策过程。首先，从集团公司层面看，其涉及集团使命与宗旨是否需要改变，经营领域是否需要重新界定，子公司层面竞争战略是否需要调整。其次，集团公司和子公司在未来一定战略期内，沿着已定的使命和目标，将达到一个怎样的结果，即制定战略目标。

三、战略目标制定的原则

传统的目标设定理论（goal-setting theory）认为目标必须具备明确性、挑战性与回馈性②；此外，目标设定也须符合 SMART 原则，也就是好的目标应具有特定性、可衡量的、可达成的、相关性以及及时性等特性。

关于战略目标设定的原则除了上述传统的特点，许多学者也提出了其他的观点，这些观点不仅包含传统的目标设定理论，还增加了许多更符合先进趋势的观点，并且更具有实用性。Goold and Quinn（1990）认为战略目标不同于营运目标或预算目标之处在于其长期性和竞争性。③Harrison（1991）则认为战略目标必须清晰地定义出运作的标准，并且必须具有回馈性。④ 王

① Cantwell J, Mudambi R. MNE competence-creating subsidiary mandates. Strategic Management Journal，2005，26(12)：1109-1128.

② 斯蒂芬・P. 罗宾斯．组织行为学：第 7 版．北京：中国人民大学出版社，2002：183.

③ Goold M, Quinn J J. The paradox of strategic controls. Strategic Management Journal，1990(11)：43-58.

④ Harrison E F. Strategic control at the CEO level. Long Range Planning，1991(24)：78-88.

忠宗（2001）则指出各项目标必须有一定的权重，而权重的概念即设定目标的优先顺序，可以避免目标执行人避重就轻；此外部门或个人的目标最好为 3 ～ 7 项，以符合少数关键性原则。[①]Goold（1991）也认为，战略目标必须符合关键少数的特点，目标过多将会失去激励的作用，他还认为要达到分权化，最好不要超过 4 ～ 6 个目标（包括财务性与非财务性）。[②]Eccles（1991）则提出企业必须设定非财务性目标，并且认为真正重要的是与竞争者做比较，而不是与自己过去的历史做比较。[③]

Goold and Quinn（1990）总结了众多学者的理论归纳出了目标设定的原则，如表 5 - 1 所示。

表 5 - 1　战略目标设定原则

1. 财务性与非财务性目标
2. 参与设定
3. 长期目标与短期目标标准值
4. 少数关键性
5. 特定性、清楚、可衡量
6. 辨别目标的优先顺序
7. 竞争性（标杆与比较）
8. 伸张性（挑战性）
9. 成果导向
10. 回馈性（包括激励与约束，并且有契约化的目标）

资料来源：Goold M, Quinn J J. The paradox of strategic controls. Strategic Management Journal，1990 (1)：43-58.

四、集团公司战略目标的层次

（一）集团公司层面战略目标的制定

集团公司在外部环境和内部资源与能力分析的基础上，确定外部环境变化给集团带来的有利机会和不利威胁以及集团目前的优势和弱势，从而确立

① 王忠宗．目标管理与绩效考核．广东：广州经济出版社，2002：128.

② Goold M. Strategic control in the decentralized firm. Sloan Management Review，1991(2)：69-82.

③ Eccles R. The performance measurement manifesto. Harvard Business Review，1991，69(1)：131-137.

集团的战略及主要业务的关键目标。[①] 相对于子公司，集团公司更侧重于对集团总体战略的把握，制定各子公司组合战略，开拓新的业务领域。

集团公司可依据上文叙及的战略目标设定原则和集团行业、组织结构等设定战略指标。

（二）子公司层面战略目标的制定

子公司以集团公司战略及其主要业务的关键目标为基础，根据自身所处外部环境和内部资源与能力情况制定竞争战略的目标体系。子公司在制定竞争战略的目标时要保证在特定的行业市场中获取竞争优势。

（三）职能层面战略目标的制定

子公司职能部门根据子公司的竞争战略制定采购、生产、研究与开发、营销、财务、人力资源、文化等职能层面战略的目标。职能层面战略的制定要以实现业务单元战略为主要依据。

五、行政管理型模式的战略制定流程

集团公司监控子公司所处的宏观环境、行业环境甚至内部环境，并对环境进行相关分析，为子公司战略规划提供分析资料，子公司则较少监控和分析内外环境。子公司战略的制定由集团公司主导。具体战略制定流程如图 5－3 所示。

六、治理型模式的战略制定流程

集团公司监控子公司的宏观环境，子公司监控所面临的行业环境，并针对监控的环境内容进行战略分析。子公司以集团公司战略及所制定的子公司的公司层目标为基础，根据各子公司所处外部环境和各子公司内部资源与能力制定子公司战略及相关指标值，制定后报集团公司审批备案。具体战略制定流程如图 5－4 所示。

---

① Birkinshaw J, Hood N, Jonsson S. Building firm-specific advantages in multinational corporations: the role of subsidiary initiative. Strategic Management Journal，1998(19)：221-241.

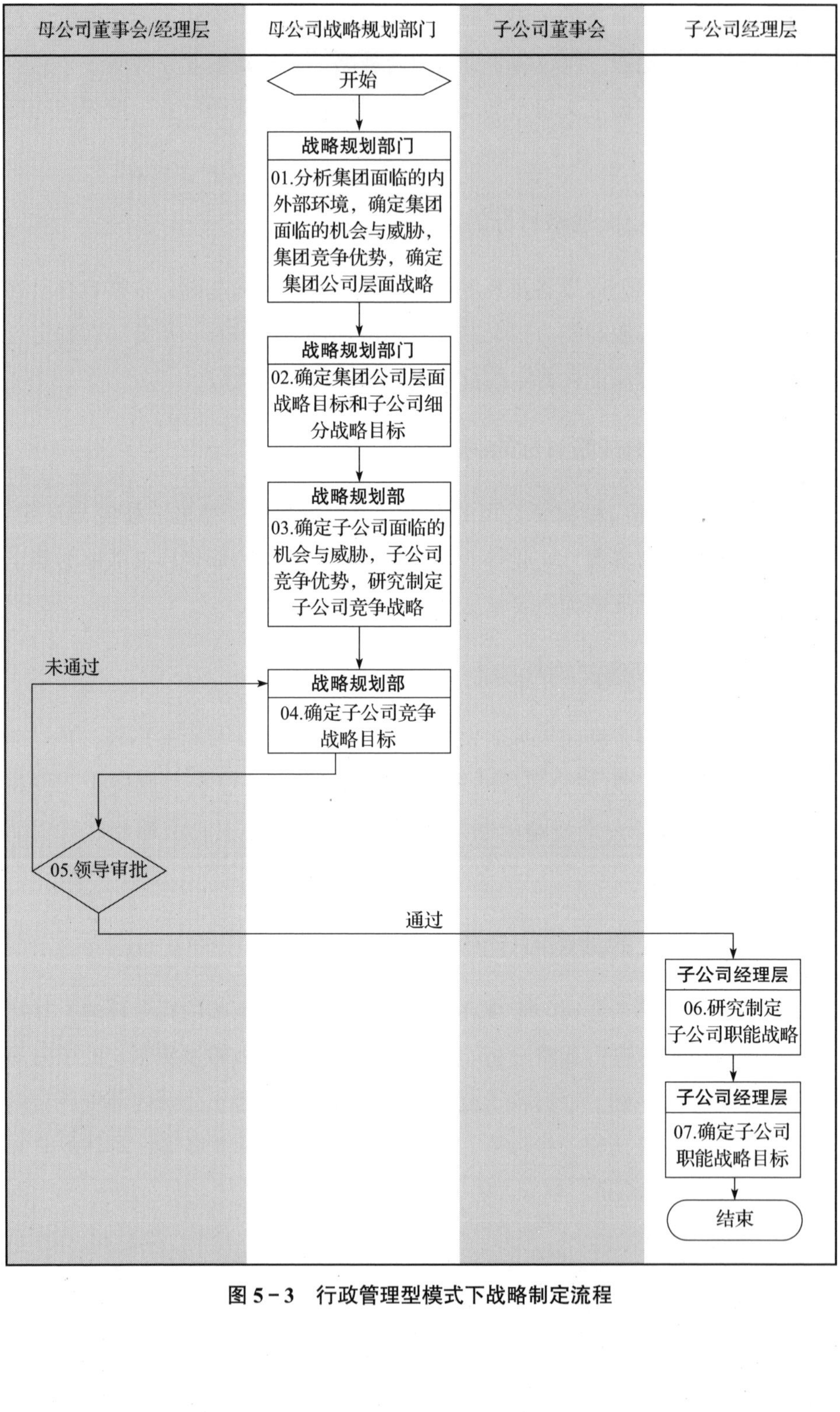

图 5－3　行政管理型模式下战略制定流程

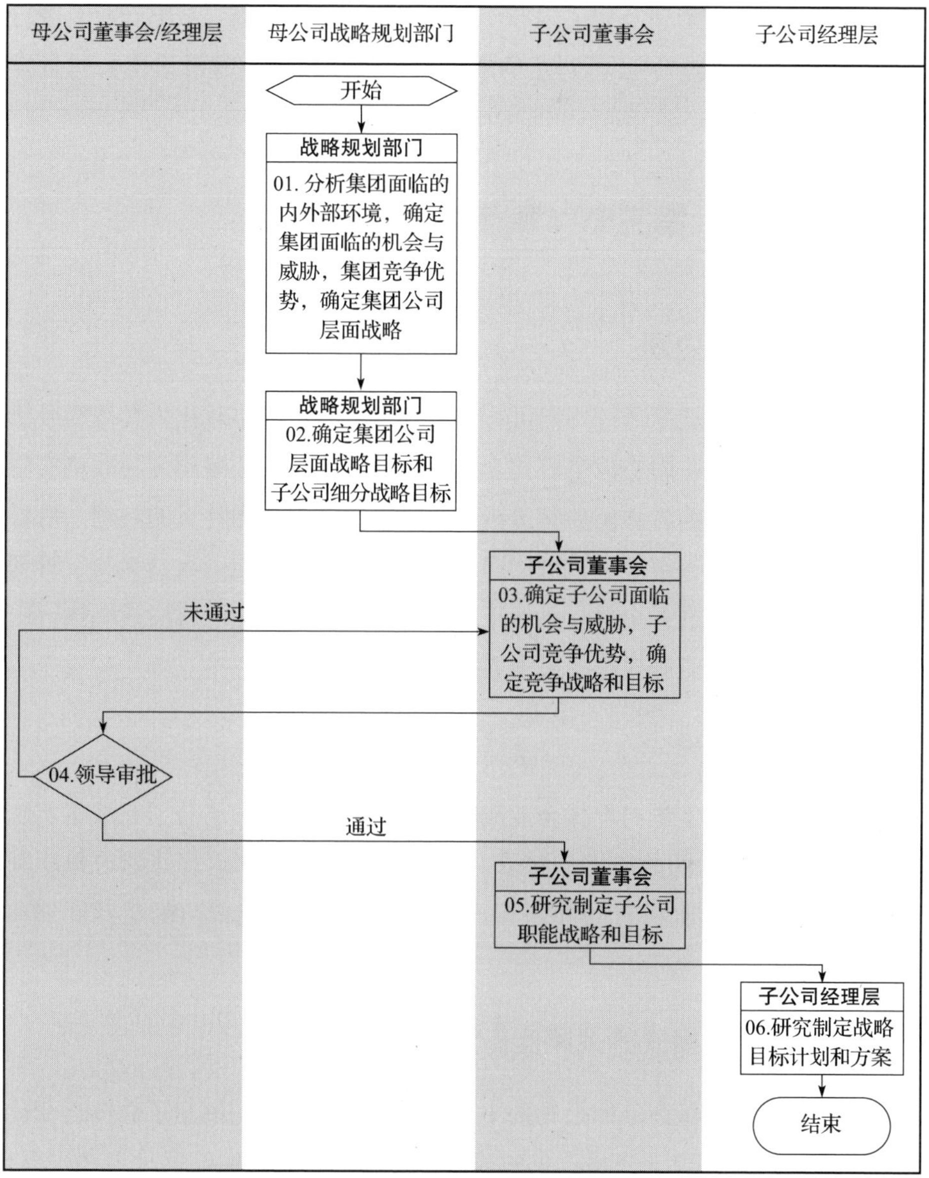

图 5－4　治理型模式下战略制定流程

七、自主管理型模式的战略制定流程

子公司自行监控内外环境（宏观环境也可由集团公司监控），集团公司通过子公司向集团公司战略部门的备案进行控制，备案内容可作为集团公司对子公司的战略管理及相关内容（战略制定、战略实施、战略评价）进行管理和控制的依据。子公司制定的战略及相关指标值只需报集团公司备案即可。

第三节　集团公司战略实施

一、战略实施的内涵

所谓战略实施就是通过切实可行的步骤和方法将战略转化为具体的可执行的行动，简言之，即将战略转化为行动或战略执行。战略制定与战略实施的显著差异在于，前者强调的是分析和决策能力，解决做什么的问题；后者强调的是执行能力，解决怎么做的问题，其中包括促进组织人员参与、管理和协调战略实施中的各个单元、纠正战略规划与执行偏差、解决战略执行中的各种混乱问题、克服战略推进中的各种抗拒力量。①

二、战略实施的特点

集团公司战略实施与单体企业战略实施的区别在于，子公司在战略实施时需符合集团公司的战略实施要求。在集团公司的总体运营计划与预算制约下，子公司确定经营计划和预算，进一步分解为职能部门的运营计划和预算。②

三、行政管理型模式的战略实施流程

子公司战略实施在集团公司的主导下进行，集团公司制定了总体运营计划与预算后，在征求子公司意见的前提下，确定子公司的经营计划和预算，进一步分解为职能部门的运营计划和预算。具体战略实施流程如图 5－5 所示。

---

① 李焰，陈才东，黄磊．集团化运作、融资约束与财务风险：基于上海复星集团案例研究．管理世界，2007(12)：117-135.

② 王化成，曾雪云．专业化企业集团的内部资本市场与价值创造效应：基于中国三峡集团的案例研究．管理世界，2012(12)：155-168.

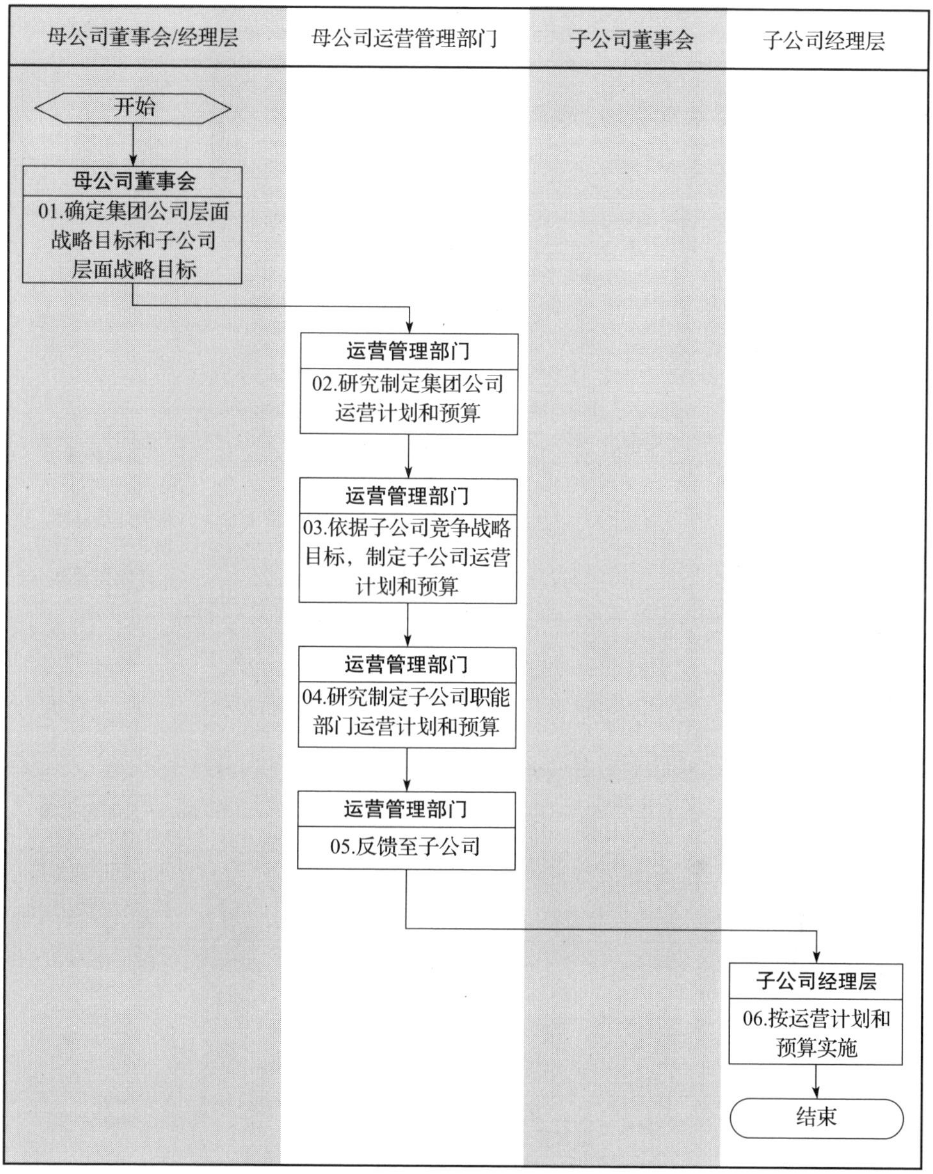

图 5－5　行政管理型模式下战略实施流程

四、治理型模式的战略实施流程

子公司的战略实施在集团公司的参与下进行，子公司根据总体运营计划与预算，与集团公司商讨确定子公司具体的经营计划和预算。具体战略实施流程如图 5－6 所示。

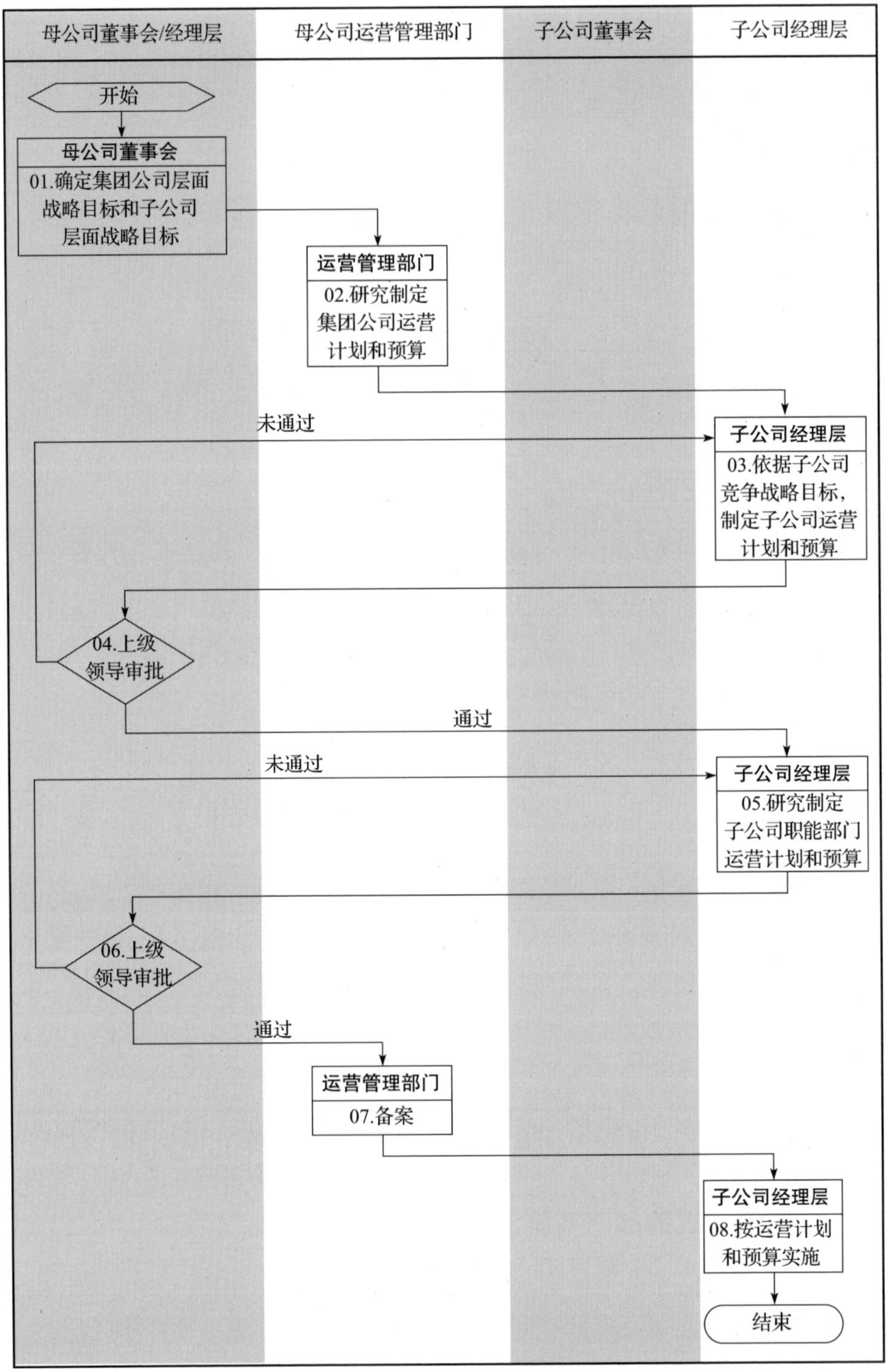

图 5－6　治理型模式下战略实施流程

五、自主管理型模式的战略实施流程

子公司战略实施在集团公司的监督下进行，子公司根据总体运营计划与预算确定子公司具体的经营计划和预算，报集团公司审定批准。

六、资源配置的层次和重点

要想战略得到有效实施，企业必须根据外部环境产生的企业对资源的需求变化，建立有效的基于战略目标的战略性资源配置策略，并制定有效的可操作的行动计划。只有这样才能使企业充分利用其内外部资源，保证其战略得以有效实施。

（一）资源配置的层次

一般将战略性资源配置的层次分为两层：集团公司层的资源配置和子公司层（业务层）的资源配置。集团公司层的资源配置是指在其下属子公司或业务单元之间进行资源的分配，其下属的组成部分可能是企业的职能部门，如营销、财务、人力资源、技术研发等，可能是业务分区或地区分区，也可能是服务部门。企业应从各独立部分是怎样支持整体战略的角度理解这个资源分配过程。在分配的过程中存在两种极端的方法：一种极端是集中划定优先领域，并由集团的总部进行资源分配；另一种极端是总部通过公开竞争过程分配资源，即在集团内开设内部投资银行，各子公司从该银行中竞价获得额外资源。多数集团往往在自己战略的基础上综合运用两种方式。[①]

对于子公司层面的资源配置，一般围绕以下三个重点问题展开：

（1）资源确认——从战略角度看需要哪些资源，以及怎样安排这些资源？不同种类的战略对资源有不同的要求。例如低价战略要求将资源配置的重点放在注重成本和效益的工厂和工艺上，使其有能力进行再投资以保持这些优势。此外，实施差异化战略的企业可能会对各种不同的技术、能力和资源提出要求，尤其表现为对强大的营销、研究和创新能力的需求，从而实现调整产品开发和工程化的目的。

（2）与现有资源的一致性——对现有资源的依赖程度怎样，它们是现有

① Andersson U, Forsgren M. Subsidiary embeddedness and control in the multinational corporation. International Business Review，1996，5(5)：487-508.

资源的一个变化吗？规划实现过程中的一个主要任务就是企业怎样变动或重新安排其目前的资源，以支持新的战略，但同样也要考虑新资源是怎样适应企业现状的。

（3）资源之间的一致性——所需求的资源能相互联合吗？为了支持战略，一定要保持对不同价值活动规划方法的一致性。例如，在新产品投放市场时需要与产品部、研发部、生产部、人力资源部等进行大量沟通，常常令管理者难以决定资源规划从何处开始。如果不能有效处理这些问题，将会产生严重的内部冲突。

（二）资源配置的重点

实际上，在企业战略性资源中，营销渠道、产品质量、市场策划、顾客服务等无形资源是很难把握的，而除人力资源等以外的有形资源均可用价值形态来衡量。因此，企业的战略资源配置一般可分为财务资源配置和人力资源配置。

财务资源配置是指资本在不同的组合和在不同经济用途之间的分配，它涉及财务活动的两个基本方面：一是对资本形式进行组合，即融资中的资源配置；二是对资本使用进行分配，即投资中的资源配置。财务资源配置源于它的稀缺性。[①] 这客观上要求人们对财务资源进行合理的配置，即企业在遇到资本稀缺性制约的情况下，优先将财务资源用到最需要的地方。财务资源配置的目标是：优化融资结构和投资结构，提高稀缺资源的产出率和资本收益率，从而创造更多的稀缺资源，促进企业稳定发展。

人力资源配置是指为了使企业拥有一定质量和必要数量的人力资源保证企业目标的实现而拟定的一套措施，其目标是使人员需求量和人员拥有量在未来发展过程中相互匹配。[②] 在配置人力资源前，集团高层领导及人力资源部负责人必须思考三个层次的问题：

（1）公司的发展目标是什么？为实现这一目标，如何进行人力资源的代谢和替换？企业结构如何变化？

---

① 李增泉，辛显刚，于旭辉. 金融发展、债务融资约束与金字塔结构：来自民营企业集团的证据. 管理世界，2008(1)：123-135.

② Maley J, Kramar R. International human resource management structures and their effect on the Australian subsidiary. Asia Pacific Journal of Human Resources，2010，48(1).

（2）公司的人力资源现状如何？公司在人力资源方面的需求情况如何？如果存在用人差距，如何补足？

（3）公司是否有足够的员工？公司是否合理利用了现有的员工？公司是否要开发现有的员工技能？

人力资源的配置一般要达到三个目的：（1）为各个战略岗位配备管理和技术人才，特别是为关键岗位选择关键人物；（2）为战略实施建立人才技能的储备，不断为战略实施输送有效的人才；（3）在战略实施的过程中，注意整个队伍的综合力量的搭配和权衡。

第四节　集团公司战略评价

一、战略评价的内涵

在战略的具体化和实施过程中，有三种情况可能使战略的实际结果偏离当初设定的目标，一是外部环境和内部条件发生变化，战略不再适用；二是战略本身是错误的，自然不可能达到预定的目标；三是战略本身没有错误，但实施过程中有问题，这也会使预定目标不能达到。无论是哪种情况，都需要通过对战略进行评价来指出问题出在哪里，战略管理人员可以据此发现问题之所在，改变一些可以更改的因素，重新进行战略分析、战略制定、战略实施，即开始一个新的战略管理过程，使战略与预定目标达到一致。

二、战略评价的内容

集团公司战略评价的内容包括对集团公司层面战略目标、子公司层面战略目标和职能层面战略目标的评价，通过战略评价发现问题并进行纠偏。

三、行政管理型模式的战略评价流程

子公司的职能层面战略往往由子公司战略管理部门根据子公司业务层面战略的要求、子公司内外部环境特点自行制定。集团公司由于精力所限对子公司的具体经营活动缺乏了解，不太可能制定出符合子公司实际的职能层面战略。即使集团公司想要参与其中，也不能离开子公司的协助和支持。此

外，因为职能层面战略往往是具体的、定量的和明确的，所以对于职能层面战略的实施和反馈评估，集团公司也多倾向于采取结果控制的方式。只有在高度集权的情况下，母公司才会关注子公司职能层面战略的实施过程，防止出现偏差。当职能层面战略指标超过母公司规定的标准值时才会由母公司做偏好分析并制定纠偏措施。具体战略评价流程如图 5－7 所示。

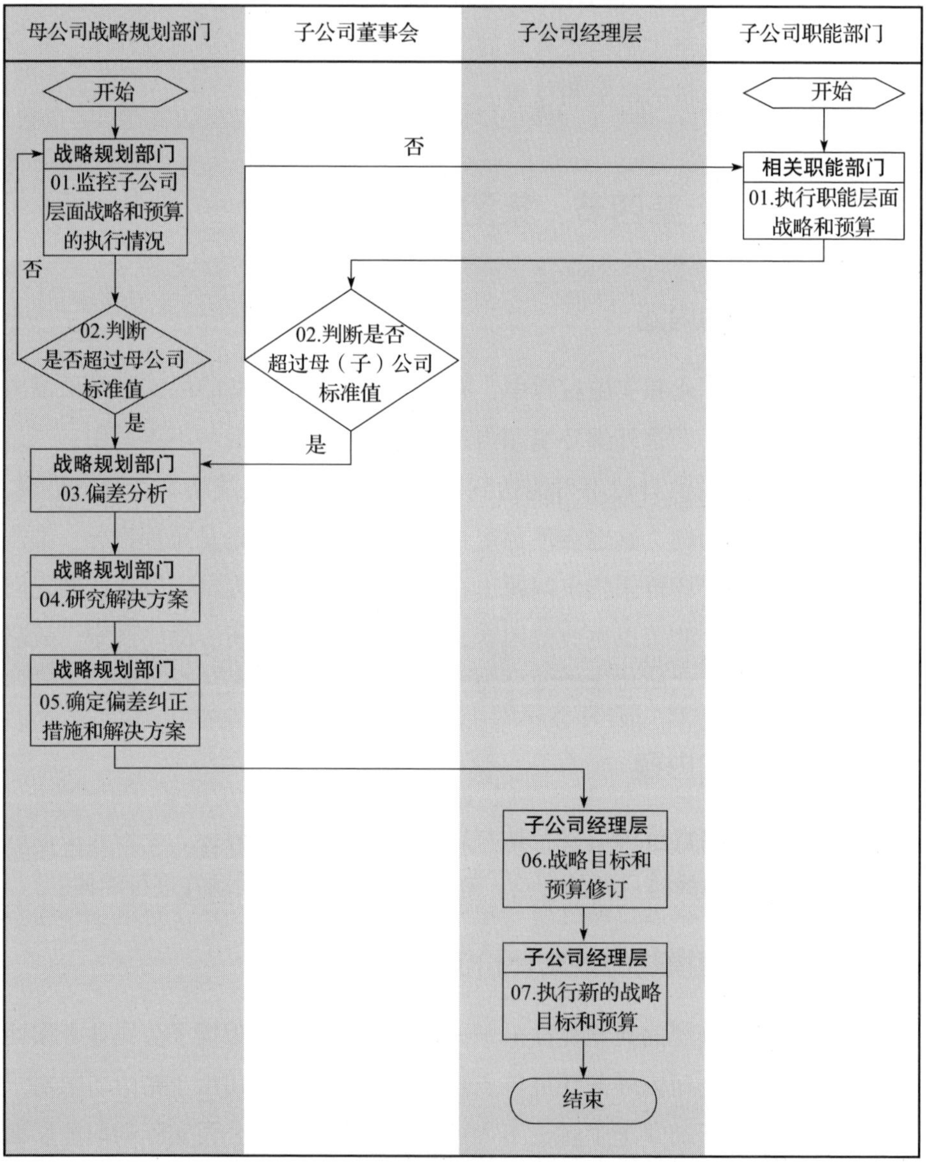

图 5－7　行政管理型模式下战略评价流程

四、治理型模式的战略评价流程

集团公司对子公司战略执行过程中的战略反馈环节关注程度较高，因为这是集团公司对子公司做出评价的最直接依据，也是考核集团公司控制效果的过程。所以集团公司会监控子公司战略的相关指标及预算执行情况。子公司需定期向集团战略部门汇报战略相关报表；或者集团不定期考核子公司战略指标值，当战略执行出现偏差时由子公司查明原因，在辨认清楚偏差原因的基础上，子公司制定有针对性的纠偏措施；但当偏差超过集团公司规定的标准值时则要上报集团公司，集团战略部门负责跟踪落实，同时有关资料交集团人力资源部备案，作为子公司高管的年终考核以及任免的依据。

职能层面战略指标及预算执行情况则由子公司进行监控，当职能部门战略执行出现偏差超过子公司规定的标准值时需上报子公司，子公司负责跟踪落实，制定偏差纠正措施和解决方案。具体战略评价流程如图 5－8 所示。

五、自主管理型模式的战略评价流程

自主管理型模式下集团公司战略评价流程接近单体企业战略评价流程。子公司自行监控子公司和职能层面战略指标与预算执行情况，并对出现的偏差进行纠正，但需上报集团公司备案，以便集团公司对子公司进行绩效考核、风险控制等。自主管理型模式下战略评价流程与单体公司相似，不再叙及。

六、战略评价实施的要点

战略评价是一个主观的过程，却要得到客观的结果。评价过程中应注意以下方面：

（一）信息收集准确、全面、及时

信息完备并及时予以反馈，是实现有效战略评价的理想状态。为了保证信息收集的质量，应坚持准确性、全面性和及时性的原则。

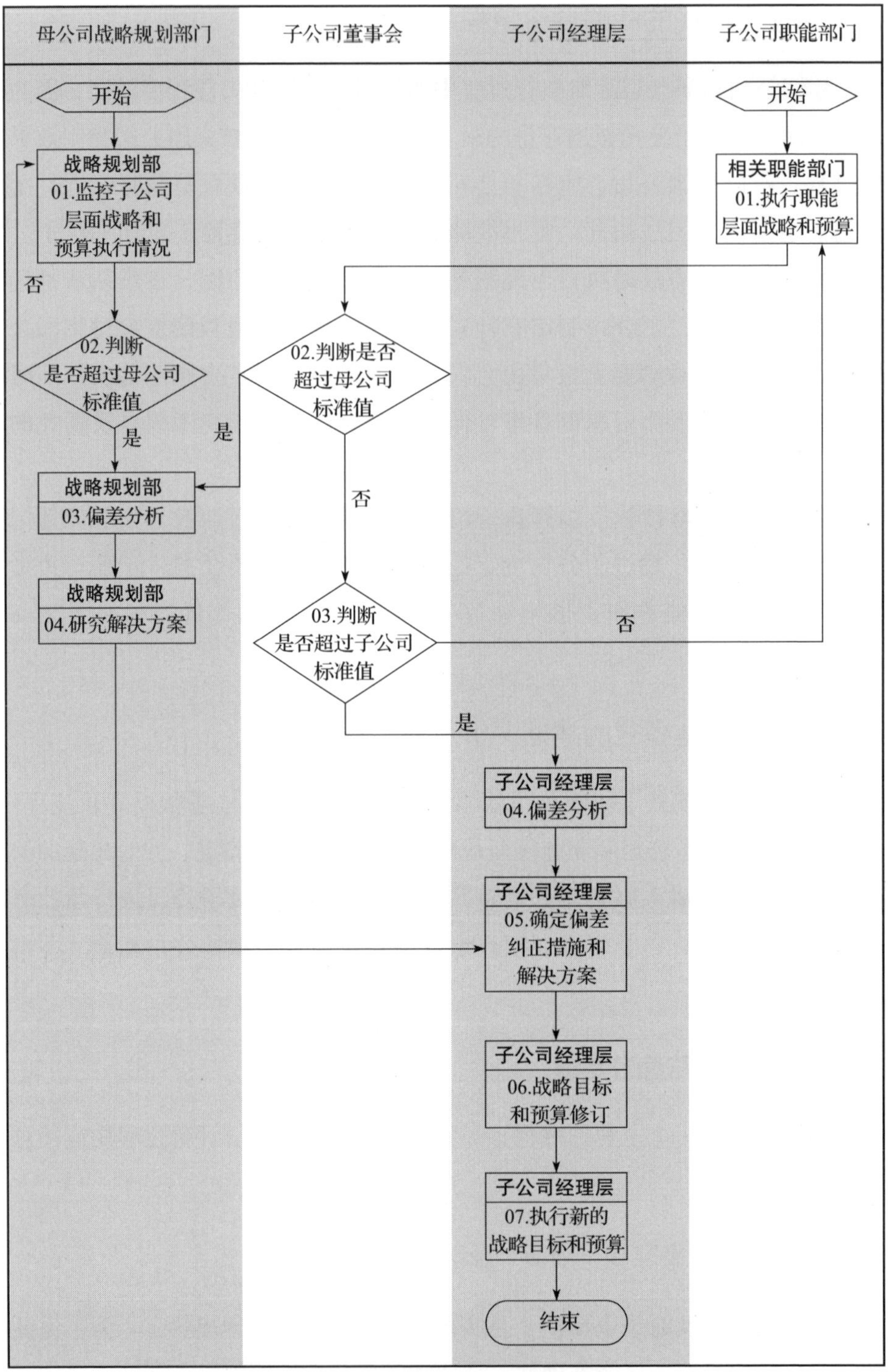

图 5－8　治理型模式下战略评价流程

（二）战略评价适度

战略控制依据计划展开，但并非刚性执行计划，要有一定的弹性。适度原则包括两个方面：一方面，控制的时间不宜过短。控制的时间过短，目标调整过度频繁，不仅无益于战略推进，反而会使执行者无所适从，失去方向。另一方面，不要过于执着于战略目标，而应该评价战略执行的方向是否正确。因为战略目标会随着内外部情况的变化而有所调整，不同人员在执行战略时也会有步调的差异。只要战略执行的方向正确，就无须进行全局性调整，否则会引起不必要的混乱。

（三）评价侧重激励，而非惩罚

战略目标的重点是提供正向激励，从而树立执行战略的标杆，以推动战略执行。对有效执行战略的部门或个人进行激励，有利于强化战略执行，而惩罚则很难起到同样的效果。

□ 案例分析

海信的战略管理

一、愿景和使命

海信的愿景是“建百年海信，成为全球最值得信赖的品牌”。

海信的使命是“致力于科技创新，提升人类生活品质，幸福亿万家庭”。

二、组织管理

企业的战略管理是董事长和董事会的职责。海信集团现在的战略管理部门隶属于董事会，战略管理部作为董事会的参谋机构，承担着进行战略管理的主要职能。海信的战略管理体系包含三个关键要素：战略规划与研究——基于集团愿景、使命、价值观、内部问题和外部环境研究，推动集团、产业集团、业务单元形成战略规划方案；搭建情报搜集分析体系，从而对宏观经济、行业发展动态和标杆企业进行研究与分析。战略推动——推动集团公司、各产业集团及各公司，理解战略主题的思路、战略地图，并按计划推进。战略回顾——纠正执行偏差，修订战略内容，确保战略有效。

海信一直强调“技术立企、稳健经营”的理念，企业的安全比盈利更重要，盈利比规模更重要。如果不掌握技术创新的主动权，在大开放的市场中就只能拿到“微利”；而要想拿到“厚利”，就必须加大技术创新的长期投入。“健康第一位，利润第二位，反对以利润为代价盲目追求规模”的诫条成为海信稳健扩张的前提。海信通过战略管理把技术、财务、营销、人力资源、生产等多种管理要素统筹起来，使其和谐地贯穿于海信集团长期的发展历程，其可持续发展正体现在规模和效益、眼前利益与长远发展的平衡上。

三、公司层面战略——相关多元化和国际化

回顾发展历程，海信围绕实施相关多元化战略的过程中，在产业规划与发展方面既做过很多加法，也做过一些减法。迄今为止，做过的加法产业有空调、手机、智能交通、光通讯；做过的减法产业有酒店、商业地产（海信广场)、计算机以及由于产品更新换代所淘汰的产业等。无论是加法还是减法，海信的产业离不开一条主线，那就是处于高新技术前沿的3C（家电、通信、信息)。

海信集团公司集团化的过程也是科学实施经营相关多元化的过程。海信根据市场要求和自身条件制定战略规划，有计划地通过投资控股、兼并收购、国有资产异地划拨、独资、合资成立新公司等手段稳步实施相关多元化战略。相关多元化战略是海信稳健经营理念的具体体现。

海信集团从1985年开始从事对外贸易业务；1998年，海信进出口有限公司正式注册成立；2003年海信整合了所有海外的市场和业务，正式开始了国际化征程。2006年，海信并购科龙后，随着产业和产品的日益丰富，成立了海信国际营销总公司，构建了实力强大的海外销售平台。目前海信在海外的54个分公司都在实施本土化经营，覆盖北美、欧洲、澳洲、中东非及亚太等全球市场；拥有青岛、顺德、湖州、捷克、南非、墨西哥等14个工业园区和生产基地；设有青岛、上海、深圳、美国、欧洲、以色列、日本等12个研发中心。海信产品远销130多个国家和地区，并连续赞助了2016年欧洲杯、2018年世界杯和2020年欧洲杯等世界顶级体育赛事，成为世界知名品牌。

四、业务层面战略

中国家电业的发展是从引进国外技术开始的。随着家电企业产品产量的

增加，家电行业出现了严重的产能过剩，提高产能、推行低成本战略、不断开展价格战成为家电行业的常态。在过度的市场竞争中，企业若要脱颖而出，必须采用差异化战略。

加入WTO后，中国家电企业面临的竞争对手已不再以国内同行为主，而以国外跨国公司为主。海信持续推动国际化战略的实施，坚持“技术立企、稳健经营”的发展战略，逐步形成“高科技、高质量、高水平服务，创国际名牌”“非国际先进技术不引进，非国内领先产品不生产”的发展个性，不断追求产品的高科技含量、完美的质量及一流的服务，已成为国际知名品牌。

五、职能层面战略

海信的研发、财务、人力资源、生产经营等战略已经沉淀为企业的基本经营思想，成为指导海信事业发展、进行战略过程控制、实现战略目标的指南针和价值观；海信的其他职能战略如采购、营销等，则不断完善，逐渐以经营理念和经营方针的形式，成为集团战略的保障体系。海信的基本经营思想有五条：一是创新为魂；二是技术为根；三是质量为先；四是人才为本；五是财务为要。它是使海信在过去从事经营活动并取得成功的基本指导思想，也是其在未来长期开拓事业、获取利润、实现企业战略目标的指导思想，海信将不断落实到新的环境、新的经营和管理领域。这五条基本经营思想事实上也是对海信职能层面战略的高度概括。

六、战略的实施——年度经营方针

科学的战略决策需要搭配坚定的战略实施。海信在不同阶段的经营方针充分体现了企业战略的思想，年度经营方针实际上是对战略的目标分解，从中也可以看到海信的发展脉络（见表5-2）。

表5-2　海信集团年度经营方针

年度	经营方针
1997	全面巩固既有基础，全面推进名牌战略，全面提高集团素质
1998	改革体制，强化管理，扩大规模，提高效益
2000	强化市场，改革体制，整合产业，注重规模与效益
2002	推行管理创新，塑造强势品牌，确保规模效益
2004	降低资金占用，突出高端产品，推进经营革新，强化执行力度

续表

年度	经营方针
2006	建立质量优势，追求研发深度，加快资金周转，力拓国际市场
2008	改善人才结构，追求研发深度，建立产品优势，塑造强势品牌，推进国际化进程
2010	强化产品竞争能力，提升人均产出效率，推进长效激励机制，完善内部控制体系，提高市场占有份额
2011	改善人才结构，强化技术创新，变革营销模式，提升人均效率，加速国际化进程
2014	提高干部素质，强化用户意识，提升系统效率，建立比较优势，变革营销模式，夯实国际化道路
2015	强调干部业绩，改善人才结构，提高市场份额，严控资金风险，提升规模与效益
2016	主动变革创新，突出高端产品，优化客户结构，拓展产品空间，力拓国际市场，提高规模效应
2017	主动变革创新，重视人才价值，突出高端产品，优化客户结构，力拓国际市场，拓展产业空间，提高资金效率

思考题：

1. 探讨集团公司战略管理的关键控制点。

2. 分析海信集团的战略体系。

第六章

集团公司人力资源管理

第一节 人力资源管理概述

一、人力资源管理的内涵

现代意义上的“人力资源”概念是彼得·德鲁克于1954年在其《管理的实践》一书中正式提出并予以明确界定的。他认为，与其他资源相比，人力资源是一种特殊的资源，必须通过有效的激励机制才能加以开发利用，并为企业带来可观的经济价值。20世纪60年代以后，随着西奥多·舒尔茨提出人力资本理论，人力资源的概念更加深入人心，对人力资源管理的相关研究也越来越多。

人力资源管理是为了完成管理工作中涉及的人或人事方面的任务所需掌握的各种惯例和方针政策。[①] 它通过对组织系统的合理设计，使人的才能得到正确和有效的运用，以实现组织目标。进行人力资源管理意味着不仅要招聘、挑选、使用人，还要培训开发人；不仅要对人的绩效进行评估，还要制定合理的薪酬，处理好劳资关系等。[②]Wright（1998）认为，人力资源管理是一种有计划的人力资源配置和活动模式，而且这种模式能够使企业有效地完成其经营目标。[③] 这个模式主要包含两层含义：一方面，人力资源配置及其活动必须与企业的总体战略相匹配，即所谓的垂直匹配；另一方面，人力资源配置与企业各种活动之间也必须实现横向匹配。衡量各种匹配效果的标准是考察企业人力资源管理政策及其实践能否有效、明显地促进企业绩效的提高。

人力资源管理可概括为企业在人力资源的获取（选人）、开发（育人）、保持（留人）和利用（用人）等方面进行的计划、组织、指挥、控制和协调等一系列活动，以及由此实现企业发展目标的一种管理行为。这些活动具体包括人力资源战略的制定、员工的招募与选拔、培训与开发、绩效管理、薪酬管理、流动管理、员工关系管理和员工安全与健康管理等。

---

① 加里·戴斯勒. 人力资源管理精要：第2版. 北京：中国人民大学出版社，2004：2.

② 赵曙明. 人力资源管理. 9版. 北京：电子工业出版社，2003：1-2.

③ Wright P M. Introduction: strategic human resource management research in the 21st century. Human Resource Management Review，1998，8(3)：187-192.

二、集团公司人力资源管理的内涵

集团公司人力资源管理是指集团公司通过制定规范化的人力资源管理制度和完善相互制衡的约束机制，规避来自子公司经营者的逆向选择和道德风险，以推行母公司的价值观，执行母公司的战略意图，实现对子公司的管理。

集团公司人力资源管理体系具备统筹协同的特点。单体公司强调在人力资源管理措施之间的内部匹配，其协同性体现在法人内部；集团则需要统筹各子公司的人力资源管理体系，包括职位序列制定、招聘管理、培训管理、薪酬激励和绩效管理等体系，其协同性主要体现在法人之间。例如，集团公司是否需要统一管理各子公司的招聘组织工作；集团公司如何建立统一的培训体系，以培育高认同度和高凝聚力的员工队伍。

下文将根据人力资源管理的具体模块对集团公司人力资源管理的内涵和功能进行探讨。

（一）人力资源规划

集团公司人力资源规划是集团经营战略规划的一部分，根据组织的人力资源战略目标，结合对组织人力资源状况的分析，科学地预测在未来环境变化中组织的人力资源供给与需求状况，并制定必要的人力资源获取、利用、保持和开发策略，以确保组织发展对人力资源数量和质量上的需求。

人力资源规划是集团人力资源开发与管理工作的起点，主要从人力资源数量、结构和素质等方面入手：人力资源数量规划是依据集团战略需要，分析了集团业务规模、地域分布、商业模式等因素后，确定未来集团公司及各子公司人力资源编制及各职种人员配比关系，并在此基础上制定集团人力资源供需计划的过程；人力资源结构规划是依据集团发展对不同类型人力资源的需要，确立合理的人力资源结构的过程；人力资源素质规划是为适应集团发展对员工任职资格、工作能力等提出的目标要求。

有效的人力资源规划必须符合内部一致性和外部一致性的要求。内部一致性是指人力资源规划要与招聘、选拔、培训、考评等各项工作相协调；外部一致性是指人力资源规划要与集团总体规划相一致，成为集团整体规划的一部分。

（二）人力资源招聘

招聘是指集团公司根据自身的发展战略和需求状况，按照一定的条件和标准，采用适当的方法，选拔录用集团所需的各类人员。集团公司的招聘工作具有以下功能：满足集团发展需要的人才数量和质量，形成合理的员工队伍结构；减少人员流动，提高组织队伍的稳定性；现有员工人尽其才，事得其人。[①]

（三）人力资源培训

培训是指为促使组织目标实现而进行的增加员工个人知识、技能和能力的一系列活动。阿吉尼斯和克莱格（Aguinis & Kraiger）通过对 2000 年以来有关培训与开发的文献进行回顾，基于跨层次、多角度的视角，提出了培训与开发对社会、组织、团队以及员工个体有正向影响的观点。[②] 集团公司通过建立规范的培训程序，定期或不定期地对子公司的经理人员、专业技术人员进行管理能力、业务能力和企业文化等方面的培训。相对于单体企业，集团层面的培训内容聚焦于集团文化、通识管理知识和共性技能等，特别注重通过文化培训来增强集团的向心力和凝聚力。

（四）薪酬管理

薪酬管理是指集团公司对子公司就薪酬水平、薪酬体系、薪酬结构、薪酬构成以及特殊员工群体的薪酬做出决策或相应安排。薪酬管理作为实现人力资源合理配置的基本手段，在人力资源管理中起着十分重要的作用。有效的薪酬管理有助于实现公平公正的分配，吸引、留住优秀人才，实现对集团人力资源素质结构的合理调整。

（五）人力资源流动管理

集团公司人力资源流动管理是指通过晋升、岗位轮换、竞争上岗、行政委派等手段实现在母子公司内部、母子公司之间以及各子公司之间的人员流

① 陈志军. 集团公司管理：基于三种管控模式. 北京：经济科学出版社，2010.

② Aguinis H, Kraiger K. Benefits of training and development for individuals and teams, organizations, and society. Annual Review of Psychology，2009，60：451-474.

动与配置，最终实现集团人力资源的控制与共享。[①]

集团公司人力资源流动管理主要有以下功能：一是文化传播和知识转移。通过集团内部的人力资源流动，增进母子公司之间的信任，实现集团内部技术、知识、经验和规章制度的扩散以及企业文化与价值观念的转移和传播。二是加强对子公司的控制。集团内进行的人员调动不仅要实现该项活动在单体企业中的一般功能，更重要的是通过人员调动来实现母公司对子公司的控制。三是实现人力资源的共享。集团内部的人力资源流动可以有效实现集团内人力资源的转移与共享，发挥集团的规模优势实现协同效应，同时有利于提高员工多方面的技能，实现员工工作内容的丰富化，做到人尽其才、各得其能。

三、集团公司人力资源管理的层次

集团公司人力资源管理的层次或深度因母子公司管理模式不同而存在差异。

（一）子公司董事会、监事会成员

母公司作为子公司的控股股东，往往通过向子公司派遣董事实现对子公司董事会的控制，如日本松下公司、NEC 公司，其子公司的董事成员有一半来自母公司的各个职能部门。董事、监事作为母公司派驻子公司的代表，负有对子公司运营进行监督的职责。

（二）子公司经理

母公司对子公司经理层的管理，主要通过董事会间接实现。当子公司法人治理结构不完善时，子公司的董事会可能形同虚设，母公司的董事会或经理层会越过子公司的董事会直接选聘、任命、考核子公司的主要经理人员。

（三）专业技术人才

许多母公司根据集团发展的需要，对子公司关键岗位的员工和专业技术人才的任职资格、工作经验、能力素质等做出要求，制定相应的福利待

---

① 刘谦．国有企业人力资源流动的管理研究．中国管理信息化，2011(5)：56-57.

遇、职位晋升等激励机制，并通过集团内员工的流动，传播集团内部知识和技能。

（四）一般员工

母公司可以通过组织统一的招聘或者制定正式员工的任职资格、素质等程序性规章制度来实现并保证子公司一般员工的胜任力，并通过总体薪酬数量等指标对子公司的员工数量进行管控。

四、集团公司人力资源管理的模式

集团公司人力资源管理模式是指企业集团在长期的人力资源管理实践中形成的，对人力资源管理目标、管理内容与方法等要素进行概括，并且得到普遍遵从与认可的人力资源管理模式。

集团公司人力资源管理的模式有多种分类，赵曙明（2003）根据集团公司人力资源管理的一致性原则，将企业集团的人力资源管理划分为输出型导向、适应型导向和综合型导向三种类型。[①] 孟执芳和胡晓东（2005）在此基础上将集团人力资源配置模式分为输出型、适应型和综合型三类模式。其中，输出型模式下，集团公司负责在人力资源管理方面制定统一的政策与规范，以保证集团整体人力资源管理战略具有较高的内部一致性；适应型模式下，集团公司对各子公司的人力资源管理政策在一致性程度方面的要求较低，这种模式是集团分权管理思想的一种体现；综合型模式则综合了集团公司和子公司各自的人力资源管理系统特性，在企业内部和市场配置方面追求达到一定的平衡，从而实现集团公司人力资源管理内部一致性和外部一致性的最佳匹配，这种模式体现了企业集团领导企图寻到一种最佳的人力资源管理方法并将其推广的指导思想。[②] 朱宁等（2006）把企业集团人力资源管理组织模式分为家长模式、自主模式、平衡模式、共享模式和经纪模式五种基本组织结构类型。[③] 何文华（2010）把人力资源管理组织模式分为粗放型模

① 赵曙明. 中国企业集团人力资源管理战略研究. 南京：南京大学出版社，2003：267-269.

② 孟执芳，胡晓东. 企业集团人力资源管理模式探讨. 山东行政学院山东省经济管理干部学院学报，2005(3)：62-64.

③ 朱宁，陈晓剑. 企业集团人力资源管理组织模式探讨. 科学学与科学技术管理，2006(9)：160-164.

式、督导型模式、集约型模式、复合型模式。[①] 本书关于人力资源管理模式的分类采用前文提到的三种管理模式，即行政管理型模式、自主管理型模式和治理型模式。

案例

浪潮集团的人力资源管理模式

浪潮集团拥有包括浪潮信息、浪潮软件、浪潮国际等多家下属子公司，市场化改革后，又独立出了31个区域子公司和6个垂直行业部以及11个大行业部子公司。根据集团对子公司的控股程度可将各子公司划分为三类——全资及控股子公司，参股子公司和战略型、财务型子公司。[②]

浪潮集团在人力资源管理模式上依据子公司类型采取不同的人力资源管理模式。在全资及控股子公司中，实行的是治理型的人力资源管理模式和行政管理型的人力资源管理模式；对于参股子公司，实行的是治理型的人力资源管理模式；而对于战略型、财务型子公司则都采取分权式的自主管理型人力资源管理模式。

不同的人力资源管理模式在人力资源措施方面有很大的不同：行政管理模式是母公司越过子公司董事会直接对子公司行使集权管理的控制模式，在人力资源管理方面表现为直接制定子公司的相关制度和政策。在该模式下，子公司实际上不具有独立的决策权，母公司对子公司的管理类似于单体企业对分厂的管理。自主管理型模式是指母公司可通过影响子公司的管理层实现干预，是权力较为分散、母子公司管理自由度较高的一种模式。治理型模式是指在尊重子公司地位的前提下，母公司通过完善子公司治理实现对子公司的管理和控制，母公司在人力资源管理方面保持对子公司必要的管理控制，子公司本身又有自己的自主决策权。

---

① 何文华．集团公司不同管控模式下人力资源管理模式研究：以HD集团公司为例．苏州：苏州大学，2010.

② 武光利．LC集团人力资源管控模式与手段研究．济南：山东大学，2010：23-37.

第二节 集团公司人力资源管理控制点[①]

一、集团公司人力资源管理控制点的内涵

集团公司人力资源管理中的各个环节或相应职责可称作控制点。集团进行人力资源管理时，可根据管理模式选择相应的控制点。

二、集团公司人力资源管理控制点的识别

（一）识别依据

首先，对关键控制点的选择依赖于该环节或节点对整个运作过程及最终结果的影响程度。对控制点的识别首先要考虑成本与效益。为降低管理成本，母公司无须对子公司人力资源管理过程的所有环节进行监控，只需识别关键或重要的控制点并进行管理。

其次，管理节点的风险水平是选择管理控制点的重要判断依据。风险水平较高的环节或节点可认定为关键控制点，要予以重点控制。对风险水平的认定会随环境变化而变化，关键控制点也应随之调整。

最后，集团公司的人力资源管理过程中能够产生重大协同效应的环节也应视为关键控制点，这有利于充分发挥集团的资源配置与协同的优势。

（二）识别过程

为识别集团人力资源管理的控制点，作者采用半结构访谈结合半开放式问卷调查方式进行调研，形成对集团公司人力资源控制点指标的初步构建。

首先，为保证访谈的信度和效度，在访谈之前对相关文献进行整理，确定关键问题并形成访谈提纲。访谈为期 3 个月，访谈对象包括该领域的研究专家和企业集团人力资源管理人员。

接着，采用半开放式问卷做进一步调研，调研对象为有 5 年以上教学科研经历的专家与有 3 年以上工作经历的企业集团人力资源管理人员。除基本信息外，问卷要求填写人依据理论研究或管理实践，填写集团人力资源管理

① 本节部分内容已刊发在《山东社会科学》2017 年第 9 期《母子公司人力资源管理控制点研究：基于问卷调查的定量分析》一文中。

中需要控制的重要事件、活动、环节和监控的指标等。

最后，请两位专家参与指标的提炼与整合工作。最终共得到集团人力资源管理控制点指标 78 项。其中，人力资源规划 11 项、招聘与配置 18 项、培训与开发 19 项、薪酬与福利 16 项、绩效考核 9 项和人才流动 5 项。以人才流动管理为例，其控制内容包括母公司侧重子公司间高层人才的流动，母公司对子公司经理层胜任力和尽职调查等内容。

（三）识别结果

作者根据上文梳理的控制点指标，设计控制点重要性调查问卷。通过电子邮件将问卷逐一发送至高校研究人员以及集团人力资源管理者手中，要求填写者依照李克特 7 点量表（1= 非常不重要，7= 非常重要）给每个题项打分。

参考 Imbens & Lancaster（1996）的方法[①]，在各维度下大致按 3 ∶ 4 ∶ 3 的比例划分关键、重要和一般控制点。最终根据问卷调查结果形成集团公司人力资源管理控制点重要性分类体系，其中关键控制点 22 项、重要控制点 32 项、一般控制点 22 项，具体如表 6 - 2 所示。[②]

表 6 - 1　集团公司人力资源管理控制点重要性分类体系

维度	重要度	编号	控制点
人力资源规划控制点	关键控制点	A3	战略规划
		A4	关键岗位分析
		A10	规划工作指导
	重要控制点	A1	规划流程
		A5	人才队伍建设
		A8	规划实施结果
		A2	现状和需求调查
		A6	员工数量
		A11	环境分析
	一般控制点	A9	规划体系
		A7	一般岗位设计

① Imbens G W, Lancaster T. Efficient estimation and stratified sampling. Journal of Econometrics, 1996, 74(2): 289-318.

② C12 和 D2 指标未通过区分效度检验，故将其删除，共 76 项控制点。

续表

维度	重要度	编号	控制点
招聘与配置控制点	关键控制点	B14	董事会成员、高管选聘
		B18	人才库建设
		B4	任命经理人员
		B5	关键岗选聘
	重要控制点	B13	规范选聘制度
		B9	关键岗面试
		B11	测评工具与标准
		B15	招聘需求
		B12	拓展招聘渠道
		B17	招聘信息发布
		B1	招聘流程
		B10	岗位最终面试
	一般控制点	B3	招聘条件
		B2	招聘数量
		B16	招聘计划
		B7	招聘实施
		B8	一般人员面试
		B6	一般岗位招聘
培训与开发控制点	关键控制点	C18	文化、制度培训
		C10	优秀培训体系移植
	重要控制点	C13	人事专员培训
		C19	统一入职培训
		C8	培训师管理
		C16	培训预算
		C9	培训体系建设
		C14	专业技术培训
		C15	培训效果评估
		C4	培训计划管理
		C17	培训内容设定

续表

维度	重要度	编号	控制点
培训与开发控制点	一般控制点	C5	分类培训
		C7	培训课程
		C11	新进人员培训
		C1	培训需求
		C6	培训档案记录
		C2	培训对象
		C3	培训方式
薪酬与福利控制点	关键控制点	D9	经理层薪酬
		D8	薪酬政策因地制宜
		D16	激励机制
		D1	薪酬总体水平
		D15	薪酬体系
		D6	高管及关键岗薪酬信息
		D10	关键岗薪酬设计
	重要控制点	D12	薪资增长区间
		D13	绩效奖励区间
		D7	关键岗位薪酬发放
		D14	薪酬方案
	一般控制点	D5	薪酬信息调查
		D3	一般岗位薪酬发放
		D11	一般人员薪酬管理
		D4	具体项目管理实施
绩效考核控制点	关键控制点	E1	高管考核
		E8	明确考核标准
	重要控制点	E9	考核方案
		E2	核心技术人员考核
		E7	考核流程
		E4	考核指标

续表

维度	重要度	编号	控制点
绩效考核控制点	一般控制点	E6	考核方式
		E5	考核时间
		E3	一般人员考核
人才流动控制点	关键控制点	F5	经理层轮岗
		F4	人才互动信息
		F1	关键人才流动
		F2	高管调动
	重要控制点	F3	技术人才轮岗

经过对各维度关键控制点的特性进行分析，得出如下结论：

1. 关注关键岗位

在 22 项关键控制点中，有 9 项关键控制点指向子公司高层管理人员和关键技术人才。对子公司高层管理人员的选派、任命、考核和薪酬激励应为母公司控制的重中之重，子公司高管能否充分理解并实践母公司战略意图，对集团发展意义重大。此外，子公司关键技术岗位人员也是母公司予以重点控制和管理的对象，母公司通过对子公司专业技术岗位的责任分析、招聘选拔、薪酬奖励等工作，提升和优化集团人才素质。

2. 关注子公司薪酬与人才流动

在人力资源管理 6 个模块中，拥有关键控制点最多的是薪酬与福利管理，其有 7 个关键控制点，占关键控制点总数的 32%。这表明母公司高度重视对子公司高管和关键人才的薪酬发放、平衡和激励工作，不仅要考虑不同盈利能力的子公司的总体薪酬差异，也要考虑子公司因地域、消费水平等产生的合理薪酬差异。此外，随着集团规模的扩大和人员的增多，集团在内部不仅要发挥资本市场的作用，更应充分发挥人才市场的作用。母公司通过搭建内部人才市场平台，优化人力资源配置，减少人才流失，降低招聘成本。

3. 关注流程设计

规划、招聘、培训和考核的流程，以及选聘的制度规范、培训的体系建设、薪酬和考核方案均为母公司在实践中的重要控制内容。母公司重点关注制度制定和流程设计，有利于提高人力资源管理的科学化和规范化水平。

案例

海信集团人力资源管理控制点分析

海信在人力资源方面实行强管控，集团人力资源部规章制度下发子公司时，分为遵照执行、参照执行、子公司特有三类。遵照执行类要求子公司严格执行，不能进行调整；参照执行类则允许子公司在符合基本准则的前提下，根据本公司的实际需求进行调整。

海信集团的人力资源管理具有强计划性特征，通过建立滚动的三年计划对全集团人力资源进行调控，即每年会进行包括当年在内的三年人力资源规划，从人员规模、投入费用、人均效率、人员提升、人才成长路径等方面进行系统设计，并作为后续人力资源管理的总体指导方针。具体的人力资源规划控制点如表 6－2 所示。

表 6－2　海信集团人力资源管理控制点

控制点	控制内容
业务分析	根据新领域及现有领域的实际业务，提出人力资源需求
三年滚动计划	人员规模、投入费用、人均效率、人员提升、人才成长路径
人才引入	面试官培训、人才结构建设
人才激励	事业留人，待遇留人，情感留人，核心骨干的股权激励
干部管理	能上能下、360 度季度及年度考评

随着海信国际业务的不断拓展，对人力资源的国际化管理也逐渐展开。海信在海外市场以本地化招聘为主，基于当地文化、员工能力、海信文化认可度、员工价值观等方面构建海外人力资源的控制体系。同时提出校园招聘中留学生不少于 10% 的招聘原则，为后续海外市场的发展积累人才。

此外，海信也从协同视角积极探索集团人力资源方面的变革，通过建立人力资源共享中心，将各子公司的员工入离职、五险一金、合同档案等工作内容进行整合，减少子公司人员的重复配置，较好地提升了集团整体的工作效率。

第三节 集团公司人力资源管理协同点①

一、集团公司人力资源管理协同点的内涵

集团公司人力资源管理中有助于实现人力资源协同、降低人资成本的各个环节或相应职责称为协同点。人力资源协同是母子公司实现协同效应的重要内容，有助于提升企业集团核心竞争力和竞争优势。对人力资源管理协同点的分类和识别也有助于更好地把握控制点。

二、集团公司人力资源管理协同点的识别

（一）识别过程

与前文所述对控制点的识别过程类似，采用访谈法与半开放式问卷调查法，并经专家提炼与整合，构建集团公司人力资源管理协同点指标体系。最终得到共 80 项人力资源管理协同指标，其中人力资源规划 12 项，招聘与配置 15 项，培训与开发 15 项，薪酬与福利 12 项，绩效考核 10 项，人才流动 9 项以及员工关系 7 项。以人力资源规划为例，其协同内容包括母子公司共享一套人力资源规划体系，做好子公司人力资源规划工作的服务与指导；母公司统一制定各子公司人力资源规划反馈机制；母子公司人力资源规划的政策共享和执行等内容。

（二）识别结果

根据上文梳理的协同点指标，设计协同点重要性调查问卷。通过电子邮

① 本节内容主要参考左鑫鑫 2019 年硕士论文《母子公司人力资源管理协同点评价指标体系构建及应用评价》，指导教师为陈志军。

件将问卷逐一发送至高校研究人员以及集团公司人力资源管理者手中，要求其填写者依照李克特 7 点量表（1= 非常不重要，7= 非常重要）给每个题项打分。

参考 Imbens & Lancaster（1996）的方法①，在各维度下大致按 3 ∶ 4 ∶ 3 的比例划分关键、重要和一般协同点。最终根据问卷调查结果形成集团公司人力资源管理协同点重要性分类体系，其中关键协同点 20 项，重要协同点 39 项，一般协同点 21 项，如表 6－3 所示。

表 6－3　集团公司人力资源管理协同点重要性分类体系

维度	重要度	指标编号	指标内容	协同点
人力资源规划协同点	关键协同点	A1	母子公司共享一套人力资源规划体系，做好子公司人力资源规划工作的服务与指导	规划体系共享
		A3	母子公司人力资源规划的政策共享和执行	规划制度共享
		A11	母公司参与子公司人才队伍建设，掌握关键岗位人员情况	关键岗位情况
	重要协同点	A4	母子公司文化协同	文化协同
		A10	母公司参与子公司部门及岗位设计	岗位设计
		A8	子公司各部门为母公司人力资源规划及时准确地提供有效信息	规划信息反馈
		A5	母公司参与各子公司内外部环境分析	环境分析
		A2	母公司统一制定各子公司人力资源规划反馈机制	反馈机制
		A6	母公司对子公司进行人力资源需求预测	需求预测
	一般协同点	A12	子公司间人力资源规划信息共享和交流	子公司间信息交流
		A9	母公司对子公司人力资源规划实施结果进行共享	规划结果共享
		A7	母公司结合各子公司人力资源状况制定人才供求平衡计划	子公司间供求平衡

① Imbens G W, Lancaster T. Efficient estimation and stratified sampling. Journal of Econometrics, 1996, 74(2).

续表

维度	重要度	指标编号	指标内容	协同点
招聘与配置协同点	关键协同点	B2	母公司统一招聘子公司的经理层	经理层选聘
		B1	母子公司建立人才库实现人才共享	人才库建设
		B13	母子公司招聘渠道共享	招聘渠道共享
		B6	母公司统一招聘子公司核心技术人员	核心技术人员招聘
	重要协同点	B9	新进人员与企业文化的匹配	新人文化匹配
		B10	母公司的职位空缺和招聘需求优先考虑内部选聘	优先内部选聘
		B5	母子公司间频繁地进行经理级人员的流动	中高管人才配置
		B7	核心技术人员要在母子公司间高效地流动以满足集团需求	专工人才配置
		B14	招聘及录用管理制度共享	招聘制度共享
		B15	子公司招聘人员录用情况反馈	招聘信息反馈
		B12	建立招聘系统，全面掌握子公司用工情况	用工情况共享
	一般协同点	B8	招聘过程中使用统一的方法和标准进行员工测评	招聘过程协同
		B3	母公司协同编制子公司招聘计划	招聘计划协同
		B4	母子公司间经常性地进行人才调动	人才配置
		B11	母公司直接招聘或选派各子公司的人力资源部门主管	人事主管配置
培训与开发协同点	关键协同点	C1	母公司定期培训和指导子公司的人力资源管理工作	人资培训
		C13	母公司对培训师资队伍的组织和管理	师资队伍管理
		C9	对新进人员，母公司统一进行企业文化、制度等方面的培训	文化培训
	重要协同点	C5	加强子公司之间优秀培训体系的移植	培训体系移植
		C7	母子公司统一建立规范的培训程序	培训程序
		C14	母公司对子公司培训预算进行协同管理	培训预算协同
		C10	对新进人员，母公司统一进行入职的各项培训	入职培训
		C6	母公司监督子公司培训计划的执行	培训执行

续表

维度	重要度	指标编号	指标内容	协同点
培训与开发协同点	重要协同点	C8	子公司培训成效反馈，母公司对子公司培训效果进行评估	成效反馈及评估
		C15	母公司根据子公司培训内容参与协调子公司间的一定层级内的培训对象的选择	培训对象
		C2	母子公司共同开发培训课程，并且经常统一培训员工	课程开发
	一般协同点	C12	母公司参与并决定子公司培训内容及方式的选择	培训内容及方式
		C11	母公司协同子公司进行培训需求的调查	培训需求
		C4	母子公司共同培养员工素质	素质培训
		C3	母公司对各子公司人员的分类培训	分类培训
薪酬与福利协同点	关键协同点	D1	母子公司形成一套统一的层次清晰的薪酬体系	薪酬体系
		D12	母公司对子公司薪酬总体水平的协调	薪酬协调
		D2	集团内部有一致的员工福利制度	福利制度
	重要协同点	D8	母公司审批子公司薪酬预算及绩效奖励的额度区间	绩效奖励区间
		D4	参与子公司高层及关键岗位人员薪酬信息的调查与管理	关键岗位薪酬
		D9	子公司每年报备薪酬执行情况，加强薪酬反馈	薪酬反馈
		D6	母公司根据子公司薪酬执行情况、地域、发展阶段协助其设定明晰的晋升、激励体系	薪酬激励体制
		D7	母公司参与并审核子公司薪酬方案和薪酬制度	薪酬方案
		D5	母公司协助制定子公司每财年的薪资增长区间	薪资增长区间
	一般协同点	D10	母公司平衡各子公司薪酬标准，稳定各子公司人员队伍	薪酬平衡
		D3	母公司掌握子公司薪酬项目发放、社会保险缴纳的执行情况	具体项目管理实施
		D11	子公司一般岗位人员薪酬信息的调查与管理	一般岗位薪酬

续表

维度	重要度	指标编号	指标内容	协同点
绩效考核协同点	关键协同点	E8	子公司关键岗位考核结果反馈	关键岗位考核
		E9	母公司加强对考核结果的应用与公示	考核结果应用
		E5	母子公司共享一套明确、详细、公平的人员绩效考核标准	考核标准
	重要协同点	E1	高级管理人员的考核工作由母子公司协同完成	高管考核协同
		E7	母子公司加强内部考核及外部协同，即母子公司间、子公司间考核评价	内外考核评价
		E6	子公司以母公司绩效考核体系为基础制定绩效考核方案	考核方案
		E2	核心技术人员的考核工作母子公司协同完成	核心人员考核协同
	一般协同点	E3	母子公司共享统一的绩效考核流程	考核流程
		E4	母子公司共享统一的考核时间、方式	考核时间、地点
		E10	子公司一般人员考核结果反馈	一般人员考核反馈
人才流动协同点	关键协同点	F1	建立集团内部人才互动信息库	人才互动信息
		F5	母公司掌握并审批子公司管理岗及关键岗位人员的流动工作	关键岗位人才流动
	重要协同点	F2	母公司对子公司管理岗及关键技术岗位人员胜任力和尽职的调查	关键岗位工作调查
		F9	母子公司协同处理调动人员薪酬福利衔接	薪酬衔接
		F3	母公司制定统一规范的人才流动机制	人才流动机制
		F4	母公司侧重子公司间高层管理人员的调动	高管人员流动
		F7	母子公司协同处理调动单位人事调整衔接	人事调整衔接
	一般协同点	F6	母子公司协同完成人员调动手续	协同手续办理
		F8	母子公司协同处理调动人员心态调整	心理建设
员工关系协同点	关键协同点	G2	母子公司协同完成劳动争议处理	劳动争议
		G3	母子公司、子公司间协同处理个人及单位冲突	员工冲突管理
	重要协同点	G6	母子公司协同完成员工人事档案管理	人事档案管理
		G5	母子公司共同营造和谐的文化环境，丰富组织活动，凝聚人心	员工活动管理

续表

维度	重要度	指标编号	指标内容	协同点
员工关系协同点	重要协同点	G4	母子公司协同完善员工沟通渠道，如满意度调查、申诉反馈、员工援助计划等	员工沟通
	一般协同点	G7	母子公司协同完成员工信息管理，加强企业对员工的掌握和动态管理	员工信息管理
		G1	母子公司协同完成员工合同签订及维护	合同管理

对各维度关键协同点的特性进行分析，得出如下结论：

（1）母公司注重相关制度制定和流程设计，注重指导与服务工作。在20项关键协同点中有9项提及母公司应提供各种制度支持与流程共享，如人力资源规划体系的政策共享、共享绩效考核标准、招聘渠道共享及建立集团人才库等；有21项一般协同点集中于子公司具体工作实施过程中的协同。

（2）对子公司关键人员的管理是实现协同的重要途径。在20项关键协同点中有7项提及对关键人员的管理，比如掌握关键岗位人员情况、统一招聘子公司经理层与核心技术人员、关键岗位考核结果反馈、掌握并审批子公司管理岗及关键岗位人员的流动工作等。子公司经理层对母公司指令的执行力和对下属的领导力是协调母子公司人力资源管理活动的关键。关键岗位人员在集团发展中发挥着重要作用，对他们的招聘、考核、薪酬和流动的管理有助于提升其整体素质与履职能力，促进人力资源管理协同。

（3）注重集团文化建设。在人力资源规划、招聘与配置、培训与开发和员工关系四大模块中，文化协同均为关键协同点或重要协同点，说明集团文化的打造与传播对促进母子公司人力资源管理协同有很强的影响力。

三、人力资源流动管理：实现协同的保障

（一）集团人力资源流动的现状

首先，从集团人力资源流动的频率来看，对于集权程度较高的集团，经理人员的流动由母公司决定，中层干部的聘任由母公司批准，因此人员调动

的频率较高，但这种流动主要集中在董事会成员、经理人员和技术人才上。对于集权程度较低的集团，子公司仅拥有对经理层的自主任命权，人员转移频率较低，涉及的层次较少。此外，通过数据统计发现，在行政管理型母子公司中，人力资源流动程度在一般及以上者占 64.3%；而在治理型和自主管理型母子公司中，其比例分别为 48.6% 和 40%（见表 6－4）。这说明母公司对子公司管理的集权程度越高，人员调动频率越高。①

表 6－4　集团公司人力资源流动程度分析（%）

人员调动频率	行政管理型	治理型	自主管理型
低	2.4	16.2	16.7
较低	33.3	35.1	43.3
一般	28.6	27	20
较高	28.6	16.2	13.3
高	7.1	5.4	6.7

资料来源：陈志军．基于管控模式的母子公司人力资源控制探讨．劳动经济评论，2008(1).

其次，在流动的形式上，大部分企业集团采取的是内部招聘的形式，如内部员工推荐及竞聘上岗。在对集团的调研中，多数集团表示普通员工的流动一般直接由子公司领导和员工推荐。而较高层次的员工流动，则会采取竞聘上岗的形式。由子公司高管及集团高管组成面试小组，对竞选者进行评选、审查，然后根据其竞聘职位和能力，安排相应的工作岗位。目前，山东省内的浪潮集团等多数企业集团都已广泛采取这种竞聘上岗的内部人员流动形式。

从调研情况看，集团内人力资源流动受制于多种因素。一是环境不确定性。环境不确定性包括复杂性与动态性两个维度，环境不确定性高时，企业决策者很难得到与环境因素相关的信息，难以预测环境对决策的影响。② 二是劳动力市场的供需状况。当劳动力市场供给不足时，企业为留住员工，往往会通过晋升和促进员工职业成长等方式与员工建立长期关系。③ 此外，有

① 陈志军．基于管控模式的母子公司人力资源控制探讨．劳动经济评论，2008(1)：114-123.

② Duncan R B. Characteristics of organizational environments and perceived environmental uncertainty. Administrative Science Quarterly，1972(3).

③ Spell C S, Blum T C. Getting ahead: organizational practices that set boundaries around mobility patterns. Journal of Organizational Behavior，2000，21(3).

些子公司对骨干人员调入持支持态度，调出则持消极态度，人力资源流动靠集团公司行政命令才能推进。同时，子公司间收入水平、文化氛围、行业和区域分布等差异也从不同方面影响对人员流动的态度。

（二）集团人力资源流动的措施

集团内部人员流动不仅能激励人才成长、激发人才活力，而且有利于集团公司的长远发展。因此，集团公司应积极实行人力资源开放流动的管理模式。集团公司人力资源流动的措施包括：

（1）建立相对公平合理的薪酬制度。集团内薪酬制度的设计既要考虑行业内薪酬的竞争力，又要考虑到集团内子公司间的相对公平和均衡。集团内对不同子公司的薪酬设计要统筹考虑岗位、区域、行业等因素。例如，坐落在山东寿光的金玉米开发有限公司是以农产品（玉米）深加工为主导，生产经营玉米淀粉、变性淀粉和 L – 赖氨酸盐酸盐等产品的大型企业，为推动在寿光子公司工作的员工流动到聊城子公司，集团给予每人 1 000 元以上的地区补贴，这使数以百计的员工流动得以顺利进行。

（2）建立集团公司内部人才互动信息库。在人才招聘和人才储备上做到内部人才信息和资源共享，建立完善的人才招聘体系。引进人力资源管理软件，结合集团内各单位的不同需求，充分利用和发挥集团公司和子公司的不同优势，建立健全集团人事管理和培训机制。对进入集团人才库的人员可以按照不同的专业与层次进行分类，如可按照专业不同分为高级经营管理人才、科技研发人才、高技能“蓝领”人才、财务与审计人才和高级市场营销人才等；按照层次不同可将人才分为核心人才、关键人才、后备人才和社会人才等。当子公司有招聘需求时，母公司可方便快捷地通过集团人才库迅速找到所需人才并对其做统一调配，从而节约招聘成本，促进人才协同，提高集团的运作效率。

（3）建立完善、合理且有效的人才流动激励机制。骨干员工对公司发展的意义远远高于一般员工，因此子公司骨干员工流失会造成较大的损失。为此，集团应建立人才流动激励机制，降低或消除子公司在组织层面的障碍。例如，浪潮集团曾根据子公司向集团内其他单位输出人才的情况，按照 1 ～ 2 分 / 人的标准（职级越高，奖励分数越高）给子公司总经理的 KPI 加分，最高加 10 分，同时每向集团内其他单位流出一人给子公司 5 000 ～ 10 000 元的现金奖励。KPI 总分将直接影响子公司总经理的个人薪酬，而现金奖励可用于培养人才。该项措施极大地推进了浪潮集团内的人力资源流动。

（4）借鉴球员转会制度，促进子公司间人力资源流动。中国足球的球员转会是在足协的领导与监督下，球员离开原俱乐部，去另一俱乐部效力的过程。在这一过程中，中国足协、俱乐部、球员分别扮演不同的角色：中国足协是转会制度的制定者和仲裁者；俱乐部作为球员转会过程中的运作主体，协商解决转会球员、转会费、支付方式等问题；球员是转会过程中的交易客体，并有一定的话语权。

集团内部可借鉴球员转会建立人力资源流动模拟市场制度，母公司承担中国足协的角色，作为集团内人力资源流动政策的制定者和仲裁者。相对于中国足协，基于产权联结的母子公司关系使母公司对子公司的协调和仲裁更具效力和权威性，既能促进人才流动，又降低了交易费用。各子公司甚至母公司类似于俱乐部，人力资源的需求方要向供给方支付费用，当然并不一定是支付现金，母公司给予供给方考核指标优惠和其他资源补偿即可。作为员工，其价值在集团内流动时得以体现，通过在新岗位上出色的工作业绩证明其价有所值。实践中，浪潮集团曾根据各子公司输出人才的情况，在年终决算时按照约 50 万元 / 人的标准给予子公司虚拟毛利，加到毛利总额中。毛利总额将直接影响子公司总经理的个人薪酬和子公司的薪酬总额。

案例

人力资源共享服务，从起飞到腾飞还有多远

作为中国本土综合实力强大的大型 IT 企业，浪潮集团打造了一个数字化、平台生态型的人力资源共享服务中心——HRSSC。运营 3 年来，HRSSC 收效显著，为浪潮集团业务的快速发展提供了有力支撑，不仅提升了员工服务体验，还提高了员工满意度和敬业度，达到了 HR 数字化建设中的双赢。

在财务共享中心建设引领企业信息化热潮并被广泛采用的情况下，HRSSC 开始受到企业集团的关注。在这个关键点上，浪潮集团 HRSSC 案例可以回答企业用户最关心的五大问题。

一、人力资源共享是否可行

当前，企业集团管理大共享的思想被激发。比如，几乎所有的世界500强公司都建立了不同类型的财务共享中心，并取得了既可以发挥监督、控制作用，又能节约成本、提供更好服务的效果。既然财务共享能够成功，那么人力资源共享能否也为企业集团管理与发展贡献更多的力量呢？在人力资源共享服务领域，包括浪潮在内的不同企业在不同的赛道开展了探索。

浪潮集团是领先的“云＋数 +AI”新型互联网企业，业务涵盖云数据中心、云服务大数据、智慧城市、智慧企业四大产业群组，为全球120个国家和地区提供IT产品和服务。随着业务的飞速发展，浪潮员工的数量快速增长，办公场地无处不在，员工体验逐步成为人力资源管理的核心。为了更好地支撑集团业务的飞速发展，以浪潮HCM Cloud为基础建设了浪潮集团人力资源共享服务中心——HRSSC，以标准化设置、流程化操作、信息化推进为建设思路，秉承“以业务为驱动，一切为了业务”的服务理念，打造一站式、智能化、共享式的人力资源平台，提供高效、标准、专业的一站式人力资源服务，全面提升员工满意度和敬业度。

浪潮HRSSC运营3年来，不断夯实服务内容，提高服务质量，加强数字化平台建设，关注降本增效，整合集团资源助力各单位业务落地，实现了人效提升32%、年度服务员工22万人次、员工首问解答率92.5%、员工满意度达到4.65分（5分制）的成效。在企业集团管理大共享背景下，许多企业集团先行一步，在人力资源共享等方面的成功经验证明，建设人力资源共享中心是切实可行和卓有成效的，数字技术与管理模式的变革将加速人力资源共享的发展。

二、HRSSC如何保证服务质量与优化流程的统一

既然是共享服务，就有服务质量保证机制，也有服务监控、监督机制。浪潮集团的HRSSC采用服务平台与运营平台双平台架构，其中服务平台完成前台交付的服务，可以通过HCM、云 +Portal、HRESS、服务大厅等系统向公司高管、员工、人力资源、公司外部员工等对象，提供人力资源服务，其交付渠道包括人力资源服务、服务机器人SaySayCall、自助终端等，此外还连接了后端的数据共享平台、薪酬福利平台、外事共享、基础认识共享、呼叫中心等，实现了数据的积累、共享、共通；运营平台提供后台监督

支持，完成流程监控、过程监控、满意度评价和交付监控等工作，并提供HR Online、知识共享、交互式应答系统（IVR)、工单管理系统等技术支持。浪潮集团HRSSC的双平台打通了运营与交付、交付与监管，实现了闭环管理，实现了服务提供与质量监督、流程兼顾、流程监控与优化的统一。

三、HRSSC如何服务于企业业务发展

对于企业集团而言，HRSSC建设的首要目标是为企业的业务发展提供服务，如果做不到这一点，那么HRSSC对企业的吸引力将大打折扣。浪潮HRSSC确定了服务企业业务发展的理念，致力于提供高效、标准、专业的一站式人力资源服务，全面提升员工满意度和敬业度。浪潮HRSSC合并各产业单位同类型人员，统一各事务性环节操作，实现了物理性整合统一；业务大厅的12个服务窗口由每个窗口仅办理单一业务变更为所有窗口均可办理综合业务，打破业务“孤岛”，提供一站式人力资源服务，可以完成入离调转服务、社会福利管理、弹性福利管理、日常卡证管理、流程设计管理、劳动关系管理等操作。流程管理上，浪潮HRSSC全流程打通了集团人力资源各个模块，与集团中的其他系统互通，实现了自助服务对人力资源各业务的覆盖。企业集团创建HRSSC后，业务单元可以更加专注于开展核心业务，提高了业务单元的运营效率，从而使其更加专业化，更具有竞争力。同时HRSSC在为业务单元提供服务的过程中，增进了与业务单元的合作伙伴关系。

四、HRSSC如何提升员工体验

浪潮集团HRSSC通过集中服务，建立了统一的服务标准和流程，通过专业化分工，打造了一支专业化的队伍来提供专业的服务，减少和避免了以前分散在各业务单元中的因人力资源工作标准不统一造成的不公平和因执行标准不一致造成的偏差，从而提高了人力资源政策执行的公平性，以及员工满意度。从效果上看，集中后标准化、专业化的服务，提高了人力资源的运营效率，也使得浪潮集团HRCOE、HRBP摆脱了行政事务，可专注于战略性人力资源管理，聚焦于员工能力提升、团队建设和战略绩效落实。

五、HRSSC能否大范围推广

从理论上看，数字技术与管理模式的变革加速了人力资源管理共享的发展。一方面，云计算、大数据和人工智能的应用，为人力资源共享发展提供

了技术支撑，推动人力资源工作的数字化、智能化。另一方面，互联网、数字技术推动管理模式的变革与创新，使之呈现出组织的扁平化、公司的平台化、员工的移动化、企业的虚拟化等特征。以集团公司为龙头形成产业生态，企业总部逐渐转型为管控服务型的创新创业平台，都需要共享平台作为支撑。

从实践上看，HRSSC 被越来越多的企业集团所接受，正成为改变公司人力资源结构的一种方式。包括浪潮、戴尔、飞利浦、摩托罗拉、通用电气、IBM、壳牌等企业在建立 HRSSC 的同时，也会在业务部门设置人力资源业务伙伴（business HR）和具有专家性质的 COE（center of expertise）团队。各公司的 HRSSC 提供的服务不尽相同，但是基本都包含人力资源事务、薪资、招聘、培训等服务。

浪潮 HRSSC 的建设不仅为自身业务的快速发展提供了支撑，也为业内 HRSSC 的建设提供了标杆，得到了业内的认可。同样，HRSSC 的优势逐渐得到体现，并有可能从以前的成本中心转变为利润中心。

资料来源：刘学习．人力资源共享服务；从起飞到腾飞还有多远．（2019-09-18）．http://www.soft6.com/news/201909/18/357866.html.

第四节　母子公司人力资源管理职责

一、人力资源规划

在行政管理型模式下，母公司会统一做好各子公司的人力资源规划工作，子公司的人员需求由母公司统一制定，子公司只负责执行。

在治理型模式下，母公司会适当放权给子公司。母公司会采纳子公司的意见和建议，双方共同制定子公司的人力资源规划；或者由子公司根据实际情况制定自身的人力资源规划，上报母公司批准。

在自主管理型模式下，母公司完全放权给子公司。子公司有权自主做出人力资源规划，只需在母公司备案存档。母子公司人力资源规划职责分配具体如表 6－5 所示。

表 6-5　母子公司人力资源规划职责分配

	行政管理型模式	治理型模式	自主管理型模式
母公司人力资源规划职责	1. 根据集团人力资源战略与各子公司情况，拟订各子公司人力资源规划 2. 修订、执行集团人力资源规划	1. 督导、审核子公司人力资源规划 2. 检查子公司人力资源规划的执行情况	1. 为子公司人力资源规划提供指导和服务 2. 对子公司人力资源规划备案并检查
子公司人力资源规划职责	1. 协助母公司制定人力资源规划 2. 执行母公司人力资源规划	1. 拟订本公司人力资源规划，并报总部审批 2. 执行审批通过的人力资源规划	1. 拟订本公司人力资源规划，并报集团公司 2. 执行拟订的本公司人力资源规划

二、人力资源招聘

在行政管理型模式下，母公司控制的子公司人力资源招聘的层次最多，可能会控制到子公司的普通员工。母公司通过集团内部统一招聘或者制定集团内部正式员工任职资格、能力素质等程序性的规章制度来实现对子公司一般员工招聘的控制。同时，母公司会控制子公司普通员工的总量、增长速度、平均绩效产出等方面。

在自主管理型模式下，母公司可能控制子公司董事会成员或子公司主要高管的选聘工作。母公司通过选派代表自身利益的经理人员或者专业人员进入子公司的董事会或监事会。子公司的其他经理人员或者一般员工则由子公司自主招聘。具体的招聘职责分配可参考表 6-6。

表 6-6　母子公司人力资源招聘职责分配

	行政管理型模式	治理型模式	自主管理型模式
母公司招聘职责	1. 员工招聘与录用的管理、相关制度与规范建设 2. 对各子公司招聘的需求调查、分析、汇总及制定招聘计划 3. 招聘的组织实施 4. 人员的甄选、录用 5. 招聘渠道拓展管理 6. 测评工具设计完善	1. 员工招聘与录用的管理、政策拟定、相关制度与规范建设 2. 对子公司董事会成员、经理层及关键岗位员工组织实施招聘 3. 招聘渠道的拓展与管理 4. 对子公司员工招聘与录用工作进行督导	1. 员工招聘与录用的管理政策的提议、相关制度与规范建设 2. 子公司董事会成员和主要高管的选聘工作 3. 对子公司员工招聘与录用工作进行备案、督导

续表

	行政管理型模式	治理型模式	自主管理型模式
子公司招聘职责	1. 制定本公司人力资源招聘计划，上报总部审批 2. 参与集团公司组织的招聘工作	1. 制定本公司人力资源招聘计划，上报总部审批 2. 对一般员工组织实施招聘，拥有部分决策权 3. 测评工具设计完善	1. 制定本公司人力资源招聘计划，报总部备案 2. 招聘的组织实施 3. 人员甄选、录用 4. 招聘渠道拓展管理 5. 测评工具设计完善

在治理型模式下，母公司对子公司招聘选拔工作的控制介于行政管理型和治理型之间。母公司对子公司招聘工作的控制层次以经理人员与关键岗位员工为限，对一般员工的招聘一般不做干预。对于治理型模式下各个流程环节更加具体的细节可参考表 6 - 7。

表 6 - 7 治理型模式下人力资源招聘流程细节

流程环节		部门、岗位	工作内容	工作依据
1. 需求	1.1 工作分析	子公司人力资源部门或集团人力资源部门授权	1. 对部门工作进行分析，确定所需岗位、人数、工作内容、任职要求等 2. 需求表描述的准确性、合理性	人力资源规划 / 计划，部门人力资源现状
	1.2 拟定用人需求			
	1.3 审核用人需求			
	1.4 用人需求审查	集团人力资源部门招聘人员及负责人	审查各单位部门及以上负责人用人需求的必要性、报批程序的规范性，并批示	
2. 招聘	2.1 储备人才查找	子公司人力资源部门招聘人员	从内外部人才储备库查找适合岗位需求的人选	1. 人力资源规划、计划 2. 用人需求或人才储备的必要性
	2.2 拟定招聘方案	集团 / 单位人力资源部门招聘人员	对会发生一次性费用的招聘制定招聘方案	
	2.3 审批招聘方案	集团负责人或其授权人	审查专场招聘会或费用超年度预算的招聘方案的合理性，并批示	

续表

流程环节		部门、岗位	工作内容	工作依据
3. 甄选	3.1 资格审查、初试	子公司人力资源部门招聘人员	1. 审查简历内容，筛选出符合基本任职资格和硬性要求的人员 2. 人力资源部门组织并负责综合素质测评 3. 用人部门负责专业素质测评	1. 工作说明书 2. 用人需求申请表
	3.2 复试	集团 / 单位人力资源部门负责人、用人部门 / 单位负责人或主管领导	人力资源部门组织，主要采取面试的方式对初试合格者进行测评，并确定重点候选对象	
4. 录用	4.1 录用意向洽谈	子公司人力资源部门招聘人员	与录用候选人以电话或面对面的形式进行录用意向洽谈	1. 甄选结果、用人部门提名、背景调查与录用意向洽谈结果 2. 录用审批结果
	4.2 确定拟录用人选		确定拟聘人员，并拟定其岗位、合同期限、试用期限、试用期薪酬并批示。集团内的调动一般不再约定试用期	
	4.3 录用审批	集团 / 子公司人力资源部门	主要审查一般员工拟聘人员甄选的准确性，并批示	
	4.4 录用通知、体检	子公司人力资源部门招聘人员	1. 通知拟聘人选到指定医院体检，体检不合格者淘汰 2. 集团内调动且能提供与新岗位要求相应体检项目合格证明的，可不再体检	
	4.6 录用手续办理		1. 新员工提交相关资料，填写员工基本情况登记表 2. 入职指引 3. 签订劳动合同	
	4.7 入职面谈		1. 介绍单位、部门、岗位情况，传播集团企业文化 2. 提出相关要求与希望 3. 解答新员工的疑惑及问题	
	4.8 入职培训	集团 / 子公司人力资源部门、用人部门	人力资源部门组织负责企业文化、基本礼仪、基本制度、职业道德等综合素质培训，用人部门负责业务制度、流程及上岗技能的培训	

三、人力资源培训与开发

在行政管理型模式下，人力资源培训与开发工作主要由母公司承担。母公司根据企业集团整体发展需要，制定人力资源培训与开发计划并由子公司执行。子公司主要负责调查与分析本公司的培训需求并上报母公司。母公司综合各子公司的培训需求，将适宜集中组织的培训工作做统一安排，以实现开发和培训工作的有效协同。

在治理型模式下，母公司承担对关键岗位员工的培训开发工作，将一般员工的培训与开发工作下放至子公司。子公司可以根据自身的需要对一般员工进行培训。对集团文化的培训由母公司统一组织。

在自主管理型模式下，母公司不承担具体的培训任务，各子公司的培训工作由各自独立承担，母公司负责督导。在此模式下，子公司拥有充分的决策权，这样有利于调动子公司的工作积极性，满足不同子公司的需求。至于集团文化的培训可由母公司统一组织。母子公司人力资源培训与开发管理职责分配具体如表 6－8 所示。

表 6－8　母子公司人力资源培训与开发管理职责分配

	行政管理型模式	治理型模式	自主管理型模式
母公司 人力资源培训 与开发职责	1. 培训体系、制度建设 2. 需求调查与分析 3. 培训计划、培训课程以及培训设备、培训师队伍的组织与管理 4. 培训效果评估，档案管理	1. 培训体系、制度建设、培训需求调查与分析 2. 重要培训内容和关键岗位员工培训计划的制定、实施和效果评估 3. 对子公司培训费用的控制	1. 人力资源开发与员工培训体系、制度建设 2. 督导并服务于子公司人力资源培训与开发工作
子公司 人力资源培训 与培训职责	1. 人力资源培训与开发需求调查与分析 2. 将培训需求上报母公司，由母公司统一培训	1. 人力资源培训与开发需求调查与分析 2. 一般内容和员工培训计划的制定、课程设计与培训师队伍建设管理 3. 培训效果的评估	1. 人力资源培训与开发需求调查与分析，拟定培训计划 2. 课程、培训师的建设和培训组织工作 3. 培训效果评估、档案管理

案例

浪潮集团的培训管理

浪潮集团培训业务经过十几年的积淀和发展，已经成为实施公司战略和实现员工发展的重要途径。浪潮大学是浪潮面向内部员工、外部客户和合作伙伴提供培训业务的平台，它采用公开课、内训、远程教育和认证培训等多种课程形式，可提供通用管理类、专业技能类两大类 1 000 多门课程的培训。

通过调研分析，浪潮集团的培训协同点主要体现在以下几个方面（如表 6－9 所示）：

表 6－9 浪潮集团人力资源培训协同点

协同点	母公司	子公司
培训平台	负责维护更新	提供培训文档等支持
培训制度	建立规范的培训程序	执行
统一培训	1. 子公司有一致需求时，母公司统一组织培训 2. 对新员工的企业文化类培训，母公司统一组织	参与

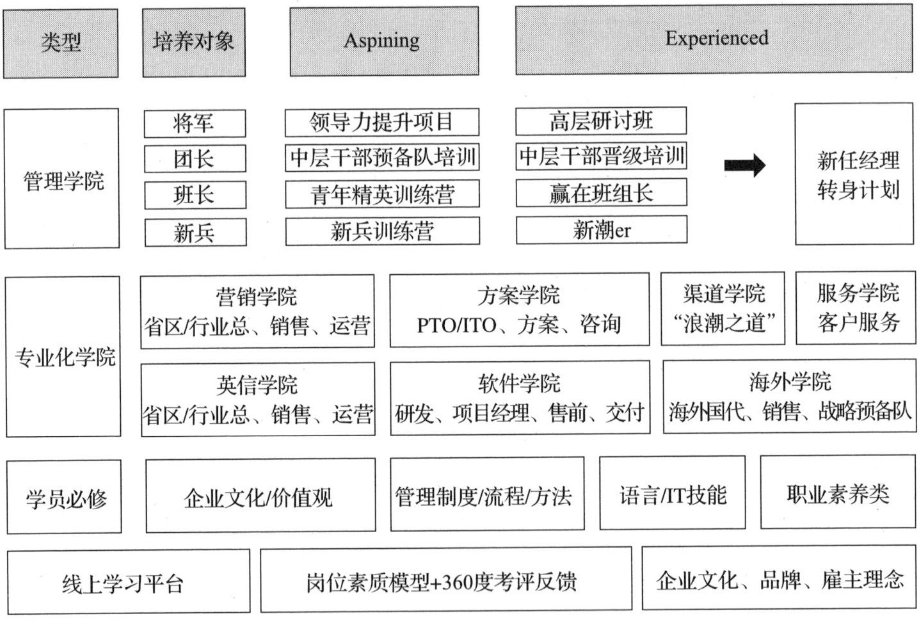

图 6－1 浪潮大学扁平化的培训体系图[①]

资料来源：根据访谈资料、调研资料及王晓文（2015）整理。

① 王晓文．浪潮集团人力资源培训管理研究．济南：山东大学，2015.

四、人力资源薪酬管理

在行政管理型模式下，母子公司薪酬体系设计的工作主要由集团公司人力资源部门承担。集团公司对集团整体的各个岗位进行职位分析、职位评价、薪酬水平调查，并制定薪酬结构，经集团公司董事会审批后各子公司均按照统一的薪酬政策执行。

在治理型模式下，集团公司会对子公司的关键岗位，如子公司的董事、经理层、集团公司派驻人员等的薪酬方案，做统一的岗位分析与薪酬结构设计，从而对关键岗位的员工实施薪酬管理，实现对子公司的控制。而对于子公司中的一般岗位的薪酬方案，集团公司则将设计权力下放，由各子公司根据自己的实际情况设计，集团公司只对各子公司薪酬总量进行控制，具体到子公司员工的薪酬分配，由子公司负责。

在自主管理型模式下，集团公司较少控制子公司人员薪酬体系的设计。各子公司可以根据自身的行业状况、盈利水平等实际情况，自主设计薪酬体系，集团公司只对子公司薪酬水平做总体把握，其绝大部分权力下放到各子公司。各管理模式下的薪酬管理职责分配具体如表 6－10 所示。

表 6－10 母子公司薪酬管理职责分配

	行政管理型模式	治理型模式	自主管理型模式
母公司薪酬管理职责	1. 员工薪酬体系和制度建设 2. 员工薪酬制度的执行和管理 3. 薪酬信息的调查与管理	1. 经理层与关键岗位员工薪酬体系和制度建设 2. 对经理层与关键岗位员工薪酬制度的执行和管理 3. 对经理层与关键岗位员工薪酬信息的调查与管理	1. 对子公司董事会、经理层人员的薪酬管理 2. 对子公司薪酬总额进行限制
子公司薪酬管理职责	执行母公司薪酬制度，自身没有决策权	1. 一般岗位员工薪酬体系和制度的建设 2. 对一般岗位员工薪酬制度的调查、执行和管理	结合自身情况进行薪酬管理，拥有充分的决策权

案例

不同模式下的薪酬管理比较

若母子公司之间的人力资源管理模式不同，则薪酬管理的具体内容也会明显不同。表 6－11 整理了四家采用不同模式的企业的薪酬管理具体内容。

表 6－11　四家采用不同模式的企业的薪酬管理具体内容

公司名称	公司性质	人力资源管理模式	薪酬管理具体内容
山东省能源公司	国有企业	行政管理型	以岗定薪的岗薪工资制，集团负责管理人工成本总量，设计统一的薪酬体系；子公司负责具体实施，以岗定人并确定具体薪级
中车集团山东公司	国有企业	自主管理型	在薪酬管理上实行员工薪酬总额制度，给予子公司高度的自主权。在不突破集团制定的人工成本总量的基础上，具体的薪酬体系由子公司负责制定并落实
中国电信山东公司	国有企业	自主管理型	在集团人工成本总量的范围内，具体的薪酬体系制定由子公司自己负责。在招聘特殊岗位人员时（关键岗位上社会引进人员的薪酬可能突破现有体系），可单独向集团申请，作为战略岗位引进，岗位不占用集团编制，薪酬不占用人工成本总量，单独拨付
阿里巴巴	私有企业	自主管理型	薪酬管理及预算由集团来制定标准，但具体执行和落地的形式由各分子公司自己掌控

第五节　集团公司人力资源管理流程

一、行政管理型下的业务流程

（一）人力资源规划流程

母子公司人力资源规划由母公司人力资源部统一制定。母公司通过与子公司的充分沟通，准确掌握各子公司情况，综合考虑各子公司人力资源的供给和需求，从集团战略高度对计划期内人力资源管理的总体目标、政策、步骤和预算做出安排，制定出与集团总体战略相匹配的人力资源规划，以实现母公司对各子公司的控制和协同。具体流程如图 6－2 所示。

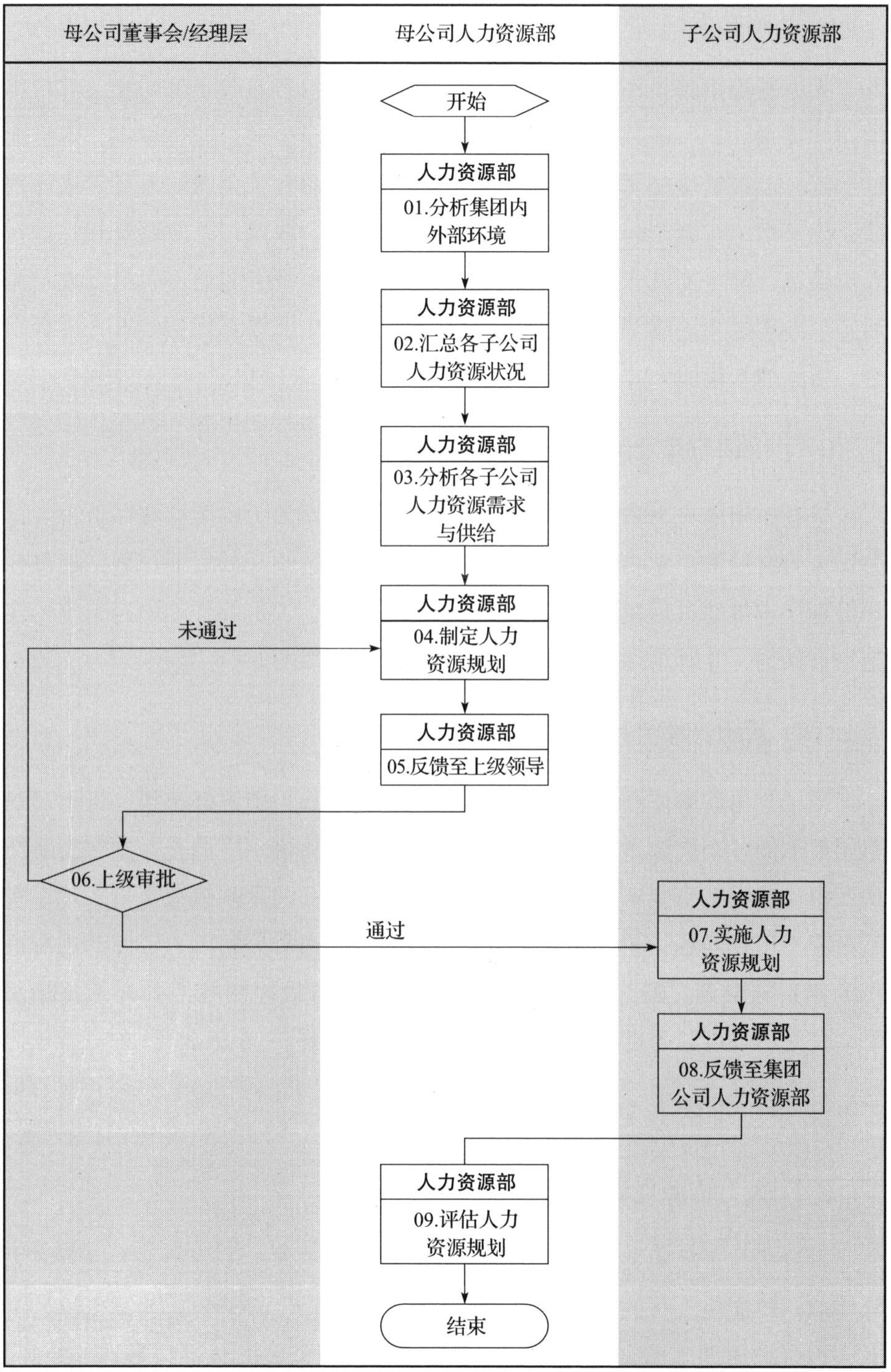

图 6－2　行政管理型模式下人力资源规划流程

（二）招聘流程

人力资源招聘工作主要由母公司人力资源部执行。各子公司相关部门提出招聘需求计划，汇总到子公司人力资源部后报子公司总经理审批，审批通过后统一上报给母公司人力资源部门。母公司汇总各子公司的人员需求计划后，统一组织实施招聘工作，包括发布招聘信息、收集汇总应聘资料、进行人员筛选、确定面试合格人员名单、报主管领导审批、对通过人员发放录用通知、办理录用手续等一系列工作。在招聘过程中，要对优秀候选人进行筛选，将其纳入集团人才库建设。具体流程如图 6－3 所示。

（三）培训与开发流程

企业集团的人力资源培训与开发工作由母公司人力资源部统一负责。母公司人力资源部汇总各子公司的培训需求后，制定统一的培训计划，报母公司经理层审批通过后制定培训内容、时间、地点、人员等详细内容，统一实施培训计划，并对培训效果进行评估。具体流程如图 6－4 所示。

（四）薪酬管理流程

母子公司薪酬体系的设计工作主要由母公司人力资源部承担。母公司对集团整体的各个岗位进行职位分析、职位评价、薪酬水平调查，制定薪酬结构，报母公司董事会审批后各子公司均应按照统一的薪酬政策执行。若在实施过程中出现问题，子公司应及时上报母公司，由母公司人力资源部进行适当的修正与协调。通过这一方式，母公司可以有效控制各子公司的薪酬水平，控制的强度与力度都相对较大。具体流程如图 6－5 所示。

二、治理型下的业务流程

（一）人力资源规划流程

母公司与子公司共同完成对人力资源的规划工作。子公司人力资源部主导完成一般岗位人员的人力资源规划工作。母公司主导子公司关键岗位员工的人力资源规划工作，以实现对集团中关键人力资源的数量与类别的控制，达到对子公司的人力资源进行管控的目的。具体流程如图 6－6 所示。

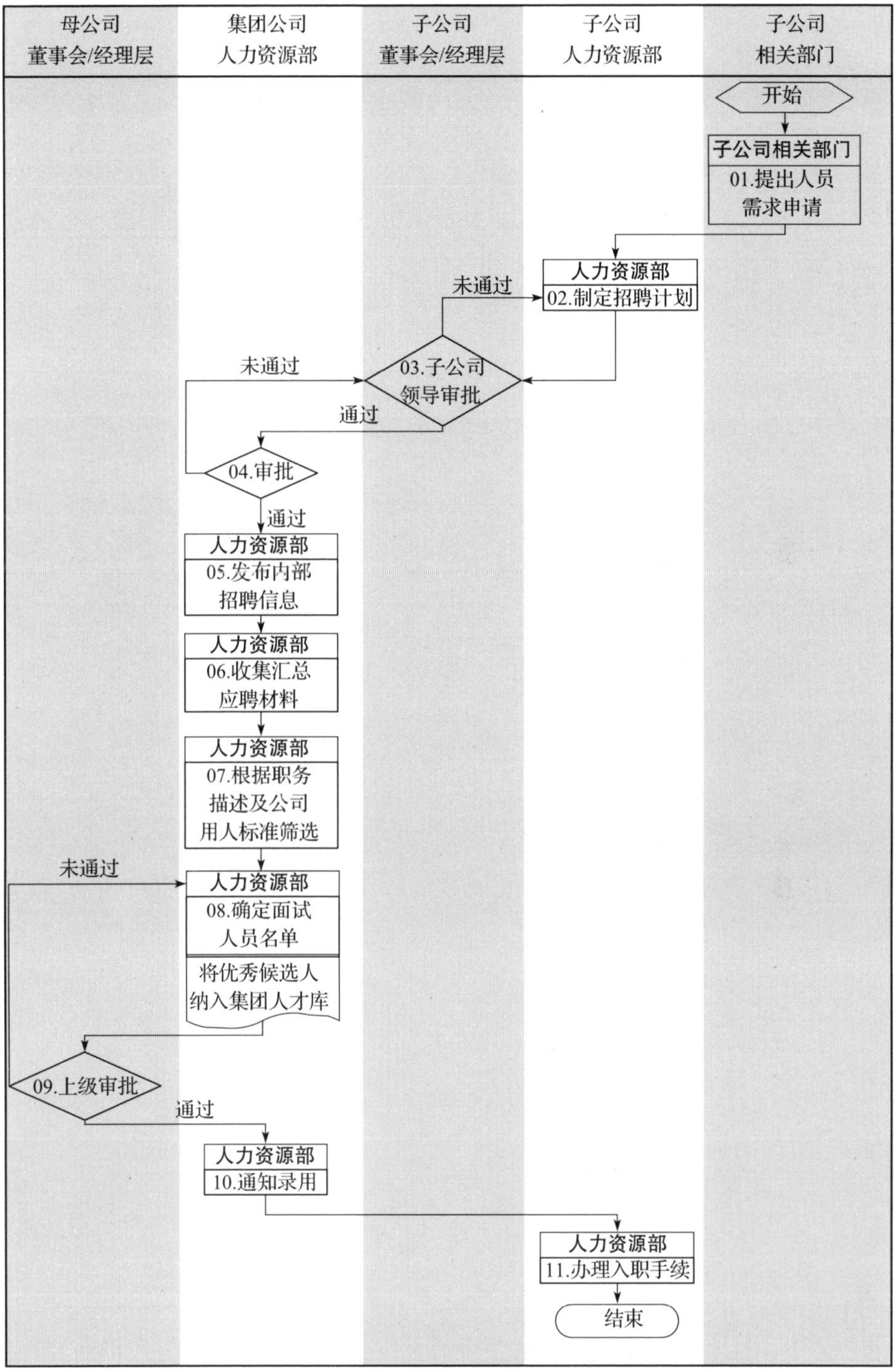

图 6－3 行政管理型模式下人力资源招聘流程

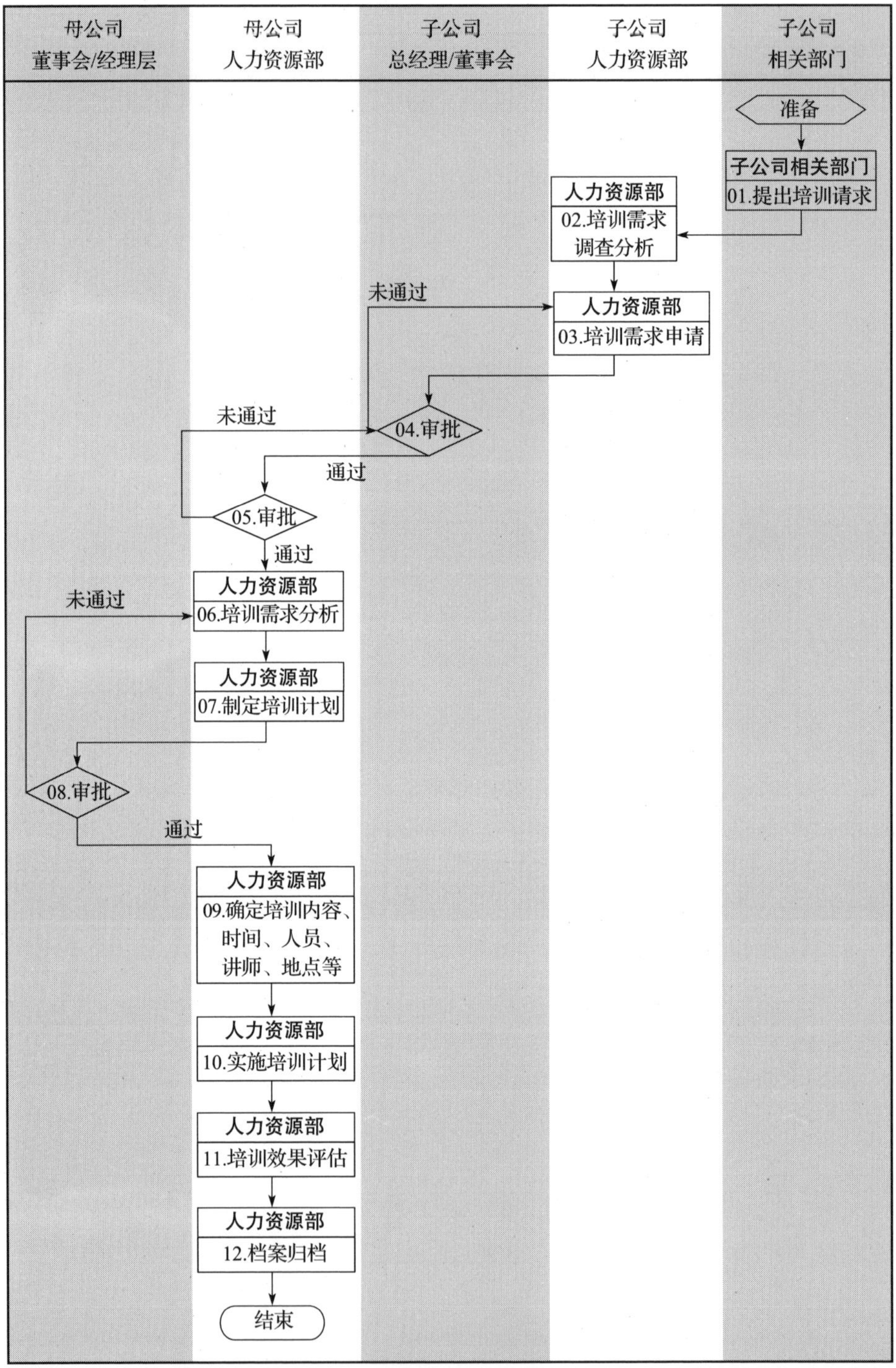

图 6－4　行政管理型模式下人力资源培训与开发流程

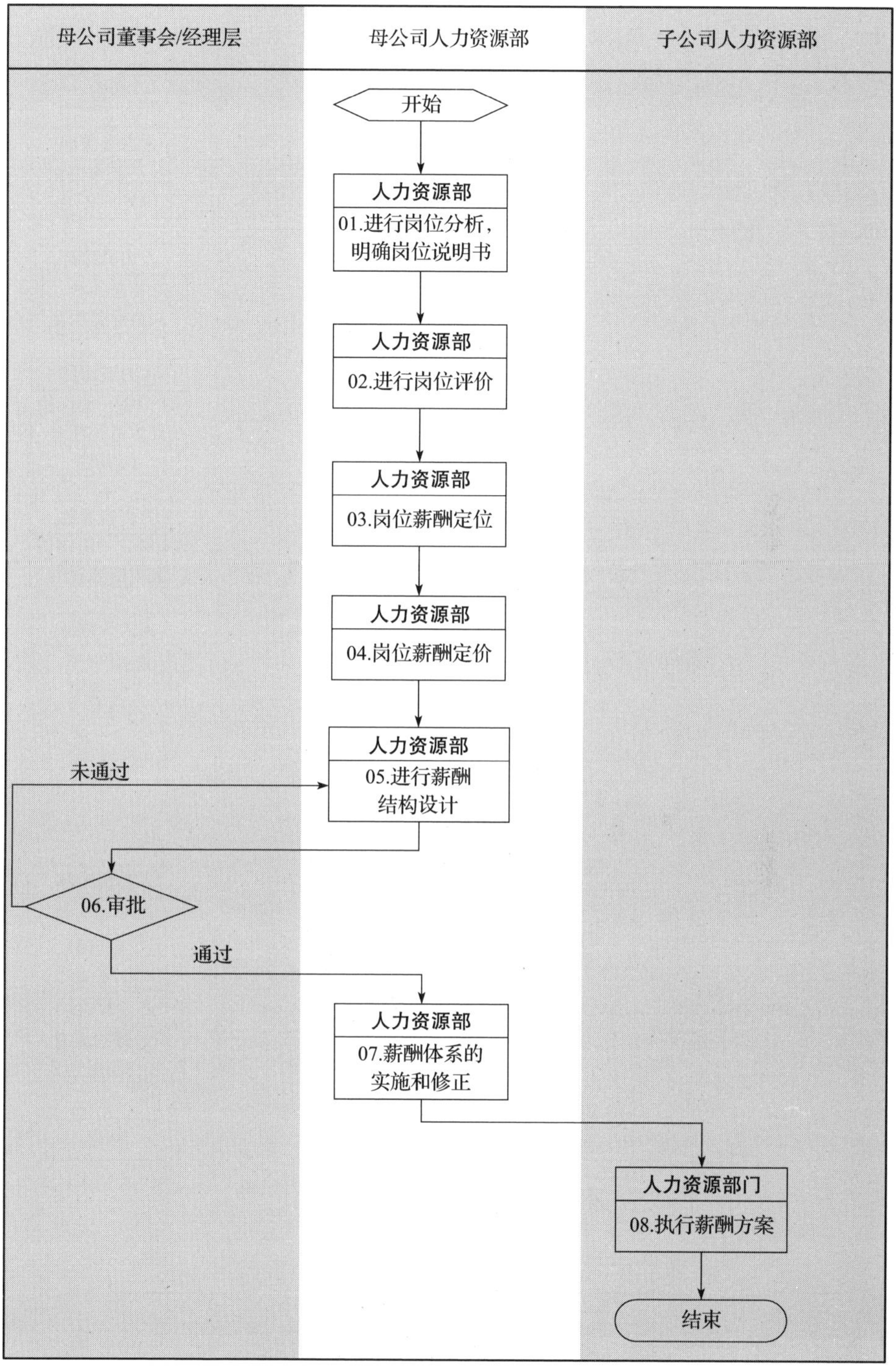

图 6－5　行政管理型模式下薪酬管理流程

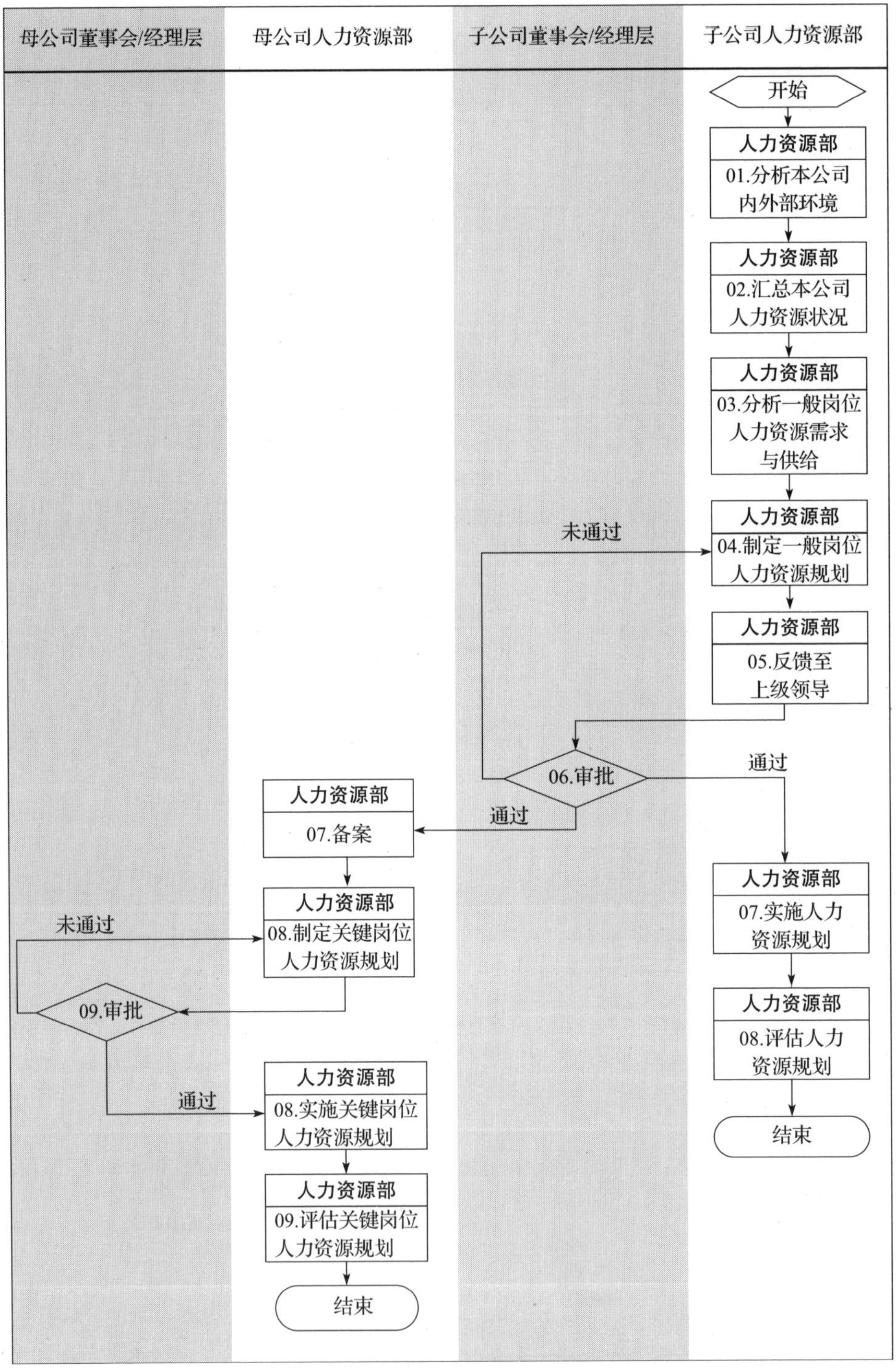

图 6－6　治理型模式下人力资源规划流程

（二）招聘流程

母公司一般只负责对经理层成员和关键岗位员工的选拔与筛选，一般员工的招聘权力则下放到子公司，由子公司自主进行。在招聘过程中，母公司人力资源部与子公司人力资源部都应注意对集团人才库的补充与完善。具体流程如图 6－7 所示。

（三）培训与开发流程

人力资源培训与开发工作由母子公司共同承担。对关键岗位人员的培训由母公司统一进行，对一般员工的培训则由各子公司独立进行。具体流程如图 6－8 所示。

（四）薪酬管理流程

母公司对子公司的关键岗位做统一的岗位分析与薪酬结构设计，如统一设计子公司的董事、经理、母公司派驻人员等的薪酬方案，实现对子公司的控制。而对子公司一般岗位员工的薪酬方案，母公司则将设计权力下放，由各子公司根据自己的实际情况设计，母公司可能只对各子公司的薪酬总量做控制，而将具体的子公司员工的薪酬分配交由子公司负责。以浙江天能国际集团为例，公司总裁负责提出整体的薪酬政策，集团人力资源中心提供具体方案，同时成立薪酬与绩效管理小组，根据市场情况和企业经营战略调整薪酬制度。各子公司人力资源管理部在集团的制度下编制本单位每月薪酬发放方案，汇总到集团人力资源中心，由总裁审批后通过。具体流程如图 6－9 所示。

三、自主管理型下的业务流程

人力资源规划工作由各子公司人力资源部门进行。子公司根据自身实际情况，分析供给与需求，制定人力资源规划方案并向母公司备案。方案由子公司主导实施，母公司参与实施效果评估，子公司需将结果上报母公司备案。

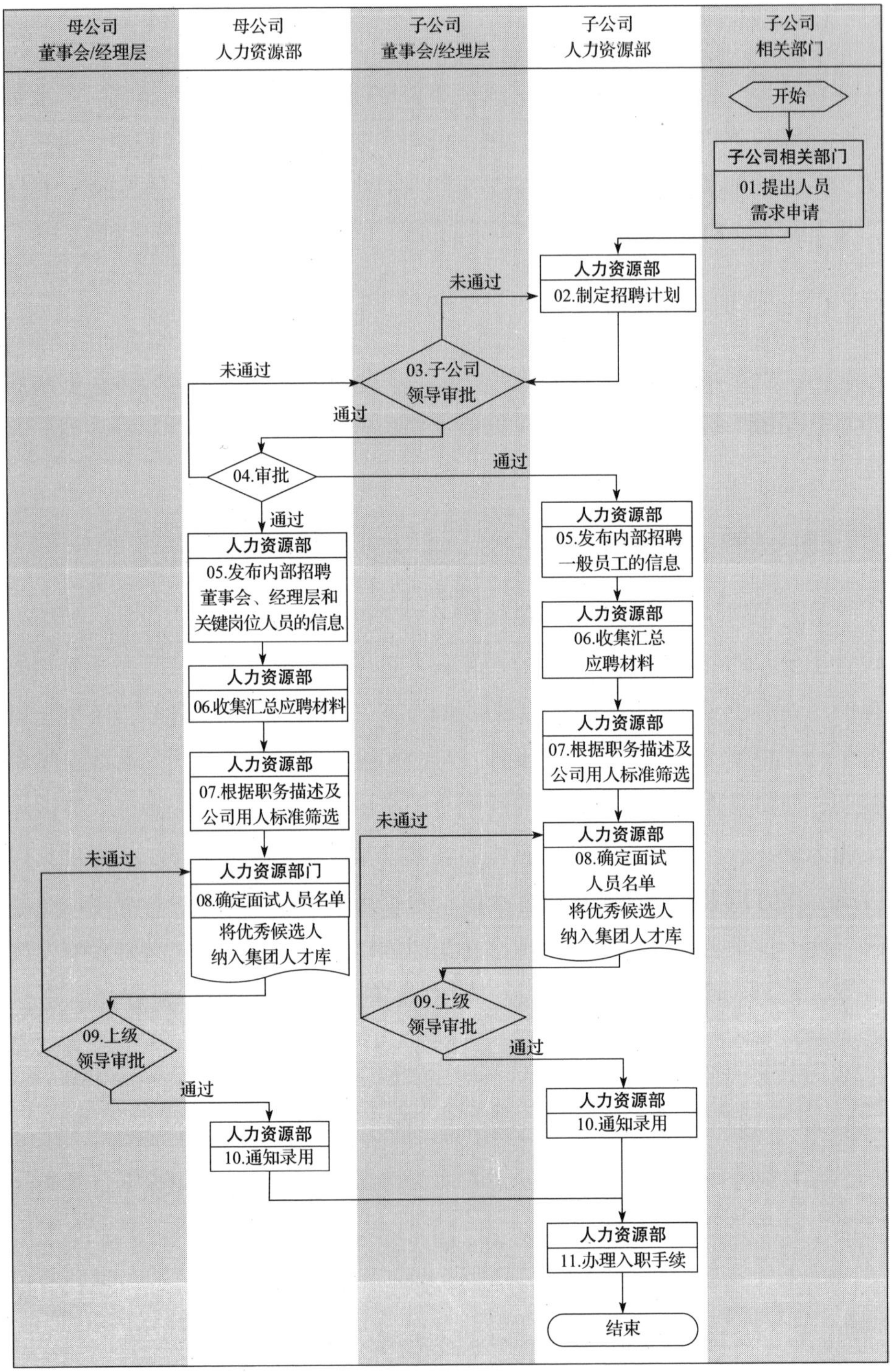

图 6－7　治理型模式下人力资源招聘流程

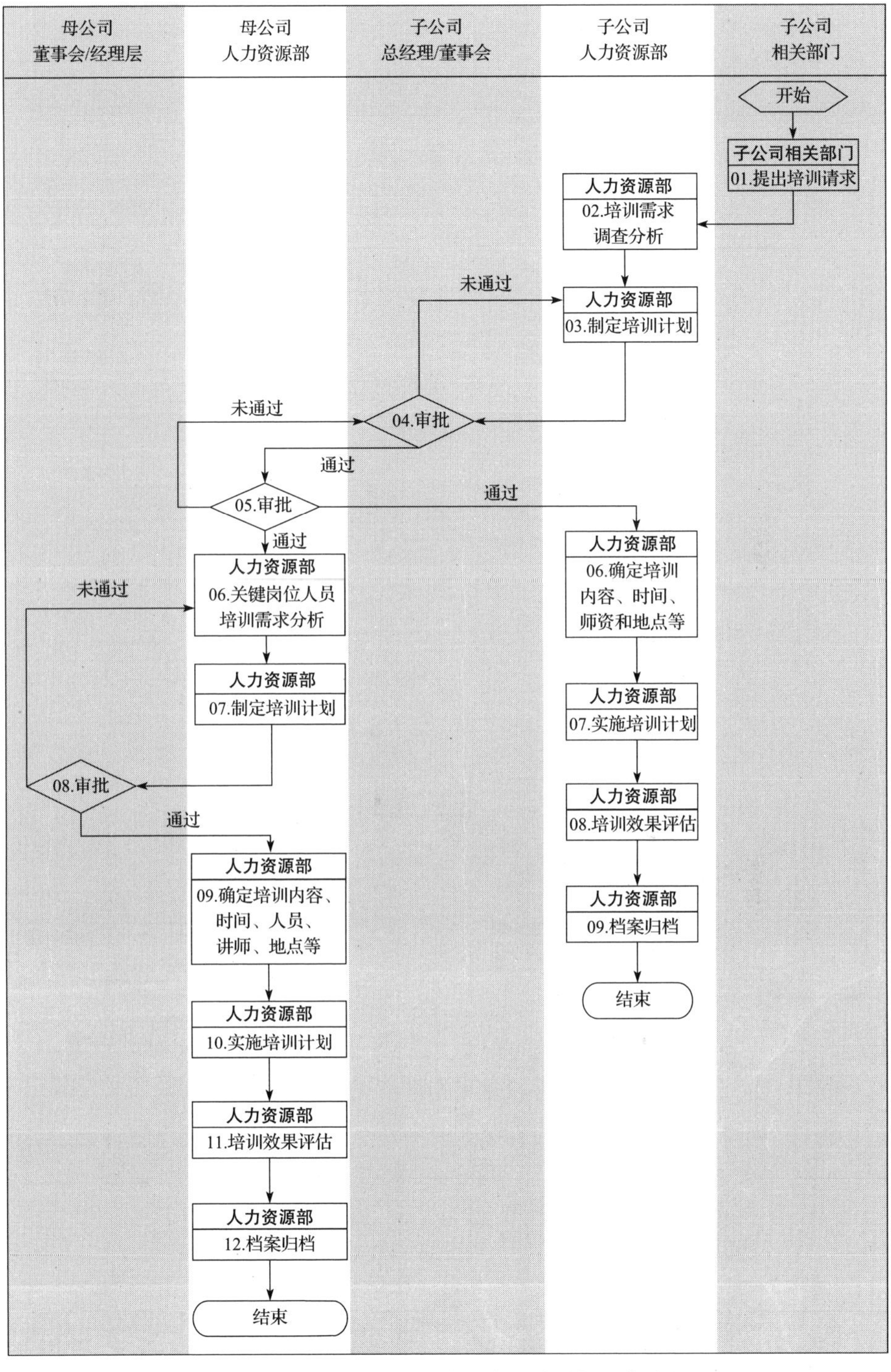

图 6－8　治理型模式下人力资源培训与开发流程

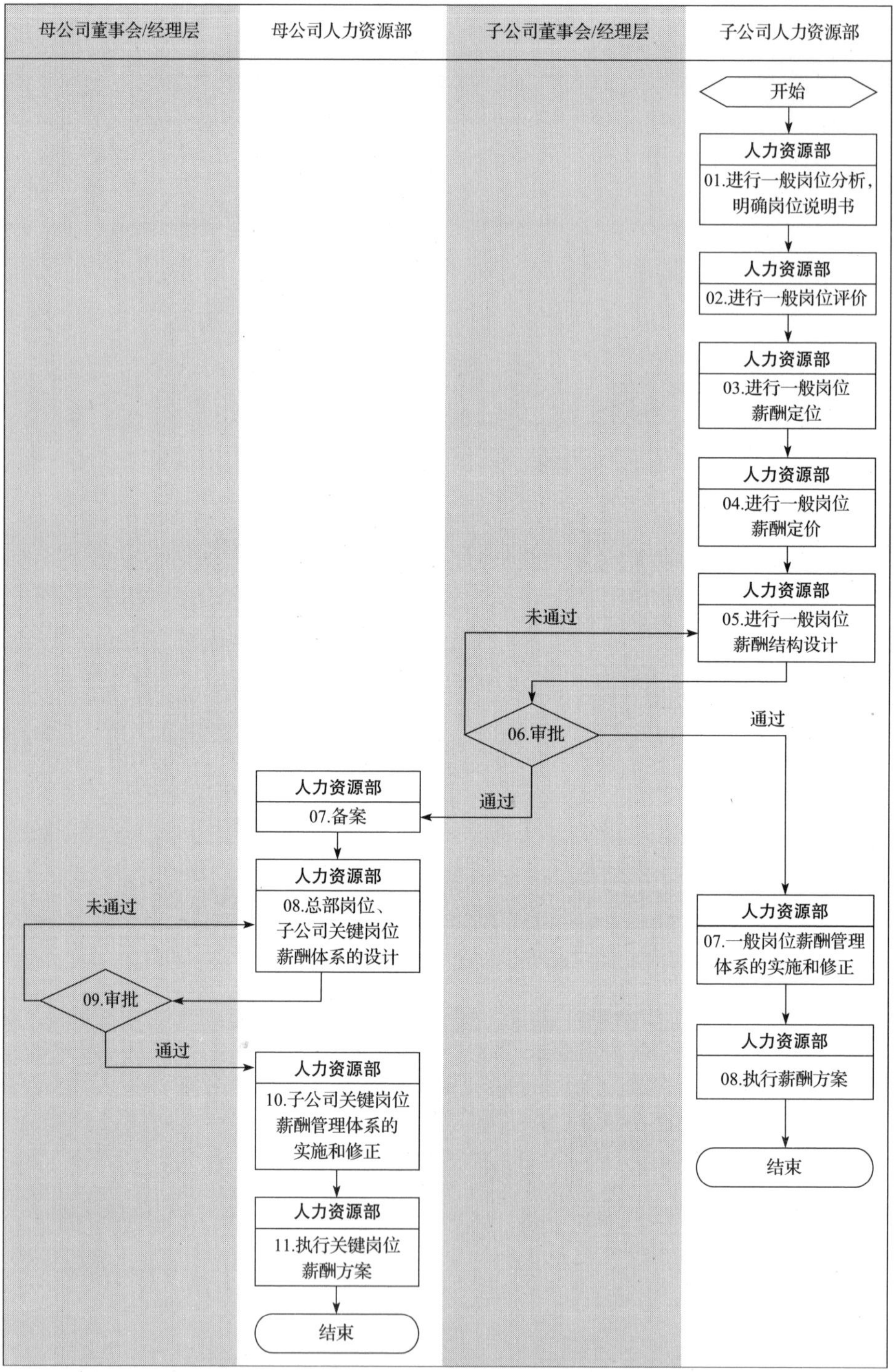

图 6－9　治理型模式下薪酬管理流程

招聘方面，子公司可以根据自身情况，制定招聘计划，发布招聘信息，进行人员选拔。面试应聘人员后确定拟录用人员名单，上报主管领导审批后通知录用，办理相关入职手续。子公司人员招聘结束后在母公司备案即可。

培训与开发方面，母公司将权力充分下放，培训与开发工作主要由子公司自主进行，完成后只需在母公司备案即可。

薪酬管理方面，母公司对子公司人员薪酬体系的设计控制较少。各子公司可以根据自身的行业状况、盈利水平等实际情况，自主设计薪酬体系，母公司只对子公司薪酬水平做总体把握。子公司人力资源部门在对公司内部的各个岗位进行分析与市场薪酬调查后，制定适合自身发展的薪酬体系。目前许多集团授权子公司自主进行薪酬体系的设计，集团总部仅仅起指导作用。作为我国互联网企业的典型代表，阿里巴巴子公司在设计薪酬体系时，集团总部仅参与了标准的制定，具体执行都由其自行决定。

□ 案例分析

平安集团：人才是企业转型的胜负手

中国平安保险（集团）股份有限公司（以下简称平安集团）仅仅用30年，就完成了从无到有、从小到大，跻身中国三大综合金融集团之一的任务，创造了15年来总资产、总营收、净利润、纳税额复合增长率近30%的增长神话。近年来，平安集团在金融领域的发展令人瞩目，不仅位列《财富》500强第29位，也取得了全球金融机构市值第七位、全球保险集团市值第一位、全球保险品牌第一位的成绩。今天，平安集团早已不是一家单纯的金融企业，集团整体在向“金融＋科技”和“金融＋生态”的新方向转型。凭借先进的科技，结合丰富的应用场景，平安集团已经孵化出陆金所、平安好医生、平安医保科技、金融壹账通等多个科技创新平台，向社会输出金融科技或医疗科技服务。

人才的聚集和流动是推动平安集团不断转型升级的源动力。截至2017年12月31日，集团拥有员工约180万人，这意味着每800个中国人中就有

1个是平安的员工。平安集团首席人力资源执行官蔡方方2007年就加入了平安，伴随公司经历数次转型。提到如何完成如此规模巨大的转型，她在接受《哈佛商业评论（中文版）》的专访时说："平安集团的转型其实并没有酝酿期，因为我们的特点就是一直在折腾，一直在转型。每当有新科技出现我们都会想该怎么跟自己的业务结合应用起来。"

谈及平安集团在转型过程中都遇到过哪些挑战，蔡方方表示挑战主要来自四个方面：吸引人、升级人、替换人和融合人。这四个方面都做好了，才能完成一个巨大的调整，平安集团在过去30年塑造了非常简单有效的文化，帮助集团逐渐解决了这些挑战。

吸引人方面，事业是平安集团用以吸引人才的关键手段和优势。平安集团的薪资待遇不是市场上最高的，来自五湖四海的人才愿意加入平安，首先看重的是它广阔的平台。现在平安集团排名前100的高管中，60%是国际化的人才。对于科学家来说也是如此，平安集团海量的数据和业务场景为他们提供了巨大的发挥空间和可能性，每年过百亿元的研发资金投入更是提供了充足的经费保证。平安集团在美国开设了办公室，吸引谷歌、微软和IBM等公司的人才加入，目前有超过500位顶尖的科学家在平安集团工作。

升级人方面，5年前平安就投资8亿元做了一套移动学习的培训体系，为员工准备适合的各种课程，现在的课程已经累积达到几万门，每门课程都是针对某一技能和能力的，课程也制作得很简短，便于员工利用碎片时间。在全新的系统中，员工不仅可以学习岗位必修和兴趣选修的课程，还可以看到他最崇拜或最关注的人正在学习的课程。工具和培训只是一方面，更重要的是对心态的改造和升级。平安集团文化中的危机和包容意识是巨大的推动力：要想不落后，就需要学习；要想完成目标，就需要协作融合。

替换人方面，每个公司要想长治久安、持续发展，都要持续进行新陈代谢。平安集团实行竞争、激励、淘汰制度，或者叫赛马制。一直以来，平安集团都是在竞争中求生存，在创新中求发展。此外，一些基层岗位和重复性的工作会让机器执行，用数字化、智能化的手段来提高产能、降低成本。

融合人方面，20年前平安集团就开始引入国际化人才。起初，外籍专家和本土员工之间的薪资差异巨大，员工之间的嫉妒和攀比不可避免，在此过程中，平安集团简单的绩效文化助益良多。集团要求强大的执行力，背景不同、特点不同的人才聚到一起，是要完成一个具体的目标，而要想实现目标，就必须彼此学习、相互帮助。

资料来源：齐菁. 平安集团蔡方方：人才是企业转型的胜负手.（2018-12-11）. https://www.hbrchina.org/2018-12-11/6995.html.

思考题：

1. 结合集团实践，谈谈集团公司人力资源管理的控制点和协同点。
2. 如何促进集团内的人员流动？

第七章

集团公司财务管理

第一节 集团公司财务管理概述

一、集团公司财务管理的内涵和功能

集团公司财务管理是指母公司利用各种财务手段对各子公司的财务活动进行调节、引导、控制和监督等的一系列活动。集团公司财务管理包含母公司和各子公司内部的财务管理，这里只探讨母公司对子公司的财务管理。集团公司财务管理具有以下功能：

（一）保证集团战略决策顺利实施

大数据的应用使财务分析的内涵和外延不断扩展。大量的业务、客户等非财务数据的支持，让财务分析可以更加全面、实时、有效地为集团决策提供支持。财务管理作为管理系统中的核心部分，负有保障企业战略决策顺利实施的重任。因此，为使子公司更好地实施集团发展战略，母公司需通过财务管理对子公司的财务行为加以约束，并为集团战略决策施行提供所需的财力支持。

（二）确保集团财务信息真实可靠

在企业集团中，财务信息是在集团公司－子公司总经理－子公司财务经理－子公司财务人员这一委托代理链中逐层传递的，这样很容易导致财务信息失真，加剧母公司和子公司之间的财务信息不对称。[①] 因此母公司应在财务信息质量标准、报告标准、内容结构以及组织程序等方面确定一整套明晰的、可操作的财务信息报告制度，[②] 利用财务信息网络电算化等手段，实现有效的财务控制。

（三）为子公司经营业绩评价提供依据

子公司经营业绩评价是指从集团公司视角出发对子公司经理人员工作业

① 王月欣．现代企业集团财务控制研究．北京：经济科学出版社，2004：23.

② 张延波．企业集团财务管理．杭州：浙江人民出版社，2002：62.

绩的事后评估，业绩评价的科学性和正确性事关整个集团激励机制的有效运行。对任何一套完整、有效的业绩评价体系而言，首要问题就是要有充分的数据材料做支持。显然，财务管理可以为业绩评价体系提供所需的数据资料，从而有效保证评价体系的正常运行。

（四）有效防范集团财务风险

集团财务风险是指企业集团未来财务收益的变动性以及由此导致的丧失偿债能力的可能性。[①] 在集团公司财务管理实践中，经常出现母公司为子公司贷款提供担保，或由母公司统一向外借贷资金再分配给子公司使用并负责统一还贷等的做法，因此存在着许多财务风险，加强集团公司财务管理能够在一定程度上降低集团整体的财务风险。

（五）实现母子公司财务协同

财务协同是母子公司协同的重要内容，如母公司可通过财务管理实现子公司间的资金合理调配，集团作为一个整体进行外部融资能够争取到较优惠的条件，从而降低资金成本。

二、集团公司财务管理的内容

财务管理手段，亦称财务管理方式或方法，主要是指财务管理主体在实施财务管理的过程中所采取的具体措施。

国内学者对财务管理手段所应包含的内容进行了许多探讨。例如，从理论层面，汤谷良认为现代企业的财务管理手段应包括以下内容：以社会化和专业化为基本特征的董事会制度的建立、授权书控制、预算管理、财务结算中心以及财务总监委派制的建立、业绩评价体系的建立[②]；李东认为企业集团财务管理手段需涵盖以下几个方面：组织结构控制、制度控制、授权审批控制、预算控制、责任会计控制、内部报告控制、风险控制、检查控制、信息化控制、资金结算中心控制、下派财务总监或财务主管、建立集中统一的税收管理体系[③]；佟成生则认为企业集团财务管理手段包括资本控制、财务

① 王月欣．现代企业集团财务控制研究．北京：经济科学出版社，2004：137.

② 汤谷良．财务控制新论：兼论现代企业财务控制的再造．会计研究，2000(3)：7-11.

③ 李东．企业集团财务控制方法及运用．经济论坛，2005(14)：52-53.

结算中心、全面预算管理、财务报告管理、内部审计监督、财务总监委派六个方面。①

基于已有研究和环境变化，本书将从会计核算、资金管理、全面预算管理、内部审计、财务人员管理和信息化管理等方面对母子公司财务管理手段展开系统论述。

（一）会计核算

会计核算是指运用价值量对经济活动的过程和结果进行连续、系统和综合的记录、计算、加工、整理以及汇总，并提供财务会计信息的过程。通俗地讲，就是记账、核算以及报账等工作，这是会计工作的基本环节。

显然，母公司要对子公司进行有效的财务管理，首先就离不开会计核算。②原因有三：第一，会计核算是反映子公司经营信息的基础，可提供真实、可靠的会计信息；第二，会计核算所提供的信息是母公司对子公司进行考核并确定其员工薪酬的依据；第三，会计核算有助于母公司发现子公司经营管理过程中的问题，方便做出及时决策，采取纠正措施，确保经营目标的实现。

因此，集团公司应根据国家颁布的会计准则，结合集团的具体情况制定合适的集团会计核算制度，以满足内部经营管理、会计核算、经济业务发展及会计报表使用者的需要。集团公司必须建立严格的会计核算体系以实现有效控制，并注意以下几点：（1）集团公司必须执行国家颁布的会计准则和财务通则，财务处理须按照会计制度的要求，建立并执行规范化的操作程序；（2）会计记录与账务处理必须明确反映业务活动发生的时间，会计记录和账务处理的修改必须履行必要的手续，有相应的授权；（3）会计记录、账务处理和经营成果核算要完全独立，会计主管不得参与经办具体的经营业务；（4）会计账务处理必须实行岗位分工制，明确岗位职责，严禁一人兼岗或独自操作全过程，会计岗位实行定期或不定期轮换；（5）对会计账务处理的有效依据（如业务用章、密押、空白凭证等）实行专人分管。资金与实物分别核算与管理，现金、有价证券等金融实物资产必须由独立于会计账务处理的部门和人员负责管理；（6）对会计账务处理的全过程要实行事前、事中监

① 佟成生．企业集团财务控制方法及其选择原则．财会月刊（综合），2007(12)：12-14.

② 胡逢才．企业集团财务控制．广州：暨南大学出版社，2004：124.

督与事后复核，重大会计事项须由会计主管复核，会计部门必须设置相应岗位，配备必需人员，专职复核与监督事项；（7）坚持账务核对制度，必须坚持保证会计账务账账、账表、账据、账实、账款等核对相符。

（二）资金管理

财务管理是企业管理的核心，资金管理又是财务管理的核心。资金好比企业的血液，它的合理流动对企业的生存和发展起着至关重要的作用。资金管理，能够使企业在事前、事中和事后对经营活动进行监控，确保资金正常周转和合理使用，减少不必要的损失和浪费，提高经济效益。借鉴张慧（2009）的定义[①]，集团公司资金管理是集团总部以成员企业资金运营为对象，通过合理操作各种内部资金管理和服务方法，提升集团整体资金运营效益和效率，全面监控资金运营过程，防范资金风险的财务管理活动。其内容主要包括资金筹措管理、资金投放管理、现金流转管理、现金收益分配管理、现金存量管理五个方面。

集团公司的资金管理与单体企业的资金管理相比，具有以下几个特点[②]：

（1）着眼点不同。单体企业的资金管理主要着眼于对企业费用和现金风险的管控，集团公司的资金管理则更加强调资金管理对集团资本的战略运营和价值提升的作用。

（2）组织模式不同。应收应付是单体企业资金管理的主要内容，集团公司则需要提倡建立集团资金管理现金池、建设集团资金管理的专业化组织。

（3）内涵范围不同。单体企业的财务资金管理主要包括现金收支管理、应收应付管理、成本会计核算等功能；集团公司的资金管理则包含了资本融通、资本管理和资本经营三个层次的内容，具有更丰富的内涵。

集团公司资金管理要努力实现以下几个功能：第一，实现出资者监控到位，及时了解资金的流向、安全和效益，确保资金使用的合规性、合法性和合理性；第二，有效配置集团资金资源以降低资金成本，解决多头开户及资金的余裕与短缺并存的问题以减少资金浪费，集中沉淀资金实现专家理财以提高资金价值；第三，防范集团资金使用的风险，实现风险预警、分散与对

---

① 张慧．企业集团资金管理模式研究．北京：北京交通大学，2009.

② 路杨．企业集团资金管理理论的应用研究．北京：首都经济贸易大学，2011.

冲，有效控制风险；第四，实现集团资金管理信息的集成，利用数据集中优势为集团战略目标的实现提供及时有效的信息支持。

（三）全面预算管理

1. 全面预算管理的概念

预算管理有狭义和广义之分。狭义的预算管理等同于财务预算管理。所谓财务预算是指在预测和决策的基础上，围绕企业的战略目标，对一定时期内资金的取得和投放、各项收入和支出、企业经营成果及其分配等资金运动做出的具体安排。广义的预算管理即全面预算管理，它的范围比财务预算更宽泛。全面预算管理是指利用预算对企业内部各部门、各单位的各种财务及非财务资源进行分配、考核、控制，以便有效地组织和协调企业的各种经济活动，完成既定的经营目标。①

财政部于 2002 年 4 月印发的《关于企业实行财务预算管理的指导意见》对广义的预算管理定义如下：预算管理是利用预算对企业内部各部门、各单位的各种财务及非财务资源进行分配、考核、控制，以便有效地组织和协调企业的生产经营活动，完成既定的经营目标。财务预算与业务预算、资本预算、筹资预算共同构成企业的全面预算。

全面预算管理是集团公司实施内部控制的重要方法。随着母子公司管理水平的提高，内部控制的作用已不仅限于传统意义上的查弊纠错和保护资产安全，其目标已延伸至提高效率和效益、保证管理政策和战略目标的实现。预算控制已成为内部控制的重要方式。② 预算是保证内部控制结构运行质量的监督手段。③ 正是全方位、全过程、全员的预算管理的实施，强化了预算的财务控制功能，才使公司的财务目标和决策得以细化落实。④

2. 全面预算管理的环节

全面预算管理是一个计划和控制系统，该系统由预算编制、预算执行、预算分析、预算反馈与调整和预算考评等几个环节组成，预算编制属于计

---

① 史习民．全面预算管理．北京：立信会计出版社，2005：3.

② 阎达五，杨有红．内部控制框架的构建．会计研究，2001(12)：9.

③ 道格拉斯·R. 卡迈克尔，约翰·J. 威林翰，卡罗·A. 沙勒．审计概念与方法：现行理论与实务指南：第 6 版．大连：东北财经大学出版社，1999：67.

④ 汤谷良．财务控制新论：兼论现代企业财务控制的再造．会计研究，2000(3)：7-11.

划，预算执行属于控制。全面预算管理必须成为一个系统的过程，才能发挥作用，对它的编制、执行、控制和反馈与调整都应给予重视，忽略其中任意一个环节都将影响预算管理作用的发挥。其系统过程如图 7－1 所示。

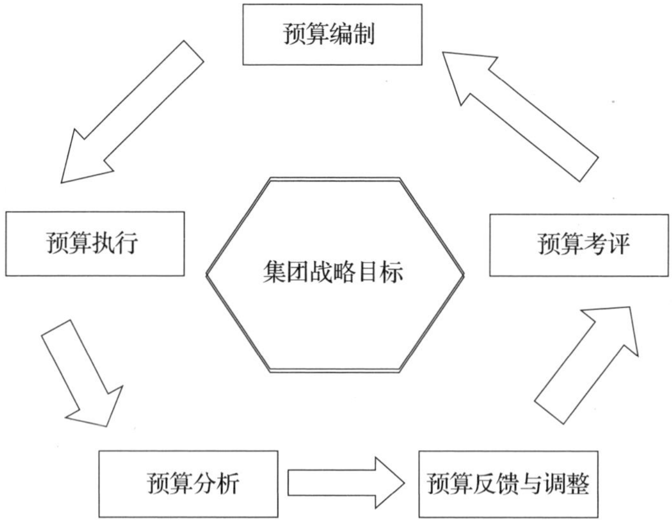

图 7－1　全面预算管理系统过程

（1）预算编制。预算目标是集团战略发展目标在本预算期内的具体体现。由于预算目标会直接影响企业的资源配置、战略规划和管理控制，并最终影响企业的经济利益，因此目标确定过程也是集团各单位利益博弈的过程。预算目标除了基本效益指标，如利润、成本、费用等，还应包括市场增长率、资产周转率等辅助指标和定性指标。

此外，目标分解要结合子公司的市场、资源、人员结构等状况进行。在目标分解过程中，会涉及集团公司与子公司的跨层次分解、期间分解、子公司内部责任部门分解等。

预算编制程序有自上而下、自下而上和上下结合等编制程序。从企业实际应用来看，一般的预算编制流程会经历多次上下往返。在预算编制过程中采用适宜的预算编制方法，才能更有效地保证预算目标的科学性和公正性。

（2）预算执行。预算执行和控制是预算管理的关键，它是指针对预算执行过程中出现的问题和情况进行协调和监控，也是集团公司通过预算对子公司进行管理的过程。预算控制是财务控制的一种有效方法，它按照事先确定的目标，做层层分解，下达到各部门执行，然后收集、归纳能够反映实际运行的信息，将其与目标进行对比，再根据差异调整控制的强度和方向。[①]

（3）预算分析。预算分析是指母公司和子公司在充分收集财务、市场等相关信息资料的基础上，对预算的执行情况分别采用比率分析、因素分析、平衡分析等方法，从定量与定性两个层面充分反映预算执行单位的现状和问题，及时找出完成全年预算目标的途径和方法。[②]

（4）预算反馈与调整。预算的反馈与调整是预算控制职能实现的前提和基础。预算反馈大多是双向和多层次的，贯穿预算编制、控制和考评全过程。预算反馈的及时性依赖于快速、灵敏的信息系统。

预算反馈的内容主要是各责任单位归口管理的业务，反馈的形式包括临时报告和定期报告。临时报告主要在发生突发性事件时采用；定期报告包括定期书面报告和定期召开的预算例会，主要对照预算报告，及时总结预算执行情况，分析差异及其原因，提出改进措施并督促整改。

预算的编制难以保证百分之百正确，因此预算在控制过程中会面临调整问题。预算的调整源于预算的控制方式。在预算控制过程中要坚持"刚柔并济"的原则。所谓刚性原则，就是在企业经营过程中，所有收支项目均应纳入预算管理，预算一旦审核下发，任何人不得随意修改。所谓柔性原则，就是预算应注意弹性管理，遇到特殊情况需调整预算时，要分析预算调整的原因是可控因素还是不可控因素，能否在企业进行内部调整，不能调整的要及时上报预算管理委员会，作为预算外项目进行管理。预算外项目的管理由集团总部实行严格控制，控制的形式有总额控制、百分比控制、单项控制等。调整时应该严格按照全面预算管理运行体系规定的流程进行处理，不得跨越规定的流程，以保证运行体系的规范性和有效性。

（5）预算考评。预算考评是指对集团内部各级责任部门或责任中心的预算执行结果进行考核和评价，是管理者对执行者实行的有效激励和约束形式。预算考评有两层含义，一是对整个全面预算管理体系的考评；二是对预算执行者的考核及对其业绩的评价。

---

① 陈志军．母子公司管理控制研究．北京：经济科学出版社，2006.

② 康亮．论如何有效构建集团公司预算管理体系．财会研究，2004(11).

预算考评在整个管理运行体系中起着重要作用，预算的考评过程要贯穿集团的各个层次、部门、所有业务，考评的标准主要结合预算编制时制定的目标，对不同的责任中心应有不同的侧重点。比如，成本中心以评价责任成本预算执行结果为主；利润中心以评价责任利润预算执行结果为主；投资中心则以评价资本回报率为主。

3. 全面预算管理的内容

全面预算内容体系包括经营预算、资本预算、财务预算。

经营预算包括销量预算、采购预算、成本预算、生产预算、销售预算、期末库存预算、经营费用预算和管理费用预算等，其中一般以销售预算为预算编制的起点，同时以销量预测为预算编制的基础。

资本预算旨在反映企业的重大投资和收益。投资决策所具有的重要性使得该类预算必须由集团公司进行重点监控。资本预算一般包括股权投资、固定资产投资、在建工程、技改项目等。

财务预算综合反映各项业务对企业现金流量和经营成果的影响。融资预算一般也放在该项目中。集团在编制经营预算的过程中，同时需要编制资本预算，以便结合资本预算推算出集团的资金余缺，然后根据资金缺口进行融资预算。一般该工作由财务部门来完成。

需要根据归口管理的原则，将各项具体预算分解落实到各责任单位，各级预算责任单位根据其权责范围分别编制自己的预算。其结构体系如图 7－2 所示。

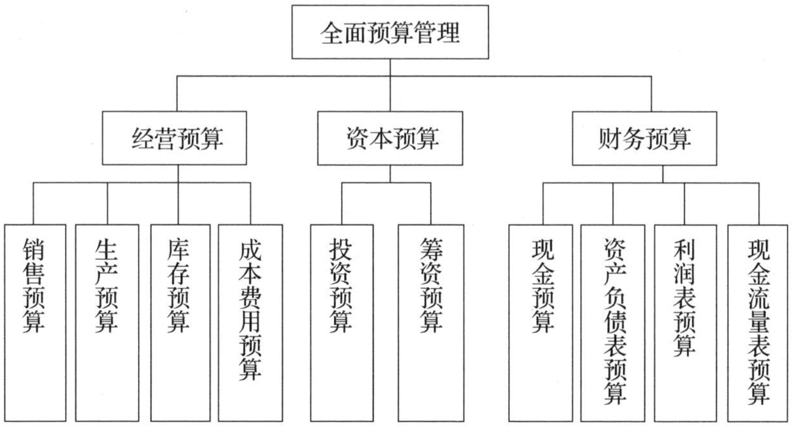

图 7－2　全面预算结构体系图

（四）内部审计

企业集团内部审计是指在集团内部通过设置独立的审计机构，根据国家有关法律、法规和政策的规定，配备专业的审计人员，采用一定的程序和方法，对母公司和子公司的财务收支及各项经济活动的真实性、合法性、有效性进行审核、鉴定和评价，并提出改进工作建议的一种经济监督活动。

与一般的内部审计有所不同，企业集团的内部审计主要是指在集团公司领导下，对子公司经营活动的合规性和效益性、经营成果和会计信息的真实性以及法定代表人任期经济责任履行情况进行审计监督与评价，以便揭露问题和纠正错误，并确保资本的安全与增值，提升企业集团整体效益。[①] 换言之，其作用主要体现在以下两个方面：（1）防范风险。它主要是指通过内部审计的检查和评价活动，发现集团经营管理过程中存在的各种问题，防止可能给集团造成的各种不良后果。（2）提供建议。近年来，母子公司管理中内部审计的作用正在由传统的发现问题向提供建议转变。这一作用具体表现在督促被审计单位建立符合成本效益原则的内部控制制度，针对控制系统的缺陷提出符合成本效益原则、切实可行的控制措施，推荐更经济有效的资源利用方法以优化资源配置，促进子公司不断提高业务素质、履行职责，及时反映经营中的问题以帮助子公司做科学决策。

（五）财务人员管理

实施财务管理的人员中，各级财务人员是最重要的组成部分。因此，加强财务人员管理是促进和提高集团财务控制的重要方面。在现代企业制度下，母公司对子公司的人员控制更多是从激励、考核、奖惩等现代人力资源管理的角度出发设计具体的控制模式，总体思路应侧重于平衡加强内部控制与过度集权之间的关系，并对全体财务人员做到统一规划、统筹管理。

（六）信息化管理

近年来，随着计算机技术、信息技术与通信技术的发展，企业管理信息

---

① 张继良. 关于集团公司内部审计的思考. 审计理论与实践，2003(10)：69.

化的概念逐步成熟，其功能覆盖范围与应用领域都得到了极大扩展。其功能覆盖了企业管理的方方面面，应用领域几乎扩展到各行各业，在实现内部集成的基础上逐步向外围发展，致力于打造供应链上的集成。在这一发展过程中，企业信息化的发展重心也在逐渐转移，财务管理信息化的核心地位逐渐凸显，财务管理信息化由为企业核心竞争力提供支撑逐渐转变为企业核心竞争力的一部分，支持着企业的各项经营决策，对企业的生存与发展意义重大。同时，针对不同行业财务管理信息化的需求特点，个性化的解决方案也陆续出炉。如此，一个从全面基层业务支持到高层决策支持的信息化时代来临。

目前，财务管理信息化在国外的发展主要体现在以下几个方面：首先，智能化、柔性化的财务管理平台架构的发展方向，即流程设计与管理模式的非固化发展趋势，致力于打造满足企业多样化管理与决策需求的财务管理信息化系统，并在此基础上提出多智能体的设想；其次，预测、控制、考量、决策的集成化发展方式，对以数据采集、加工及信息输出为基础的信息化潜力进行深层次挖掘；最后，应用的范围由局部向整体、整个供应链乃至协同商务扩展，使财务管理信息化贯穿企业管理活动的始终（见图 7－3）。

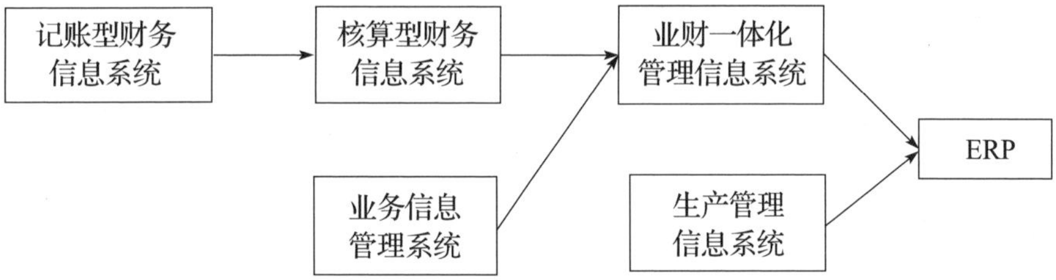

图 7－3　国外管理信息系统主要发展历程

从历史发展的角度看，我国企业财务管理信息化经历了三个发展阶段。第一阶段是使用财务会计软件，实现会计电算化，用计算机记账、核算、制作会计报表和进行财务分析。第二阶段是在企业内部运用统一的计算机财务软件，将总公司和分公司的财务收支联系起来，在单纯的财务环节实现管理的信息化。第三阶段是使用比较先进的计算机管理技术，达到“统一计算机平台、统一规章制度、统一信息及业务编码、统一管理、统一监督”的财务与业务一体化的要求，实现财务系统与销售、供应、生产等系统的信息集成和数据共享，通过建立企业内部局域网或直接利用互联网，使总公司和各分公司之间能及时反映、传递会计信息，为企业决策者和报表使用者服务。这三个阶段的发展是一个渐进的过程，只有第三阶段才是真正的企业财务管理信息化（见图 7－4）。

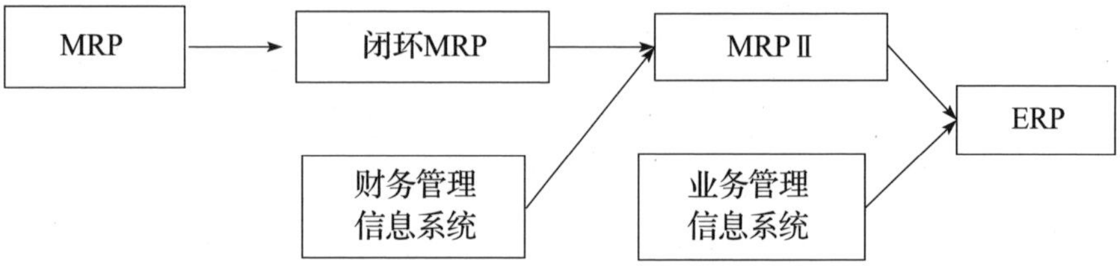

图 7－4　国内管理信息系统主要发展历程

就企业集团而言，财务管理信息化建立在财务集中管理平台的基础上，其应用重点集中在资金集中管控与共享、全面预算管理和及时准确的财务决策信息支持等方面。在我国，联想、海尔等大型企业集团已经成功地实施了管理的信息化，这其中就包括以财务管理为核心的信息化，由此带来的效益正在不断地显现。

第二节　集团公司财务管理的控制点与协同点

一、集团公司财务管理控制点

（一）识别过程

为识别财务管理控制点作者采用半结构访谈并结合半开放式问卷调查方式进行调研，完成对集团公司财务管理控制点指标的初步构建。首先进行专家访谈，请来自高校的科研人员和集团公司的管理实践人员从集团公司管控视角阐述在财务管理过程中需要加以控制的事件或节点。其次结合访谈结果设计集团公司财务管理控制点开放式问卷，对应集团公司财务管理的会计核算管理、资金管理、全面预算、内部审计、财务人员管理和信息化管理六个方面，填写人填写在财务管理的各个方面需要重点控制的环节或指标。初步调查采用实地调研的形式，历时两个月。

经过专家访谈与实地调研，对控制点进行提炼和整合，共得到集团公司财务管理控制点指标 61 项。其中，会计核算管理 8 项，资金管理 6 项，全面预算 12 项，内部审计 13 项，人员管理 14 项和信息化管理 8 项，如表 7－1 所示。

表 7－1　集团公司财务管理控制点指标

维度	编号	控制点内容	控制点名称
会计核算管理控制点	A1	母公司对子公司会计核算办法做统一规定	核算办法
	A2	母公司对子公司会计核算工作进行指导和服务	核算指导
	A3	母公司对子公司会计核算过程进行控制	核算过程
	A4	母公司对子公司原始凭证进行审核	原始凭证
	A5	母公司对子公司记账凭证进行审核	记账凭证
	A6	母公司核对子公司科目汇总表	科目汇总表
	A7	母公司对子公司会计报表进行审核	会计报表
	A8	母公司对子公司会计核算人员进行会计核算培训	核算人员
资金管理控制点	B1	母公司对子公司所有银行账户进行统一管理	银行账户
	B2	母公司对子公司的资金账户进行管理，进行内部头寸调剂	资金账户
	B3	母公司对子公司间的内部资金划转进行统一管理	资金调剂
	B4	所有票据的开立和管理工作均由票据中心负责	票据管理
	B5	集团统一银行授信，对外部融资业务统一控制	对外融资
	B6	集团统一开展汇兑业务	汇兑业务
全面预算控制点	C1	母公司对子公司预算内容作出规定	预算内容
	C2	子公司在母公司战略目标的指引下编制本部门预算	战略指引
	C3	母公司参与子公司预算的编制过程	编制过程
	C4	母公司对子公司制定的预算进行审核	预算审核
	C5	母公司统一子公司的预算编制方法	编制方法
	C6	母公司预算管理机构综合平衡集团整体预算方案	预算平衡
	C7	进行集团内部预算管理信息系统建设	信息系统
	C8	定期进行预算差异分析并让子公司提出完善方案	差异分析

续表

维度	编号	控制点内容	控制点名称
全面预算控制点	C9	母公司参与经营过程中对子公司预算的修改	预算修改
	C10	子公司或集团职能部门定期编制预算报告	预算报告
	C11	母公司设立预算自动报警机制	报警机制
	C12	母公司对子公司预算完成情况进行考核与激励	预算考核
内部审计控制点	D1	母公司统一整个集团的审计制度	审计制度
	D2	子公司的审计领导人员由母公司任命	审计领导
	D3	子公司的审计人员（非领导）由母公司任命	审计人员
	D4	母公司做好整个集团的审计风险评估工作	风险评估
	D5	母公司统一安排内部审计工作的职能分工	职能分工
	D6	母公司统一安排内部审计工作的相互牵制	内部牵制
	D7	母公司对子公司审计报告进行审核	审计报告
	D8	保持内部审计机构的相对独立性	内部独立
	D9	控制内部审计的审计成本	审计成本
	D10	内部审计机构的审计人员具备执业胜任力	人员素质
	D11	定期对审计人员进行专业技能培训	技能培训
	D12	审计部门不同时为子公司提供咨询服务	咨询服务
	D13	审计部门与其他管理部门保持联系，熟悉各部门业务	业务关联
财务人员管理控制点	E1	母公司向子公司派出财务总监进行财务监控	财务总监
	E2	子公司财务经理由母公司委派	财务经理
	E3	子公司普通财务人员由母公司聘用并管理	普通人员
	E4	母公司定期对各子公司财务人员进行岗位调整	人员轮岗
	E5	子公司财务人员定期汇报工作，进行工作分析	工作分析
	E6	母公司定期对子公司财务人员进行综合考核	人员考核
	E7	集团内部有统一的财务人员绩效考核流程	考核流程
	E8	集团拥有明确、详细、公平的人员绩效考核标准	考核标准
	E9	母公司根据派出的财务人员工作业绩进行薪酬增减	薪酬变动
	E10	母公司派出的财务总监兼任子公司董事	兼任董事

续表

维度	编号	控制点内容	控制点名称
财务人员管理控制点	E11	母公司委派的财务人员有与公司文化相融合的价值观	价值观匹配
	E12	定期培训，提高集团内部会计队伍的专业素质	人员培训
	E13	关注人才市场，招聘有经验的高级财务人员	人才招聘
	E14	母公司对派出的财务总监等人员进行胜任力和尽职调查	素质测评
信息化管理控制点	F1	母公司重视财务共享服务系统的建立	服务系统
	F2	具有清晰财务共享服务系统的远景定位和战略目标	远景定位
	F3	会计流程再造，实现财务业务相统一	流程设计
	F4	母公司统一利用信息技术开发完善信息系统	信息技术
	F5	根据财务信息化和财务共享服务重新进行组织结构的设计	组织设计
	F6	聘用或培养技术人员进行信息系统后台维护	后台维护
	F7	对财务人员进行信息系统使用方面的相关培训	技术培训
	F8	做好信息系统安全保障工作，防止数据丢失或泄露	数据安全

（二）识别结果

根据上文梳理的控制点指标，设计控制点重要性调查问卷。每个题项依照李克特 7 点量表（1= 非常不重要，7= 非常重要）打分。为提升问卷的回收率，采用电子邮件和面对面的形式逐一向高校研究人员和集团公司财务管理者发放问卷，调研历时两个月。

参考已有研究①，运用主成分分析法，对集团公司财务管理控制点的重要性程度进行排序。参考 Imbens & Lancaster 的方法②，在各维度下大致按 3 ∶ 4 ∶ 3 的比例划分关键、重要和一般控制点。最终形成集团公司财务管理控制点重要性分类体系，其中关键控制点 18 项、重要控制点 25 项、一般控制点 18 项，具体如表 7－2 所示。

① 李锋．基于 PCA 的旅游危机计划管理中职责重要性排序研究：以四川“5·12”大地震为例．软科学，2009(11)：38-42，52；白恩来，赵玉林．产业政策的宏观有效性与微观异质性实证分析．科研管理，2018，39(9)：11-19.

② Imbens G W, Lancaster T. Efficient estimation and stratified sampling. Journal of Econometrics, 1996，74(2)：289-318.

表 7－2　集团公司财务管理控制点重要性分类体系

编号	控制点	权重	编号	控制点	权重	编号	控制点	权重
会计核算管理			C8	差异分析	0.082 4	**E3**	**普通人员**	**0.085 8**
A2	**核算指导**	**0.158 0**	C2	战略指引	0.080 1	**E6**	**人员考核**	**0.078 1**
A1	**核算办法**	**0.151 2**	*C7*	*信息系统*	*0.079 8*	E9	薪酬变动	0.073 1
A7	会计报表	0.146 3	*C11*	*报警机制*	*0.078 6*	E7	考核流程	0.072 7
A3	核算过程	0.141 8	*C10*	*预算报告*	*0.077 5*	E10	兼任董事	0.072 0
A8	核算人员	0.111 7	*C12*	*预算考核*	*0.073 9*	E11	价值观匹配	0.071 2
A6	科目汇总表	0.102 0	内部审计			E5	工作分析	0.071 1
A4	*原始凭证*	*0.094 8*	**D6**	**内部牵制**	**0.090 9**	E1	财务总监	0.070 6
A5	*记账凭证*	*0.094 3*	**D5**	**职能分工**	**0.086 6**	*E8*	*考核标准*	*0.062 5*
资金管理			**D1**	**审计制度**	**0.083 3**	*E13*	*人才招聘*	*0.060 4*
B6	**汇兑业务**	**0.200 5**	**D12**	**咨询服务**	**0.076 7**	*E14*	*素质测评*	*0.059 3*
B5	**对外融资**	**0.190 5**	D4	风险评估	0.076 3	*E12*	*人员培训*	*0.039 9*
B4	票据管理	0.170 5	D9	审计成本	0.076 1	信息化管理		
B3	资金调剂	0.161 5	D2	审计领导	0.076 0	**F2**	**远景定位**	**0.127 6**
B2	*资金账户*	*0.154 9*	D8	内部独立	0.073 5	**F5**	**组织设计**	**0.126 7**
B1	*银行账户*	*0.122 1*	D13	业务关联	0.072 8	F4	信息技术	0.125 5
全面预算			*D3*	*审计人员*	*0.072 7*	F6	后台维护	0.125 4
C1	**预算内容**	**0.090 5**	*D10*	*人员素质*	*0.072 4*	F1	服务系统	0.125 3
C9	**预算修改**	**0.090 1**	*D7*	*审计报告*	*0.071 5*	F7	技术培训	0.124 1
C3	**编制过程**	**0.090 0**	*D11*	*技能培训*	*0.071 1*	*F3*	*流程设计*	*0.123 9*
C4	**预算审核**	**0.086 7**	财务人员管理			*F8*	*数据安全*	*0.121 5*
C5	编制方法	0.085 3	**E4**	**人员轮岗**	**0.095 3**			
C6	预算平衡	0.085 1	**E2**	**财务经理**	**0.088 1**			

注：黑体标识的控制点为关键控制点，斜体标识的为一般控制点，其他的为重要控制点。

对控制点的特性进行分析，得出如下结论：

（1）关注制度制定与流程设计。关键控制点中，大约有 50% 的控制点指向母公司应制定统一的财务制度并进行流程设计，说明母公司在集团中的主要职责不是参与具体的财务核算过程，更多的是对财务过程进行控制指导，发挥集团内部协同作用。统一制定制度与政策（如核算办法、预算内容、审计制度等)，统一设计管理流程与机制（如人员轮岗、职能分工等)，统一提供指导与咨询服务（如核算指导、咨询服务)。制度、流程与指导的统一，既能降低集团整体的财务风险，也能节约彼此间沟通协调的成本，让有限的资源发挥最大的效用。

（2）注重对资金和财务人员的管理。对资金的管理是集团公司财务管理的重中之重，对财务人员的管理同样应该予以重视。资金管理是母公司对子公司进行财务控制最直接且有效的手段，财务人员是政策、制度的最终执行者。管控好资金和人员，能够实现对经营活动全过程的监控，从而确保资金正常周转，有效控制风险。随着集团规模的扩大，管理链越来越长，资金集中管理模式也在发生转变。具体来看，资金账户和银行账户的统一管理作为一般控制点，不再是集团资金管理的重点，其关键点都集中在集团统一开展的资金业务（统一汇兑、银行授信、对外融资）上。这是信息化时代下集团公司财务管理职能的转变，财务不再是单纯的记账，而是更关注合理配置资源、规避风险、降低成本，并提供决策支持。

（3）注重内部控制制度设计。关键控制点中内部牵制、人员轮岗等都是内部控制的重要方面，集团在财务管控的过程中要注重对内部控制制度的设计。衡量集团内部控制制度是否健全可以从是否有效控制关键岗位、关键环节、关键财务人员三个方面来衡量。实践中，关键岗位要考虑权责分配和职业素养，关键环节要注意信息传递和内部审计等，关键财务人员则更多地考虑激励、企业文化建设等因素。

二、集团公司财务管理协同点

（一）财务集中管理概述

财务集中管理模式是将信息技术与先进的管理方法有机融合，通过集中控制和协同处理保证战略目标的一致和物流、资金流、信息流的统一，以实现企业财务会计核算和财务管理工作集中统一进行的一种新的财务组织和管理模式。财务集中管理有利于集团资源的集中有效使用，帮助企业规避风险，实现信息对称。[①]

① 张瑞君．集中财务：集团化的护身符．中外管理，2003(10)：25.

对集团公司而言，财务集中管理主要是随着财务管理信息化技术的发展而逐步发展的。信息化技术能够实现对财务数据和业务的集中处理，因此可以通过将集团财务业务流程、会计账簿、资金控制、预算管理等做统一的规范化管理，来大幅提高财务工作效率。而且在财务核算、会计核算以及财务报告生成等方面也更加便捷，能够通过网络及时传递相关财务信息数据及管理工作措施。

（二）财务管理协同点

1. 会计核算协同点

企业集团会计核算的协同主要体现在母公司通过建立统一的会计核算体系，使子公司能够按照集团的规定进行账务处理，并借助统一的信息技术平台进行会计核算信息管理，母公司则通过财会人员集中管理以达到人力资源共享。相对于会计控制论，会计协同论认为：会计系统内部子系统之间通过非线性的相互作用而产生协同效应，这种功能的作用遵循同样的基本原理。[①] 企业集团内部会计核算的协同点主要体现在：（1）会计准则和会计核算制度，包括遵循相同的会计准则，执行统一的会计核算制度，有选择地实施共同的核算方法。（2）会计信息，实现母子公司间内部会计信息的及时交流。（3）记账凭证、科目汇总表和会计报表。借助计算机技术，集团公司可以统一生成子公司的记账凭证、科目汇总表和会计报表。

2. 资金管理协同点

企业集团资金管理的协同主要包括资金使用的协同和资金运作的协同。资金使用的协同主要体现在建立集团现金池，实现对集团资金的余缺调剂，提高资金使用效率；通过集中管理资金提高银行的授信额度，降低资金成本。在资金运作上；通过实施资金结算管理、票据管理等，提高结算效率，防范资金管理风险。

其中，票据业务是比较特殊的协同点，包括收到票据和开具票据两项业务，因此其协同点又可具体分为重要空白单证的协同和应收票据的协同。通过对重要空白单证的集中管理，鼓励子公司在允许的情况下，多用票据，少占用流动资金，以实现对资金的节约；同时通过对收到的承兑汇票进行管理，实现对票据成本的节约、票据的流转，进而提高资金整体收益。

① 李高奎．协同理论与会计协同论．山西财经大学学报（高等教育版），2002(3)：14.

案例

中海集团的资金管理

中国海运（集团）总公司（以下简称中海集团），是以航运为主业的跨国、跨行业、跨地区、跨所有制的特大型综合性企业集团，同时是由中央直接领导和管理的重要国有骨干企业之一。其主营业务涉及集装箱、油运、货运、客运、特种运输五大船队；相关业务有码头经营、综合物流、船舶代理、环球空运、船舶修造、船员管理、集装箱制造、供应贸易、金融投资、信息技术等产业体系，在全球85个国家和地区设有北美、欧洲等6个控股公司和日本株式会社、澳大利亚代理有限公司；境外下辖90多家公司、代理、代表处，营销网点总计超过300个。虽成立不到20年，中海集团已经初步成为具有世界一流水平的航运企业。这其中的一个重要原因就是，组建伊始中海集团就将对资金的集中化管理放在企业发展战略的高度上来考虑，逐步确定了集团资金“集中管理、统一运作、控制风险”的基本思路，形成了营运资金“集中存储、收支监管、统一运作”、信贷资金“统一管理、统一平衡”的管理模式，并建立了具有中海特色的资金管理模式。其特色主要体现为以下三点：

一、横向——全球化管理与地区集团相对集中

全球经济一体化必然要求企业集团突破国家和地区的局限，将经济触角伸向世界的各个空间，跨地区、跨国经营业务势必导致资金的全球化。资金要集中，其前提是账户的集中。集团规定境外公司均要在各所在国花旗银行的分支机构开户，并逐步将资金余额和结算向这些账户倾斜；同时借助花旗银行全球网络的技术支持，搭建虚拟管理平台，实施区域的零余额计划，层层集中中海的全球资金。境内则在集团分支机构相对集中的上海、广州、大连、深圳等地建立地区结算中心，选择技术和业务实力更具本土优势，更适合中海集团要求的工行、中行、招行作为主办银行，构建集团资金结算体系；对于分散在全国其他地区的分支机构，则借助这些银行覆盖全国的网上银行系统，延伸资金管理链，集团通过全球现金管理系统全面掌握所属公司的资金流向。

二、纵向——信息化与传统模式的结合

企业集团的发展壮大，对资金集中化管理的要求越来越高、越来越复杂，只有以大量数据和相关信息作支撑，才能将复杂的信息流、物流和资金流及时、全面、准确地集成起来。

信息化正是实现对物流、资金流有效管理的必然手段。通过信息化，物流、资金流管理实现一体化，并建立起基于网络的企业数字神经系统——信息流系统。财务系统信息化是企业信息化进程中最活跃、最成熟、最具先导性的部分。很多企业集团都以财务系统信息化作为整个集团信息化工作的突破口，从财务软件开始，并逐渐拓宽到内容更丰富的企业资源规划（ERP）领域。中海集团一贯致力于企业的信息化工作，遴选国内先进的信息技术公司，合作开发了中海集团结算中心网上资金结算系统和中海集团网上银行，并与主办银行的结算系统做实时无缝对接。配合决策支持的工作，又在上述模块的基础上设立了单独的领导信息查询模块，使得决策层可以全面及时地了解集团资金动态。财务数据的电子化和网络化，有利于信息的一次录入多次共享，极大地提高了工作效率；其借助网络技术实现的高速传输和集中信息，又保证了监控的实时性和集中化管理的科学性，变传统的事后资金监管为资金实时监管，为集团真正实现资金管理的信息化、全球化提供一个安全、高效的技术平台。中海集团通过组建结算中心和开发“中海资金管理系统”和“全球现金管理系统”，打造了适应集团统一资金运作的三大功能：查询资金信息功能、优化资金操作功能、统一资金运作功能。

三、过程——严格的资金风险防范

中海集团强化风险意识，制定了一套符合集团实际情况的资金管理制度和资金管理内部控制流程，层层落实资金风险防范责任制，将风险控制融入集团资金管理的每一个环节。集团通过人员培训制度开展教育，借助计算机管理软件，使管理工作的“手”伸长，透明度增强，并通过计算机程序将规章制度固化，减少人为因素的干扰，让规章制度变成硬约束、硬程序，促使集团资金风险控制体系日趋完善。具体做法有：第一，制定颁布了《资金管理办法》《信贷管理细则》《担保管理细则》等一系列资金管理制度，为资金风险控制提供了操作依据和制度保障，并将行政命令、激励机制和惩罚手段相结合，把制度落实情况同企业经营、财务负责人的业绩考核和任命联系起来；第二，集团成立了财经委员会，将集团资金集中化管理纳入集体领导、民主决策的制度化、法制化轨道；第三，集团严格对外担保、开立信用证等高风险业务的审批；第四，严格限制非生产经营性资金的对外支付；第五，统一外币风险管理，防范集团多币种资金结构带来的汇率风险，集团统一研究外汇市场，指导所属公司运用金融衍生工具开展外币资金保值增值业务，锁定外债风险，规避外汇风险。

资料来源：丁建群．资金集中管理的案例分析．当代经济，2009(23)：13-16.

3. 全面预算管理协同点

企业集团全面预算管理的协同主要体现在母子公司间对预算的编制、执行和评估的沟通交流等方面，协同点体现在：

（1）预算分析。预算分析的过程，尤其是预算分析中的横向对比分析，是实现全面预算管理协同的重要内容。单体企业由于不易获取其他企业的预算情况，在分析时往往采用纵向的时间分析，无法形成横向的比较。而在集团管理中，母公司可以将各子公司的预算执行情况进行横向对比，使分析结果更准确，从而为预算的制定提供更准确的信息依据。

（2）预算管理信息系统建设。在预算管理协同过程中，一般需要进行对预算管理信息系统的建设。全面预算管理信息系统一般包括销售预测、预算方案设置、预算目标制定和分解、预算编制、预算审批流程设置、预算审批和下发、预算调整、滚动预算、预算差异分析、预算自动预警、消息发布、预算查询、报表管理等内容。集团统一组织设计和建设预算管理信息系统，有利于实现预算运行过程中的协同效应，保证预算管理体系的高效率。

4. 内部审计协同点

集团公司内部审计的协同主要通过建立专门的集团审计部门，来实现机构、人员和业务等管理的资源共享，协同点表现在：审计人员协同，指母子公司可以统一培训并共享审计人员；审计执行协同，即子公司审计部门在母公司审计制度、审计方法的统一指导下工作，实现集团内部审计方法和经验的交流共享。

5. 财务人员管理协同点

集团公司财务人员管理的协同点主要表现在：利用网络信息载体（微信群、系统平台等），搭建公司财务人员交流平台；财务人员轮岗交流，既有利于加强内控体系建设，又有利于加强对财务人员的培养锻炼，有助于财务人员了解其他部门或其他子公司的财务流程，促进协同合作。

6. 信息化管理协同点

信息化工作协同包括标准化工作组织体系、信息化人才共享建设和信息化设备、软件采购使用等内容。

第三节　不同模式下的财务管理职责划分

对集团公司财务管理控制点和协同点的梳理分类有助于界定母子公司的财务管理权限和管理范围，并具体体现为职责划分。

一、会计核算

行政管理型模式下，母公司大多会统一设计集团会计核算体系，制定统一的会计管理制度，并统一对会计人员、财务信息和业绩考核、经营风险等进行管理，子公司则负责执行制度和反馈信息；治理型模式下，母公司会适当放权给子公司，在母公司授权范围内，子公司可以制定自己的相关管理规定的细则，但需报母公司批准；自主管理型模式下，母公司完全放权给子公司，子公司有权自主做出各种规定或制定相关会计核算制度等，母公司只需负责备案存档。母子公司会计核算职责分配如表 7－3 所示。

表 7－3　母子公司会计核算职责分配

	行政管理型模式	治理型模式	自主管理型模式
母公司	1. 制定财务管理制度； 2. 制定集团会计核算体系； 3. 制定财务人员管理体制； 4. 制定财务信息管理制度； 5. 制定内控和风险管理制度等	1. 审核子公司制定的相关规定或制度； 2. 检查子公司对规定或制度的执行情况； 3. 根据执行情况加强对子公司的考核等	1. 对子公司会计核算管理、内控和风险管理等提供指导和服务； 2. 对子公司会计核算规定和制度等进行备案并检查
子公司	1. 执行子公司会计核算职能； 2. 及时反馈会计核算信息； 3. 执行内控与风险管理相关规定等	1. 拟订本公司财务管理规定或制度，并报总部审批； 2. 执行审批通过的规定或制度； 3. 及时反馈相关财务信息等	1. 拟订本公司会计核算规定或制度，并报集团公司备案； 2. 组织执行拟订的本公司相关会计核算规定或者制度； 3. 将执行情况反馈到母公司，并根据反馈的结果进行调整等

二、资金管理

行政管理型模式下的集团资金管理集权度最高，一般会将控制延伸到子公司的所有账户及所有资金业务；采用治理型模式的母公司会将大部分资金和收入集中管理，对于支出则主要从计划或者费用角度进行管理；采用自主管理型模式的母公司只对资金信息实现监控，不对资金做集中管理，只实现了信息协同，而较少实现资金协同。母子公司资金管理职责分配如表 7-4 所示。

表 7-4　母子公司资金管理职责分配

	行政管理型模式	治理型模式	自主管理型模式
母公司	1. 组织编报和审批整个集团资金预算； 2. 制定和完善集团公司资金管理制度和业务流程； 3. 按照集团财务战略，设立资金集中管理平台，为其子公司提供各项金融服务； 4. 监控集团内子公司的资金动态，对集中的存量资金进行统一运作	1. 组织编报和审批整个集团资金预算； 2. 制定和完善集团公司资金管理制度和业务流程； 3. 按照集团财务战略，设立资金集中管理平台，为其子公司提供各项金融服务； 4. 监控集团内子公司资金动态，对集中的存量资金进行统一运作	1. 按照集团财务战略，设立资金监控管理平台； 2. 制定和完善集团公司资金监控管理规章制度和流程； 3. 监控集团内子公司的资金动态
子公司	1. 按规定编报资金预算； 2. 按规定开立账户，开展资金集中管理工作，办理结算业务及其他资金管理业务	1. 按规定编报资金预算； 2. 按规定开展资金集中管理工作及其他资金管理业务； 3. 按规定使用下拨款项，提供资金报表和分析报告	1. 按规定开展本单位资金集中管理工作； 2. 按规定开立账户； 3. 自行开展资金业务

三、全面预算管理

在行政管理型模式下，母公司主导全面预算管理的全过程，子公司只负责对全面预算的执行和预算信息的反馈、接受母公司考核等；在治理型模式下，母公司制定子公司的预算任务和目标时会充分参考其意见、建议，子公司在预算管理的全过程都有参与的机会和权利，子公司是预算的执行主体；自主管理型模式下，母公司只进行监督和结果考核，子公司主导制定预算目标和任务、执行预算、分析和考核，并在规定周期内汇报母公司备案即可。母子公司全面预算管理职责分配如表 7-5 所示。

表 7－5 母子公司全面预算管理的职责分配

	行政管理型模式	治理型模式	自主管理型模式
母公司	1. 制定集团经营目标； 2. 目标分解与下发； 3. 预算执行监控与考核等	1. 参与制定子公司预算目标； 2. 检查子公司预算执行情况； 3. 根据执行情况对子公司进行考核等	1. 监控子公司战略执行情况； 2. 根据各个子公司预算执行情况来调整集团预算等
子公司	1. 执行本公司预算； 2. 预算执行信息及时反馈	1. 参与拟订本公司预算管理目标； 2. 参与预算目标分解； 3. 执行预算，及时反馈预算执行相关信息等； 4. 参与预算分析与考核等	1. 根据子公司战略制定预算管理目标并报集团备案； 2. 组织执行预算； 3. 对本公司的预算全过程进行管理和控制； 4. 根据预算执行结果调整子公司战略并上报母公司参考等

四、内部审计

实施行政管理型模式的母公司会统一设置内部审计机构、管理内部审计人员、执行审计任务、监督内部审计问题整改等，子公司只是被动地接受内部审计和根据内部审计报告进行整改和汇报；治理型模式下，母公司会适当放权给个别子公司，子公司可以在母公司授权范围内设置审计机构和人员，执行内部审计并将审计情况上报母公司；实施自主管理型模式的母公司设置内部审计机构和人员，主要负责母公司自身的审计工作，子公司有权设置审计机构和人员并报母公司备案，但实践中很少应用。母子公司内部审计职责分配如表 7－6 所示。

表 7－6 母子公司内部审计职责分配

	行政管理型模式	治理型模式	自主管理型模式
母公司会计核算职责	1. 统一规划设置审计机构； 2. 统一管理审计人员； 3. 统一规划和执行审计任务； 4. 统一监督审计问题整改等	1. 统一规划审计机构，设置集团审计机构； 2. 统一管理部分审计人员； 3. 执行母公司审计任务； 4. 监督母公司审计问题整改； 5. 加强对分支审计机构的业务指导和监督； 6. 对未设置单独的审计机构和人员的子公司执行审计任务	1. 设置母公司自己的审计机构和人员； 2. 对各个子公司的内部审计情况备案

续表

	行政管理型模式	治理型模式	自主管理型模式
子公司会计核算职责	1. 被动执行母公司内部审计程序； 2. 整改审计问题并向母公司汇报	1. 子公司在母公司同意下，可以设置内部审计机构和人员并报母公司审批； 2. 执行本公司的内部审计业务； 3. 监督本公司的审计问题整改； 4. 内部审计情况上报母公司	1. 各个子公司自己设置审计机构和人员； 2. 执行本公司的内部审计业务； 3. 监督本公司的审计问题整改； 4. 内部审计情况上报母公司

五、财务人员管理①

实施行政管理型模式的母公司会对子公司的财务人员实行集中模式管理，成立财务会计核算中心，实行“集中管理、分户核算、分类指导”，融会计服务和监督管理于一体；实施治理型模式的母公司会实行财务（负责）人员委派模式；实施自主管理型模式的子公司自主权较大，会对财务人员管理实行分权管理，由子公司选择并管理财务人员。母子公司财务人员管理职责分配如表 7－7 所示。

表 7－7　母子公司财务人员管理职责分配

	行政管理型模式	治理型模式	自主管理型模式
母公司	1. 将企业集团财务人员从子公司分离出来，成立财务会计核算中心； 2. 集中管理、分户核算、分类指导； 3. 融会计服务和监督管理于一体	1. 向子公司委派全体财务人员或财务负责人； 2. 实践中通常只委派财务负责人； 3. 财务负责人主要从事财务监督和财务审计工作，直接对母公司负责； 4. 对子公司的总会计师和财务经理进行监督	1. 设置母公司自己的财务人员； 2. 对各个子公司放权，对子公司的财务人员情况进行备案
子公司	1. 被动接受母公司分配的财务人员； 2. 投资、融资、营运资本管理等财务管理决策由母公司制定	1. 子公司内部拥有总会计师和财务经理； 2. 子公司总会计师和财务经理主要从事财务管理和会计核算工作（具体有：财务预算、会计核算、业绩评价、财务决策等）； 3. 总会计师和财务经理直接对子公司的总经理负责	1. 子公司各自选择适合的财务人员； 2. 由子公司自己管理控制财务人员的工资、资金、福利、职务升迁等； 3. 财务人员管理情况上报母公司

① 祁广亚．企业集团财务人员管理与控制．中国乡镇企业会计，2008(12)：375-377.

六、信息化管理[①]

行政管理型模式下的母公司借助银企合作、网银技术，包括结算中心、财务公司等形式，建立单一的总分账户体系，实行资金集中管理、直接收付，并对接会计集中核算体系，直接核算各子公司的经营成果；治理型模式下的母公司可采取集中决策、集中运作、分散核算模式；自主管理型模式下的母公司则可实行集中决策、分散运作、单独核算的模式，母公司实现对投资、融资、资本运营等财务决策权的集中，子公司负责具体实施，并自行组织会计核算，单独编制会计报表。母子公司信息化管理职责分配如表7－8所示。

表7－8　母子公司信息化管理职责分配

	行政管理型模式	治理型模式	自主管理型模式
母公司	1. 借助银企合作、网银技术建立单一的总分账户体系； 2. 实行资金集中管理、直接收付； 3. 对接会计集中核算体系，直接核算各分子公司的经营成果	1. 借助内部结算中心等形式，集中资源、集中投融资； 2. 母公司集中管理和运作子公司整体的资金流动	1. 子公司中重要财务事项的决策流程延伸至母公司，由母公司集中决策，实现对投资、融资、资本运营等财务决策权的集中； 2. 通过职能部门和内部审计或人员委派制度来强化对分支机构的检查监督
子公司	1. 不再自行组织会计核算； 2. 交易事项信息及时反馈给母公司	1. 会计核算由子公司自行组织和实施； 2. 财务报表由子公司自己编制	1. 具体实施投资、融资、资本运营等决策； 2. 自行组织会计核算，单独编制会计报表

第四节　不同模式下的财务管理流程

一、会计核算

（一）行政管理型模式

一般而言，集团公司的会计集中核算要实现两个职能：（1）对子公司发

① 许洪贵，赵琨．企业集团财务管理信息化构建研究．管理现代化，2010(1)：18-20.

生的各种经济业务进行及时、正确和有效的反映；（2）利用实时信息对子公司的经济业务进行实时控制。

传统手工模式下，由于集团内各子公司跨地域、跨行业、多元化经营，进行会计的集中核算比较困难。网络技术的发展打破了时空的界限，为集团公司实现会计核算集中管理提供了支持。随着信息化技术在企业管理中的应用，会计集中核算已成为集团公司财务控制的重要方法和主要趋势。在信息化条件下，母子公司会计集中核算可将财务会计流程与经济业务流程有机地融合在一起。若子公司发生一项经济业务，相关部门的一位员工就会负责录入该业务信息，经济业务被确认后，就会立即存储在指定的数据库里。该事件通过动态会计平台，生成实时凭证，自动或经财务人员确认后显示在所有相关的账簿和报表上，不再需要第二个部门或任何其他员工再录入一遍。如此，财务信息为所有经授权的母子公司人员共享。业务与财务人员可以对相关经济业务做到实时掌握和控制，实现了真正意义上的实时控制，具体如图 7－5 所示。

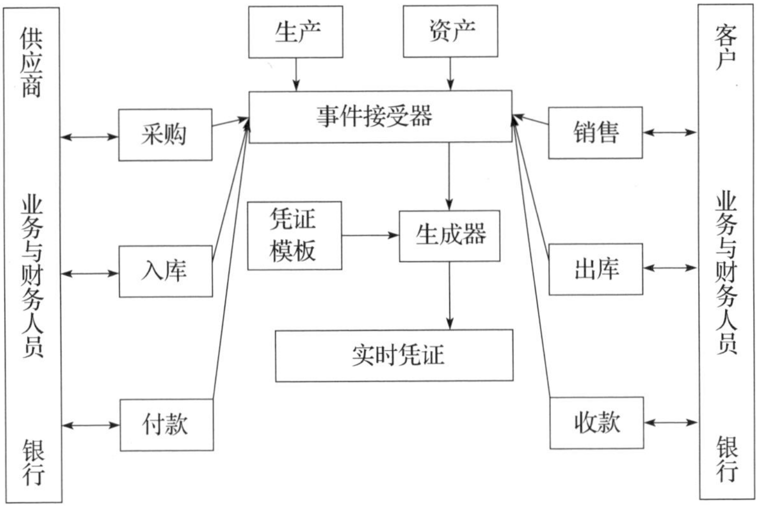

图 7－5　会计集中核算实时控制图

资料来源：张瑞君．e 时代财务管理．北京：中国人民大学出版社，2002.

当然，实现有效的实时控制，最为关键的环节就是在集团内部推行统一的核算体系，由母公司通过计算机技术统一规划、设置业务标准，控制子公司进行会计核算应遵循的标准化数据以提高各子公司公共数据的一致性和可比性。如此方可实现集团各级层面上财务数据的自动汇总，即数据不经过任何中间层的处理，从而保证数据的准确性和及时性。

（二）治理型模式

母公司只关注子公司会计核算的几个重要内容，如组织结构、账集账簿、一二级会计科目、重要报表体系、主要基础编码（如重要原料供应商和重要客户）、主要会计核算流程等；子公司可以参照母公司的标准制定自己的标准规范，子公司会计核算的其他方面则由子公司自主处理。其具体的流程见图 7－6。

（三）自主管理型模式

母公司只规定母公司合并报表的范围和报表格式，不对其他的会计核算规范做统一规定；各子公司原始凭证的获取、记账凭证的填制、会计科目的汇总、会计报表的编制完全由子公司自主决定，母公司不加干涉，子公司只在会计年度末将本公司的报表提交母公司备案。在自主管理型模式下，子公司的会计核算过程类似于单体企业。其具体的流程见图 7－7。

二、资金管理

总结资金管理的研究成果以及企业集团资金管理的实践，企业集团资金管理模式可分为集中结算、收支两条线和资金监控等三种模式。集中结算模式是一种高度集权的管理模式，对应行政管理型模式；收支两条线模式是一种集分权相结合的模式，对应治理型模式；资金监控模式则是一种分权的管理模式。

（一）集中结算模式

集中结算模式是集团公司管理所有子公司的外部银行账户，子公司的所有收支统一由集团资金管理中心进行处理，行政管理型模式下的母子公司多采用此方式。其运行逻辑见图 7－8。

该模式下的主要业务是结算和收付款。图 7－9 和图 7－10 以收付款业务为例，给出了这种模式下典型的业务运作流程。

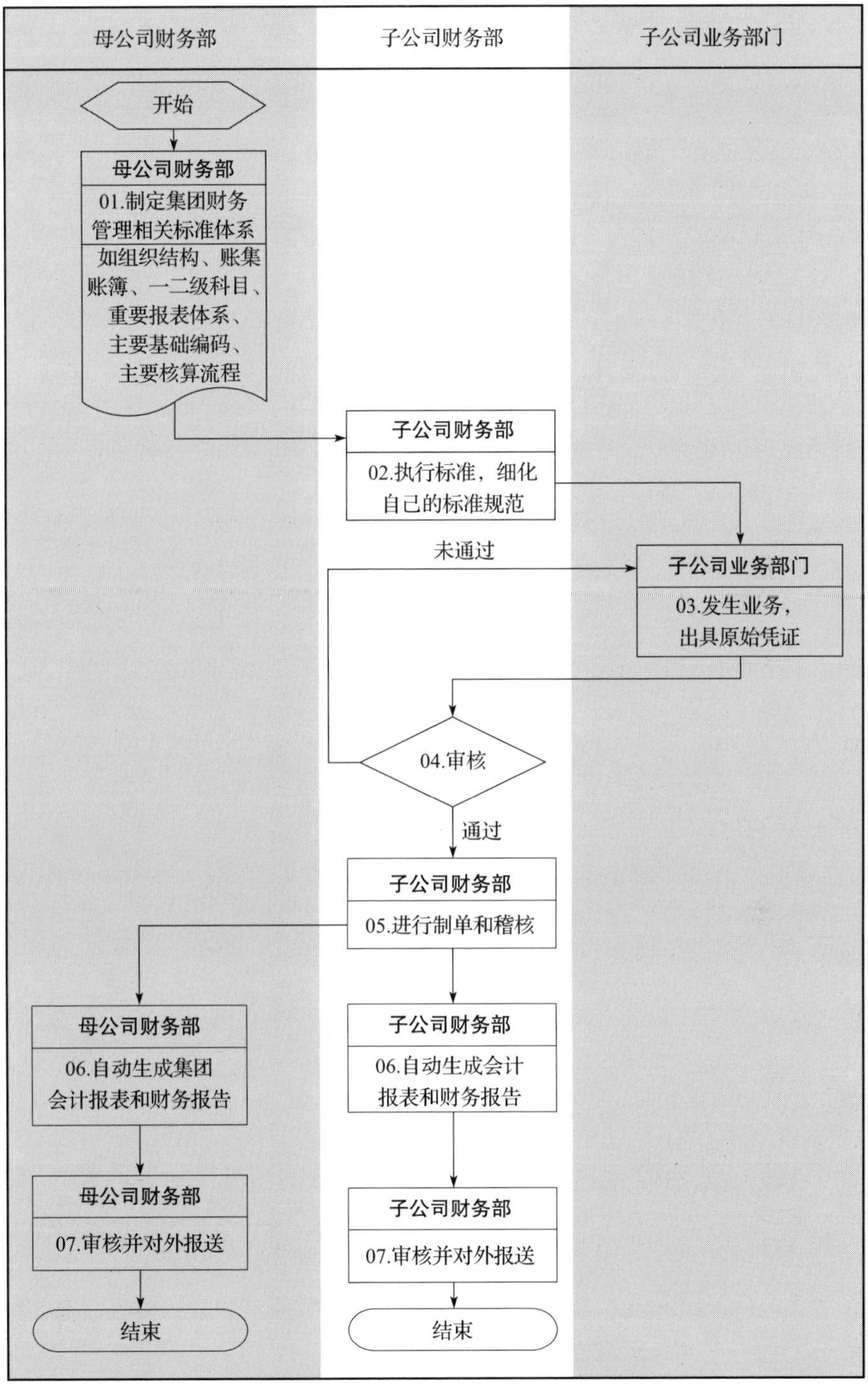

图 7－6　治理型模式下会计核算流程图

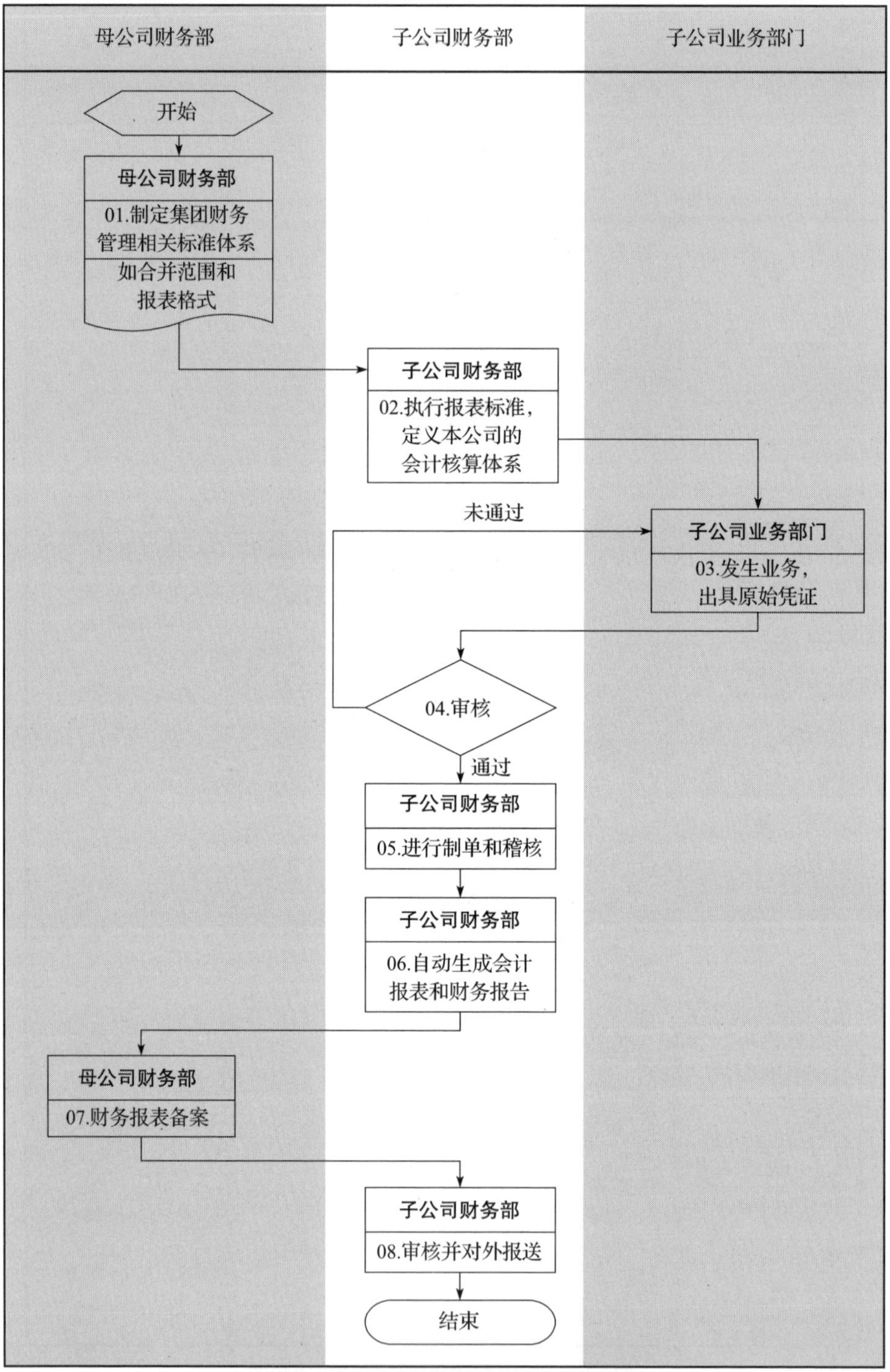

图 7－7　自主管理型模式下会计核算流程图

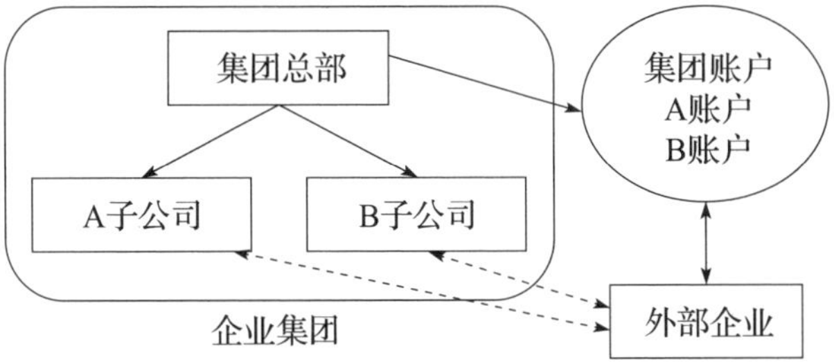

图 7－8　集中结算模式运行逻辑图

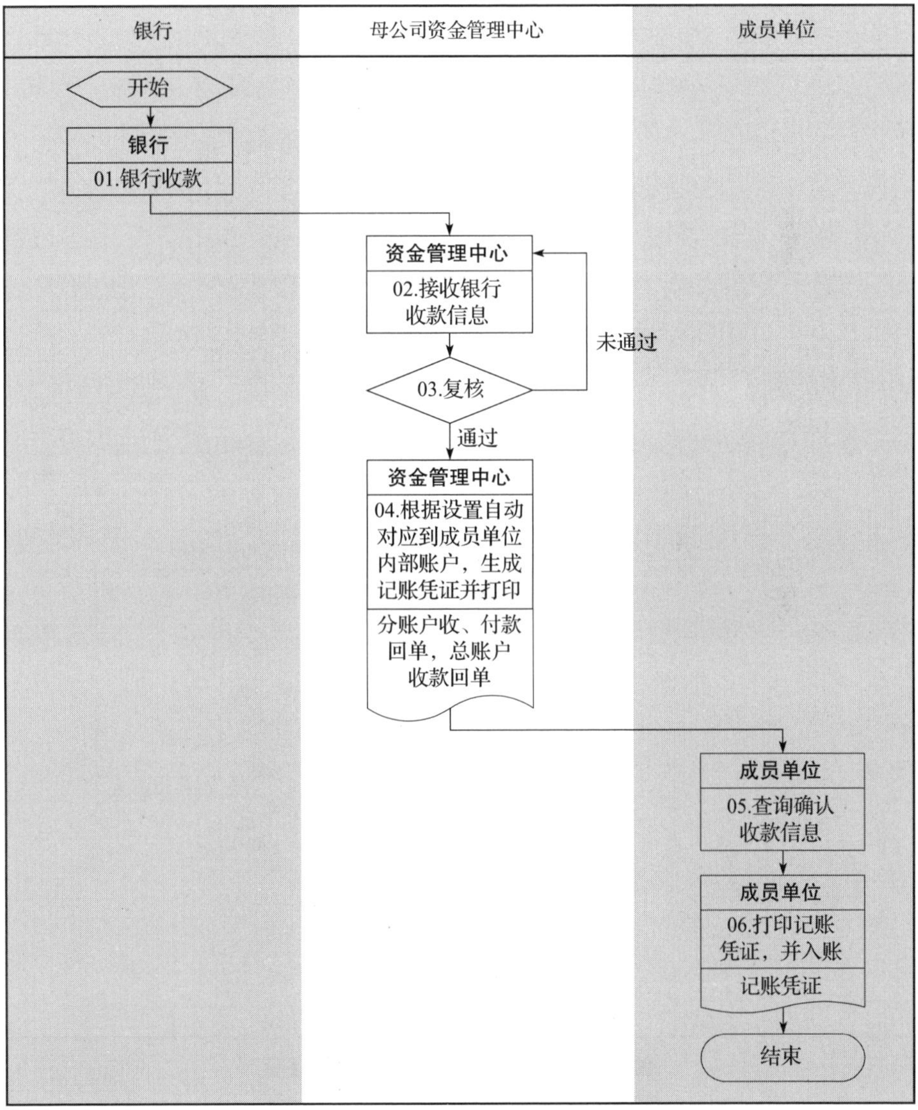

图 7－9　集中结算模式下收款流程图

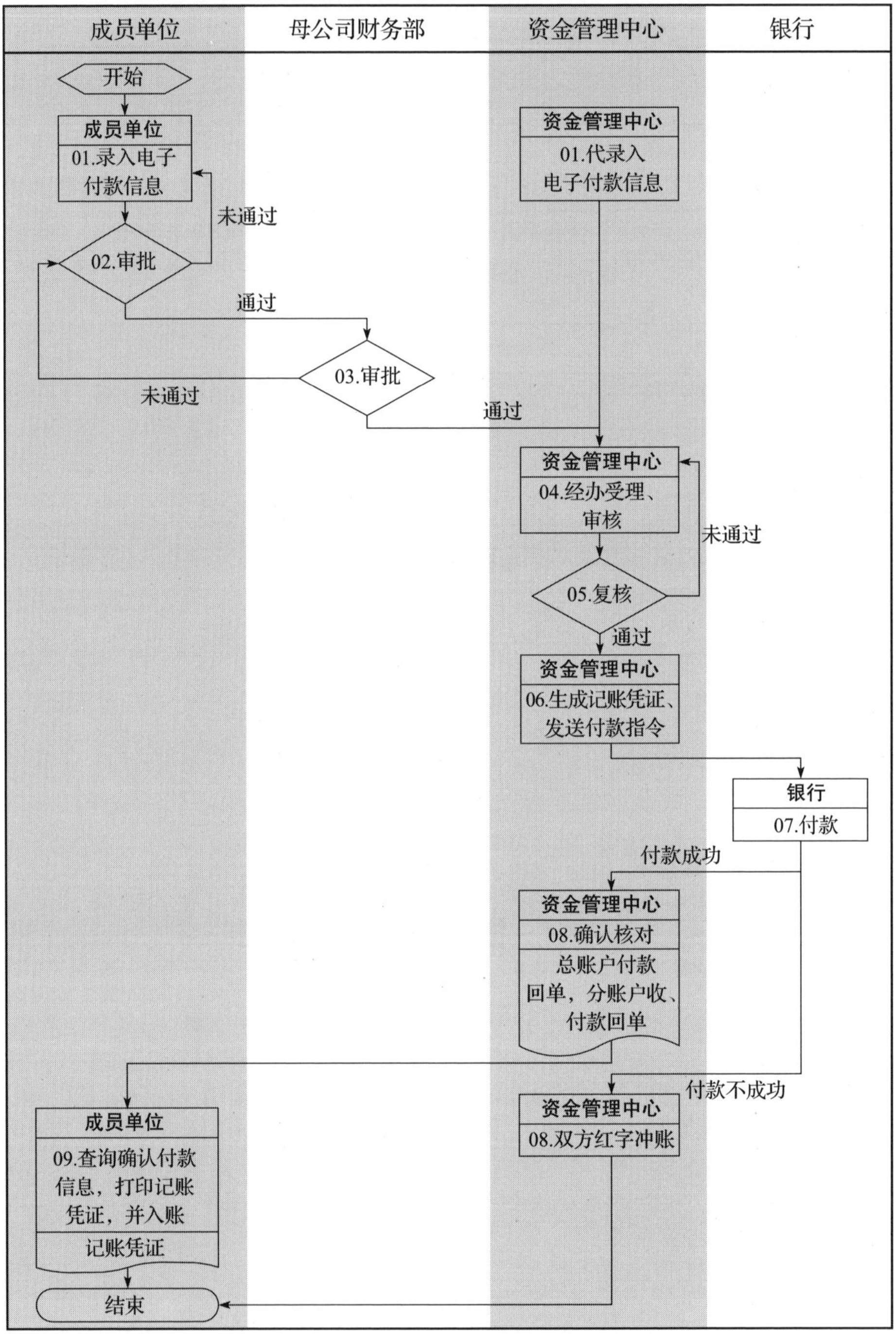

图 7－10　集中结算模式下付款流程图

可以看出，集中结算模式切断了子公司与银行的业务关系，子公司办理的所有业务均需通过母公司资金管理中心办理，而涉及外部银行的业务都由资金管理中心办理（或者代为办理）。由此，集团公司在资金的收入、支出和融资三个方面均做到了高度集中，集团总部通过资金集中收支实现了对子公司的资金控制。资金的集中过程同时也是资金的协同过程。该模式也存在一定的缺点，如子公司无资金控制权，可能会降低市场的反应速度，资金管理中心庞大的业务量可能增加结算成本。因此，要注意做好资金预算管理，密切与银行的合作，降低结算费用。

（二）收支两条线模式

收支两条线模式是指各成员企业除了要在外部银行设立账户，同时还要在内部结算中心设立内部虚拟账户。外部银行账户由资金管理中心负责设立总账户（也叫一级账户），成员单位（子公司）负责设立二级账户。根据管理要求，二级账户分为收入专户（只收不支）和支出专户（只支不收）。收入专户每收到一笔资金，外部银行会即时自动地划转到母公司级账户（一级账户）。支出专户支出资金时，母公司通过外部银行统一进行拨付，使资金按照“一级账户—二级账户—外部企业账户”的运转过程流转。图 7－11 给出了收支两条线模式的运行逻辑。

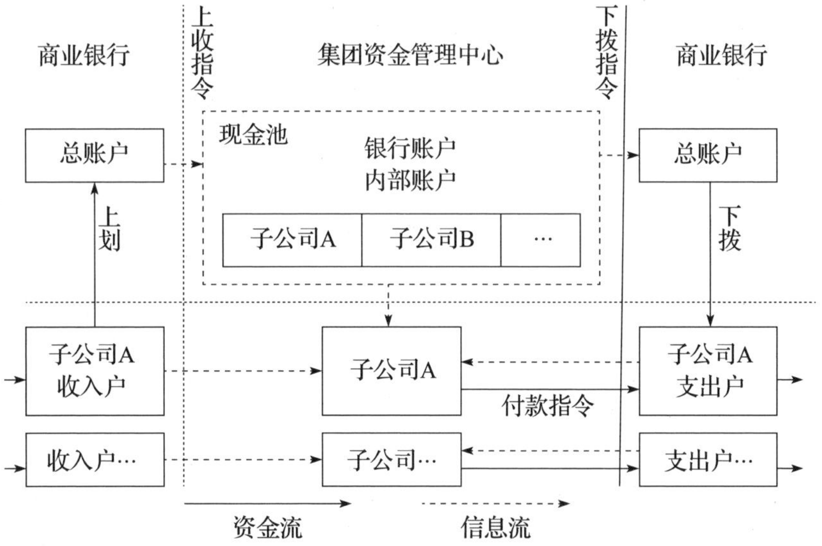

图 7－11　收支两条线模式的运行逻辑

资料来源：《浪潮集团资金管理解决方案》v1.0.

该模式下的主要业务有对外收支管理、内部结算管理、内部头寸调剂、对外融资管理等。为了便于与集中结算模式做比较，图 7－12 和图 7－13 以收付款业务为例，描述了这种模式下的典型业务运作流程。

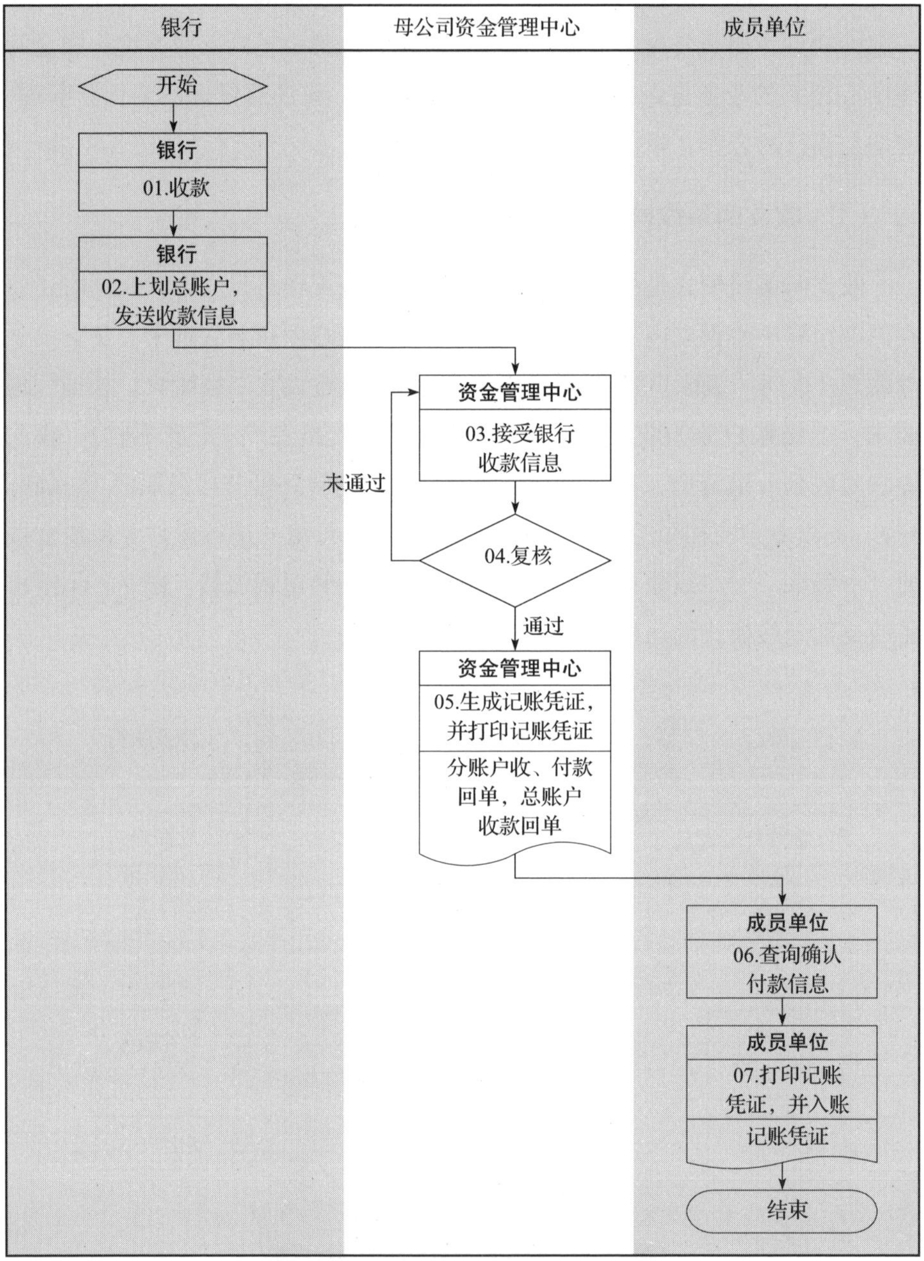

图 7－12　收支两条线模式收款流程图

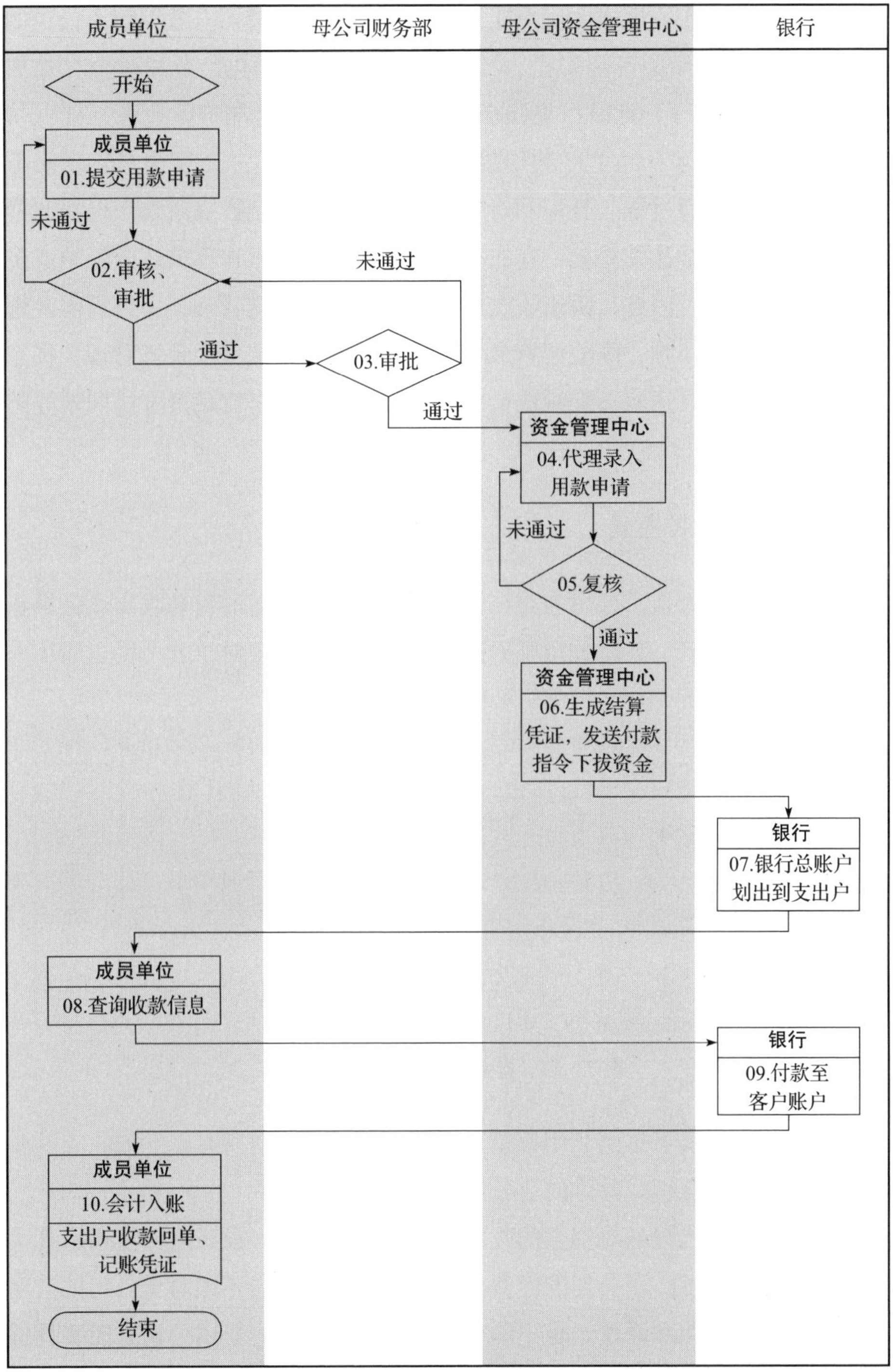

图 7－13　收支两条线模式付款流程图

实行收支两条线模式的优点在于：（1）可以使母公司有效控制子公司的资金收支活动，保证资金安全；（2）可以使结算内部化，节约资金在途成本和结算成本；（3）可以在集团现金池基础上开展内部贷款业务，降低贷款规模并节约成本；（4）可利用集团的规模优势，通过开展统贷管理降低筹融资总成本，通过统一外汇和对外投资管理有效控制投资风险。但在此模式下账户之间资金往来频繁，存在一定的结算成本，操作不当还会影响成员单位的资金使用。因此，采用收支两条线进行集团资金管理，一方面需要选择合作银行进行谈判，降低结算成本；另一方面应开展资金预算管理，提高资金管理水平，以达到不影响成员单位资金使用，同时实现资金协同效应的目标。

（三）资金监控模式

资金监控模式是子公司独立在银行开户，各子公司的资金收支业务都在该账户上独立开展，集团公司则通过查询银行账户实现对子公司资金的统一监控、查询和分析。其运行逻辑如图 7－14 所示。

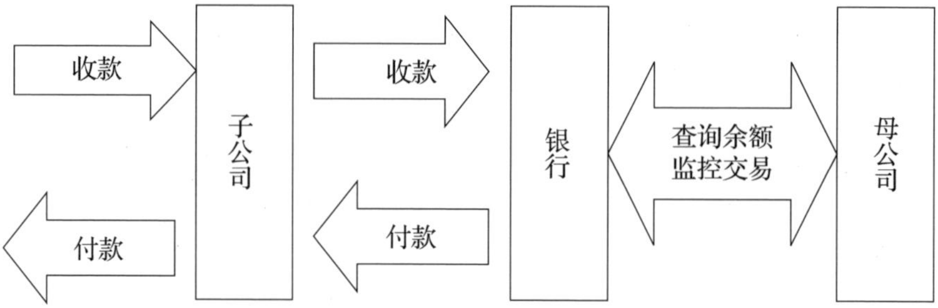

图 7－14 资金监控模式的运行逻辑

资金监控模式下集团利用银企直联平台对母子公司所有账户的收支及头寸情况进行监控分析。具体的业务流程如图 7－15 所示。

资金监控模式只是对资金的收支和存量进行监控，没有对资金进行真实集中。在此模式下，子公司的经营相对独立，集团公司不能对子公司的资金运营进行事中监控和调度，也不能开展内部调剂业务。集团公司只能实现资金信息方面的协同，其他方面的资金协同难以实现。

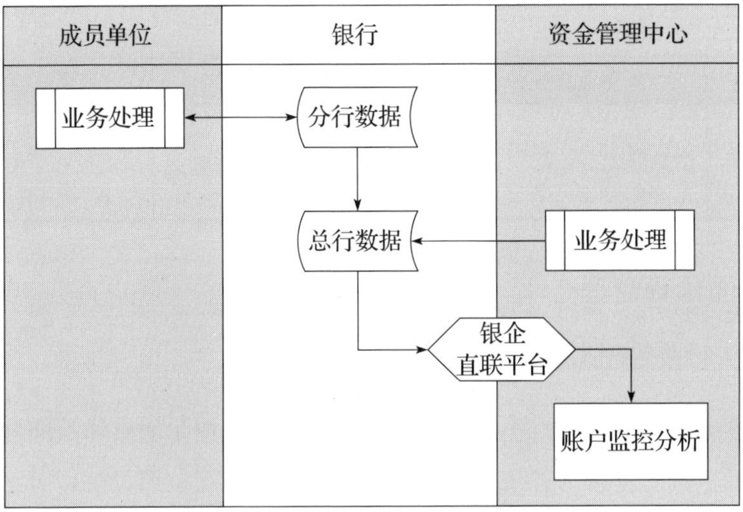

图 7-15　资金监控模式流程图

（四）三种模式比较

上述三种模式是我国集团公司资金管理的主要模式，其各自的特点比较见表 7-9。

表 7-9　资金管理三种模式的特点比较

	集中结算模式	收支两条线模式	资金监控模式
集分权程度	高度集权	集分权结合	分权
账户设置	总部管理控制所有子公司的银行账户	成员企业在资金管理中心建立内部账户，资金管理中心在外部银行设立总账户，子公司设立收支账户	子公司分别设立外部银行账户，集团通过银企直联平台实现监控
内部结算	结算中心统一完成	通过资金管理中心内部账户划转	无
对外收支	由资金管理中心根据业务情况，选择银行账户实现对外收支，收支权由集团总部掌握	收款全部到收入户，并划到总账户，支出资金由资金管理中心下拨子公司	无
内部头寸调剂	资金管理中心基于现金池开展	资金管理中心基于现金池开展	无

续表

	集中结算模式	收支两条线模式	资金监控模式
对外融资	由总部统一融资	以资金管理中心统一融资为主，各子公司单独融资为辅	事后监控了解

三、全面预算管理

（一）行政管理型模式

预算编制主要采用自上而下的方式，母公司根据集团整体战略制定集团预算目标，同时分解为各子公司的预算目标。子公司按照母公司分解的预算目标来分解自己的预算指标，同时下发各个部门制定本部门的预算草案，子公司在各部门上报后，汇总形成子公司的预算草案。

子公司将编制好的预算草案上报母公司，母公司汇总、审核、批准子公司的预算后下发子公司执行。子公司在执行预算的过程中，要定期将预算执行结果和预算分析上报母公司，母公司参照集团经营环境状况确定子公司预算是否需要调整。如需调整，子公司按照调整后的预算执行并进行预算控制。

（二）治理型模式

预算编制主要采用上下相结合的方式，预算管理模式介于集权和分权之间。母公司根据集团战略确定的集团预算目标提出子公司的预算目标方案。子公司结合母公司的预算目标和自身状况制定其预算目标，并上报母公司，由母公司与子公司共同协商制定子公司的预算目标。

子公司根据双方协商制定的预算目标来分解其预算指标，同时下发各个部门制定本部门的预算草案；子公司在各部门上报后汇总形成子公司的预算草案。子公司将编制好的预算草案上报母公司，母公司汇总、审核后，将确定的预算下发子公司执行。

子公司在执行预算过程中，要定期将预算的执行结果和预算分析上报母公司，母公司参照集团经营环境和子公司状况确定子公司预算是否需要调整。如需调整，子公司按照调整后的预算执行并进行预算控制。具体的业务流程见图 7－16。

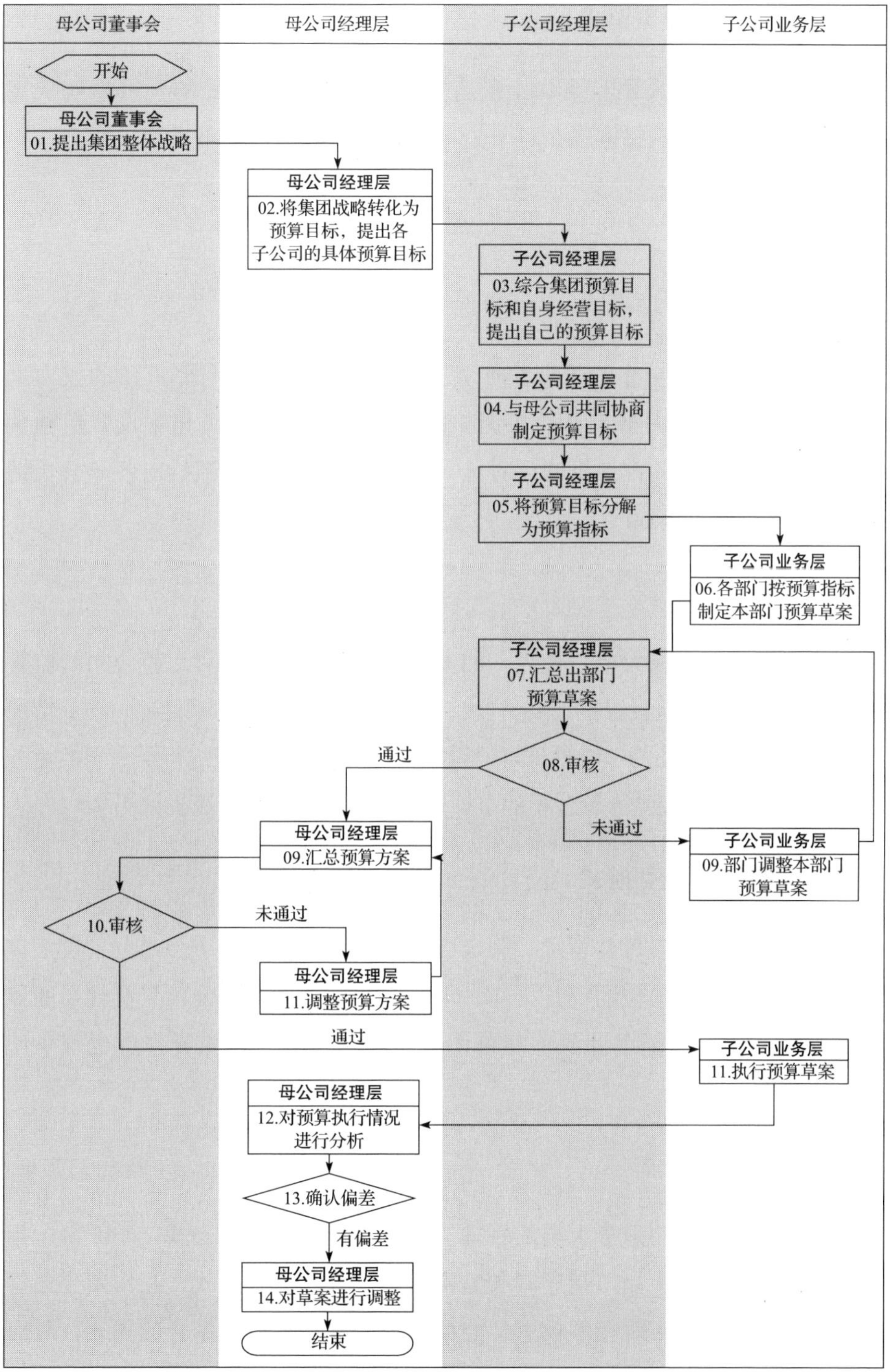

图 7-16　治理型模式下全面预算管理流程

（三）自主管理型模式

预算编制主要采用自下而上的方式，子公司拥有主要的预算编制决定权，母公司的权力主要体现在对子公司预算编制的指导、审批和备案上。

四、内部审计

（一）行政管理型模式

集团内部审计更多地采取集中控制、统一管理，将内部审计的权力上移，在母公司设立内部审计总协调机构（如审计部），子公司不设置单独的审计机构。母公司的审计机构可对母子公司进行审计，一般针对各子公司情况实行定期或不定期审计。

（二）治理型模式

子公司的审计权力相对较大。如上市公司，按照国家对上市公司的监管规定，上市公司必须设置审计委员会，建立独立于母公司的审计部。在此情况下，上市公司或重要的二级单位可以设立自己的审计部门来进行子公司的业务审计，其余单位需要纳入母公司的审计体系中。其内部审计流程见图 7－17。

（三）自主管理型模式

集团更多地采取母公司统一制定标准、统一协调，各子公司分别设立审计部，分别负责本单位的审计工作。母公司的审计部对子公司只有较弱的业务指导关系，其内部审计流程与单体公司较为接近，集团管理中也很少应用，这里不再赘述。

五、财务人员管理

母公司对子公司财务人员的管理控制通常可采取四种方式：委派制、指导制、监督制、集中制。指导制和监督制属于分权管理模式，在集团公司管理模式中，对应自主管理型模式；委派制是一种集分权相结合的模式，对应治理型模式；而集中制则是一种高度集权的管理模式，对应行政管理型模式。

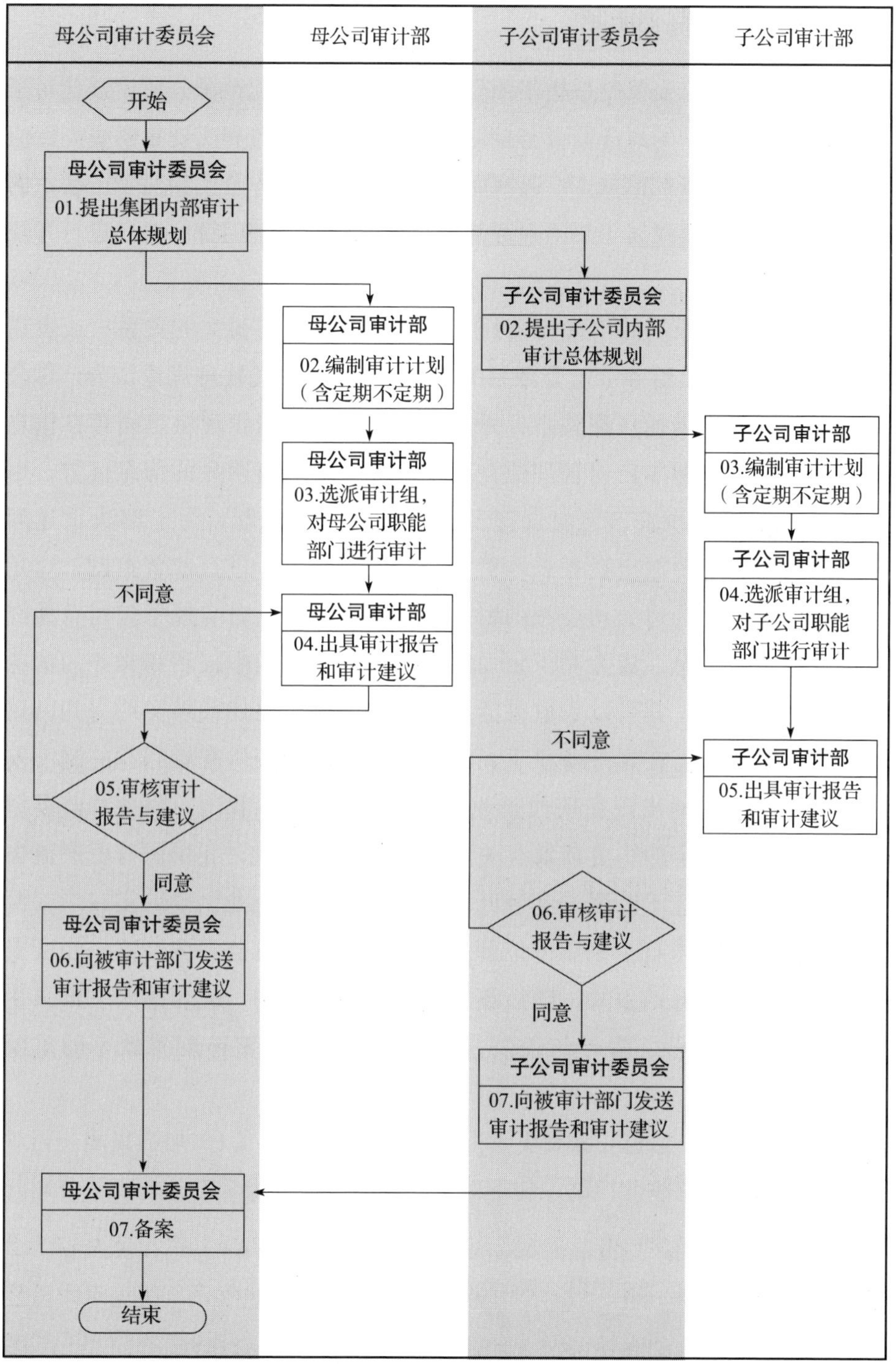

图 7－17　治理型模式下内部审计流程图

（一）财务总监委派制

所谓财务总监委派制是指集团母公司下派财务总监至子公司，强化对子公司经营管理活动的财务监督与控制，确保母公司权益和实现集团资产保值增值的一种内部管控措施。[①] 通常而言，为了确保财务总监相对于子公司的独立性，财务总监隶属于集团财务部门，由集团财务部门统一对其进行考核和薪酬管理。

财务总监委派制的出现与委托代理理论的发展有很大的关系，或者说委托代理理论正是财务总监委派制的理论依据。[②] 委托代理理论认为，母公司和子公司属于委托代理关系，并且母公司与子公司管理层之间存在信息不对称的问题，即子公司管理层在其生产经营上具有明显的信息优势，因此容易产生道德风险、逆向选择及内部人控制等问题。为了解决上述问题，母公司有必要派出财务总监对子公司的财务工作进行监督控制，这是因为财务总监作为母公司委派的财务监督者，能够随时掌握子公司有关经营活动的特定信息，成为对子公司经理人员履行契约中权利和义务的情况最敏感的观察者，其可以采取灵活多样的协调手段促使代理契约得到高效而低成本的履行。在这一背景下，财务总监这一代表所有者利益的制度安排开始越来越多地出现在现代企业公司治理中。[③] 在我国，财务总监委派制的出现还与特定的历史背景有关。[④]20 世纪 90 年代，我国国有资产流失严重，理论界为此不断强调和呼吁建立并完善现代企业制度。实践中，深圳、上海等地的国有企事业单位开始尝试引入财务总监委派制这一制度安排，并取得了良好的效果，随后逐步在全国推广使用，成为集团总部强化对子公司财务监测、督导与控制，提高财务资源的整体配置效率的重要手段。[⑤]

理论上，财务总监委派制要发挥以下两个作用[⑥]：（1）加强集团公司对子公司经营决策的事前控制，使得对子公司的审计成为常态，提高子公司向

① 张克慧，牟博佼．企业集团财务总监委派制不适应性分析．管理世界，2012(9)：1-6.

② 苏静．派驻财务总监与企业集团内控的实施：基于代理理论的视角．会计研究，2006(1)：64.

③ 刘锦恒，曹湘平．浅析公司财务总监制度．财会研究，2007(1)：45.

④ 常永红．企业集团财务总监委派制研究．中国商论，2018(24)：171-172.

⑤ 邢永芳．关于企业集团内财务总监委派制的若干问题的探讨．四川会计，2002(3)：44-45.

⑥ 同①.

集团公司信息反馈的及时性，从而提高母公司对子公司经营管理的监督的有效性；（2）帮助实现母子公司的效用趋同，集团公司的整体战略能够很好地被子公司贯彻执行。

从上述财务总监委派制的分析可以看出，财务总监作为母公司在子公司的代理人，与子公司的总会计师和财务经理有着明显的区别。具体表现在以下两点：第一，从来源上看，财务总监来自子公司外部，代表所有者即母公司，对子公司的经营者进行监督约束，而总会计师和财务经理则在子公司内部代表经营者进行管理工作；第二，在职责范围上，子公司的总会计师和财务经理主要从事财务管理和会计核算工作，直接对子公司的总经理负责，与母公司没有直接的义务关系，而财务总监主要从事财务监督和财务审计工作，直接对母公司负责，对子公司的总会计师和财务经理进行监督。

虽然财务总监委派制在我国集团公司财务管理中得到了广泛应用，也取得了很多成效，但现实中财务总监委派制也存在一定的不足，突出表现在：第一，委派的财务总监身份尴尬。财务总监既是子公司的监督者，又是子公司管理的参与者。一方面作为母公司的代表对子公司经营者进行监督，不应干涉经营者的经营权，另一方面为了更好地履行监督职能，又必须获得充分的信息，而这就要求财务总监在一定程度上介入子公司的经营，这种“监督”与“参与”的平衡问题在实践中难以把握。[①] 如果财务总监仅仅以监督者的身份介入子公司，则容易导致子公司经营者把财务总监看作外来人，对财务总监产生不同程度的排斥与防范的倾向，从而给彼此间的信息沟通与协作带来诸多障碍。如果财务总监过度参与子公司的经营管理，就有可能侵害经营者的合法权益，造成母公司对子公司的过分干涉，也会导致子公司经营者的排斥。第二，缺乏对委派的财务总监的监督。集团公司向子公司委派财务总监的财务管理模式是在原有的代理链中（母子公司间）引入了一层新的代理关系（见图 7－18），不仅包括了对子公司的监督，还包括了对派出的财务总监的监督。[②] 但实施财务总监委派制的集团往往忽视了对委派的财务总监的监督，导致其被子公司的经营者所收买，合谋对付母公司。

---

① 栾海珍．财务总监委派制存在的问题及对策．财会研究，2006(4)：71.

② 苏静．派驻财务总监与企业集团内控的实施：基于代理理论的视角．会计研究，2006(1)：66.

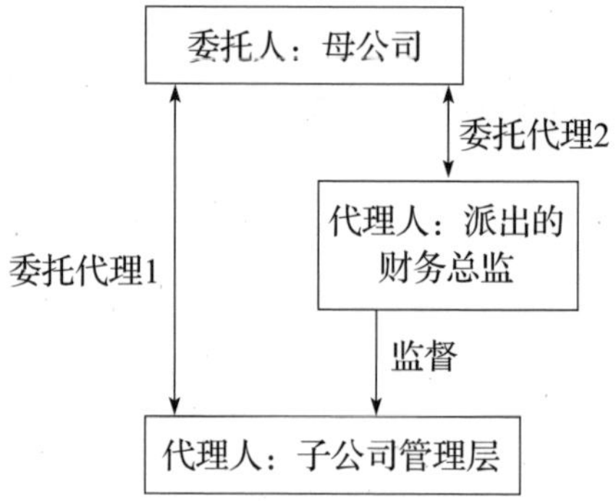

图 7－18　母公司、子公司以及委派的财务总监之间的关系图

资料来源：苏静．派驻财务总监与企业集团内控的实施：基于代理理论的视角．会计研究，2006（1）：64.

因此，若想充分发挥财务总监委派制的作用，必须采取一定的措施弥补上述不足。为此，母公司首先要对委派的财务总监的职权和责任进行科学的界定，其次要建立一套完善合理的监督管理制度。

（二）财务人员指导制①

子公司的财务负责人由子公司总经理提名，子公司董事会聘任或解聘。母公司只能通过子公司股东会、董事会影响子公司财务负责人的产生。同时，母公司财务部门只能对子公司财务部门进行业务上的指导，无权对子公司财务部门发布命令，容易形成“内部人控制”。

（三）财务人员监督制

子公司在决定自身财务部门的设置上有很大的自主权，母公司基本上不进行干预。但母公司向子公司派出财务总监或财务监事，负责监督子公司的财务活动。在这种模式下，由于子公司直接控制财务人员的工资、资金、福利、职务升迁等，会使财务人员出于自身利益考虑、迫于压力，站在子公司经营者的立场上，谋求局部利益，从而形成大量失真的财务会计信息，不能真实可靠地反映企业的经营状况，使集团公司难以达到对所属成员企业进行财务控制的目的。

（四）财务人员集中制

在企业集团中，各子公司财务主管由母公司选派，对母公司负责；财务

① 巫升柱．企业集团母子公司财务控制系统构建研究．当代经济科学，2003(3)：78-82，97.

部门相对独立于各子公司，其人员的人事关系、工资关系、福利待遇等均体现在母公司中。一般来说，集团财务人员集中办公，不下放到各子公司。财务部门并不按不同的子公司来设置科室，而是按财务职责的合理分工来设置，分为结算科、会计科和财务科。这种设置方法可使母子公司财务有机地融为一体，使母公司能及时掌握企业集团整体的财务状况。规模较小的企业集团实行财务人员集中模式，既能消除各子公司财会部门违纪的便利条件，又能有效地制约“内部人控制”。但是，这种模式也存在缺陷：一是侧重于会计及会计核算工作，易忽视财务管理工作和财务在投资决策、融资决策、股利决策等生产经营活动中的作用；二是难以明确子公司负责人的会计责任。

四种模式各有利弊，从成本效益原则、有效性原则考虑，应构建一种母公司以委派的方式管控子公司财务负责人，子公司财务负责人和经营管理层共同管控子公司财务人员的集分权相结合的管理模式。

六、信息化管理

前已述及，实施行政管理型模式的母子公司，采取集中决策、集中运作、集中核算的模式；实施治理型模式的母子公司，采取集中决策、集中运作、分散核算的模式；实施自主管理型模式的母子公司，实行集中决策、分散运作、分散核算的模式。其具体管理流程见图 7－19。

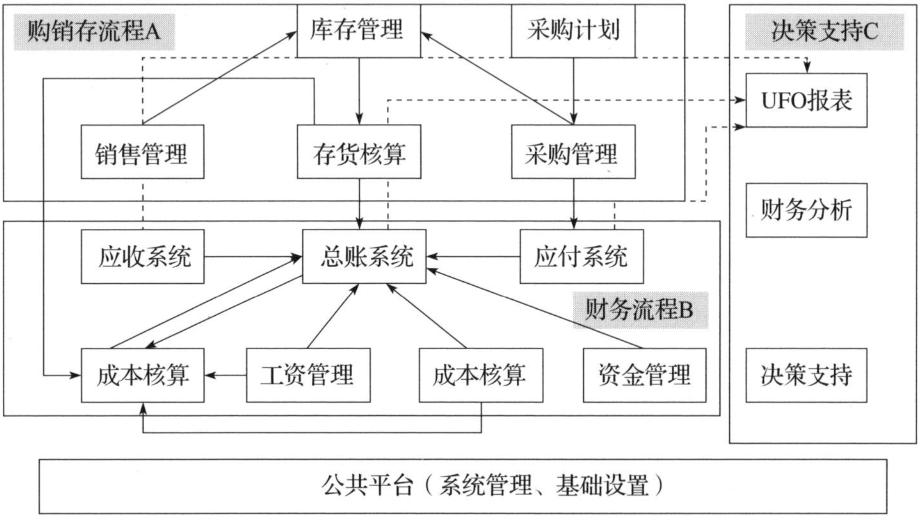

图 7－19　信息化管理流程图（以制造业为例）

（一）行政管理型模式

子公司不再自行组织会计核算，而是由企业集团集中核算、集中编制会计报表，进行集中运行以及集中决策。其具体流程见图 7－20。

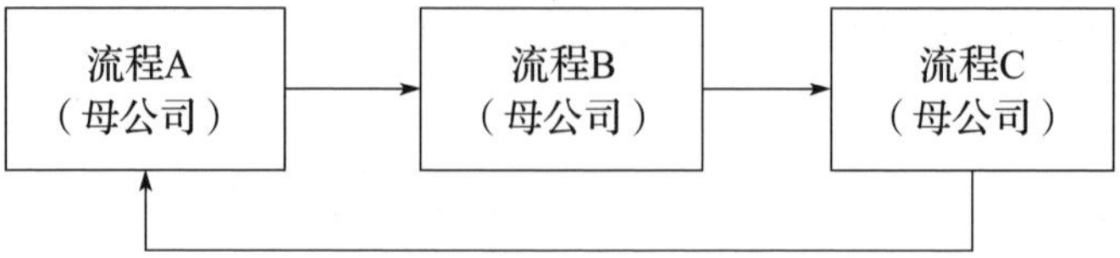

图 7－20　行政管理型模式下集团信息化管理流程简图

基于财务集中管理理论以及成本效益原则，当前大部分企业集团实行集中决策、集中运行、集中核算的模式。它们对于财务管理信息化的实施采取分阶段进行的方式，总体进程分三阶段。[①] 虽然企业间各阶段的实施内容存在一定的差异，但是总体步调趋同。在三个阶段的财务管理信息化建设中，财务集中管控与共享尤为关键，主要解决了集团企业的集中核算与数据信息集中管理的问题，为财务管理信息化的下一步建设打下了数据和平台基础。第二阶段的建设主要是传统财务管理基本内容的信息化，主要包括资金管理、成本管理、预算管理等内容的信息化。第三阶段主要侧重于信息化手段在财务管理应用中的深化和升级，即为管理决策者提供人性化的决策支持。集团公司财务管理信息化的实施步骤见表 7－10。

表 7－10　集团公司财务管理信息化的实施步骤

第一阶段	第二阶段	第三阶段
建立集团统一管理平台 • 统一集团总部及各下属单位管理系统； • 统一核算和业务管理平台； • 财务核算系统建立成以财务业务一体化的业务运营平台； • 物流管理系统、生产制造系统等	**建立集团管控平台** • 重点进行对集团公司财务管理控制系统的应用，包括资金管理、预算管理、合并报表、报表分析、协同平台等； • 集团预算管理（预算编制、费用预算控制）； • 集团资金管理（资金监控、投融资管理）	**建立综合分析平台** • 统一集团管理报告体系及基于实时数据源的综合分析体系； • 提供深层次的财务分析和决策支持信息，事先对集团财务数据进行多维度分析

① 张念珍．我国集团企业财务管理信息化的问题及对策研究．太原：太原理工大学，2013.

（二）治理型模式

母子公司采取集中决策、集中运作、分散核算的模式，即子公司自主核算，而运作及决策流程在集团层面统一实行。

（三）自主管理型模式

母子公司实行集中决策、分散运作、分散核算的模式。除由母公司集中决策外，具体的实施程序由子公司执行，子公司作为独立的会计核算主体，自行组织会计核算，单独编制会计报表。

□ 案例分析

互联网＋企业，赢在数字化转型

2016年8月17日下午，由上海国家会计学院与浪潮集团联合主办的“互联网＋企业，赢在数字化转型”高峰论坛在上海国家会计学院国际会议中心举行。会上，上海国家会计学院与浪潮集团签署战略合作协议。来自全国各地的地方会计领军人才、上海大型企业总会计师及财务总监、咨询顾问和专家学者600余人共聚一堂，共谋数字化转型大潮下财务管理与商业模式的创新变革之路。

在浪潮集团执行总裁王兴山看来，当前中国企业到了提质增效、精益管理、转型升级的新阶段。在新一代信息技术，以及互联网＋、大数据等国家战略的推动下，企业信息化建设进入3.0时代，主要特征是以应用为中心向以数据为中心转变，建立跨企业的产业链协同、平台化应用，树立用户体验至上理念等。

“财务领域的数字化转型与变革，其关键核心是‘互联网＋管理会计’，最重要的特征就是财务与大数据的融合”，王兴山在“管理会计在企业数字化转型中的作用”的主题演讲中指出，电子发票、电子会计档案等为财务数字化转型提供了政策保障，推动了财务领域的数字化转型与变革。财务共享中心应该把财务大数据建设作为一个中心目标，从支持组织柔性化变革、强化集团管控、推动财务转型、拉动业财一体四个着力点切入，实现企业向数字化、网络化、智能化转型。

企业的数字化转型，不仅在于充分利用云计算、大数据、5G等新兴技术，通过技术的应用进一步深化企业流程的优化、管理的创新才是关键。只有将数据与先进的管理模型、工具、方法相融合，才能真正挖掘出数据的价值。在此过程中，管理会计是个很好的支撑，借助管理会计，企业各级管理人员可以对日常发生的经营活动进行规划、控制和决策，而且是精细化、数字化的管理，以及智能化的决策。

浪潮已为超过100万家的企业客户提供了管理会计及集团财务信息化的服务。在帮助企业建设“互联网＋财务”方面，将建设财务大数据作为首要目标，基于财务大数据中心，按法人、项目、区域、事业部提供多维度内部报告，支撑了平台化的柔性共享，推动了集团管控模式向服务、智能分析决策转变，实现了财务管控向业务管控的转变。

作为信息化服务提供商，浪潮要帮助用户实现数字化转型，就必须要有一套完善的方法论和工具。在具体实施步骤上，也给出了向传统企业转型的“业务上云、数据整合、创新应用”三步法：首先，整合企业信息化基础设施，向云计算应用转型，适应弹性计算、按需分配、快速交付等高要求；其次，建立企业大数据仓库，对各种来源、各种类型的数据进行整合，按统一标准规划信息化建设；最后，借助互联网开放平台创新智能决策与分析应用，充分发挥覆盖平台层、业务层、管控层、战略层、协同层的旗舰产品——浪潮GS的平台支持作用。

资料来源：中国新闻网.“互联网＋企业赢在数字化转型高峰论坛”在上海国家会计学院举行.（2016-08-17）. http://www.sh.chinanews.com/cjxw/2016-08-17/9600.shtml.

思考题：

1. 谈谈集团公司财务管理关键控制点。
2. 如何促进集团内的财务管理协同？

第八章

集团公司研发管理

第一节 研发管理概述与控制点识别

一、研发管理的内涵

研发管理可从狭义和广义两个角度来理解。狭义的研发管理是指企业对研发或技术部门及部门内工作进行管理，重点关注产品开发及测试过程。广义的研发管理是指企业在研发体系结构设计的基础上，借助信息平台对研发工作进行团队管理、流程管理、成本管理、绩效管理和风险管理等，具体范围不仅包含技术开发工作，而且涵盖新产品的全生命周期，即包括从产品创意产生、产品概念形成、产品市场研究、产品设计、产品实现、产品开发、产品中试到产品发布的整个过程。①

二、研发管理的基本理念与原则

随着市场环境复杂性和动态性的增加，研发在企业众多职能中的重要性日益显现。有效的研发管理能够提高科学技术与各种资源的利用效率，对研发中的各种要素与资源进行统筹协调，从而将研发投入转化为经营效益。②研发管理应以培育开放、平等、创新、协作、风险担当和宽容失败的企业文化，坚持以人为本，充分发挥研发团队和员工的创造性与主动性为基本理念，同时遵循以下原则：首先，研发内容应面向价值、符合市场驱动。因为市场需求是企业新产品出现的动力，只有满足市场需求的研发才是有价值的。其次，研发管理要有组织保障，统筹实施。通过跨部门协作的组织结构（如矩阵式的组织模式），实现跨部门协作，实现人、财、物的动态协同配置，追求资源运用效率最大化。再次，技术开发与产品开发相分离，采取异步模式，避免在产品开发过程中陷入技术研究的不确定性与风险中，同时重

---

① 魏占勇，丁日佳．基于卓越绩效模式的研发管理体系建设与评价．科技管理研究，2012，32(22)：61-65.

② 陈志军，王晓静，徐鹏．集团研发管理机制与研发绩效关系研究．山东社会科学，2013(12)：115-120；范旭，黄业展．企业研发管理对 R&D 投入与企业绩效关系的调节效应：对广东省科技型中小微企业的分析．科技进步与对策，2018，35(9)：72-79.

视和强化研发项目管理。最后，配套实施绩效管理体系，保障研发管理体系的落地和执行。

三、研发管理的内容

参考已有研究文献和管理实践，集团公司研发管理活动包括研发团队管理、研发成本管理、研发流程管理、研发绩效管理、研发风险管理等内容。①

（一）研发团队管理

研发在企业内部是一项创造性的工作，研发团队管理的质量一定程度上决定了研发团队的产出，其主要内容包括确定团队规模、选择团队成员、建立团队文化和沟通机制等。

（二）研发成本管理

进行研发成本管理的目的是用较少的投入获取较大的产出。产品在生命周期的不同阶段所需要的研发成本和能获取的经济利益之间存在较大差异，比如在新产品开发初期研发投入较大，但是收益很低；一旦新产品开发成功，受到市场的欢迎，就要加大研发投入，改进产品性能；产品成熟期，市场竞争激烈，要收缩甚至取消产品改进的研发投入。因此，研发成本管理要和研发成果收益以及产品生命周期相结合，其内容包括成本预算与成本考核等。

（三）研发流程管理

科学的研发流程有利于帮助企业发现机遇，使其及时推出有竞争力的产品和服务并投入市场，其主要内容包括产品需求分析、研发方案筹划和产品维护等。

---

① 陈志军，等. 母子公司研发管理控制点研究. 科学学研究，2018，36(10)：1828-1836；F Ciabuschi, M Forsgren, OM Martín, Rationality vs ignorance: The role of MNE headquarters in subsidiaries' innovation processes. Journal of International Business Studies，2011，42 (7)：958-970；Adams R, Bessant J, Phelps R. Innovation management measurement: A review. International Journal of Management Reviews，2006，8(1)：21-47.

（四）研发绩效管理

执行绩效管理有助于激励研发团队，提高工作效率，其主要内容包括对研发团队或员工工作任务、绩效目标和工作业绩的考核评估等。

（五）研发风险管理

研发过程中的风险主要包括：一是研发人员的流失造成研发计划中断，阻碍研发进展；二是研发信息泄露或意外事件等导致的风险；三是研发成果风险，即研发出来的产品或服务可能不符合客户需求，或者研发的投入高但回报不足。研发风险管理是以风险为主要控制目标，制定相应的规章制度将风险降低到可接受水准以下，主要内容包括风险的识别与评估、效果反馈等。

四、研发管理控制点识别①

在对成员公司进行研发管理时，由于管理者的知识和精力有限，集团公司难以时刻监测各子公司的活动，同时也不需要对研发活动的所有环节进行控制，选择部分关键的事件或环节进行重点关注即可，通过控制这些关键要素即能实现对研发全过程进行有效管理的目的。

（一）识别依据

集团公司研发管理控制点可依据管理控制的强度和和协同程度等因素识别。鉴于前文已有论述，此处不再展开。

（二）识别过程

1. 专家访谈

作者采用半结构访谈并结合半开放式问卷调查方式进行调研，形成对集团公司研发控制点指标的初步构建。为保证访谈的信度和效率，在访谈之前对相关文献进行整理，确定关键问题，形成初步的访谈提纲。访谈为期 3 个

① 本节部分内容已刊发在《科学学研究》2018 年第 10 期《母子公司研发管理控制点研究》一文。

月，访谈对象包括在该领域的研究专家和企业集团研发主管以及研发人员。在此基础上，对前期构建的指标维度进行细化和甄别。

2. 问卷设计及回收

在前期专家访谈的基础上，发放半开放式问卷进行初次调研，调研对象主要是集团负责研发管理的研究专家和中高层研发管理人员，以保证问卷信度。为了保障研究的可靠程度，调研采用实地访谈并当面发放问卷的方式进行。为进一步保证指标体系的合理性，在设计完成后，向相关专家发放问卷进行预测试。结果显示，问卷的测试效果良好。

3. 指标体系生成

通过以上工作，共得到 73 项集团公司研发管理控制点。为进一步提炼和整合控制点，采用探索式研究方法的编码思路，对访谈资料和问卷仔细阅读、分析和提炼，合并表意类似和交叉重叠的控制点。经过分别整理以及对比合并，共得到集团公司研发管理控制点 57 项，其中研发团队控制点 12 项、研发流程控制点 15 项、研发成本控制点 8 项、研发绩效控制点 10 项、研发风险控制点 12 项，如表 8－1 所示。

表 8－1　集团公司研发管理控制点指标

维度	编号	指标内容	控制点
研发团队控制点	A1	母公司对子公司研发团队规模进行控制	团队规模
	A2	母公司参与子公司研发体系构建	研发体系
	A3	母公司参与子公司研发团队科研成员选择	成员选择
	A4	母公司参与设计子公司研发团队人才梯队建设	人才建设
	A5	母公司直接选聘、任命子公司研发团队负责人	负责人选聘
	A6	母公司设计子公司研发团队人员管理制度	人员管理制度
	A7	母公司参与到子公司研发团队沟通机制的确定	沟通机制
	A8	母子公司之间建立研发信息沟通平台	沟通平台
	A9	母公司参与到子公司研发团队内部文化建设	文化建设
	A10	母公司参与子公司研发团队组织学习机制的建立	组织学习
	A11	母公司重视子公司文化与集团文化统一性	文化控制
	A12	母公司统一对研发新进人员进行企业文化、制度等方面的培训	文化培训

续表

维度	编号	指标内容	控制点
研发流程控制点	B1	母公司参与子公司研发部门需求调查	需求分析
	B2	母公司对子公司研发部门下达研发任务	任务下达
	B3	母公司指导子公司策划新产品方案	方案策划
	B4	母公司参与子公司研发部门的产品概念设计	概念设计
	B5	母公司审核子公司研发部门的产品可行性	可行性分析
	B6	母公司参与子公司共性技术研发工作	共性技术
	B7	母公司参与子公司关键技术研发工作	关键技术
	B8	母公司对子公司研发的样品进行验证	样品验证
	B9	母公司对子公司研发成果进行定期反馈	产品反馈
	B10	母公司参与子公司研发部门投产启动环节	投产启动
	B11	母公司对子公司产品维护情况进行控制	产品维护
	B12	在集团内部建立项目评审委员会	评审委员会
	B13	母公司指导子公司制定技术战略	技术战略
	B14	帮助子公司实现相互间优秀研发管理流程的移植	流程移植
	B15	集团执行重大研发项目的决策和实施	重大项目
研发成本控制点	C1	集团内部共享研发技术和设备	技术设备共享
	C2	母公司参与子公司研发部门成本预算制定	预算制定
	C3	母公司对子公司的成本预算进行考核监督	预算考核
	C4	母公司建设预算管理信息系统	预算系统
	C5	母子公司及各子公司研发部门执行统一的会计准则及核算制度	核算制度
	C6	母公司对子公司各研发部门成本核算过程进行统一规定	成本核算
	C7	母公司对子公司研发团队成本档案分类管理	成本档案管理
	C8	母公司对子公司研发部门的成本进行控制	成本控制
研发绩效控制点	D1	母公司确定子公司研发部门人员考核指标	考核指标
	D2	母公司确定子公司研发人员考核周期	考核周期
	D3	母公司与子公司研发人员就考核期内完成工作进行充分讨论	绩效计划
	D4	母公司执行子公司研发部门管理人员的考核工作	管理人员考核
	D5	母公司执行子公司研发部门核心技术人员的考核工作	核心人员考核

续表

维度	编号	指标内容	控制点
研发绩效控制点	D6	母公司参与子公司研发部门一般人员的考核工作	一般人员考核
	D7	集团拥有明确、详细、公平的研发人员绩效考核体系	考核体系
	D8	母公司对子公司研发人员设定明确的晋升发展薪酬体系	薪酬体系
	D9	母公司侧重激励机制激励研发人员发展自我技能	激励机制
	D10	子公司以母公司研发人员绩效考核标准为基础制定绩效考核方案	考核方案
研发风险控制点	E1	母公司为子公司关键技术申请专利	关键专利申请
	E2	母公司为子公司一般技术申请专利	一般专利申请
	E3	建立集团内部研发人才互动信息库	人才信息库
	E4	设计合理的晋升及薪酬体系防止技术人员流失	晋升体系
	E5	母公司对子公司各研发部门研发信息进行统一管理	信息管理
	E6	母公司设计统一的研发信息保密制度	保密制度
	E7	母公司侧重于对子公司技术人才的轮岗学习	轮岗学习
	E8	母公司对子公司高风险研发事项进行识别	风险识别
	E9	母公司对子公司风险研发事项进行评估	风险评估
	E10	母子公司拥有明确、详尽的研发风险管理机制	风险管理机制
	E11	母公司参与子公司研发风险管理方案实施	方案实施
	E12	母公司对子公司研发风险管理进行效果反馈	效果反馈

（三）识别结果

根据上文梳理的研发管理控制点指标设计调查问卷，进入正式的问卷调查环节。借鉴 Imbens and Lancaster（1996）的做法[①]，在各维度下大致按照 3 ∶ 4 ∶ 3 的比例划分关键、重要和一般控制点。最终，五个维度共梳理出 17 个关键控制点、23 个重要控制点和 17 个一般控制点，具体如表 8－2 所示。

① Imbens G W, Lancaster T. Efficient estimation and stratified sampling. Journal of Econometrics, 1996, 74(2): 289-318.

表 8－2 集团公司研发管理控制点分类体系

维度	重要度	控制点	维度	重要度	控制点	维度	重要度	控制点
研发团队	关键控制点	文化控制	研发流程	重要控制点	产品维护	研发绩效	重要控制点	薪酬体系
		研发体系			共性技术			绩效计划
		沟通平台			样品验证			管理人员考核
	重要控制点	文化培训		一般控制点	可行性分析			考核指标
		负责人选聘			方案策划		一般控制点	核心人员考核
		团队规模			关键技术			考核周期
		人员管理制度			概念设计			一般人员考核
		组织学习			需求分析	研发风险	关键控制点	保密制度
		人才建设	研发成本	关键控制点	核算制度			风险管理机制
	一般控制点	文化建设			预算考核			风险评估
		成员选择		重要控制点	预算系统			风险识别
		沟通机制			成本核算		重要控制点	关键专利申请
研发流程	关键控制点	重大项目			成本控制			方案实施
		评审委员会			技术设备共享			效果反馈
		产品反馈		一般控制点	成本档案管理			晋升体系
		技术战略			预算制定		一般控制点	信息管理
		任务下达		关键控制点	激励机制			人才信息库
		投产启动			考核体系			一般专利申请
		流程移植			考核方案			轮岗学习

对各维度控制点的特性进行分析，得出如下结论：

（1）研发控制的重点在于对研发活动前期的管理，包括统一确立研发体系、搭建研发平台、制定绩效考核方案与风险管理机制等方面。制度与指导方案的统一，能够在一定程度上降低集团公司研发的风险水平，提高内部控制质量，同时节约沟通成本，提高集团运作效率。

（2）集团关注对重大项目和共性技术开发的管理，注重对关键技术专利的申请与共性技术的研发。一方面，关键技术项目的研发过程往往伴随着较高的风险，需要母公司重点关注，实时监测加以控制；另一方面，综合考虑成本与收益，共性技术的开发是实现资源高效合理配置的途径之一，构建核心的共性关键技术体系有利于研发的协同与创新。

第二节 集团公司研发管理模式

集团公司研发管理模式是指集团公司对子公司研发工作采取的不同形式的管理方式，体现为母子公司在研发管理权责方面不同的划分。适宜的研发管理模式能为企业集团的研发活动创造有利的组织保障，同时，有助于合理配置集团内部资源、缩短开发周期、节省资源消耗、提高研发效率，最终提高集团的核心竞争力。

参考已有的对研发管理模式的划分，可将集团公司研发管理模式分为集中型、分散型和治理型，这三种模式分别对应了研发管理中采取的集权、分权以及集分权相结合的管理体制。

一、集中型研发管理模式

（一）内涵

集中型研发管理模式是指在集团总部形成技术中心，将集团内子公司的研发活动集中起来进行统一管理，具体管理内容有研发项目的战略规划、计划决策、项目实施和效果反馈，是一种相对集权的管理模式。集团公司研发部门作为整个企业集团研发网络的中心发挥主导作用，各成员企业的主要任务是提出研发需求和具体执行研发项目。集团总部研发部门负责创新，创造出新的产品或产品概念后，在其他地方进行生产，并销往全球各个区域。

集中型研发管理模式下，集团总部负责整个集团的研发项目，承担所有项目从战略规划、具体实施到结果审核的全部任务。一般情况下，研发团队管理、研发成本管理、研发流程管理、研发绩效管理和研发风险管理等内容的所有控制点都会由集团总部统一负责，部分企业集团会根据自身条件和发展战略适当调整。

案例

EDF 公司的集中型研发

法国 EDF（以下简称 EDF）是集发电、输电、配电、售电为一体的电力集团，其研发中心拥有职工 1 980 人（包括实验室等科研机构的研究人员和管理人员），其中研发人员超过 2 /3。因集团公司发电、售电服务两大主要业务的研发需求不存在明显的地区性差异，故公司将研发资源进行了整合，构筑了可充分借助本国公共科技研究成果以及他国研发优势的开放的单一中心研发体系。依托单一中心研发体系，EDF 形成了集中型的研发项目管理模式。集团的研发工作由公司总部分管科技工作的副总裁统一领导，集团科技发展委员会统一决策，并由公司总部的科研部管理。EDF 的科研部由 3 个项目部构成，负责集团所有研发项目的规划计划、立项决策、资源配置、过程监控、成果验收、工作后评估、专业技术部门考核并对特大科技研发项目实施跟踪管理等。

资料来源：盛晓萍，杨尚东．企业集团研发项目管理模式研究．科技管理研究，2011（11）：171-174.

（二）优缺点

集中型研发管理模式的优点：首先，对集团内的研发事项进行统一集中管理，有利于把握整个集团的研发动向。其次，集中型研发管理模式可以实现研发设备与资金的集中和高效利用，统一配置资源，具有很强的协同性。再次，在集中型研发管理模式下，研发人员相对集中，有利于对研发项目建立共同愿景。加之管理系统的标准化，为信息和知识在研发人员间的传播和扩散提供了便利条件。最后，集中型研发管理模式能够有效防止技术外泄和滥用，便于保护核心技术，有利于集团竞争优势的保持和发展。

集中型研发管理模式的缺点：首先，由于集团总部的研发中心掌握着集团所有的研发资源，可能无法有效满足各子公司当地市场的产品需求。其次，集团公司研发中心具有大多研发项目的决策权，子公司较少参与集团研发活动的策划，不利于激发子公司的研发主动性，容易造成组织僵化。再次，所有研发项目都集中在集团总部进行，这就使得子公司难以与当地创新网络中的其他企业、科研机构等进行技术信息的交流与互动，降低了洞察和判断外部技术趋势的能力，面临失去外部技术的风险。最后，集中型研发管理模式难以适应多元化战略的实施。

（三）适用条件

集中型研发管理模式有其自身的特点，采用这一研发模式的企业集团应具有与之相匹配的特征。一般情况下，选择这种研发管理模式的企业集团大多是开发全球通用产品且无需考虑地区市场差异的企业。行政管理型模式下，企业往往选择集中型研发管理模式。治理型管理模式下，处于以下情况的企业有可能选择集中型模式：一是子公司处于成长萌芽期，独立管理研发的能力尚不健全，需要依赖集团的力量和优势；二是企业集团各子公司的研发需求高度趋同，进行集中研发管理便于实现规模经济效应。

（四）研发管理流程

在集中型研发管理模式下，仅在集团公司设立研发部门，负责全集团的研发任务，根据子公司的研发需求进行研发，并提供相应研发成果，其研发管理流程如图 8－1 所示。

二、分散型研发管理模式

（一）内涵

分散型研发管理模式是指集团公司将研发项目的自主权下放给子公司，使各子公司独立承担研发任务，并拥有研发项目的资源配置权和管理权。与集中型管理模式相比，分散型研发管理模式的特征是子公司具有高度自主性，集团对子公司研发绩效的考核更注重采取结果管理而不是过程控制的方式。尽管总部也可能设有研发中心，但研发人员数量较少，且大多承担的是基础研究和支持性的工作，对子公司研发项目的实施和研发过程不予干预和控制，集团公司仅通过定期报告来了解和考核子公司研发活动的进展及绩效。

分散型研发管理模式下，集团总部将大部分关于研发管理的决策权下放给各子公司，一般情况下只负责可能对研发任务具有重大影响的关键控制点，比如研发团队管理中的文化建设、研发成本中的核算制度和研发绩效管理中的考核方案等。

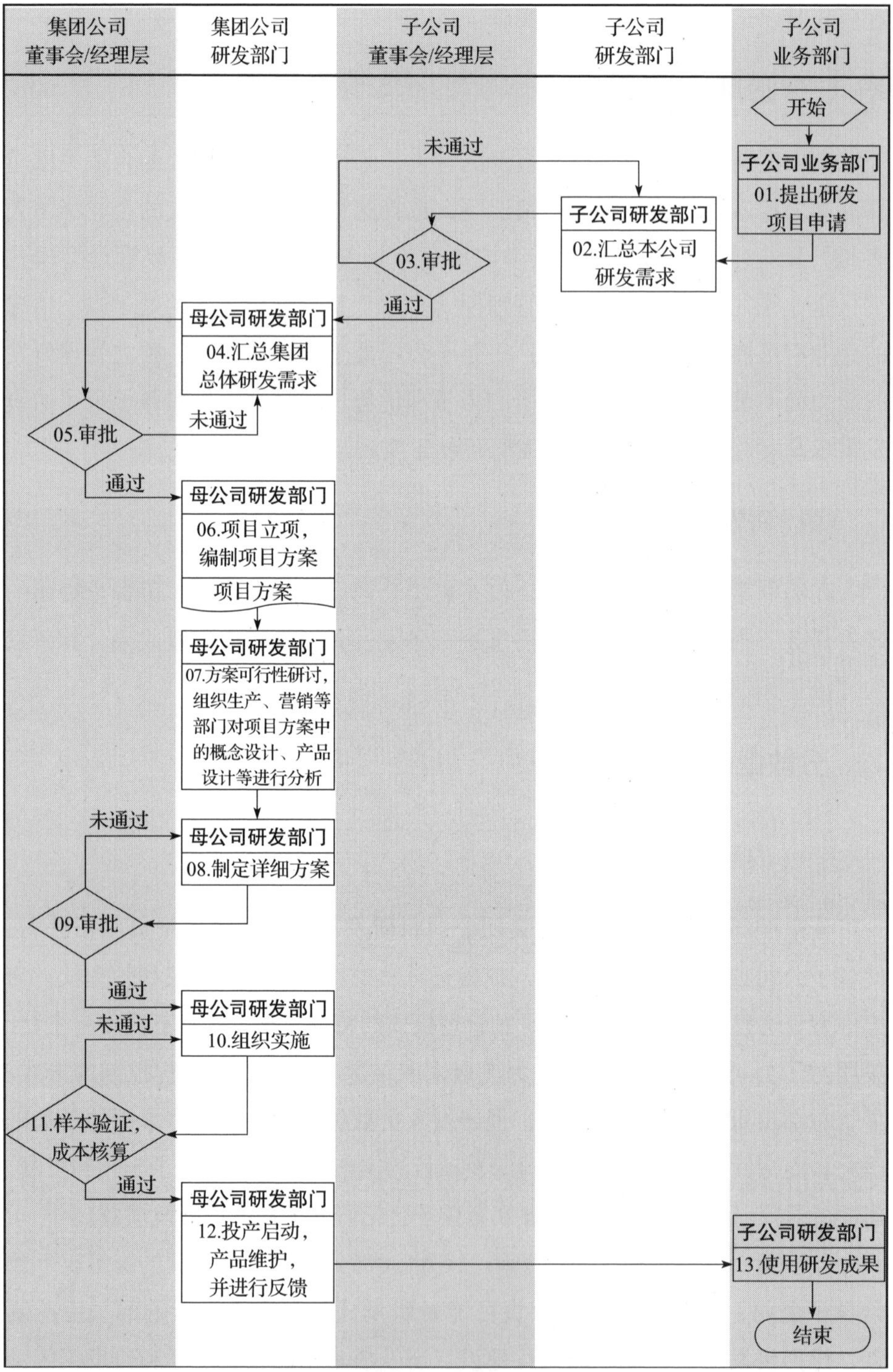

图 8－1　集中型研发管理模式下研发管理流程

案例

积成电子的分散型研发管理模式

积成电子是国内技术领先的行业自动化和信息化整体解决方案供应商，主营业务涵盖智能电网、智慧燃气、智慧水务、智慧能源、电动汽车智能充电、信息安全等领域，拥有积成能源、积成软件等 12 家全资或控股子公司。该集团内各子公司独立运行，除了将涉及通用技术的基层研发设在集团研发中心，其余产品研发均在各子公司，子公司拥有极大自主权，以确保研究开发活动能紧密围绕市场和生产、销售活动展开，这是典型的分散型研发管理模式。

（二）优缺点

分散型研发管理模式的优点：第一，集团总部高度授权子公司，使各子公司拥有各自研发项目的策划权与管理权，这样更有利于实现研发活动与市场需求的高度匹配，提高产品研发的成功率，降低了研发风险。第二，子公司对研发工作进行自主决策，并享有各自研发成果的使用权与支配权，有利于激发其积极性与能动性，进而提高整个企业集团的创新能力和水平。

分散型研发管理模式的缺点：第一，子公司间容易形成各自为战、重复研发和相互竞争内部研发资源的局面，不利于集团整体优势的发挥；第二，在一定程度上限制了技术信息的纵向交流和横向共享，不利于协同效应的实现和发挥。

（三）适用条件

首先，分散型研发管理模式较适合实施自主管理型模式的集团。其次，采用无关多元化战略的集团重复研发的可能性较低，较适合选择分散型研发管理模式的集团。最后，子公司具有较强的研发能力，能够独立进行研发项目的判断、决策和实施，较适合选择分散型研发管理模式的集团。

（四）研发管理流程

分散型研发管理模式下的研发管理流程与单体企业差别不大，各子公司自行决策其研发项目的实施，并监控预算执行情况。其研发管理流程如图 8－2 所示。

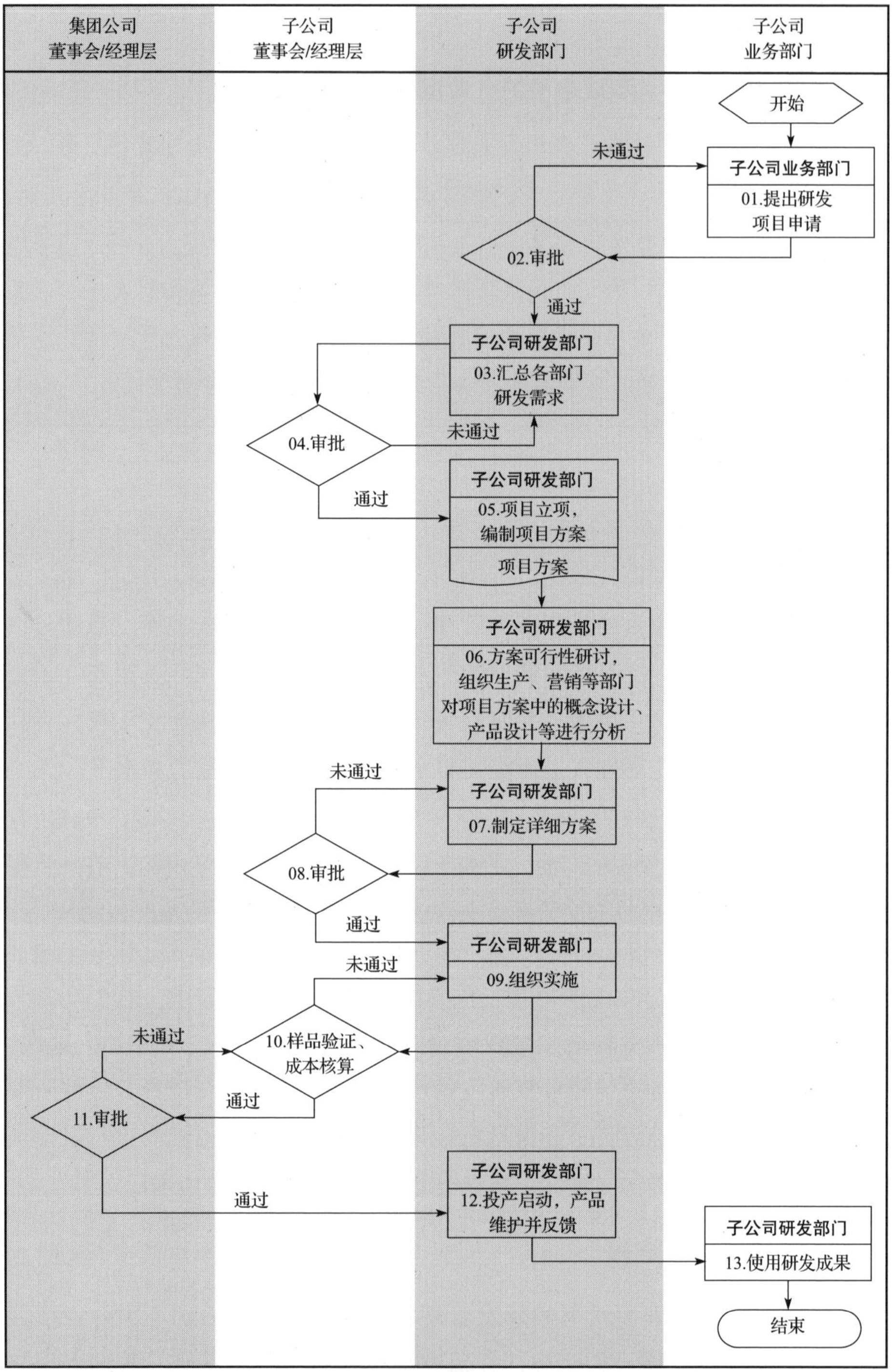

图 8－2　分散型研发管理模式下研发管理流程

三、治理型研发管理模式

（一）内涵

治理型研发管理模式将集团的研发战略和研发项目的重要性相结合，针对集团内不同的研发项目进行权变管理，最大程度实现规模效益和协同效应。在治理型研发管理模式下，集团总部和子公司都设有研发中心，但它们的地位和分工各不相同。集团公司的研发部门主要负责对影响集团未来发展的前瞻性技术、关键技术与共性技术的研发。集团公司通过对研发规划的统一制定、研发资源的统一配置、研发管理规则标准的统一制定以及研发管理信息平台的统一建设等一体化管理来提高企业集团研发的有效性。[①] 各成员企业负责应用性技术研发项目，以对市场变化做出快速反应，提高研发项目的针对性与灵活性。

治理型研发管理模式介于集中型与分散型研发管理模式之间。一般情况下，采取治理型研发管理模式的集团会比较倾向于选择由总部负责研发管理各项内容中的结果要素以及会对研发成果产生重大影响的关键控制点，比如研发团队管理中的文化控制、研发流程管理中的评审委员会和技术战略、研发成本管理中的核算制度和预算考核、研发绩效管理中的激励机制以及研发风险管理中的风险管理机制等。

案例

GE 的研发管理模式

美国通用电气公司（GE）为经营多种竞争性产品的两级法人大型企业集团，产品涉及运输、融资、工业、设备、保险、医疗、能源等 11 个行业。为了保持经营业务在全球数一数二的优势地位，GE 采用治理型研发管理模式进行研发管理。根据其产品核心技术研发的相关性和成果的保密性、全球化产品销售市场的差异性，按照集团内部各级法人的功能定位和研发资源优化配置的需要，构建了由集团总部直接管理的技术研发中心和各成员企业直接管理的产品研发中心组成的研发体系。其中，技术研发中心总部设在纽约，拥有研发人员 1.5 万人，承担对集团尖端技术与关键核心技术的研发，下属的科

① 盛晓萍，杨尚东．企业集团研发项目管理模式研究．科技管理研究，2011(11)：171-174.

技研发机构分布在中国、印度和德国等地，主要利用尖端技术与关键核心技术进行应用型新技术开发。同时 GE 集团总部负责管理集团研发规划与计划的审批，对研发项目实施分层分类的管理模式，按照母公司与子公司的管理定位将项目管理权责在总部与成员企业两个层次上进行分配。

资料来源：盛晓萍，杨尚东．企业集团研发项目管理模式研究．科技管理研究，2011(11)：171-174.

（二）优缺点

治理型研发管理模式的优点：第一，集团负责对重大研发项目的决策和实施，能够有效保证集团公司统一拥有关键的核心技术，有利于集团核心竞争力的形成和知识产权的保护。第二，子公司可以自主决策并根据其独特的市场需求来实施技术研发项目，有利于对目标市场的需求变化迅速做出反应。第三，集团权变管理不同的项目，有利于实现研发投入的规模效益和研发成果的协同运用。

治理型研发管理模式的缺点：第一，集团公司的研发中心既是技术部门，又要对整个集团的重大研发项目进行统一管理，兼具研发与管理的双重职能，集团总部研发部门面临技术与管理的双重责任；第二，此模式需要对子公司间的研发资源和关键技术进行纵横协调、交流，管理成本可能比较高。

（三）适用条件

治理型研发管理模式较适合主营业务相关多元化程度较高且研发需求共性和差异性并存的企业集团；较适合采用治理型管理模式的集团公司，既注重发挥集团总部的战略决策作用，又激发子公司自主经营的积极能动性；集团总部的研发中心既要对同行业领先技术保持敏锐的嗅觉和独特的洞察力，又要有较高的组织管理能力。

（四）研发管理流程

在治理型研发管理模式下，集团公司与子公司共同完成集团的研发工作。集团公司主要负责制定集团研发导向和战略方针，并承担集团内重大关键技术和共性技术的研发任务，各子公司负责适合自身特定需求的应用性技术研发项目，具体的操作流程如图 8－3 所示。

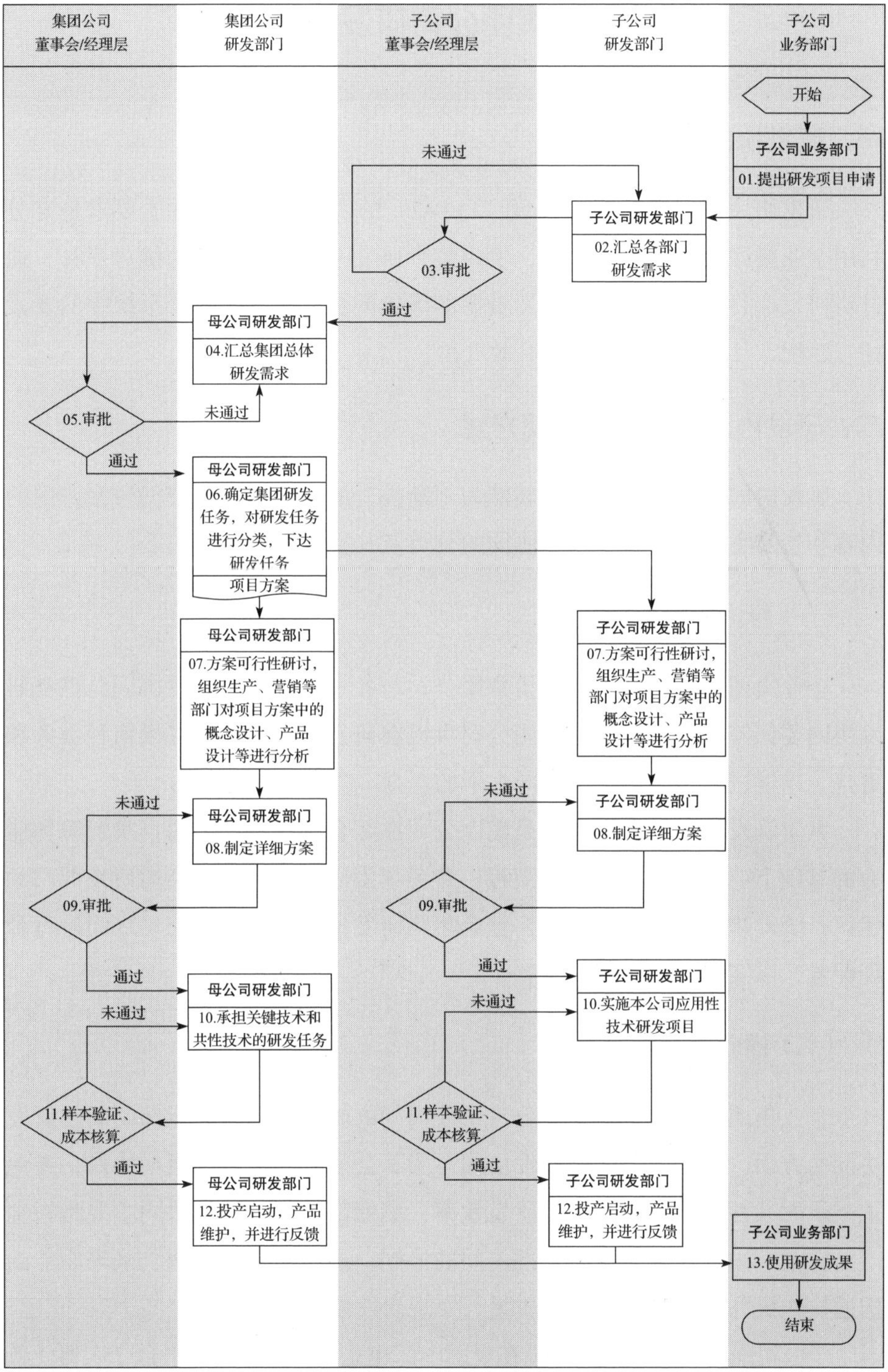

图 8-3　治理型研发管理模式下研发管理流程

第三节　集团公司研发协同管理

一、研发协同的概念

研发协同的终极目标是实现“1+1>2”的协同效应，其本质要求是充分利用企业集团现有的研发资源，实现整个研发系统中各要素的优势互补，通过对研发项目的有效管理和研发资源的优化配置，使各研发子系统中的要素相互匹配，从而促进研发工作高效开展。

二、研发协同分类及其实现方式

研发协同是使企业集团创新能力不断提升的重要途径，根据研发协同的内容和参与主体的差异，研发协同的分类及其实现方式具体如下：

（一）纵向研发协同

企业集团纵向研发协同是指集团公司与各子公司进行研发协同，该类研发协同要回答的关键问题是集团公司可以在研发上为子公司提供何种服务和支持，以促进集团整体研发协同水平的提高。

纵向研发协同的实现方式是集团公司在综合考虑各子公司自身资源和能力的基础上，规范研发制度和流程，参考集团研发部门与子公司研发部门的建议，统筹规划集团研发任务，整合集团研发资源并在各子公司之间进行合理配置，以实现研发协同效应。

（二）横向研发协同

企业集团横向研发协同又分为子公司间的研发协同和职能部门间的研发协同两方面。各子公司间的研发协同是指子公司之间通过沟通与协作，避免重复研发共性技术，提高集团研发效率；职能部门间的研发协同主要是指生产、营销、采购等部门与研发部门间的协同，通过研、产、销、采等职能的沟通协作提高集团研发效率和质量，实现研发协同效应。

子公司间的研发协同可通过在集团内部建立研发信息沟通平台，来促使各子公司进行沟通交流，实现研发技术、生产设备和研发信息等资源的分配与共享；职能部门间的研发协同可在企业内部建立职能部门之间的沟通机制，方便相关部门协同工作并提出反馈建议，其中包括营销部门及时向研发部门提供市场信息，生产部门积极组织产品生产，采购部门及时采购原材料等。

（三）纵横结合研发协同

纵横结合研发协同是指在集团内部由母子公司研发部门及其他相关部门共同参与工作，提高集团研发的成功率。

纵横结合研发协同的实现方式是在集团内部成立研发项目评审委员会，其成员主要由母子公司高管以及研发、营销和生产部门管理者构成。委员会的主要职责包括集团研发趋势判断、重大研发项目评估、寻求协同机会等。

三、促进研发协同的因素

（一）个体因素

促进企业集团研发协同的个体因素主要包括领导和员工的个人特征。首先，领导者的创新意识和容忍失败的程度与研发人员的研发行为和研发能力具有密切关系。支持创新的领导能够激发员工创新的动力，意识到员工在创新方面所遇到的障碍以及资源不足等难题，并能够及时鼓励他们，推动组织内部更多的员工成为创新者。其次，具有高度协同意识的领导能够推动整个组织实现团结合作，领导者的共情、观察、支持他人及合作等能力可以促进团队成员的参与和合作，创造出一种有益于创新的积极高效的工作氛围，有利于提升研发协同水平。最后，研发人员的知识背景、性格特点、认知风格和创新意愿等特质会影响其对研发协同的态度，继而影响集团研发协同的水平。

（二）组织因素

（1）战略导向。集团研发战略规划是实现资源协同的出发点，在集团的研发协同管理中，战略因素对于协同具有重要的引导作用，研发战略的差异会导致各子公司和职能部门在产品研发过程中的参与程度和交流方式产生差异。[①]

① 陈志军，王晓静，徐鹏．集团研发战略一致性与研发协同关系研究：沟通机制的调节作用．财贸研究，2004(3)：125-131.

案例

华为的研发战略导向

华为是全球最大的专利持有企业之一，截至 2018 年 12 月 31 日，其在全球累计获得授权专利 87 805 件，其中中国授权专利累计 43 371 件，中国以外国家授权专利累计 44 434 件。90% 以上的专利为发明专利。华为坚持每年将 10% 以上的销售收入投入研究与开发。2018 年，从事研究与开发的人员有 8 万多名，约占公司总人数的 45%；研发费用支出为 1 015 亿元，约占全年收入的 14.1%。近 10 年累计投入的研发费用超过 4 800 亿元。

华为的战略是构建万物互联的智能世界，打造无处不在的连接、无所不及的智能、个性化的体验，以及数字化的平台。为了实现该战略，华为积极引入大数据、人工智能等技术，大力研发 Copper、Fiber、5G 等领先的连接基础技术，从芯片到应用、从技术到商业和生态，引入多源、多形式的数字平台，聚焦用户需求，为了实现战略发展，进行全面的研发创新。

资料来源：华为官网，https://www.huawei.com.

（2）组织文化。鼓励团结与创新的企业文化可以增强员工的凝聚力，激发员工的创新精神与合作意识，是研发协同的动力源泉。集团研发协同涉及集团内的多个业务单元、部门及人员，塑造良好的创新文化氛围，才能更充分地调动各研发主体的协同积极性。陈志军等（2018）认为若企业集团内部没有良好的组织文化，就无法很好地发挥母子公司间的协同效应，即集团的创新协同与鼓励创新的组织文化直接相关。[①] 所以，母子公司内部形成一种鼓励创新与合作的文化氛围对研发协同来说至关重要。

案例

浪潮的研发文化

浪潮集团将技术创新、管理创新贯穿企业文化建设的全过程，把创新作

① 陈志军，等．“凝心”能“协力”吗？母公司文化控制、研发协同与子公司创新绩效关系研究．中国软科学，2018(4).

为企业文化的DNA，树立了“技术原创是创新、持续改进也是创新”“今天比昨天做得更好就是创新”的全员创新文化。另外，浪潮集团推行的“创新十条”时刻提醒着员工，在竞争的环境下要通过不断创新来保持优势。集团专门为获得专利的员工打造了专利宣传墙，每一位员工，无论职务高低、资历深浅，无论将来是离职还是退休，只要获得了专利，就能够将自己的名字和专利的名称永远地刻在上面。这种做法将员工的创新与企业的发展密切联系起来，刺激了员工创新的欲望和激情。同时，浪潮高度重视每年申请的专利数字、专利使用、人员奖励、技术创新归档等工作，设置专人进行专利管理，建立了健全的申报、奖励机制。作为一种独特的企业文化，浪潮将“创新”二字深深地刻在了每一位员工的心中。高新技术企业在企业文化建设方面应该注意塑造团队性、包容性、融洽性的柔性企业文化，创造有利于每位员工发挥创造力的文化氛围。浪潮集团通过塑造“尊敬人、吸引人、培育人、发展人、造就人”的企业文化，形成了持久的团结与创新的文化氛围，形成了协同效应，从而使企业长期立于不败之地，获得中国电子信息百强IT企业综合实力前两位、中国自主品牌软件厂商第一名、浪潮服务器连续十七年占据国产服务器品牌市场份额第一位等荣誉。

（3）沟通机制。集团公司研发协同涉及多层面的主体，不同业务单元、职能部门和研发团队间从初始的沟通、了解、信任到研发任务的执行，都离不开沟通和信息的共享，如研发团队需要充分了解集团研发战略和市场信息反馈，各研发团队以及研发人员之间需要沟通研发进展状况并共享研发技术与知识，上述诉求都需要集团构建共享平台、完善沟通机制。

以浪潮集团为例，集团公司专门设立了首席知识官，全权负责集团整体和分管业务的知识管理体系的建设，还自主开发了浪潮综合知识管理平台，通过系统中提供的文档管理、知识地图、专家地图、协作空间、全文检索、六步法导引等功能实现了企业知识的由数据、信息到经验、知识的“全生命周期”管理，并将大量的一般知识，包括隐性知识进行集中的管理和多维度分类。通过强化集团内部各相关部门的信息沟通，促进了研发资源共享，推动了集团研发协同运作。

（4）激励机制。从 20 世纪 90 年代起，激励对个体创造力的影响便引起学者们的关注，多数学者认为员工激励对研发人员的创造力具有显著的影响。[①] 白贵玉等（2016）提出非物质激励要素中的环境激励可以为知识型员工提供良好的组织氛围和企业文化，有利于促进员工之间的知识共享和学习行为并提升研发绩效。[②] 徐鹏等（2016）的研究表明实施参与激励可以满足员工的高层次需求，有利于促使员工在研发和创新工作中产生更多的主动性协同行为。[③] 从促进集团研发协同工作的角度出发，集团也应建立完善的激励机制，其中包括合理的分配制度、有效的用人机制、科学的考核机制和培训激励机制等[④]，这样可以促使集团内各成员企业、职能部门以及研发团队内部共同分享研发成功效益，承担失败损失，以推动集团内部研发协同。

案例

海信的研发激励机制

首先，海信集团根据“创新科技、立信百年”的基本理念，创立了独特的“求人、用人、育人、晋人、留人”的人力资源管理机制，并设置了集团、产业集团、产品公司三级人才管理和培训体系，其中集团和产业集团层面还有技术专家委员会。海信不但重视领军人才，吸纳了一大批优秀专家，还十分注重对年轻的研发骨干人才和复合型人才的培养。近年来海信集团研发中心人才规模持续扩大，已有各类专职技术开发人员 6 000 多人，其中一半以上人员拥有高级、中级职称，高级专家和博士 160 多人，硕士 4 600 多人，已建立起规模化、高端化、年轻化的人才梯队。集团建有国家级重点实验室和一流的博士后科研工作站，每年承担十多项国家级项目。

① Vangelis S. Firm-specific competencies determining technological innovation: a survey in Greece. R&D Management, 2002，32(1)：61-77.

② 白贵玉，徐向艺，徐鹏. 知识型员工非物质激励与创新绩效的关系. 经济与管理研究，2016，37(5)：121-128.

③ 徐鹏，白贵玉，陈志军. 知识型员工参与激励与创新绩效关系研究：组织公民行为的非线性中介作用. 科学学与科学技术管理，2016，37(5)：129-137.

④ 陈志军，王晓静，徐鹏. 企业集团研发协同影响因素及其效果研究. 科研管理，2014，35(3)：108-115.

集团研发中心也是海信的一个重要培训中心，每年组织研发培训课程 300 余次，与国内外先进科技企业进行技术交流 5 000 余次，来访交流者数万人次。

其次，海信集团具有创新型的薪酬体系。为了形成有效的激励机制，海信集团将各层次研发人员的薪酬机制当作一项非常有效的激励机制，而非考核措施，形成了独特的创新型薪酬体系：一是设置双通道晋升体系和“工资特区”，为研发人员提供独立发展通道，使其既可以通过钻研先进技术成为技术专家或科学家，也可以通过完成高难度项目成为研发管理人才获得高薪；二是采取股权激励的方式激发研发人员和相关负责人的开拓创新精神，设立“产权特区”，推行投资主体多元化和管理层、技术骨干大比例持股的措施，建立长期激励；三是对于难度系数高的创新产品的研发，在确定项目方案时，通过明确课题难度系数来确定报酬的基数，再用项目进度确定报酬的系数，尽可能保证效率与公平，激励整个研发团队。海信集团完善的激励机制在极大程度上提升了研发人员的工作积极性，同时增加了集团、产业集团、产品公司不同层级研发团队间的协同性，形成研发协同效应，极大地提升了集团研发绩效。

最后，营造创新氛围，鼓励创新，包容创新性失败。鼓励技术人员主动学习、跟踪和掌握先进技术，探索前沿、深层次开发和无人区技术突破，容忍非主观性失败，激发员工潜力与工作热情，通过不断创新成功获得更多的成就感。

（三）环境因素

外部环境因素主要指企业外部环境的不确定性，源自顾客、竞争者、供应商的有效技术信息应及时反馈给研发部门，以增强企业对技术变革动态的敏感度。市场动态性越强，就越需要企业内部的研发与营销联结起来，以生产出具有市场导向性的产品，满足快速变化的顾客需求，实现良好的集团研发协同。当竞争加剧时，研发部门与营销、生产、采购等部门通常会通过相互协作来获得竞争优势。

□ 案例分析

海信集团的研发管理

海信集团多年来一直注重研发工作，在全球建有12个研发中心，初步确立了全球研发体系，有各类专职技术开发人员6 000多人，为集团规模和盈利能力的稳定提升提供了有力支撑。2018年实现销售收入1 266亿元，在中国电子信息百强企业中名列前茅。目前海信集团已确立了集团、产业集团、产品公司三层技术研发体系，集团聚焦中长期战略和产业拓展，产业集团聚焦共性技术的深入研究和共享，产品公司聚焦用户和市场，利用技术成果快速响应获取利润，有效实现了母子公司间、子公司间、职能部门间、研发团队的研发协同。在基础研发、技术与产品研发、公共支持、产学研合作等四个层次上构建出协同创新、高效运作的研发平台，兼顾战略与效率，有效地实现了技术、知识、人员等资源的协同共享。

一、研发模式的调整与演变

随着业务的发展，海信的研发机构由小到大，实力不断增强，研发模式也不断调整，经历了集中—分散—分层协同三次重大调整。1993年，为了促进中长期研发，海信成立了独立的技术中心，技术中心集中全部的研发力量，负责集团全部研发，各产品公司从技术中心购买新产品，技术中心经费从产品销售收入中提取。随着技术中心规模的增大、经费需求的加大，各产品公司逐渐都不愿意用更多的资金支持技术中心的研究，而是越来越倾向于培育自己的技术研发力量，导致技术中心难以为继。2000年，海信将技术中心的短期研发职责划分给对应的产品公司，技术中心只保留中长期产品的研发，技术中心的研发费用由集团提供。2003年，海信建立集团研究发展中心，所有研究所都集中于研发中心大院，并按不同功能确定各自的经费来源和管理模式，建立了公共支持平台，形成三层技术创新体系，研发资源的集中和分散管理模式相结合，有效地实现了资源共享。

二、目前的研发管理体系

2012年底海信在青岛崂山建设了全新的集团研发中心，并于2014年正式投入使用。新研发中心拥有优质的办公环境以及完善的配套设施，并配备了大量先进的仪器和设备，服务于海信不断成长的研发队伍。2018年海信进行研发战略调整，根据不同产业特点和共性分别组建了电子信息集团、家电集团、智能科技集团三大研发中心，充分整合各产业方向的资源，重视前瞻性、创新性技术投入，提升研发效率，适应以5G、人工智能、物联网、大数据为代表的新一轮科技革命的到来。

目前海信集团的技术研发体系分为四个层次：第一个层次是前瞻性、关键性、领先性和共性技术的研究，该部分研发职责由集团及产业集团直属的应用基础研究中心承担，通过中长期预研项目和对外合作实现，研究成果可以支持对中长期战略产品的开发；第二个层次是面向市场的快速技术与产品研发机构，由产品公司组织开发团队并提供研发费用，以高效率、高水平、快节奏的运作方式推出满足当前客户需求的产品；第三个层次是研究开发的公共支持平台，包括集团的检测中心、工业设计中心、数据信息中心、海信学院等，其由集团提供费用支持，为所有公共研究开发提供高效率的平台支持；第四个层次是产学研合作平台，与科研机构、大学、世界500强公司等创新组织进行高起点、广泛的技术合作，从而确保技术创新的开放性和领先性。

海信集团按照项目的类别将研发分成两类：一是集团重大研究项目或者在各成员企业中属于共性技术的研发项目；二是各成员企业的专用技术研究项目。海信每年组织专门的论证会，对专家委员会和各级组织上报的项目进行论证评审，组织专门的项目组完成集团重大研究项目和共性技术项目，集团研发管理部负责跟进项目进度及监控项目质量，对项目实施过程中的关键节点进行控制。其他的一般和应市项目则由各产业集团公司及产品子公司全权负责，集团研发管理部门进行监控与审核，并不参与项目过程、负责结果。

三、研发管理中的协同运作

海信集团的技术研发体系充分体现了母子公司间、子公司间、职能部门间和研发团队四个层面的研发协同，并且在基础研发平台、技术与产品研发平台和公共支持平台的技术支撑下，有效地实现了集团内部人员、技术、知识等资源的共享。研发中心体现了集团公司、产业集团和产品公司间的协同，其负责共享交流，包括成果共享、技术共享、研发人员共享和定期进行的横向交流等；集团公司提供经费支持公共支持平台的运行，为各产业集团和产品公司提供检测、培训、工业设计等公共服务。需要尽快取得成果的短期项目，则由集团统一下发抽调令，实现各公司和部门的配合，形成人员与技术的共享。研发项目立项、预算、研发成果验收等过程，需要不同部门的配合；采购部门需要按照符合设计标准的采购标准对供方进行认定并采购合适尺寸与规格的零部件；生产部门根据研发和工艺标准（以设计标准为依据）组织生产过程；质量和测试部门通过各种设备、仪器和方法对产品质量进行严格的测试和把关；市场和销售部门需要完成产品渠道拓展、推广及销售目标；服务部门与客户保持密切联系，及时收集市场反应情况并反馈给研发及相关部门，以便根据市场需求做出调整和改进。研发团队的协同要与前端团队如规划、市场部门的信息进行对接，同时要与采购、资源、质量、测试、工艺、服务等相关部门进行有效沟通，不断改进，才能保证研发项目顺利进行并高质量地实现预期目标。

思考题：

1. 探讨公司战略与研发管理模式的关系。

2. 如何实现集团研发协同？

第九章

集团公司供应链管理

第一节 供应链管理概述

一、集团公司供应链管理的内涵

到目前为止，理论界对于供应链管理还没有统一的定义。Christopher（1992）认为供应链管理实际上是对物流管理的延伸，物流管理只涉及组织内部最优化的商品流通，供应链管理则更强调企业间的商品流通。[①] 埃文斯（Evens）认为供应链管理是通过前馈的信息流和反馈的物流及信息流，将供应商、制造商、分销商、零售商以及最终用户连成一个整体的管理模式。陈国权（1999）认为，供应链管理是对整个供应链系统进行计划、协调、操作、控制和优化的各种活动和过程，其目标是将顾客所需的产品在正确的时间，按照正确的数量、质量和状态送到正确的地点，并使总成本最小。[②] 美国供应链管理专业协会认为供应链管理专注于对有关资源的获取与转换以及物流管理的所有计划和管理活动，主要包括供应商、中间商、第三方物流企业和消费者等流通渠道伙伴之间的协调与协作。本质上，供应链管理是对贯穿企业内外的供应管理与需求管理的整合。[③]

概言之，供应链管理是一种集成的管理思想和方法，它执行供应链中从供应商到最终用户的对物流的计划和控制等职能。

集团公司供应链管理是指处于企业集团核心地位的集团公司对子公司所组建或从属的一个或多个供应链系统实施管理与控制的过程。集团公司供应链管理主要包括集团公司采购管理、库存管理和物流管理等。

二、集团公司供应链管理的功能

成功的供应链管理应该能够加速产品从生产到消费的过程，缩短产销周期，使企业能够对市场需求变化做出快速反应，增强自身的市场竞争力。[④]

---

① Christopher M. Logistics and supply chain management: strategies for deducing costs and improving services. London: Pitman Publishing，1992：68-74.

② 陈国权．供应链管理．中国软科学，1999(10)：101-104.

③ Council of Supply Chain Management Professionals. Supply chain management: processes, partnerships, performance. Supply chain management inst，2008.

④ 陈子侠，蒋长兵，胡军．供应链管理．北京：高等教育出版社，2005：25-59.

集团公司供应链管理的作用主要体现为：

（1）保障集团战略目标的实现。子公司的供应链管理不仅要与其自身战略目标相一致，同时也要有助于实现整个集团的供应链战略目标，因此集团公司要对子公司的供应链进行监视、评估、诊断与纠偏，确保对整个集团内所有供应链系统的有效整合与协同管理，最终保证集团公司战略目标有效实现。

（2）优化资源配置，降低集团库存，实现成本优势。集团通过制定统一的供应链管理流程与规范，再造集团内部业务流程，在母子公司之间实现信息通达、无间协作，提高集团整体的客户反应速度，并降低库存成本。

（3）实现供求的有机结合。供应链管理把供应商、生产商、分销商紧密结合并进行协调优化，确保及时掌握消费者信息以及时决策，减少流通环节并缩短流通时间，实现供求的良好结合，提高消费者满意度。

三、集团公司供应链管理的特点

与单体公司相比，集团公司供应链管理的特点主要体现为：

（1）管理主体多元。集团实施供应链管理的主体既包括集团公司层面的运营部、财务部、信息中心、采购总部、物流总部、仓储总部、市场总部等职能部门，又包括子公司层面的相关职能部门，组织架构关系复杂，管理层级较多，协同运作的难度也随之增加。

（2）集团内外供应链并存。供应链管理主要是强调在企业间价值链的管理活动。集团内母子公司与集团外部企业形成了多个供应链条，同时，集团内部往往存在由多个子公司构成的处于同一产品价值创造链条的供应链，因此集团公司供应链管理不仅包括集团外的企业间价值链的管理，也包括对集团内供应链协同整合的管理。

（3）协同管理。集团公司供应链管理服务于集团战略的宗旨与理念，注重供应链的整合，以不断实现协同效应、加强风险防范。

第二节　集团公司采购管理

一、集团公司采购管理的内涵

采购（purchasing）是指企业在一定的条件下从供应市场获取产品或服

务作为企业资源，以保证企业生产及经营活动正常开展的一项企业运营活动。采购是一个具有商业性质的有机体为维持正常运转而寻求资源并从体外摄入的过程。邹辉霞（2009）认为采购包括购买、运输、仓储、收货。采购是一个复杂的过程，狭义上，采购是公司购买货物和服务的行为；广义上，采购是一个公司取得货物和服务的过程。[①]

采购管理是指为保障整个企业的正常运行而对企业采购进货活动进行的管理，是整个物流活动的重要组成部分。[②]集团公司采购管理是指企业集团在一定的条件下从供应市场获取产品或服务作为资源，以保证集团生产及经营活动正常开展的活动及过程。采购过程实际上是商流、物流以及资金流的统一。

二、采购管理的功能

采购管理的功能主要表现在如下方面：一是降低成本，提高集团竞争力。在企业成本构成中，采购成本占总成本中的比重约为 30% ～ 90%，平均看来在 60% 以上，采购成本控制也就成为企业（尤其是制造型企业）成本控制中最有价值的部分。[③]企业集团采购管理，尤其是集团集中采购，有利于在集团内部实现信息、资源的共享，实现协同效应，降低采购成本并提高集团竞争力。二是提高效率，缩短客户响应时间。集团通过制定与控制采购计划，使采购时点与程度同母子公司相关环节适度结合，这样可以缩短集团客户的响应时间，并提高集团信誉度。三是保证集团产品质量。采购环节中对质量的控制不仅体现在进货验收上，更重要的是将质量管理工作拓展到供应商的生产制造过程，从源头抓起，才能确保产品质量。

三、采购模式的类型

（一）集中采购

集中采购又称中央采购，是企业采购活动的一种组织实施形式，即集团将具有规模包括批量规模的采购项目，纳入集中采购目录，统一由集中

① 邹辉霞．供应链管理．北京：清华大学出版社，2009：59-62.
② 彼得·贝利，等．采购原理与管理：第 9 版．北京：电子工业出版社，2006：11-25.
③ 张韵君．采购成本的有效控制策略．中国市场，2009(10)：121-123.

采购机构开展采购活动，从而获得采购的规模效益。集中采购具有集中数量、避免重复、促进专业化、降低运输成本以及减少业务单元间竞争等优势，能降低采购成本、提高谈判能力。其劣势表现为程序复杂、部门间配合不力等。例如，海尔集团曾采用 JIT（准时制）采购方式，JIT 的基本思想是一种追求无库存或者库存量达到最小的生产系统。而现在，海尔通过 COSMOPlat 在采购端实现了新的智能升级，采用模块化采购模式，通过建立开放的海达源全球采购平台，实现从零件商到模块商的端到端的信息融合。①

（二）分散采购

分散采购模式是集团将采购权下放，由子公司在规定的金额范围内，依据自身需要进行采购活动的模式，分为全部分散采购和部分分散采购两种模式。对子公司和部门来讲，分散采购具有及时了解需求、迅速当地采购等优势，同时也存在子公司间重叠采购、内部竞争、协同不足等劣势。分散采购与单体企业采购差异不大，不再详述。

（三）协作采购

协作采购是一种集中协调、分散实施的采购形式，分为集中协作采购与分散协作采购两种类型。集中协作采购是集团与供应商签订框架性协议，再由子公司具体执行；分散协作采购是集团领导下的分散采购形式，运用的前提是各子公司具有比较完善的采购体系。

案例

格力电器、青岛海尔、美的集团的采购管理

一、格力电器——集中采购、整合上游企业

格力电器以企业资源计划为基础，由原材料采购部门统一进行规模采购，使格力电器在与供应商商议价格中更占优势。同时，格力集团不断大力发展上游企业，通过参股和控股多家供应商企业，形成配套的产业群，能在采购渠道中获取更多的主动权和议价权。

① 吕文晶，陈劲，刘进．智能制造与全球价值链升级：海尔 COSMOPlat 案例研究．科研管理，2019，40(4)：145-156.

二、青岛海尔——建立战略合作关系

青岛海尔对供应商的选择有一套完整的科学评价体系，合作前会对供应商的质量、成本、交货期、技术能力等进行多维度综合评价。确定合作后，青岛海尔提倡双赢机制，与供应商建立战略合作关系，获得商业信用。

三、美的集团——设立采购中心

美的集团专门设立了采购中心有限公司来负责原材料的采购和与供应商的沟通，其与供应商的合作关系更为紧密，采购环节更加高效，同时在一定程度上提高了谈判时的话语权和采购渠道中的优势地位。

三家企业集团在采购渠道管理上采用的方式不尽相同，但无论哪种方式都是为了加强供应商协同效益，减少采购环节，使渠道尽量扁平化，从而加速采购渠道营运资金的周转，最终增强企业的竞争力，提高企业价值。

资料来源：徐鹤鸣．采购渠道营运资金管理绩效比较分析：以格力电器、青岛海尔与美的集团为例．财会研究，2019(5)：56-58.

四、集中采购的实现方式

集中采购可分为以下三种模式：虚拟采购组织模式、物资公司采购模式和集团集中采购与子公司结算模式。

（一）虚拟采购组织模式

企业集团虚拟采购组织模式是指集团为了充分发挥集中采购的规模效应，降低采购成本，统一设置虚拟采购组织负责集团各公司和各部门的物资审批、订单生成工作，各单位只负责对订单进行后续执行。

虚拟采购组织模式在跨国公司、外资企业中应用较多，可减少采购人员、降低采购成本，是一种有效的集中采购模式。

（二）物资公司采购模式

物资公司采购模式是指集团设置独立核算的物资公司，负责对整个集团大部分物资的集中采购。具体而言，子公司向物资公司提出采购计划，物资公司汇总采购需求并集中向供应商采购；物资公司与供应商进行采购结算，物资公司与子公司进行内部采购结算。

（三）集团集中采购与子公司结算模式

集团集中采购与子公司结算模式是指集团负责对整个集团大部分物资的集中采购，供应商根据要求直接发货给各子公司，供应商与子公司进行结算。

五、不同模式下的采购管理职责的划分

实施行政管理型模式的母公司会统一做好集团内部的采购工作，特别是对战略物资、关键物资的采购工作。子公司的物资需求由母公司统一制定，子公司只负责具体执行。

实施治理型模式的母公司会适当放权给子公司。母公司会采纳子公司采购申请的意见和建议，母公司和子公司共同制定子公司的采购申请，或者是子公司根据实际情况制定自己的采购申请，由母公司批准。

实施自主管理型模式的母公司通常完全放权给子公司，子公司在采购业务中有权做出自主决策，只在母公司备案大额合同。

母子公司采购管理职责分配如表 9－1 所示。

表 9－1　母子公司采购管理职责划分

	行政管理型模式	治理型模式	自主管理型模式
母公司采购管理职责	1. 根据集团供应链战略与各子公司情况，拟订各子公司采购计划； 2. 修订集团采购计划； 3. 执行集团采购计划	1. 督导、审核子公司供应链采购； 2. 检查子公司采购的执行情况	1. 对子公司采购业务提供指导和服务； 2. 对子公司采购中的大额合同进行备案并检查
子公司采购管理职责	1. 协助母公司制定供应链采购计划； 2. 执行母公司采购计划	1. 拟订本公司采购计划，并报总部审批； 2. 执行审批通过的采购计划	1. 拟订本公司采购计划，并报集团公司； 2. 组织执行拟订的本公司的采购业务

六、采购管理的控制点

采购管理的目标一般包括五个“恰当”，即恰当的数量、恰当的时间、恰当的地点、恰当的价格和恰当的来源。[①] 刘斌（2005）总结出采购管理的六要素，即质量、数量和交付、供应商决策、价格、谈判以及合同等；同

① 邹辉霞. 供应链管理. 北京：清华大学出版社，2009：279-280.

时他们认为，采购控制包括采购调研、采购计划、采购预算和采购绩效评估。[①] 这些也是采购过程中需要加以控制的要素。在此基础上，本书对采购过程中的控制点总结如下：

（一）市场分析

母子公司所在的市场类型有所不同，明确市场类型有助于确定供应商的数量、权力与依赖关系的平衡，以确定哪种方式更为有效。

（二）组织与管理制度

集团采购管理首先涉及采购的组织问题，需要明确集团的采购管理体制，包括采购权的集中与下放，母公司采购部门与子公司采购部门的关系，相互之间的业务协同与运行机制，以及采购部门负责人的考核任免程序等。

（三）岗位职责与人员素质

集团要实施集中采购就需要有专门的职能机构，即物资公司或其他集中采购部门，并任用专业的采购人员。集团采购人员应具备专业知识与成本意识，价值分析能力、预测能力、人际沟通与协调能力等素质。采购人员需要承担的责任包括采购计划与需求确认，供应商选择与管理，采购数量、品质、价格、交货期和成本控制，采购合同与记录管理等。

（四）采购需求与采购计划

科学的采购计划能够保证生产持续正常地进行，避免库存积压，有效控制物料成本，更好地配合公司生产计划与资金调度。集团应从实际出发，制定有利于自身发展的采购计划。

（五）采购规范和流程

采购流程是母公司对子公司实施采购控制的重要手段。各子公司在采购过程中，必须按照母公司规定的流程进行采购需求申报，结合现存量进行汇总平衡；母公司监控子公司采购流程的执行情况，督促子公司实现采购责任

① 刘斌．采购与供应管理．北京：高等教育出版社，2005：32-44.

的明晰有序，资金预算安排的合规有序，控制好采购资金支付，保证采购质量。

（六）供应商

供应商的选择是供应链采购管理的首要问题，紧密的供应商合作关系对于增强企业的竞争优势意义重大。[①] 因此，集团应参照历年的采购情况并结合实地考察，严格逐一审定供应商。

（七）采购范围

采购范围由采购目录和采购限额来确定。集中采购目录中的物资通常为大宗或批量物资、定期采购物品、关键物料等；采购限额指采购项目中对金额数量的控制，大额采购适于采用集中采购，不适于集中采购的物品可由子公司分散采购。

（八）采购周期

采购周期是指采购方决定订货并下订单→供应商确认→订单处理→生产计划→原料采购（有时）→质量检验→发运（有时为第三方物流）的整个周期。简单地说，就是规律性的两次采购间隔的天数。各子公司要根据对供应链需求与预测的分析结果确定采购需求和采购周期，并由母公司审批或监督。

（九）采购方式

采购方式归纳起来主要有公开招标、邀请招标、询价、竞争性谈判、杠杆采购、单一来源采购以及其他采购方式。不同的采购方式各有利弊，集团公司应该酌情而定，选择最能降低采购成本、实现采购协同的采购方式。

（十）采购预算

采购预算是涉及采购资金使用的一种预算，用货币金额形式来表达采购计划及其频率等。采购预算是集团采购的关键控制点。

---

① 邹辉霞．供应链管理．北京：清华大学出版社，2009：218-219.

（十一）采购效果评估

不论是母公司统一采购还是子公司独立采购，都要对采购方案和执行情况进行评估，也可聘请外部专家协助进行评估，以及时发现问题并进行改正。

七、采购管理协同的实现

母子公司采购过程中，协同主要体现在以下方面：一是集团的集中采购行为有效降低了采购成本，提升了子公司在供应链渠道中的议价能力；二是集团对子公司采购工作的指导和服务；三是通过构建统一采购平台等提升子公司的采购效率；四是集团内部上下游产业企业可直接完成采购活动，同行业的产业企业可协同进行采购活动。[①]

八、不同模式下的采购流程

供应链环境下采购的基本流程包括：采购需求分析、资源市场分析、制定采购计划、供应商选择、采购计划实施、采购过程监控以及采购评价等环节。[②]

（一）行政管理型模式

母公司采购部门统一承担采购职责，母公司通过与子公司的充分沟通，综合考虑供给和需求，从集团战略高度确定计划期内供应链管理目标、政策和预算，制定出与集团总体战略相匹配的采购计划，以实现横向协同和纵向控制。具体流程如图 9－1 所示。

（二）治理型模式

子公司负责一般物资的采购工作，由子公司采购部执行。母公司通过对子公司关键物资采购的控制，达到对子公司供应链进行管控的目的。子公司重要的采购工作主要由母公司采购部门负责，制定出采购方案，报母公司审批后实施，并及时进行效果反馈与评估。具体流程如图 9－2 所示。

---

① 物资计划采购管理系统需求分析. http://jsjxh.pmjt.com.cn/news/jsjl/yyfa/8.htm.

② 邹辉霞. 供应链管理. 北京：清华大学出版社，2009：280-281.

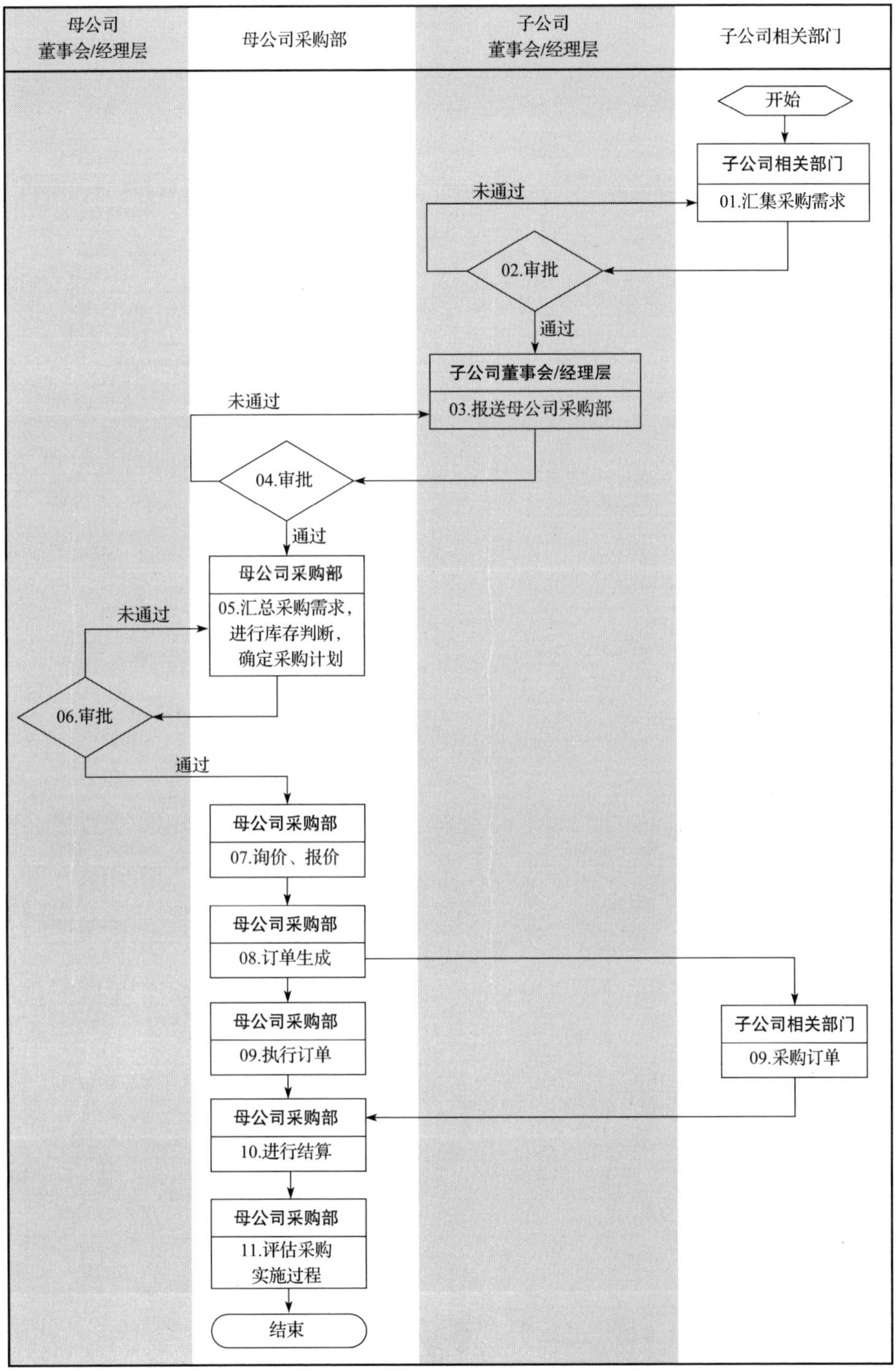

图 9－1　行政管理型模式下采购流程图

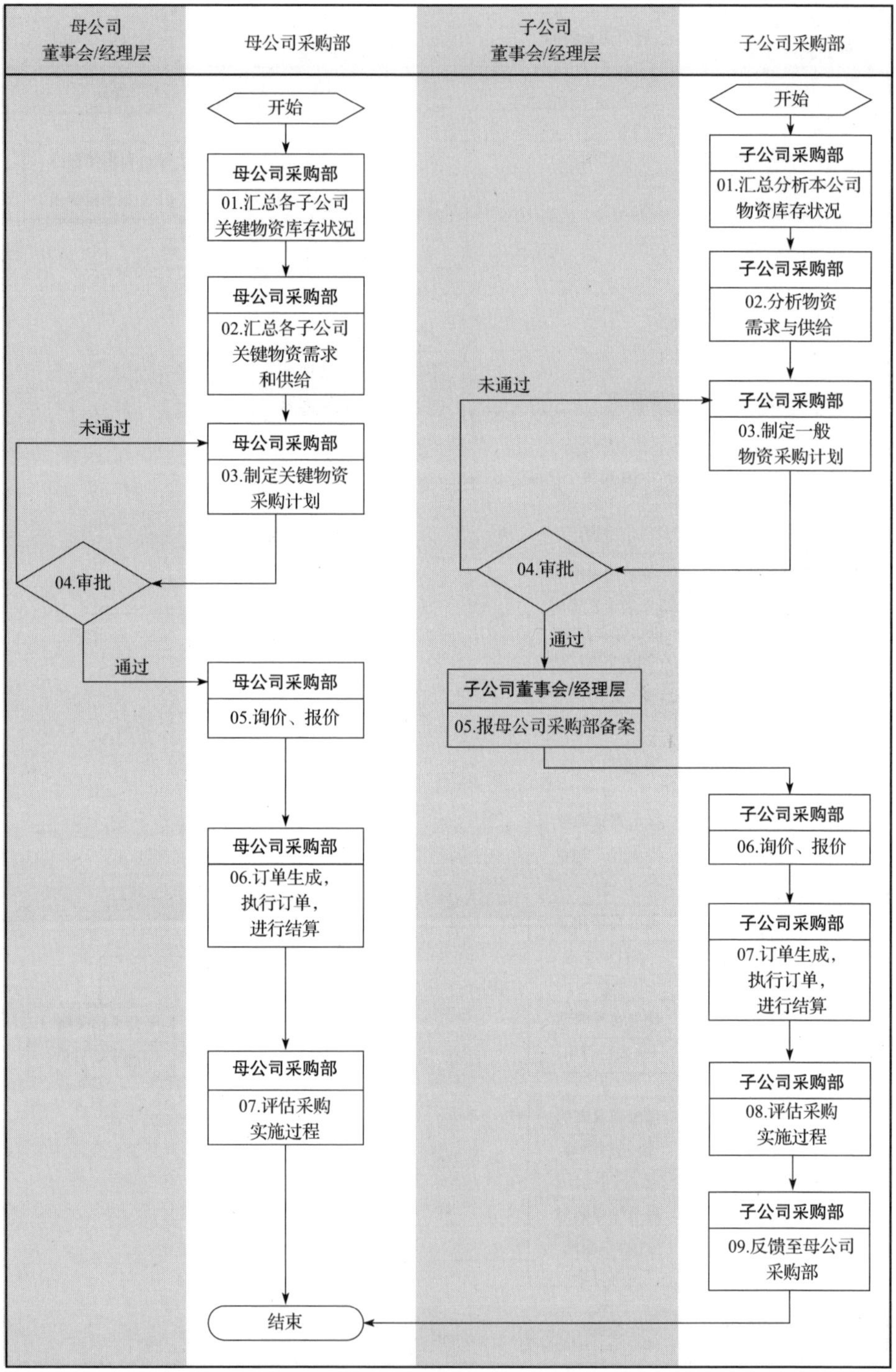

图 9－2　治理型模式下采购流程图

（三）自主管理型模式

此模式下采购工作主要由各子公司采购部进行，子公司根据自身实际情况分析供给与需求，制定采购方案并实施，进行效果评估，并上报母公司备案。具体采购流程与单体公司差别不大，不再赘述。

第三节　集团公司库存管理

一、集团公司库存管理的内涵

库存（inventory）是企业生产经营过程中的一个重要环节，是企业物流的基本功能。库存具有狭义和广义两种含义。狭义的库存是指仓库中暂时处于静止状态的物资；广义库存是指用于将来目的而暂时处于闲置状态的资源。邹辉霞（2009）认为库存是供应链中所有原材料、流程中的半成品和制成品等满足各种用途的存储。[①] 综上所述，不同学者对库存的定义大同小异，库存一般表示用于将来目的但暂时处于闲置状态的资源。[②]

库存管理是指在库存论的指导下，在经济、合理或某些特定前提下，确立库存数量的界限，即确定库存量、库存水平、订货量等的数据界限。简单地说，库存管理主要是企业经营者解决是否补充订货，补充多少订货，以及库存系统的安全库存量、平均库存量、周转率、缺货次数各是多少等问题所采取的方法。[③]

集团公司库存管理是在满足客户服务要求的前提下，对母子公司在生产、经营全过程中的各种物料、产成品以及其他资源进行管理，使其储备保持在经济合理水平上的活动及过程。有效的集团库存管理有利于保证母子公司生产、经营活动的正常需求，缩短订货提前期，加快市场反应速度[④]，缓解不确定性因素的影响。

---

① 邹辉霞．供应链管理．北京：清华大学出版社，2009：280-281.

② Gerand P. Cachon, marshall fisher, supply chain inventory management and the value of shared information．Management Science，2000，46(8).

③ 廖金福．库存管理入门．广州：广东经济出版社，2004：7-23.

④ 赵启兰，刘宏志．生产计划与供应链中的库存管理．北京：电子工业出版社，2003：219.

二、集团公司库存管理的类型

按功能区分，库存有五种基本类型：波动（需求与供应）库存、预期库存、批量库存、运输库存以及屏障库存。[①]

（一）波动（需求与供应）库存

波动库存是因不能准确预测销售与生产的数量和时机而持有的库存。其中需求波动库存是为意料之外的需求而提供的保险即安全存货；供应波动库存是为供应中断提供的保险，能够有效减少停工损失。

（二）预期库存

这是为迎接高峰销售季节、一次市场营销推销计划或个别工厂关闭而预先准备的库存。其功能在于调节供应量，使其能够满足季节性销售及市场促销活动的需要。

（三）批量库存

按照物品的销售速率去制造或采购物品往往是不现实的。因此，要以较大的数量去获得原材料，由此造成的库存就是批量库存。生产调整时间是确定此类库存的一个主要因素。其意义在于能够获得采购折扣，减少生产调整、物料搬运费用等。

（四）运输库存

这是因物料必须从一处移动到另一处而存在的库存。运输在途时，库存不能为客户和工厂服务，因而需要运输库存。

（五）屏障库存

使用大量基本矿产品（如煤等）或农牧产品（如羊毛、谷类等）的公司可以通过在价低时大量购进这些价格易波动的物品而实现可能的节约，这种库存即屏障库存。

---

① 赵晓波，黄四民．库存管理．北京：清华大学出版社，2008：19-37.

三、库存管理模式

（一）供应商管理库存模式

供应商管理库存（vendor managed inventory，VMI）的概念，由马吉（Magee）于 1958 年首次提出。它是指以用户和供应商双方都获得最低成本为目的，在一个共同的协议下由供应商管理库存，并不断监督协议的执行情况、修改协议内容，使库存管理得到持续改进的合作性策略。[①]20 世纪 80 年代，沃尔玛和宝洁等公司率先实施 VMI 并取得成功，VMI 后来逐渐被各行各业广泛运用，在百货业、钢铁业、出版业、石化业、家用电器业的应用尤其普遍。[②] 这种库存管理方法打破了传统各自为政的库存管理模式，体现了集成化的供应链管理理念，更加适应物流市场的变化，是一种新的且有代表性的库存管理思想。

成功实施 VMI 需要具备两个前提：一是供应链上下游的供给方和需求方要建立相互信赖的战略伙伴关系，只有形成稳定的战略联盟，才能保证 VMI 的有效实施；二是需求方应和供给方共同建立 VMI 执行协议框架和运作规章制度，建立有利于双方的库存控制管理系统，依靠先进的信息化技术，建立 VMI 的运营平台，有效提高 VMI 的运行绩效水平。

（二）联合库存管理模式

联合库存管理（joint managed inventory，JMI）模式是一种基于协调中心的库存管理方法，是为了解决供应链体系中的“牛鞭效应”问题，提高供应链的同步化、敏捷化程度而提出的。[③]JMI 模式强调供需双方要相互协调，共同参与制定库存计划，并在供应商和用户间建立起合理的库存成本、运输成本及意外损失的分担机制，通过加强供应链管理模式下的库存控制来提高供应链的系统性和集成性，增强企业的敏捷性和响应性，是一种风险分担的库存管理模式。[④]

JMI 的思想起源于地区分销中心的联合库存功能，地区分销中心体现了

---

① Magee J F. Production planning and inventory control. New York: McGraw Hill, 1958.

② 刘鹏飞，谢如鹤．供应商库存管理收益研究综述．商业研究，2007(11)：37-41.

③ Hau L L, Corey B. Management supply chain inventory: pitfalls and opportunities. Sloan Management Review，1992，33(3)：65-73.

④ 刘鹏飞，谢如鹤．基于供应链的现代库存管理方法之比较研究．商业研究，2006(2)：170-174.

一种简单的联合库存管理思想。传统的分销模式是：分销商根据市场需求，直接向工厂订货。例如，汽车分销商根据客户对车型、款式、颜色、价格的不同需求，向汽车制造厂订货。由于订单的履行需要一定的前置期，分销商为了提高服务水平，不让顾客等待过长的时间，同时降低缺货成本，不得不持有大量库存，由此产生了巨大的成本。采用地区分销中心的销售方式后，各分销商只需持有少量的库存，大量的库存由地区分销中心储备，也就是各分销商将其库存的一部分交给地区分销中心负责，从而减轻了各分销商的库存压力，地区分销中心也具备了联合库存管理的功能。①

富士康集团就采用了上述两种库存控制模式，其有四种不同的叫料模式：标准订单（PO）、供应商管理库存（VMI）、准时制（JIT）以及内交。PO、VMI 和 JIT 是连接集团外部供应商的叫料模式，内交是富士康集团中不同的事业群之间相互交易的一种模式，其中一个事业群为另外的事业群提供所需的原材料，其主要为产品的机壳。PO 是传统的产生订单进行补货的供应模式，目前富士康集团的大部分电子供应商都选择用这种标准订单交货模式。VMI 主要思想是在客户同意的条件下，供应商设立库存并完全管理库存，拥有库存控制权。目前不到一半的电子供应商在用这种模式，且大都是电容、电阻、电感、LED、转换器等物料的供应商。富士康集团工厂内设有 VMI HUB，通过第三方物流富泰通来管理。富士康集团的包装材料如纸箱、泡棉、彩盒等都以 JIT 模式叫料，大部分包装材料体积大、成本低、易损坏，供应商的供货则趋向小批量、多批次。JIT 模式叫料减少了仓库的占用面积和人力的管理，为了消除库存和不必要的浪费而进行持续改进，加速库存周转，提高产品的质量，实现零库存的目标。

（三）协同规划、预测和补给模式

协同规划、预测和补给（collaborative planning，forecasting & replenishment，CPFR），是一种协同式的供应链库存管理技术，能同时降低销售商的存货量，增加供应商的销售量。②CPFR 模式最大的优势是能及时、准确地预测由各项促销措施或异常变化带来的销售高峰和波动，从而使销售商和

① 冯耕中，刘伟华．物流与供应链管理．北京：中国人民大学出版社，2010：248．

② Dong Y, Xu K F. A supply chain model of vendor managed inventory. Logistics and Transportation Review，2002，38(2)：75-95.

供应商都能做好充分的准备。[1] 因此，CPFR 能在合作伙伴之间实现更深入广泛的合作。

1995 年沃尔玛与其供应商 Warner-Lambert、世界最大的企业管理软件提供商 SAP、国际著名的供应链软件商 Manugistics、美国著名的咨询公司 Benchmarking Partners 等联合成立了零售供应与需求链工作组，进行关于 CPFR 的研究和探索，其目的之一便是开发一组业务流程。供应链中的成员基于它能够实现从零售商到制造企业之间的功能合作，显著改善预测的准确度，降低成本、库存总量和现货百分比，发挥供应链的全部效率。工作组在概念性实验取得成功后，组成了由 30 多个单位参加的 CPFR 理事会，致力于对 CPFR 的研究标准制定、软件开发和推广应用的工作。百思买与三星于 2004 年在北美地区有成功的 CPFR 运营经验，并取得了销售额增长 400%、物流库存减少 64%、预测订单精准度提高 93% 的骄人成绩。2009 年 5 月 15 日，为有效减少供应链运营成本和物流成本、增加产品的销售和客户关注度，三星电子与百思买在北京签署了 CPFR 的实施协议，携手拉开了中国电子行业零售商与生产商的 CPRF 序幕。[2]

四、不同模式下的库存管理职责划分

实施行政管理型模式的母公司会制定相应的物资管理制度与规范，甄别、录用仓库管理人员，统一做好集团内部各个子公司的库存管理工作；子公司的物资管理需求需上报母公司审批。

实施治理型模式的母公司会适当放权给子公司，在库存申请上，母公司会采纳子公司的意见和建议，母公司和子公司共同制定子公司的库存管理计划；或者是子公司根据实际情况制定出自己的采购申请，然后由母公司批准；子公司对于一般物资的管理拥有部分决策权。

实施自主管理型模式的母公司通常完全放权给子公司，子公司在库存管理业务中有权做出自主决策，甄别、录用仓库管理人员，母公司只对子公司的物资管理工作进行备案、督导。

母子公司库存管理职责分配如表 9－2 所示。

---

① 陈子侠，蒋长兵，胡军．供应链管理．北京：高等教育出版社，2005：114-123.

② 陈兵兵．供应链上 CPFR 的效益与应用案例．信息与电脑，2010(5)：23-24.

表 9－2 母子公司库存管理职责分配

	行政管理型模式	治理型模式	自主管理型模式
母公司库存管理职责	1. 与物资管理相关的制度与规范建设； 2. 对各子公司的需求调查、分析、汇总及制定计划； 3. 仓库管理的组织实施； 4. 库存管理人员的甄选、录用	1. 物资管理的政策的拟定、相关制度与规范的建设； 2. 关键物资组织管理； 3. 对子公司物资管理工作进行督导	1. 物资管理政策的提议、相关制度与规范的建设； 2. 对子公司物资管理工作进行备案
子公司库存管理职责	制定本公司库存管理计划，上报总部审批	1. 制定本公司库存管理计划，上报总部审批； 2. 组织实施一般的物资管理； 3. 库存管理人员的甄选、录用	1. 制定本公司库存管理计划，报总部备案； 2. 仓库管理的组织实施； 3. 库存管理人员的甄选、录用

五、库存管理的控制点

库存管理的总目标是在合理库存成本的约束下达到满意的顾客服务水平。为此，集团应尽量使库存平衡，解决好订货时机与订货批量的问题。制造企业的库存管理分为在制品库存控制、采购管理和仓库库存管理；批发企业库存管理重在解决库存据点、库存分配方法、商品布局等问题；零售企业的库存管理关注的则是库存数量、库存结构、库存周转等问题。在此基础上，本书对库存管理过程中的主要控制点总结如下：

（一）库存管理部门设计

采购与仓储管理都是典型的执行部门，而对库存的控制应该以预防为主，执行部门为了保证生产或客户供应，往往很难做到预防库存。因此，持续优化需求与供应链管理流程，设置与之相应的组织结构是十分重要的。

（二）库存策略

供应链管理下的库存管理模式分为供应商管理库存模式、联合库存管理模式及协同规划、预测和补给模式。[①] 不同的库存管理模式具有不同的优缺点，集团应该从实际出发选择适合自身特点的管理模式，以降低总库存量，优化库存结构。

① 陈子侠，蒋长兵，胡军．供应链管理．北京：高等教育出版社，2005：160-170.

（三）物资出入库流程

母公司通过制定统一的库存管理流程来对子公司库存进行控制。各子公司按照母公司批准的出入库流程要求进行物资管理，并结合电子信息平台提高效率，确保入库手续齐全，采购人员应向仓库管理员逐件交接，对物资的规格、质量进行详细检查，办理入库、出库登记，做好防火、防盗、防潮工作，确保各类物资的安全。

（四）库存量

库存量是一个极为重要的控制点。一方面，库存量过大会增加占用的仓库面积和库存保管费用，影响企业资源的合理配置和优化。另一方面，库存量过小难以保证生产过程的正常进行，影响生产过程的均衡性和装配时的成套性，造成客户服务水平的下降。

（五）库存结构

库存结构是指不同库存之间的比例，包括单周期库存与多周期库存、独立需求库存与相关需求库存、确定性库存与不确定性库存。对企业而言，仓库空间、资金都是有限的，如何利用这些有限的空间和资金取得更大的效益，确定哪些生产经营环节需要库存的支持，加强库存结构管理是非常重要的。①

（六）库存周转率

库存周转率是企业在一定时期主营业务成本与平均存货余额的比率。它用于反映存货的周转速度，即存货的流动性及存货资金占用量是否合理，促使企业在保证生产经营连续性的同时，提高资金的使用效率，增强企业的短期偿债能力。母公司在经营过程中，做存货周转速度分析，有利于找出存货管理中存在的问题，尽可能降低资金占用水平。②

（七）库存信息

母公司在物资管理过程中，要按照不同的型号、材质、规格、功能和要求，分类、分别放入货架的相应位置储存，以减少找寻时间，降低相应风

① 廖金福．库存管理入门．广州：广东经济出版社，2004：310-313.

② 库存周转率．http://baike.baidu.com/view/553101.htm?fr=ala0.

险，实现资源优化配置。

（八）重要物资

对子公司中不同价值的物资，母公司可以采用不同的库存管理政策。母公司可以统一管理价高量大、对库存条件要求高的物资，其他物资则由子公司进行自主管理。

（九）物资品质

母公司在物资品质管理过程中通过对物资统一编码、物料主要属性、特殊属性、保质期、安全库存等方面的规定，来寻求满足需要的物资并对其品质进行控制。

六、库存管理协同的实现

库存管理过程中，母子公司的协同一是体现在选择利于实现协同的库存控制模式，以利于库存的分享和有效调度；二是体现在母公司对子公司库存管理工作的指导与服务中，借助电子信息平台提升库存管理效率。例如，海尔集团在库存管理方面采用电子记录设备，记录配送中心入库、移库等各个环节，形成了高效准确的数据采集系统。海尔集团使用先进的电子技术如条形码等，实现了物料出入库系统自动记录功能，便于对物料的整理和盘点。通过物流需求系统对物料进行控制，在两个自动化立体仓库之间灵活调节物料，随需随到，节约物流时间，从而大大减少了库存量。

七、不同模式下的库存管理流程

（一）行政管理型模式

母公司统一进行库存管理，通过与子公司充分沟通，综合考虑各供应链的供给和需求，对计划期内库存工作做出安排。具体流程如图 9－3 所示。

（二）治理型模式

母公司负责子公司中关键物资的库存管理工作，制定库存管理方案，报批后实施，并及时进行效果反馈与评估，实现对集团关键物资库存的数量与类别的控制。具体流程如图 9－4 所示。

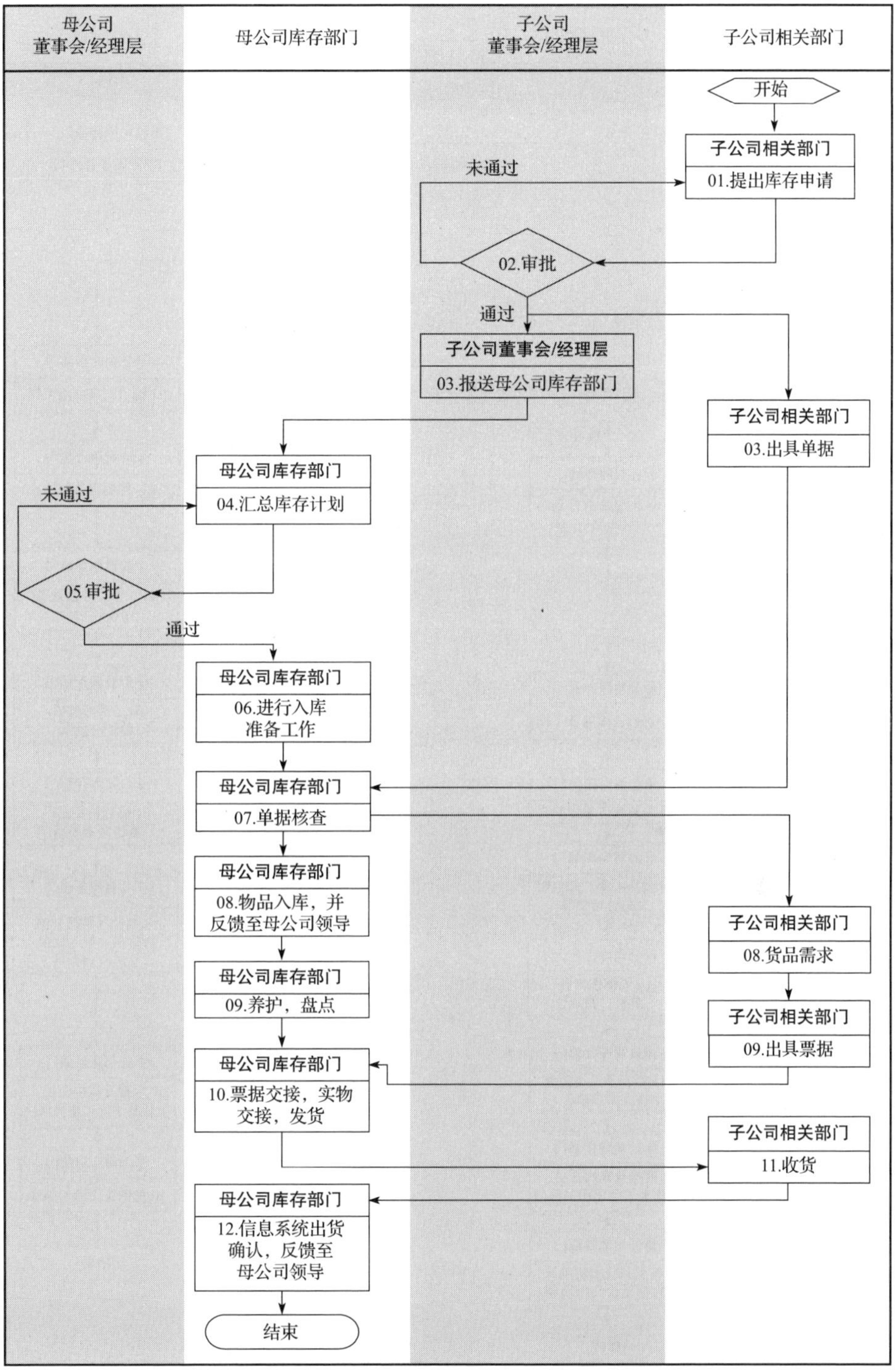

图 9-3　行政管理型模式下库存管理流程

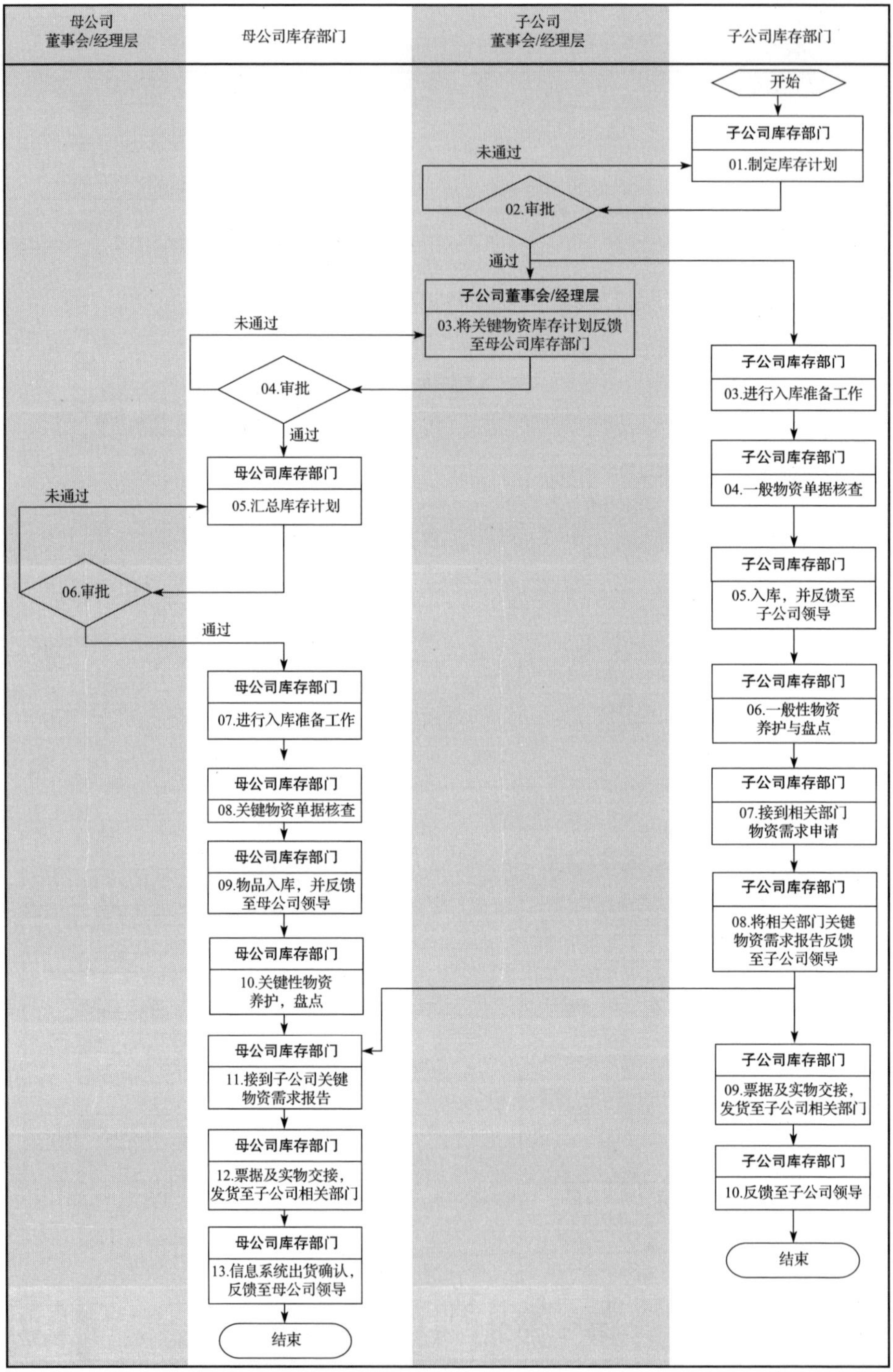

图 9－4　治理型模式下库存管理流程

（三）自主管理型模式

子公司根据自身的实际情况，分析库存管理情况，制定方案报子公司总经理审批，审批通过后实施方案，进行效果评估，并将结果上报母公司备案。具体流程与单体公司差别不大，不再赘述。

第四节　集团公司物流管理

一、集团公司物流管理的内涵

根据《中华人民共和国国家标准——物流术语》的定义，物流（logistics）为物品从供应地向接收地的实体流动过程，是根据实际需求，将运输、储存、装卸、搬运、包装、流通加工、配送、信息处理等基本功能实施有机结合。

物流管理是指在社会再生产过程中，根据物质资料实体流动的规律，应用供应链管理的基本原理和科学方法，对物流活动进行计划、组织、指挥、协调、控制和监督，使各项物流活动实现最佳的协调与配合，以降低物流成本、提高物流效益和经济效益。①

物流管理有广义和狭义两方面的含义。狭义的物流管理是指物资的分拣、配货、配装、送货等活动，是在企业之间的一种物资流通活动，即配送。广义的物流管理则包括生产过程中的物料转化过程。本书涉及的是狭义的物流管理。

二、集团公司物流管理的功能

物流管理不再仅仅是传统意义上的保证生产过程连续性的问题，而是要在供应链管理中发挥重要作用。

首先，集团物流管理能够提高整个集团的敏捷性。供应链管理涵盖从原材料到最终用户的整个物流、资金流和信息流的过程。其中，物流作为一个

① 李波，洪涛．供应链管理（SCM）教程．北京：电子工业出版社，2006：103-105.

价值增值过程，能够沟通集团内外的企业，实现母子公司协同。

其次，集团物流管理有助于提高服务质量和客户满意度。在供应链管理体系下，无论是顾客的现有需求还是潜在需求，都能够被集团迅速掌握，商品或服务的供应活动能够根据市场需求变化而变化。

最后，通过集团物流管理，中间商只需向一处订购或与一个进货单位联系就可订购到以往在多处才能订到的货物，只需组织对一个物流单位的接货便可代替现有的高频率接货，因而减少了中间商的工作量和费用支出。

三、不同模式下的物流管理职责划分

行政管理型模式下，母公司会统一做好集团内部各子公司的物流工作，子公司的物流计划由母公司统一制定，子公司只负责具体执行。

治理型模式下，母公司会适当放权给子公司，在物流计划制定过程中，母公司会采纳子公司的意见和建议，母公司和子公司共同制定子公司的物流计划，或者是子公司根据实际情况制定出自己的物流计划，然后由母公司批准。

自主管理型模式下，母公司通常完全放权给子公司，子公司在物流业务中有权做出自主决策，只在母公司备案大宗业务。

母子公司物流管理职责分配如表 9－3 所示。

表 9－3　母子公司物流管理职责分配

	行政管理型模式	治理型模式	自主管理型模式
母公司物流管理职责	1. 根据集团供应链战略与各子公司情况，拟订各子公司物流方案； 2. 修订集团物流方案； 3. 执行集团物流计划	1. 督导、审核子公司物流方案； 2. 检查子公司物流管理的执行情况	1. 对子公司物流提供指导和服务； 2. 对子公司物流中大宗物资或产品检查并备案
子公司物流管理职责	1. 协助母公司制定物流方案； 2. 执行母公司物流方案	1. 拟订本公司物流方案，并报集团审批； 2. 执行审批通过的物流方案	1. 拟订本公司物流方案，并报集团备案； 2. 组织执行本公司物流方案

四、物流管理的控制点

夏春玉（2004）认为物流活动要素包括运输、储存、包装、装卸、流通加工、物流信息、配送等方面。[①] 李雪松等（2004）认为物流作业管理包括物流标准化、运输管理、储存管理、包装管理、装卸搬运管理、流通加工管理、配送管理、物流成本管理等。[②] 刘联辉（2004）将配送管理的内容总结为配送组织与运行、配送作业流程、配货管理、货物输送管理、配送需求与资源计划、配送成本管理、配送中心、配送信息系统等。[③] 在此基础上，本书对物流管理过程中的重要控制点总结如下：

（一）物流中心

高效运转的物流中心是集团降低库存成本、提高库存周转率的重要手段。在传统经营中，各子公司分散订货、存货及补货，会导致集团付出高昂的库存成本，而物流中心的建立，有利于改变高库存成本带来的不利局面，提高库存周转率。

（二）运输队伍

集团为缩短商品供给时间，降低运输成本，必须建立高效率的信息化运输队伍，如沃尔玛较早采用先进的全球定位系统对车辆进行定位，实时、准确地掌握车辆的位置与状况，对车辆进行调度，极大地提高了整个物流系统的效率。

（三）配送流程

配送流程一般包括分拣、配货、配装、送货等。母公司通过制定统一的物流管理流程来对子公司物流进行控制。各子公司按集团公司批准的流程要求进行物资配送。母公司要对大宗物资、关键产品的配送进行重点监督管理，对一般性产品、物资按流程进行一般性监督管理，以提高物流效率、降低物流风险和成本。

---

① 夏春玉．现代物流概论．北京：首都经济贸易大学出版社，2004：24-58.

② 李雪松，张理．现代物流作业管理．北京：北京大学出版社，2004：11-23.

③ 刘联辉．配送实务．北京：中国物资出版社，2004：17-33.

（四）配送区域

母公司要根据客户的具体位置或交通条件等划分不同的配送区域，为配送决策提供基本参考。

（五）配送路线

配送路线的优化是集团需要关注的问题。配送线路合理与否影响到物流速度、成本和效益，其中多用户配送线路的确定尤其是一项复杂的系统工程。因此，母公司要根据各子公司客户的具体位置、沿途的交通情况和客户要求的送货时间等具体要求来选择合理的线路。

（六）物流费用

物流费用传统上是指产品在空间位移过程中所耗费的各种资源的货币表现，是物品在实物运动过程中，如在包装、装卸搬运、运输、储存、物流信息等诸多环节中所支出的人力、物力、财力的总和。[①] 物流费用直接影响物流成本，因此母公司要在物流过程中加强费用管理。

此外，随着物流行业的发展，第三方物流成为许多集团物流的组成部分。加强对第三方物流的管理亦成为集团物流管理中的一项重要内容。

（七）物流技术

物流技术的发展日新月异，信息技术、物料处理技术、包装以及包装材料技术、运输技术等对物流行业产生了深远的影响。集团及其子公司应不断更新技术，提高物流管理效率，致力于不断缩短物流周期，使资源得到更充分、合理的利用。

五、物流管理协同的实现

在母子公司物流管理过程中，协同一是体现在母子公司间物流工作的有

---

① 崔介何．物流学．北京：北京大学出版社，2003：51-52.

效配合与利益均衡中；二是体现在对第三方物流的选择与管理中；三是体现在物流信息以及物流技术的共享。例如，海尔集团在物流管理中实施以下措施来降低成本：一是订单聚集，海尔集团将特定的物流执行系统、订单系统和仓储系统、运输系统有机结合；二是合并运输线并优化运输路径，设计和执行最佳的运输线路，通过分析设计让货车运送的准确性和准时性大大提高。

六、不同模式下的物流管理流程

为了发挥物流的作用，实现物流企业的配送效益，配送作业一般应包括拟定配送计划，下达配送计划，按照配送计划确定商品需要量，配送点向仓库、运输、分货、包装及财务部门下达具体配送任务，配送发运和送达等。[①]

（一）行政管理型模式

母公司物流部门统一进行管理，母公司通过与子公司充分沟通，准确掌握各子公司情况，综合考虑子公司物资、产品及用户特点，制定与集团总体战略相匹配的物流计划并实施。具体流程如图 9－5 所示。

（二）治理型模式

母公司负责对关键物资或产品的物流管理工作，对于一般产品或物资的物流管理工作由子公司物流部门组织实施，并及时进行效果反馈与评估。具体流程如图 9－6 所示。

（三）自主管理型模式

子公司作为物流管理工作的主体，根据自身情况，分析供给与需求，制定并实施工作计划、进行效果评估，并上报母公司备案。

---

① 李雪松，张理．现代物流作业管理．北京：北京大学出版社，2004：230-231.

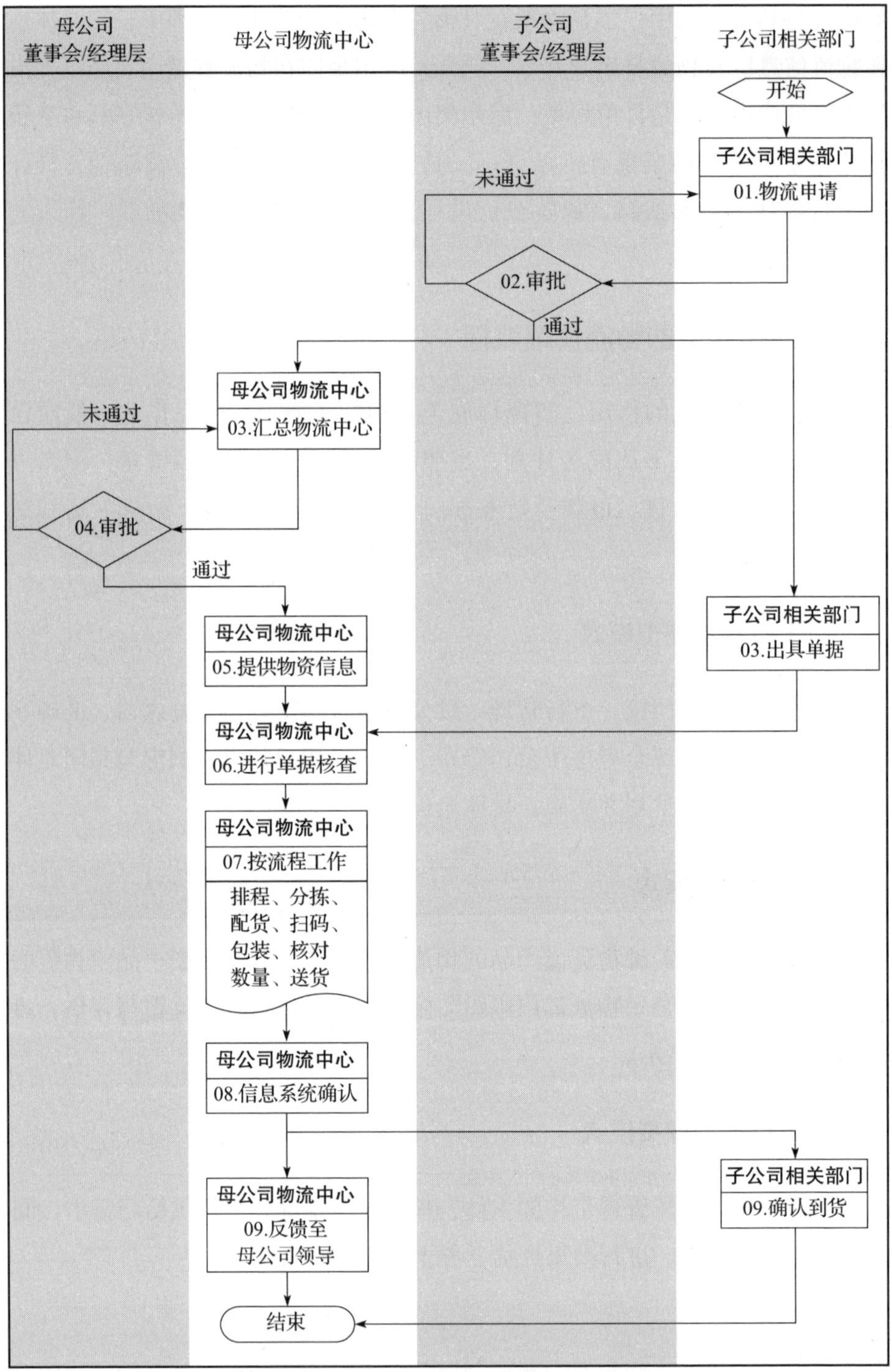

图 9－5　行政管理型模式下物流管理流程

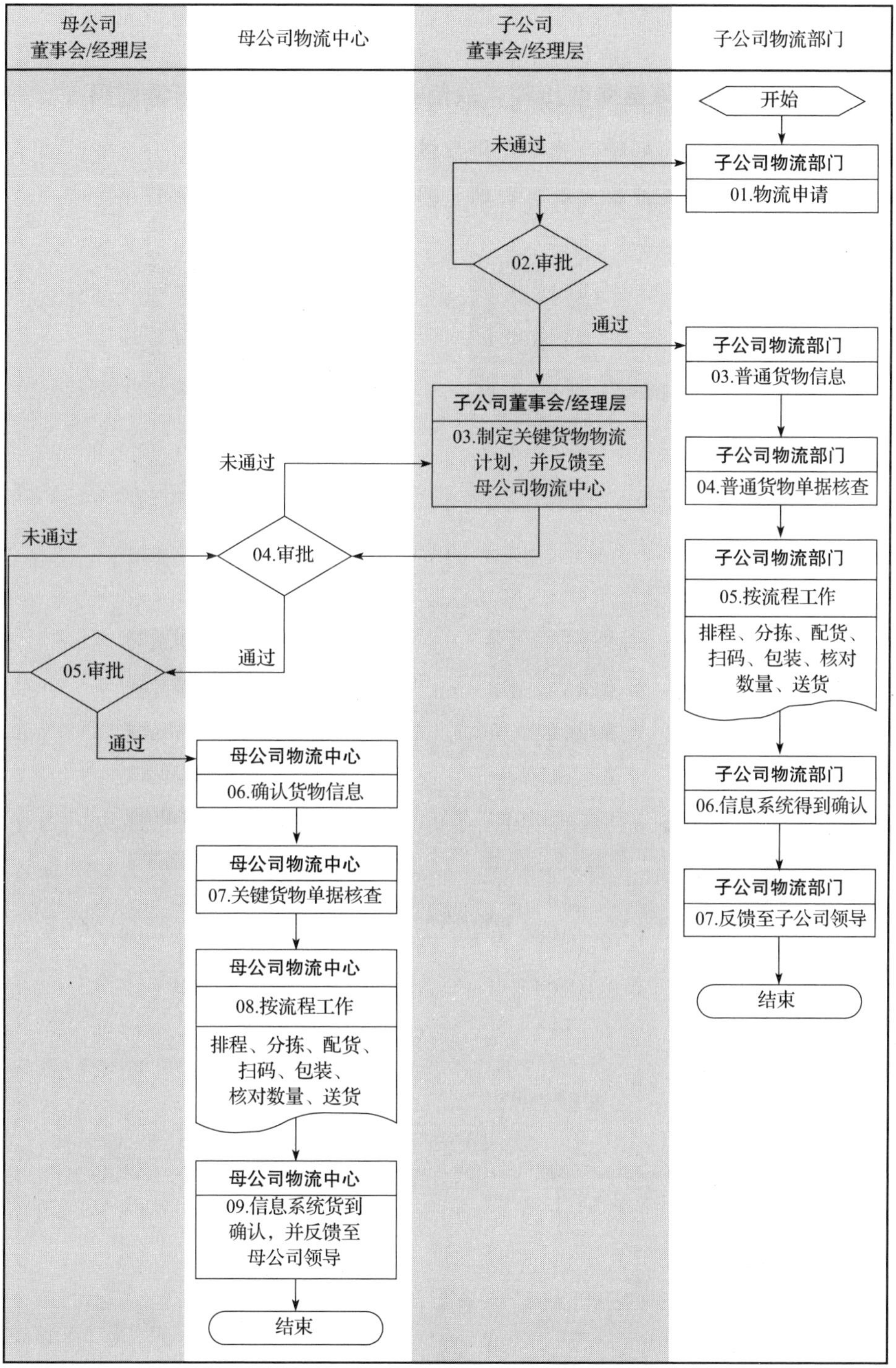

图 9－6　治理型模式下物流管理流程

□ 案例分析

海信供应链体系演变历程：从简单供产销到复杂供应链网络

一、从电视机厂到跨产业集团供应链

海信供应链体系演变大致可归纳为四个阶段（如图 9－7 所示）：

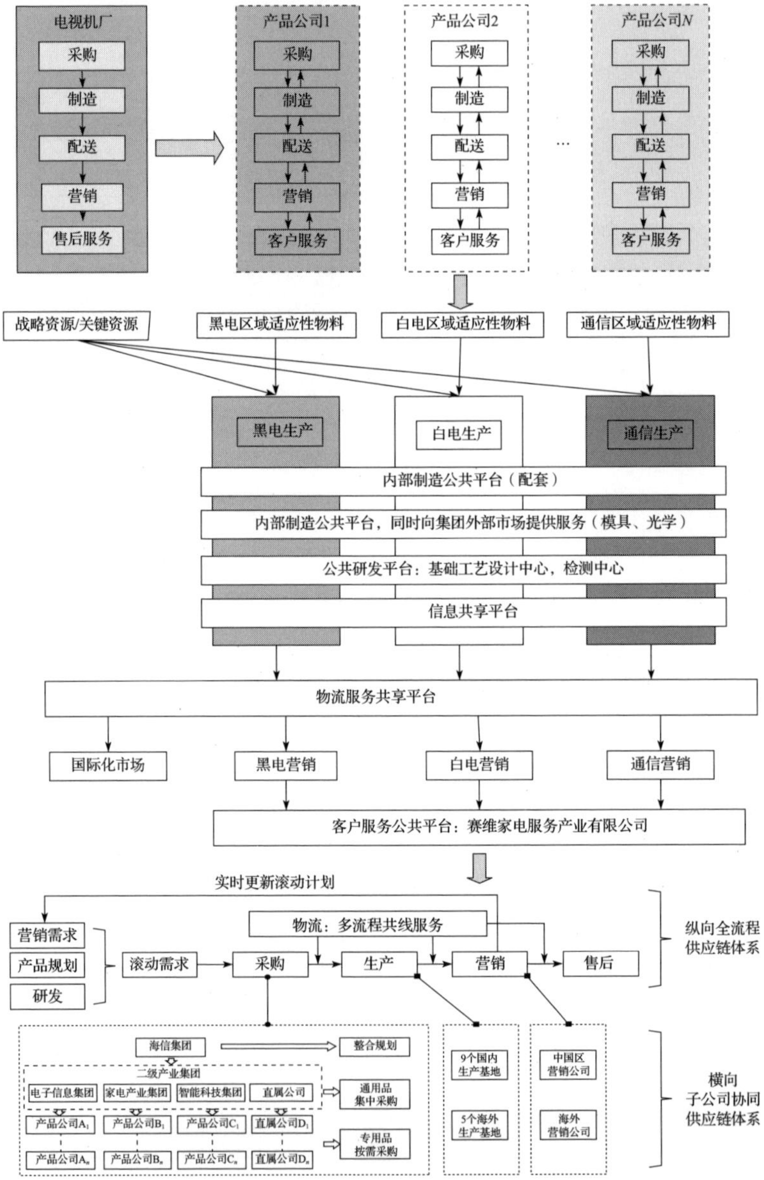

图 9－7 海信供应链体系的演变

1. 电视机厂时代的供应链：市场需求拉动下单一产品的供产销模式

在电视机厂时代的前期到中期，企业关注生产过程本身，注意利用内部资源，注重企业的自身利益目标，较少考虑本企业生产系统以外的因素对企业竞争力的影响。在后期，客户需求逐渐成为影响企业经营活动的重要因素。在客户需求的拉动下，企业开始注意对整个经营活动（最初意义上的供应链）加以控制和管理。企业内部操作层面上的单一电视机产品的供、产、销是企业的基本活动，但供、产、销系统并没有形成相互协作配合的“链”，很少有与整个产品供应链中的其他企业的深层次合作。

2. 跨产业集团全国供应链的初步形成：独立并行的多规格多产品供应链体系

20 世纪 90 年代海信步入快速发展阶段，其供应链具备了向全国市场供应多种分类规格多种产品的能力，供应链管理和大规模生产装配能力不断提高。在此阶段，供应链管理的概念和思想逐步引入企业的管理和生产实践中，开始关注采购、制造、营销等各个环节间的相互配合与协调。如 1998 年推行的零库存管理成功使产品供应周期缩短、成本降低、资金周转加快、资金回收率提高；2000 年实施的招标比价制度对供应商选择实行了严格的动态调整，对规范采购领域的操作起到了重要作用。这个阶段的海信主要是通过财务管理来控制进、销、存之间的变化比例，杜绝库存沉淀，保持正常运转；在生产上则推行精细化管理，对产品质量提出更高要求，并不断改善提高劳动生产率。

3. 开始建立全球供应链系统：面向全球的资源供应和产品销售市场的供应链网络

随着生产规模的快速扩大，独立配送物流成本高、分别促销费用大等规模效益和集约化的问题凸显出来。为解决这类问题，海信通过整合营销资源来减少销售费用；建立公共研发平台、信息共享平台、内部制造公共平台、物流服务共享平台和客户服务公共平台，从而使各子公司共享集团资源；通过集团管理组织重组来减少管理环节、提高反应速度和效率，打通部门边界。随着企业经营的国际化发展，海信供应链的范围扩大到其需要对所处的整体环境做考量和适应，扩大了与国内外上下游企业的合作与联系，更加注重围绕海信的网链关系，如海信与全球资源供应商乃至更前向的关系，与国际化销售市场及更后向的关系。此时的海信供应链已经开始向一个面向全球的资源供应和产品销售市场的供应链网络发展。

4. 以协同为目标的集团全球供应链变革：以价值链为依托，纵向建立集团全流程供应链体系，横向协同子公司供应链发展需求

新业务领域的不断拓展、海外市场的持续增长，都对海信的供应链体系提出了挑战，如何更好地发挥集团的协同效用，降低供应链成本、提高运转效率，是该阶段亟待解决的问题。海信集团打破了原有的以生产为核心的供应链体系，将营销需求、产品规划和研发环节并联，形成对供应链系统的滚动需求，建立了以价值链为依托的集团内纵向供应链流程。同时，取消了原有按黑电、白电、通信分类的三种采购模式，通过构建二级产业集团的形式，实现同品类通用物料的集中采购，极大地提高了采购过程中的议价能力，更好地发挥了集团的协同效用。通过分设海内外生产基地，采取就近生产的原则，降低生产和物料成本，提高生产效率。进一步合并国内营销，建立面向所有子公司的统一销售平台，减少渠道的重复配置，提高资源利用效率，实现集团内部子公司间的横向协同。

二、供应链形成、演变的主要因素

促使海信供应链形成及演变的关键因素有：

1. 企业架构及其功能的演变

海信规模越来越大，管理日趋复杂，企业架构及功能的不断演变促进了供应链的发展。2000 年海信经营层和决策层分离，可以使决策层更好地集中精力于制定海信的长远战略规划。2004 年集团管理总部经过重组，集团机构调整为 4 个服务中心和 8 个管理职能部室，集团总部管理人员缩减为不足 100 人，管理环节减为 3 个，各部门的边界被削薄，集团资源实现了有效共享，使海信供应链的决策和上层管理运转更加高效。

2. 产量规模和产品结构变化的影响

产品的多样化和生产的巨大规模加大了供应链管理的复杂性。2003 年海信各产品独立营销和产销一体模式的弊端（没有规模效应、销售费用过高，以产定销、人员重复配备、销售队伍过于庞大等）日渐明显。同期国美、苏宁等连锁家电销售渠道扩张速度加快，为海信整合销售资源提供了条件。海信把三大类产品的国内销售进行整合，全部归由青岛海信营销公司负

责，国外销售则由进出口公司管理，这一措施最直接的收益就是使营销费用降低了10%。2006年再一次调整后，形成了现在的黑电、白电、手机三条营销渠道并行的模式。从目前运行情况来看，反馈较好。

3. 供应链的信息系统模式

由于有统一的信息系统基础和技术信息中心提供技术支持，海信建立了一套反应快速、管理系统遍布全国的市场信息网络，这为海信提供了准确的科学决策依据。而ERP系统、SRM系统和CRM系统的逐步实施，让海信供应链具备了与上下游共享信息的能力，降低了系统的需求预测偏差，减小了“牛鞭效应”。信息系统的有效支撑是海信能够逆势走强的主要原因之一。

思考题：

1. 谈谈集团供应链管理的主要内容。
2. 总结海信集团供应链体系的演变过程，试分析推动供应链演变的动因。

第十章

集团公司营销管理

第一节　集团公司营销管理概述

一、集团公司营销管理的内涵

现代营销学之父科特勒指出，营销是个人和团体通过创造、提供和与他人自由交换有价值的产品和服务以获得所需所求的一种社会过程。美国营销协会对营销的定义则是：营销是一项有组织的活动，它包括创造价值、将价值沟通输送给顾客，以及维系、管理公司与顾客间关系，从而使得公司及其相关者受益的一系列过程。

营销管理则是营销者为实现企业目标，创造、建立并保持与目标市场之间的互利交换和关系而进行的分析、计划、执行与控制的过程。由于营销的任务是识别进而满足顾客需求，并在此基础上实现企业盈利的目标，因此，营销管理的实质是对顾客需求的管理，包括对顾客需求的水平、时机和结构的管理。

营销管理的任务包括制定营销战略和营销计划，获取营销洞见，联系消费者，创建强势品牌，创造、传递并传播价值，实现长期增长。[①] 具体而言，包含八个方面的任务：一是制定营销战略和计划；二是分析营销环境、开展市场调研、分析消费者市场和组织市场特征；三是进行市场细分、选择目标市场；四是建立强势品牌；五是确定产品研发及定价等产品策略；六是渠道管理，包括对销售渠道的选择和建立；七是促销及传播活动，包括广告、销售促进、公共关系、人员推销、培训和激励销售人员等；八是报告、评估、反馈和控制，保证企业取得长期成功等。

集团公司营销管理是对母子公司营销活动的管理，包括根据集团整体战略确定母子公司营销战略，对组织内外部营销活动进行协同管理，以及对营销资源的优化配置等内容。对于单纯管理型集团公司来说，营销管理主要指集团公司对子公司营销活动进行的控制；对于混合经营型集团公司来说，由

① 菲利普·科特勒，凯文·凯恩·凯勒．营销管理：第 15 版．上海：格致出版社，2016：25-27.

于集团公司本身有具体的生产经营活动，营销管理既包含对自身营销活动的管理，也包含对子公司营销活动的控制。集团公司是否设置营销部门、如何开展营销服务和营销活动，主要取决于对营销管理模式的选择。

二、集团公司营销管理的功能

（一）树立全员营销意识

营销管理贯穿企业经营活动的全过程，企业营销成功与否和企业命运息息相关。传统的营销理念下，企业营销部门了解顾客需求并将顾客意见传达给各个职能部门。正如惠普创始人戴维·帕卡德（David Packard）所言，营销如此重要，远不能仅由营销部门来负责。现代以市场为导向的企业，其所有职能部门和所有员工都可能直接与顾客打交道，因此都要有营销思维，都要为满足顾客需求负责。集团全员营销意识的建立，有利于各部门围绕顾客需求协同开展工作，如通过研发部门和营销部门的合作可有效避免研究开发部门过于注重对产品技术性能的追求而忽视对产品销售特色的开发；而通过生产与营销联合机构，共同研究不同营销策略下的生产策略，则可减少生产部门不愿增添有助于销售但在制造上有难度的产品特色的行为，使生产更好地为营销服务。

（二）塑造良好的集团形象

集团公司通过整合营销传播活动，可以向公众传播连续、一致的集团信息，从而塑造稳定的集团形象。集团形象是集团的一笔重要的无形资产，它是消费者基于直接或间接的经历，对集团形成的整体印象和评价，包括集团规模、产地、创新性、信誉等信息。集团可以通过理念形象（MI）、行为形象（BI）和视觉形象（VI）三个方面塑造及传播集团形象。良好的集团形象，能够降低消费者购买过程中的感知风险，从而使消费者保持对集团的满意度与忠诚度。个性化的形象，也有利于本集团产品与竞争对手的形成差异，而差异化则是消费者选购本集团产品的重要理由。良好的形象也有利于集团进行产品线延伸，以低成本推出更多的产品与服务，集团实施多元化战略多是基于此点考虑。

（三）对子公司营销活动进行控制

集团公司的营销战略决定了整个集团的营销方向和目标，并通过子公司的具体活动得以实现。集团公司对子公司营销活动及其实施效果进行监控、评估，确定其是否与既定的营销计划存在偏差，并在必要的时候采取纠偏措施，在促销、宣传等活动中向外传递稳定一致的集团品牌形象，保证集团整体目标的顺利实现。

（四）实现母子公司营销协同效应

母子公司间的营销要素和活动存在大量关联，而这些关联正是实现营销协同的机会来源。通过营销管理，实现物流配送体系、营销渠道、销售队伍、营销活动等的协同，可以降低营销成本。魏文忠等（2014）和付宜强（2015）的研究都表明，集团公司内部母子公司及子公司间协同开展广告、促销和销售等活动，可以获得较大的协同效应。①

三、集团公司营销管理的模式

（一）行政管理型模式

集团公司具有完善的营销职能，包括品牌管理、市场调研、广告促销、销售管理、新产品开发等；集团公司对子公司实施直接管理，直接制定子公司的营销战略和营销策略，并对子公司的营销活动进行控制；子公司没有营销决策权，只负责执行集团公司制定的营销决策，甚至仅作为生产单位而不设营销组织。研究表明，具有强势品牌的集团公司更倾向于采用这种集权化的营销管理模式，以高层管理者为主导来制定营销决策。②

（二）治理型模式

集团公司设立较小规模的营销部门或营销协同平台，如品牌管理部、广告传播部等，主要负责对集团整体形象的塑造及向子公司提供必要的公共服

---

① 魏文忠，刘萌萌，陈志军．母子公司营销协同的前因后果研究．东岳论丛，2014(3)：137-141；付宜强．集团管控视阈下集团公司渠道管理研究．山东社会科学，2015(1)：155-159.

② 小奥维尔·C. 沃克．营销战略．北京：北京大学出版社，2007：55.

务；负责对集团整体营销战略规划的制定，参与、指导子公司营销战略的制定，并对子公司营销活动进行监控。子公司拥有较完整的营销决策权，可制定并执行营销战略与策略。例如，浙江舜宇集团就在集团公司设立了营销管理中心，负责制定集团整体营销战略，其下属的各子公司则负责各自产品的具体营销工作。[①]

（三）自主管理型模式

集团公司设立较小规模的营销组织，甚至不设独立的营销组织，只保持对子公司营销活动的适度控制；子公司设立健全的营销组织，拥有完整的营销决策权，独立制定本公司的营销战略与营销策略。没有具体生产经营业务的集团公司一般采取该种营销管理模式，如浙江的祐康集团在集团公司层面就没有设立专门的营销部门，与营销相关的职能部门均设在各子公司。

第二节　集团公司营销管理控制点[②]

一、营销管理控制点的识别过程

（一）专家访谈与初次问卷调查

为识别营销管理控制点，作者采用半结构访谈并结合半开放式问卷调查方式进行调研，形成对集团公司营销管理控制点指标的初步构建。

首先，为保证访谈的信度和效度，在访谈之前对相关文献进行整理，确定关键问题并形成访谈提纲。访谈对象包括 6 名企业集团高管或销售部门负责人和 4 名来自高校的相关领域的专家学者。对每名对象的访谈时长不低于两小时，形成集团营销管理控制点指标的初步提纲，包括营销战略管理、目标市场管理、品牌管理、渠道管理、价格管理和营销执行管理 6 个方面。

根据专家访谈的结果，设计集团公司营销管理控制点开放式调查问卷。

① 邢以群，吴韵儿. 基于企业不同发展阶段的组织结构状态演化规律研究. 管理案例研究与评论，2012(1)：1-16.

② 本节部分内容已刊发在《济南大学学报》2019 年第 1 期《母子公司营销管理控制点研究》一文中。

随后进行初次问卷调查，要求被调查者对集团营销管理控制点指标提纲的覆盖范围与具体内容进行修订。为保证调查的信度和效度，同时提高问卷的回收率，初次调查采用实地调研的形式，历时一个月。共发放问卷 85 份，回收 69 份，其中有效问卷 57 份。

（二）控制点指标生成

通过专家访谈和初次问卷调查，初步整理得出集团公司营销管理控制点指标 78 项，并对问卷结果进行分析提炼，剔除表达不清或有歧义的控制点、合并类似的控制点，最终汇总得出 58 项集团营销管理控制点指标。其中，营销战略管理 8 项、目标市场管理 9 项、品牌管理 11 项、渠道管理 13 项、价格管理 7 项和营销执行管理 10 项，具体见表 10－1。

表 10－1　集团公司营销管理控制点

维度	编号	指标内容	控制点
营销战略管理控制点	A1	子公司营销战略的制定与集团整体战略保持一致	战略一致
	A2	子公司营销战略的制定要与其他职能战略保持协同	职能协同
	A3	子公司营销战略的制定要充分分析环境变化和影响	环境分析
	A4	集团公司参与对子公司竞争对手营销战略的分析	竞争对手战略
	A5	在客户需求分析的基础上制定子公司的营销战略	需求分析
	A6	集团公司参与子公司的营销战略制定	战略制定
	A7	集团公司参与子公司的营销战略调整	战略调整
	A8	子公司营销目标要与集团整体目标一致	目标一致
目标市场管理控制点	B1	集团公司参与子公司的行业分析	行业分析
	B2	集团公司参与子公司的市场地位分析	市场分析
	B3	集团公司参与子公司的竞争对手分析	竞争分析
	B4	集团公司参与子公司的消费者购买行为分析	购买分析
	B5	集团公司参与子公司的市场调研	市场调研
	B6	集团公司制定并优化子公司的销售业务组合	业务组合
	B7	集团公司进行子公司市场细分	市场细分
	B8	集团公司在集团内共享行业信息	信息共享
	B9	集团公司统一协调子公司目标市场，防止内部无序竞争	无序竞争防范

续表

维度	编号	指标内容	控制点
品牌管理控制点	C1	集团公司确定集团品牌模式（统一品牌、多品牌或者主副品牌模式）	品牌模式
	C2	集团公司制定整个集团的品牌战略	品牌战略
	C3	集团公司进行集团内品牌管理组织设计	品牌管理设计
	C4	集团公司对子公司品牌进行定位	品牌定位
	C5	集团公司制定集团营销传播计划，向消费者全方位传递品牌信息	传播计划
	C6	集团公司委派人员监督子公司品牌管理的执行情况	管理监督
	C7	集团公司要防止集团内品牌间的不当自我竞争	不当竞争防范
	C8	集团公司利用品牌效应进行品牌延伸，降低新产品市场风险	品牌延伸
	C9	集团公司采取有效措施维护子公司品牌形象	品牌维护
	C10	集团公司参与子公司的品牌策略制定	品牌策略
	C11	集团公司对子公司品牌管理人员进行管理	人员管理
渠道管理控制点	D1	集团公司制定子公司的营销渠道目标	渠道目标
	D2	集团公司参与子公司营销渠道策略制定	渠道策略
	D3	集团公司进行集团渠道管理的方案设计	渠道管理
	D4	集团公司参与子公司的营销渠道设计（中间商选择等）	渠道设计
	D5	集团公司参与子公司的渠道成本分析	成本分析
	D6	集团公司制定方案激励渠道管理者和人员	人员激励
	D7	集团公司制定方案对渠道合作伙伴进行激励	合作激励
	D8	集团公司根据渠道活动的投入产出比对渠道效率进行评估	效率评估
	D9	集团公司制定集团营销渠道的优化策略	策略优化
	D10	集团公司制定集团渠道设施的建立方案	设施建立
	D11	集团公司制定统一的渠道督导制度	渠道督导
	D12	集团公司制定集团分销网点的总体规划	网点设置
	D13	集团公司建立统一的与客户或合作伙伴沟通的组织平台	沟通平台
价格管理控制点	E1	集团公司设置子公司的产品定价目标	定价目标
	E2	集团公司参与子公司产品成本分析过程	成本分析
	E3	集团公司参与子公司对竞争对手定价情况的评估	竞争对手

续表

维度	编号	指标内容	控制点
价格管理控制点	E4	集团公司确定子公司的产品价格区域	价格区域
	E5	集团公司制定子公司的产品定价方法	定价方法
	E6	集团公司制定子公司间的转移价格	转移价格
	E7	集团公司参与子公司产品的价格调整	价格调整
营销执行管理控制点	F1	集团公司进行有效的集团营销组织设计	组织设计
	F2	集团公司委派人员监督子公司营销组织运行	运行监督
	F3	集团公司参与子公司的业务流程优化	流程优化
	F4	集团公司制定子公司营销人员考核方案	人员考核
	F5	集团公司对子公司销售人员薪酬进行设计	人员薪酬
	F6	集团公司对子公司营销计划完成情况进行监督	计划监督
	F7	集团公司定期对子公司的无形资产价值进行评估	价值评估
	F8	集团公司定期对子公司的客户进行维护和管理	客户管理
	F9	集团公司对子公司的顾客满意度进行及时的回访调查	满意度调查
	F10	集团公司对子公司营销过程进行跟踪并定期考核	跟踪考核

（三）问卷设计与正式调查

基于初次问卷的调查结果，设计母子公司营销管理控制点重要性调查问卷，要求被调查者对 58 个指标进行重要性程度界定，每个指标题项依照李克特 7 点量表分类法（1= 非常不重要，7= 非常重要）打分。正式问卷调查通过邮件、问卷星、邮寄等方式发放，共发放问卷 130 份，回收 96 份，其中有效问卷 84 份，符合有效问卷回收率的基本要求。

二、营销管理控制点的识别结果

（一）控制点指标分类

参考 Imbens and Lancaster（1996）的方法[①]，在各维度下大致按 3 ∶ 4 ∶ 3

① Imbens G W, Lancaster T. Efficient estimation and stratified sampling. Journal of econometrics, 1996，74(2)：289-318.

的比例划分关键、重要和一般控制点。最终根据问卷调查结果形成集团营销管理控制点分类指标体系，具体见表 10－2。

表 10－2　集团公司营销管理控制点分类指标

编号	控制点	重要性	编号	控制点	重要性	编号	控制点	重要性
营销战略管理			**C4**	**品牌定位**		*D6*	人员激励	
A4	**竞争对手战略**	关键	C8	品牌延伸	重要	价格管理		
A3	**环境分析**		C10	品牌策略		**E1**	**定价目标**	关键
A7	战略调整	重要	C2	品牌战略		**E3**	**竞争对手**	
A2	职能协同		C1	品牌模式		E4	价格区域	重要
A6	战略制定		C3	品牌管理设计		E7	价格调整	
A1	战略一致		*C7*	不当竞争防范	一般	E5	定价方法	
A8	目标一致	一般	*C6*	管理监督		*E6*	转移价格	一般
A5	需求分析		*C11*	人员管理		*E2*	成本分析	
目标市场管理			渠道管理			营销执行管理		
B6	**业务组合**	关键	**D1**	**渠道目标**	关键	**F8**	**客户管理**	关键
B7	**市场细分**		**D8**	**效率评估**		**F2**	**运行监督**	
B5	**市场调研**		**D11**	**渠道督导**		**F10**	**跟踪考核**	
B2	市场分析	重要	**D4**	**渠道设计**		F3	流程优化	重要
B4	购买分析		D10	设施建立	重要	F5	人员薪酬	
B8	信息共享		D3	渠道管理		F1	组织设计	
B1	行业分析	一般	D13	沟通平台		F7	价值评估	
B3	竞争分析		D12	网点设置		*F4*	人员考核	一般
B9	无序竞争防范		D5	成本分析		*F9*	满意度调查	
品牌管理			*D7*	合作激励	一般	*F6*	计划监督	
C5	**传播计划**	关键	*D9*	策略优化				
C9	**品牌维护**		*D2*	渠道策略				

注：黑体为关键控制点，斜体为一般控制点，其余为重要控制点。

（二）关键控制点分析

对关键控制点进一步分析发现：

1. 目标市场管理和品牌管理是集团公司营销管理的关键

研究总结的 17 项关键控制点中分值较高的前 7 项主要指向品牌管理和目标市场管理，可见品牌管理和目标市场管理在集团公司对子公司的营销管理中发挥着重要作用。集团公司合理进行市场细分、对子公司业务组合进行分析优化等都是权变管理、有效协同的表现形式；结合内外部环境分析进行品牌定位、维护集团公司品牌形象则是形成集团品牌体系的关键方面，均需要母公司予以重点关注。

2. 集团公司关注战略与督导，较少参与具体营销过程

研究结果表明，集团营销管理各模块中涉及子公司营销过程的控制点大多被划为重要控制点，例如营销战略调整、目标市场分析、品牌策略的设计等；而营销渠道策略的制定与渠道策略优化、转移价格等方面则属于一般控制点。说明母公司在进行营销管理时，对子公司的成本控制、转移价格、具体销售策略制定等方面可以适当放权给子公司，不需要时刻监督控制。另外，在目标市场管理中，对环境、市场、竞争对手、购买者的分析都属于非关键控制点，不同程度上可以由各子公司自主决策。综上可以看出，集团公司应该重点关注的是营销策略和方针，不需要参与子公司具体的营销过程。

3. 目标一致是集团营销管理的重要前提

在集团公司营销管理六个模块中，品牌定位、渠道目标、定价目标分别是品牌管理、渠道管理和价格管理中的关键控制点，集团公司应高度重视子公司与集团整体的目标保持一致，以更好地实现协同。另外，市场调研和细分是进行营销管理的前提和基础，应将顾客需求确立为集团营销战略制定和实施中具有指导性和统驭性的力量，将以需求分析为中心的营销理念推广到整个集团，以发挥母合优势。

第三节　集团公司营销管理协同点[①]

一、营销协同点的识别方法

协同点是企业集团中成员企业可能会存在协同的关键要素或环节，识别

① 本节部分内容已刊发在《山东社会科学》2014 年第 8 期《企业集团营销协同点识别研究》一文中。

营销协同点是取得营销协同效应的重要前提。实施多元化战略的企业集团中，成员企业产品市场之间存在一定的相似性或重叠性，因此存在诸多可协同之处。只有准确地发掘出这些营销协同点，才有可能围绕协同点选择合适的协同形式实施营销协同管理，实现集团整体价值的最大化。

集团成员企业之间能实施营销协同，就是因为企业间有相同或相似的营销要素或环节，即存在可以协同的机会点。抽象的协同不能产生任何的实际意义，通过定性和定量的方法识别出协同点并进行价值评估，是实施营销协同的重要前提基础。

价值链分析是定性识别营销协同点的一种有效工具，通过价值链分析可以将企业的营销活动进一步分解为若干个分离的活动过程。然后，列出两个或多个成员企业各自价值链上的所有活动，通过对这些环节的协同收益和成本的分析，就可以比较容易地识别出那些可以产生净价值的环节。从营销流程角度，企业的营销价值链可以进一步分解为仓储、销售、物流配送、安装调试及售后服务等基本价值创造活动，以及调研、定价、促销、订单管理、客户关系管理、经销商关系管理等辅助价值创造活动。基本价值创造活动主要涉及对有形营销资产的共享，而辅助价值创造活动则主要涉及对营销活动的协调和营销知识的共享。此外，还可以通过四分类组合分析法等进行对协同点的定性识别。[①]

营销协同点的简单量化识别可以通过开放式问卷调查进行，首先请集团成员企业中负责营销业务的中高层管理人员根据工作经验，综合考虑协同的收益和成本，列出其认为真正有价值的可以和其他成员企业协同的要素或环节。然后，通过对调查结果的分类统计，根据提及率高低就可以简单地判断出各种协同点的相对重要性。

为了更准确地衡量各协同点的重要性高低，还可以使用排序法计算协同点的协同价值综合得分。首先，要在文献研究和开放式问卷调查的基础上，列出一份集团中可能存在的协同点清单。然后，请营销管理者根据自己的经验和知识，按照能带来的协同价值高低对清单中的协同点进行排序。排序时，既可以让被调查者对列出的所有协同点进行排序，也可以只对被调查者认为比较重要的某些协同点排序。在此基础上，对协同点的选中情况进行统

① 克拉克，布伦南. 四分类组合分析法，转引自安德鲁·坎贝尔，凯瑟琳·萨姆斯·卢克斯. 战略协同. 北京：机械工业出版社，2000：171.

计分析，计算各协同点的协同价值综合得分。协同点的协同价值综合得分=（$\sum$ 频数 × 权重值）/ 参与调查的人数。其中，公式中协同点的频数为该协同点在每一个位置上被选中的次数，而权重值则由该协同点被排列的位置决定。假如，我们列出 10 个营销协同点请被调查者选出 5 个并进行排序，那么排在第一的权重值为 10，第二的权重值为 9，第三、四、五的权重值分别为 8、7、6。假如我们对 20 位营销管理人员进行调查，协同点“售后服务”被选中并排在第一位 5 次，第二位 7 次，第三、四、五位分别为 3 次、2 次、1 次。那么协同点“售后服务”的协同价值综合得分=（$5\times10+7\times9+3\times8+2\times7+1\times6$）/20 = 7.85 分。最后，根据各协同点的协同价值综合得分高低，就可以判断其重要程度。需要说明的是，协同价值综合得分取决于频数、权重及参与调查的总人数，而与选择全部还是部分协同点排序没关系。

使用定性或定量的方法识别出有价值的营销协同点后，通过对双方资源进一步匹配就可以设计出具体的营销协同形式。由于子公司对自身资源的优劣势更清楚，所以一般来说子公司比集团公司更容易识别出能带来净收益的协同点。

二、关键营销协同点

在前期访谈和问卷统计分析的基础上，识别出品牌管理、仓储与物流配送及售后服务等关键营销协同点。这三个协同点在集团营销实践中的使用率都是较高的，通过对这三个环节的有效协同可以大大降低营销成本或显著提升营销绩效。在关于集团存在的营销协同点的回答中，品牌管理、仓储与物流配送和售后服务的提及率分别高达 86.5%、62.7% 和 67.5%；而这三个协同点在集团营销实践中的使用率也非常高，分别高达 82.9%、51.7% 和 58.5%。

（一）品牌管理

品牌是企业集团的一项重要营销资产，集团成员企业实施品牌管理协同战略可以获得巨大收益。[①] 企业集团的品牌一般包括集团品牌、子公司品牌

① Capron L, Hulland J. Redeployment of brands, sales forces, and general marketing management expertise following horizontal acquisitions: a resource-based view. The journal of marketing, 1999, 63(2): 41-54.

和产品品牌三个层次，集团品牌是由集团母公司所拥有的品牌，是集团业务拓展和产品线延伸的基石，也是集团重要的竞争优势来源。集团成员企业及其产品在品牌模式上可以采取统一品牌、主副品牌或联合品牌等模式，保持与集团品牌定位的统一，可以发挥集团强势品牌形象的背书作用，降低公司创业及新产品推出的市场风险。集团企业通过品牌传播的协同，可以降低传播推广的成本，提升品牌推广的效果，并增加顾客感知价值。

品牌协同的成本主要是子公司或其产品出现营销危机时，可能会影响到集团其他成员企业及其产品；过度的品牌延伸会稀释集团品牌形象，特别是涉及无关多元化的业务时。集团成员企业在业务相关性比较高、产品市场定位一致的情况下应积极实施品牌协同。

（二）仓储与物流配送

仓储与物流配送是企业经营中的重要环节，包含了储存、分拣、配货、送货等诸多活动，这些环节通常会占用较多的资源，所以存在较多的资源协同共享的机会。集团成员企业若使用分散的仓储库存和物流配送方式，独立地进行订货、存货、补货及配送，会导致集团整体的库存和物流成本提高。集团成员企业使用统一的仓储体系，可以有效地降低库存成本，提高库存周转率。使用统一的物流配送体系则可以通过优化配送流程、配送队伍等，降低配送成本，提高客户响应速度和客户满意度。而作为仓储与物流协同基础的一体化物流信息系统建设，则可以提高配送的效率与精准率。

仓储与物流配送协同的成本主要是系统的前期建设资金投入较大，且在运营中对集团成员企业及价值链上不同环节的沟通协调会产生一定的成本。企业集团规模比较大、成员企业产品市场销售区域一致时，实施仓储与物流配送的协同，可以获得显著的协同收益。

（三）售后服务

售后服务是企业价值链上实现价值增值的一个重要环节，也即集团营销协同的一个关键协同点。成员企业分别设立自己的售后服务部门与服务队伍，各自为客户提供售后服务，会导致服务流程与服务质量的标准不统一，而客户则需要跟同一集团下的不同售后部门打交道。这既会导致企业服务成本提高，也会给客户带来不便，影响客户的满意度和忠诚度。集团成员企业实施售后服务协同，将独立的售后服务业务整合为统一的售后服务平台，则可以规范售后服务标准，降低售后运营成本，并提高客户对集团品牌的形象感知与满意度。实现售后服务协同可以对客户信息进行集中管理，也有利于挖掘客户的潜在需求，并为产品技术的改进提供重要的信息来源。[①]

售后服务的协同不可避免地会带来在成员企业间进行协调的成本，同时需要售后服务人员具有复合性知识，能解决客户面临的多样化问题。当集团成员企业产品业务相似性程度比较高、目标客户群一致时，就存在较多的售后服务协同机会。

三、重要营销协同点

对127位营销管理人员的调查结果表明，集团营销中还存着销售渠道、集中办公和销售队伍等重要协同点。在关于集团存在的营销协同点的回答中，这三个协同点的提及率分别为55.1%、52.7%和46.0%。这三个协同点在集团营销实践中的使用率也比较高，分别达到46.2%、45.8%和41.8%。

（一）销售渠道

渠道在产品流通过程具有重要作用，销售渠道的协同可以带来可观的协同价值。渠道是企业克敌制胜的利器，渠道建设需要投入大量的资源与时间。通过销售渠道协同，成员企业共享各自的经销商和客户信息，使用统一的订货系统，可以降低渠道开发和维护成本，扩大产品市场覆盖范围。销售渠道协同也增加了企业与经销商谈判的筹码，可以提升其渠道权力，在布货、上架、回款等方面获得更优惠的条件。而且，销售渠道的协同也使集团与经销商等渠道成员关系更加密切，形成稳定的利益共同体，降低企业销售的风险。

但是销售渠道协同的问题在于，成员企业可能因自身利益及保密等原因而不愿意共享渠道资源；销售渠道的协同也需要成员企业的目标客户相同，即具有一致的渠道结构和渠道成员。

① 欧阳桃花，丁玲，郭瑞杰. 组织边界跨越与IT能力的协同演化：海尔信息系统案例. 中国工业经济，2012(12)：128-140.

（二）集中办公

集团成员企业可以通过集中办公，共用办公场所、办公设备等获得重要的协同价值。成员企业特别是其在各地的销售分公司或办事处，独立建设、购买或租赁办公场所及大型办公设备，会造成一定程度的资源浪费。集中办公则可以通过成本分摊节省许多固定资产投资，提高资源利用效率。集中办公能够增加成员企业营销人员间的沟通机会，通过互通信息，双方可以从对方获得更多的营销知识和营销机会。此外，集中办公还有利于集团向外界传递一致的品牌形象，提高顾客的认知度。

办公基础设施与设备的协同共享一般需要集团母公司从中协调，在日常工作中集中办公可能带来一定的矛盾与冲突。成员企业的销售市场区域不一致时，集中办公可能也会降低成员企业营销的灵活性。这种协同适用于成员企业在同一市场区域拥有大致相同的业务规模的集团。

（三）销售队伍

销售队伍协同是指成员企业使用同一支销售队伍销售不同产品。成员企业的产品间具有较高的互补性时，不同的销售人员与客户进行沟通谈判，就会形成较高的营销成本，而且会给客户带来诸多不便，而且当产品间具有替代关系时，则可能为了争夺客户而造成内部冲突，降低集团在客户心目中的形象。产品存在替代关系时，成员企业共用销售队伍增加了客户进行产品选择的余地，可以避免客户被竞争对手抢走。[①]而产品存在互补关系时，共用销售队伍则可以获得更大的协同收益，交叉销售可以降低销售成本，向顾客提供产品组合方案还可以增加销售收入。

销售队伍的协同需要销售人员具备多样化的产品知识，能够洞悉客户多样化的需求。而且销售人员可能因获得的利益差异等原因而对不同产品投入不同精力。成员企业产品目标客户群具有高度一致性时，就可以考虑采用销售队伍协同。

除上述关键协同点、重要协同点，一些一般协同点虽然也能带来某些特定的收益，但其协同的成本通常很高，甚至抵消协同带来的收益，故不再进

① 迈克尔·波特．竞争优势．北京：华夏出版社，1997：346.

行分析。

第四节　集团公司品牌管理

一、集团公司品牌管理的内涵与功能

（一）品牌与品牌管理

品牌（brand）源于古挪威语“brandr”，意思是打上烙印，曾经是牲畜所有者用来标识他们动物的方式。如今，品牌已经成为企业最有价值的一种无形资产。根据美国市场营销协会（American Marketing Association）的定义，品牌是一个名称、术语、标记、符号或设计，或是它们的组合，其目的是用于识别一个销售者或一群销售者的产品或服务，并使之同竞争对手的产品和服务区别开来。著名广告大师大卫·奥格威（David Ogilvy）认为，品牌是一种错综复杂的象征，它是品牌属性、名称、包装、价格、历史声誉、广告方式的无形总和。品牌同时也因消费者对其使用的印象以及自身的经验而有所不同，因此，他认为品牌是产品与消费者的关系。

品牌是企业十分宝贵的资产，它比有形资产更重要，需要谨慎地进行打造和管理。[①]品牌管理并不只是简单地为产品命名，向别人宣布某一种产品或服务项目具有该机构的标志。[②]21世纪成功品牌的营销者必须具有卓越的品牌管理能力。品牌管理把营销活动和计划的设计与执行结合起来，以建立、测量和管理品牌并使之价值最大化。其过程主要包括四个步骤：识别并建立品牌定位、规划并执行品牌营销、测量并解释品牌绩效、通过品牌定位增加并维持品牌价值。[③]

（二）集团公司品牌管理的内涵

集团公司品牌管理是指集团公司为了塑造良好的品牌形象，提升集团品

---

① 加里·阿姆斯特朗，菲利普·科特勒. 市场营销学：第12版. 北京：中国人民大学出版社，2017：221-231.

② 让·诺尔·卡菲勒. 战略性品牌管理. 北京：商务印书馆，2000：39.

③ 菲利普·科特勒，凯文·凯恩·凯勒. 营销管理：第15版. 上海：格致出版社，2016：236.

牌资产价值从而实现协同效应而实施的关于集团品牌组合的创建、使用与保护活动，通过对母子公司品牌定位的确立、品牌识别的设计、品牌整合营销传播以及品牌评估等活动实现。

品牌管理是集团公司营销管理的一项重要职责，一个强势的品牌或品牌组合需要集团公司详细的计划与持续的投入。关于品牌管理的研究目前主要以产品品牌或单体企业品牌为对象，而对集团公司品牌管理的研究则相对匮乏。与单体公司不同，企业集团的层级结构特征决定了其品牌组合包括集团品牌、子公司品牌和产品品牌三个层次。因此，集团公司的品牌管理是集团公司对所属的品牌组合的综合控制与协同，属于集团管理的一种重要手段。

（三）集团公司品牌管理的功能

集团公司品牌管理的功能主要表现在以下几个方面：

1. 塑造统一的集团品牌形象

品牌形象是在消费者头脑中与某个特定品牌相联系的属性集合及其相关联想的总和，它在很大程度上是一个存在于消费者心目中的主观概念，是消费者对接收到的所有关于品牌的信息进行个人选择与加工之后产生的。品牌代表了企业的一种承诺，是产品质量与品质的象征，良好的品牌形象可以降低消费者感知的购物风险，是消费者对品牌满意与忠诚的基础。集团公司通过整合营销传播手段，向消费者传递一致的集团品牌理念和品牌信息，从而可以塑造一个统一的、值得消费者信赖的集团品牌形象。海尔集团实施网络化战略的初期，组织结构扁平化，仅微博账号就有几百个，包括海尔官微、海尔洗衣机、海尔冰箱等，各品牌各自为政如一盘散沙，集团的品牌管理面临重大挑战。[①] 意识到此问题后，海尔将母公司的官网统一交由文化平台管理，同时对其他各平台品牌进行舆情监控和指导，从而塑造了海尔集团整体的品牌形象。

2. 形成巨大的集团品牌资产

人们已经意识到，品牌对企业来说是具有价值的，而这种价值可以是企业拥有的地产、厂房和机器设备等有形资产价值总和的许多倍，品牌的这一价值被称为企业的品牌资产。世界著名品牌管理大师戴维·阿克（David

① 康迪. 海尔样本：互联网思维下的集团品牌探索. 成功营销，2014(6)：56-59.

Aaker）认为，品牌资产由品牌忠诚度、品牌知名度、品质认知度、品牌联想和其他品牌资产的专有权等五大要素构成。集团公司统一对集团品牌及其子品牌形象的塑造和品牌信息的传播，有利于形成集团品牌资产的累积。

3. 获取集团公司的竞争优势

品牌化是形成产品差异化的一种重要手段，拥有成功品牌产品的企业往往具有更强的抵御竞争对手的能力，还会给其他希望进入该市场的企业造成进入障碍。因此，理论界和实务界普遍认为品牌是企业获取竞争优势的重要来源。集团公司通过对旗下品牌组合的合理规划与管理，可以形成良好的集团品牌形象，从而实现更深层次的产品差异化，获取并维持集团竞争优势。

4. 实现品牌协同效应

品牌协同是集团公司获取母合优势的一项重要来源。一方面，企业集团中的母子公司共同分担品牌建设、品牌传播的费用，可以达到节约营销成本、倍增营销绩效的目的，进而实现品牌协同效应；另一方面，集团公司统一的品牌定位又有利于集团品牌的延伸，从而可以充分利用已有营销资源推出新产品或进入新业务领域，进一步实现品牌协同效应。

二、集团公司品牌结构、品牌模式及品牌管理组织

（一）集团公司品牌结构

集团公司品牌结构是指母子公司及产品品牌的结构的层次性。集团公司的层次性结构特征决定了集团公司品牌结构包括集团品牌、子公司品牌和产品品牌三个层次（见图 10－1）。

（1）集团品牌。集团品牌是指集团公司拥有的企业品牌，它反映了整个集团的利益诉求和企业文化等，代表了集团对消费者做出的承诺，并将本集团的业务、产品同竞争对手区别开来。集团品牌可能同旗下的子公司品牌和产品品牌一致，也可能不一致。目前，许多国内的企业集团已具有产品品牌意识，却忽视了对集团品牌的塑造和维护。集团品牌是集团一笔巨大的无形资产，是集团业务拓展和品牌延伸的基石，也是集团竞争优势所在。如海信集团、浪潮集团、联想集团等集团，其集团品牌都为旗下子公司与产品提供了强有力的支撑。

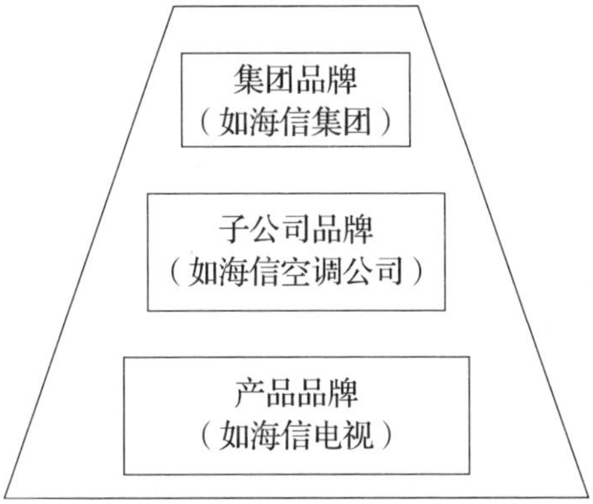

图 10－1　集团公司品牌结构的三个层面

资料来源：王吉鹏，等. 集团品牌建设. 北京：中信出版社，2008：4.

（2）子公司品牌。子公司品牌是指集团中的各子公司所使用或创建的企业品牌，它反映了各子公司的利益诉求和企业文化等，代表了子公司对消费者做出的承诺，并可将本公司的业务、产品同竞争对手的区别开来。许多子公司直接使用集团品牌，也有不少公司创建了新的子公司品牌。海信集团在并购科龙以前，子公司中除赛维家电服务公司外，都使用海信集团的集团品牌，如海信空调公司、海信通信公司、海信模具公司等。海信则成为外国人最熟悉的中国十大品牌之一。

（3）产品品牌。产品品牌是指由母子公司提供的具体产品或服务所使用的品牌，反映了企业向消费者提供的价值和利益。产品品牌可以同企业品牌相同，也可以不同。同一个企业的不同产品线也可能使用不同的产品品牌。如海信集团旗下就拥有海信电视、海信手机、科龙空调、容声冰箱、VIDAA 电视等产品品牌，以及海信广场、赛维、聚好看等服务品牌。其中，容声以质量为先，海信注重信息化及科技感，科龙则被打造为品牌年轻化的先锋，VIDAA 是面向年轻用户和互联网平台的智能互联网电视品牌，赛维定位于家电售后服务，聚好看则为智能白电设备的互联网接入提供服务。各品牌彼此融合组成强势的品牌阵容，海信品牌逐步由功能性品牌发展为形象性品牌，并向体验性品牌迈进。

（二）集团公司品牌模式

集团公司品牌模式是指集团内母子公司之间多类别、多层次的不同品牌之间的结合方式，其目的是取得整体协同效应与品牌差异性之间的平衡。集团公司的品牌模式大致可以划分为统一品牌模式、多品牌模式、主副品牌模式和联合品牌模式。

（1）统一品牌模式。统一品牌模式也称单一品牌模式，是指企业集团内的所有公司和所有产品都采用统一的品牌，并且一般情况下，公司品牌和产品品牌也是一样的。如海信集团在实施品牌并购战略以前，所有公司和产品都统一使用海信品牌。

集团公司采取统一品牌模式有利于降低营销费用，塑造统一的品牌形象，并有利于新产品快速进行市场拓展等，可最大限度地实现营销协同。许多企业集团都采用了统一品牌模式，母子公司和所有产品都冠以相同的品牌。当然，如果统一品牌模式运作不好，也可能产生稀释品牌个性、降低品牌形象和品牌价值等不良后果，特别是当一个具体产品出现品牌危机时可能损害整个集团在消费者心目中的正面品牌形象。

（2）多品牌模式。多品牌模式也称独立品牌模式，这种模式是指集团的所有成员单位根据产品和顾客需求的特点采用不同的子公司品牌或产品品牌。例如，宝洁公司旗下拥有 65 个品牌，欧莱雅集团在全球拥有 36 个品牌，通用汽车公司拥有 26 个产品品牌，伊莱克斯拥有 50 多个产品品牌，可口可乐公司为中国消费者提供 17 个品牌的 60 多种饮料产品。茅台集团在 2017 年新《品牌管理办法》实施以前，各子公司拥有 214 个品牌、2 389 款产品；实施品牌清理以后，7 大子公司保留了 59 个品牌、406 款产品。

一般而言，采用多品牌模式可以突出各品牌的差异性，满足顾客个性化的需求，给低品牌忠诚度的消费者更多的选择；同时也有利于分散经营风险，鼓励在集团内部开展合理竞争，避免品牌延伸的负面影响，更多地占领零售商的货架空间等。当然，这种多品牌模式也存在一些不足，如增加品牌营销费用、造成对集团资源的浪费、导致多品牌的内部竞争、增加品牌管理的难度等。

（3）主副品牌模式。主副品牌模式是指集团以一个成功品牌作为主品牌以覆盖企业的系列产品，同时又给不同产品起一个生动活泼、富有魅力的名字作为副品牌，如同小名一样，以突出产品的个性形象。副品牌虽然适用面窄，但其内涵比主品牌更丰富具体。如茅台王子酒、茅台迎宾酒就属于主副品牌模式，主品牌茅台为副品牌提供了背书。

集团公司采取主副品牌模式一方面可以充分利用主品牌的效应，使副品牌的产品迅速导入市场，从而节省营销费用，并降低新产品导入的风险；另一方面又可以充分发挥副品牌的作用，形成产品的差异化。但需要注意的是，采用主副品牌模式时，副品牌的失败可能损害主品牌的形象；而且，品牌传播的重心一定要放在主品牌上，副品牌应处于从属地位。

（4）联合品牌模式。联合品牌模式主要应用于以企业并购、重组方式形成的企业集团，是指两个或两个以上的品牌合并为一个品牌。如海信集团和日立空调强强联合打造了海信日立这一联合品牌。

联合品牌模式下可以利用两个或两个以上品牌的优势强化整体品牌形象，提升品牌价值，并可以协调下属公司品牌矛盾，尽快达到重组目的，避免原来的品牌资产减值。联合品牌模式的不足之处也是显而易见的，如集团公司对品牌的控制力降低，联合品牌的一方若出现问题极易影响另一方。

集团公司管理模式对集团公司品牌模式的选择具有重要影响。一般来说，统一品牌模式多为行政管理型模式的集团公司所采用，多品牌模式多为自主管理型模式的集团公司所采用，而主副品牌模式和联合品牌模式一般为治理型模式的集团公司所采用。此外，集团的形成方式、发展历史、产业规模等也会影响集团公司品牌模式的选择。

（三）集团公司品牌管理组织

集团公司品牌管理组织设计影响品牌建设和集团管理目标的实现，健全的组织机构和明确的岗位职责是集团营销管理工作的基础。[①] 一个好的品牌管理组织结构有助于品牌建设工作的开展，而一个不合适的品牌管理组织结构则难以完成品牌管理目标，甚至会影响集团的整体发展。因此，集团公司品牌管理组织的设计非常重要。一般来讲，集团品牌建设和管理工作中所涉及的机构主要有集团公司董事会或经理层、集团品牌管理委员会、集团公司品牌管理部、子公司品牌管理部，下文述及的机构权责因管理模式不同而有

① 许俊波．集团化企业的营销管理模式研究．冶金经济与管理，2018(2)：55-56.

所差别。

（1）集团公司董事会或经理层。集团公司董事会或经理层作为整个集团中进行品牌管理决策的最高机构，其具有品牌管理的最终决策权。主要职责是确定集团公司对集团品牌组合使命的解释，并确定品牌组合战略目标；选择集团品牌策略规划方案、品牌组合策略和相关政策；确定品牌管理体系，品牌组织机构选择、设置与调整变更；母公司高层品牌管理人员的聘任、委派和解聘等。

（2）集团品牌管理委员会。集团品牌管理委员会是在集团公司经理层领导下的品牌管理参谋机构，其主要职责是制定品牌管理的战略性文件和品牌管理的最高原则，确立集团品牌的核心价值与定位，规划集团整体品牌架构体系，协调各子公司及各品牌之间的关系，促进品牌间的沟通与整合，开展对品牌的评估、控制，为决策层提供相关的品牌信息。其人员构成一般为分管营销工作的集团副总经理、首席营销官、营销总监、品牌经理、营销人员、技术人员及财务人员等。

（3）集团公司品牌管理部门。集团公司是否设立品牌管理部门以及品牌管理部门在集团公司中的地位是集团品牌管理中的一个要点。一般来说，集团公司如果采用相对集权的管理模式，就需要在集团公司中设立品牌管理部门；如果集团公司实行统一品牌模式，品牌管理部门就需要有与战略、人力、财务等部门同等的地位。

品牌管理部门的主要责任是贯彻落实集团品牌管理委员会的各种决策，制定集团系统的品牌策略和发展规划，研究制定与品牌建设、沟通、传播、维护有关的总体策略及相关的品牌预算安排，组织品牌策略的实施并检查其在集团系统内的落实情况，编制、推广集团形象识别系统并对执行情况进行监督和跟踪调研，指导各子公司进行品牌规划和具体品牌的建设工作。

（4）子公司品牌管理部。子公司在集团公司品牌建设中负有重要的责任。子公司层次往往也会设立品牌管理部或相应岗位，一方面要认真地落实集团品牌管理和建设的各项决策；另一方面要承担子公司自身和具体产品品牌的管理和建设工作；此外，还要积极地配合集团的品牌规划和建设工作，向集团公司提出相关建议。

三、不同模式下的品牌管理职责划分

（一）行政管理型模式

行政管理型模式下的集团公司通常采用垂直管理的方式，即集团公司负责全集团所有单位的品牌决策工作，下属子公司只负责配合集团公司做好相关执行工作。在某些企业集团中，甚至只在集团公司设立一个品牌管理机构，由其全盘负责集团所有单位的品牌工作。

（二）治理型模式

治理型模式是集分权相结合的品牌管理模式。它的基本特点是：集团公司主要负责集团所有单位在品牌建设中对重大事项的决策，如基本政策、发展规划、年度计划和重要活动等；所有子公司必须严格执行集团公司品牌建设过程中的重大事项决策，并负责所在单位的日常品牌建设事项的决策和实施工作。

（三）自主管理型模式

自主管理型模式是一种高度分权的品牌管理模式。它的基本特点是：子公司全权负责其品牌管理，集团公司不干涉子公司的品牌管理工作。这种模式的优点是子公司品牌管理的积极性和主动性高，集团公司品牌管理工作量低；缺点是集团品牌协同效果差。

三种模式下母子公司关于品牌管理职责的划分如表 10－3 所示。

表 10－3　母子公司品牌管理职责划分

	行政管理型模式	治理型模式	自主管理型模式
母公司品牌管理职责	1. 分析环境，确定集团整体品牌战略； 2. 确定品牌管理目标，进行品牌定位； 3. 确定品牌策略，制定品牌传播方案并执行； 4. 建立品牌档案，评估品牌发展情况	1. 分析环境，确定集团整体品牌战略； 2. 确定品牌管理目标，进行品牌定位； 3. 评估品牌发展情况	1. 分析环境，确定集团整体品牌战略； 2. 确定品牌管理目标； 3. 评估品牌发展情况

续表

	行政管理型模式	治理型模式	自主管理型模式
子公司品牌管理职责	执行集团公司制定的品牌传播方案	1. 根据品牌定位，确定品牌策略，制定品牌传播方案； 2. 执行经集团公司审批通过的品牌传播方案； 3. 建立品牌档案	1. 根据集团整体品牌规划，确定子品牌管理目标，进行品牌定位； 2. 确定品牌策略，制定并执行本公司的品牌传播方案； 3. 建立品牌档案

四、不同模式下的品牌管理流程

（一）行政管理型模式

集团公司品牌管理机构负责全集团所有单位的品牌决策工作，子公司只负责配合集团公司做好相关的执行工作。因此在行政管理型模式下，集团公司品牌管理的流程为：集团公司董事会 / 经理层通过对环境的分析，确定集团公司发展的战略，以此分解生成品牌管理的目标，并作为对集团公司品牌主管部门——品牌管理委员会或品牌管理部门进行考核的基础；品牌管理委员会或品牌管理部门根据环境情况和集团公司的品牌发展目标，确定品牌的定位；根据定位制定品牌管理的策略，品牌管理委员会或品牌管理部门制定品牌的整合传播方案，和子公司共同执行该方案，并根据品牌发展的情况建立品牌档案；品牌管理委员会或品牌管理部门定期评估品牌发展情况，上报经理层或董事会评定，并调整品牌发展的目标。具体流程如图 10－2 所示。

（二）治理型模式

集团公司品牌管理机构主要负责集团品牌建设中重大事项的决策，如基本政策、发展规划、年度计划和重要活动等，子公司除了要执行集团公司品牌重大事项决策，还要负责所在单位关于日常品牌建设事项的决策和实施工作。因此在治理型模式下集团公司品牌管理的流程主要表现为：集团公司董事会通过对环境的分析，确定集团公司发展的战略，以此分解生成品牌管理的目标，并作为对集团公司品牌主管部门——品牌管理委员会和子公司考核的基础；品牌管理委员会根据环境情况和集团公司的品牌发展目标，确定各品牌的定位；子公司根据品牌定位制定品牌管理的策略，将整合传播方案上报董事会或经理层审批；董事会或经理层批准后，由子公司制定和执行其产品品牌的整合传播方案，并根据品牌发展的情况建立品牌档案；品牌管理委员会定期评估子公司品牌的发展情况，上报经理层或董事会评定，并调整品牌发展的目标。具体流程见图 10－3。

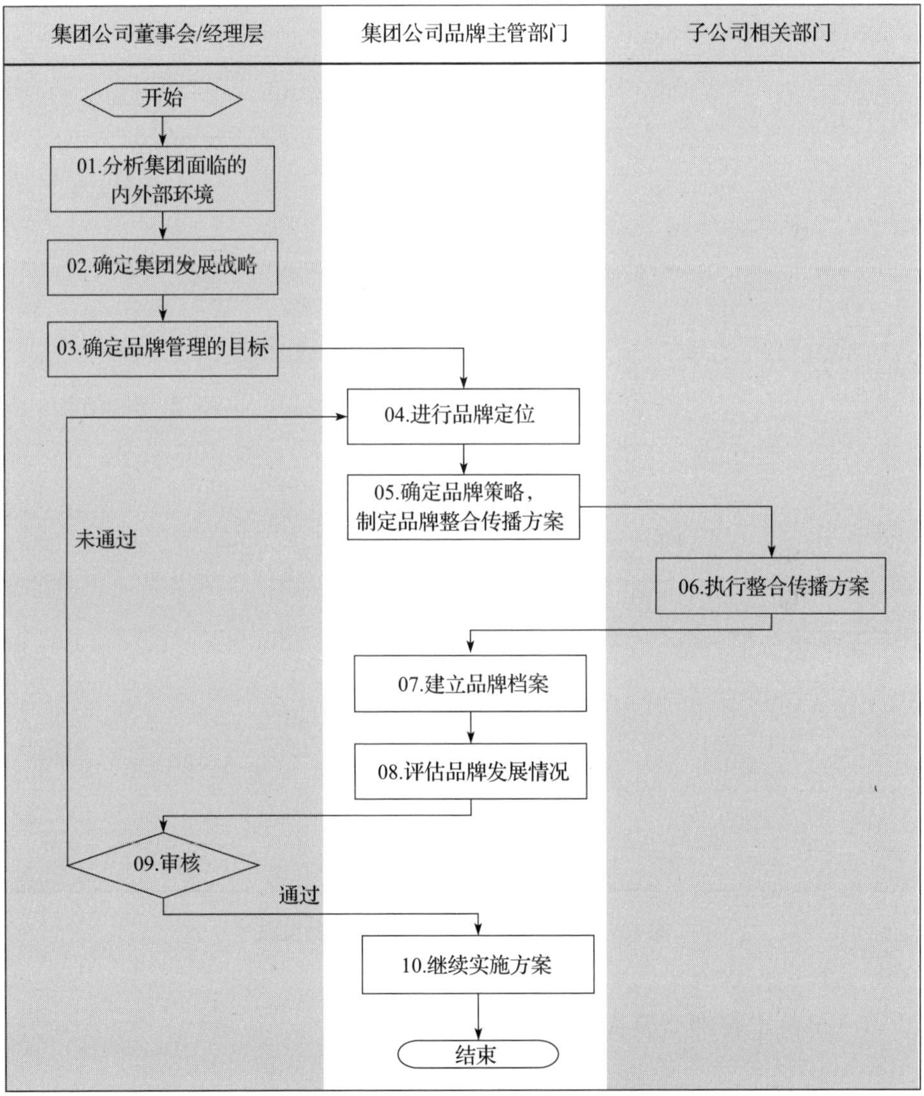

图 10－2　行政管理型模式下品牌管理流程

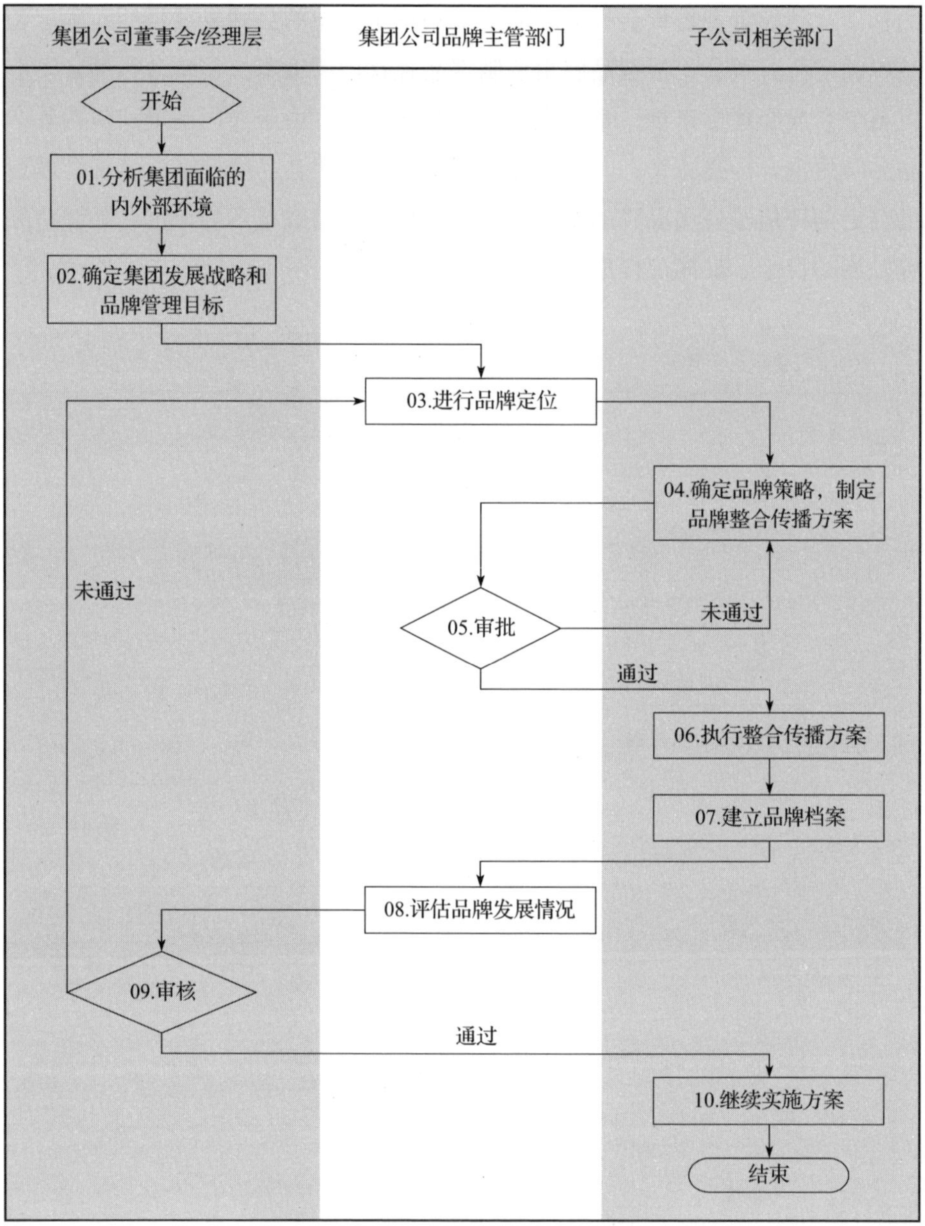

图 10－3　治理型模式下品牌管理的流程

（三）自主管理型模式

集团公司品牌管理机构主要负责对集团品牌建设目标的制定和评估，

子公司全权负责对所在单位日常品牌建设事项的所有决策和实施工作。因此在自主管理型模式下集团公司品牌管理的流程主要表现为：集团公司董事会通过对环境的分析，确定集团公司发展的战略；集团公司品牌主管部门根据集团公司发展战略分解生成品牌管理的目标，以此作为对子公司相关部门品牌管理工作考核的基础；子公司根据环境情况和集团公司的品牌发展目标，确定各品牌的定位；子公司品牌管理相关部门根据品牌定位确定品牌管理的策略，并制定整合传播方案；子公司品牌管理相关部门执行产品品牌的整合传播方案，并根据品牌发展的情况建立品牌档案；集团公司品牌主管部门定期评估并审核子公司品牌的发展情况；子公司相关部门根据集团公司品牌主管部门的评估结果，适当调整品牌发展的定位或传播策略。

第五节　集团公司渠道管理

一、集团公司渠道管理的内涵与功能

（一）渠道的概念与本质

在市场营销理论中，有关“渠道”的概念主要包括两个，即营销渠道（marketing channels）和分销渠道（distributing channels），国内外学者对此有着不同的界定。科特勒将营销渠道定义为促使最终顾客顺利使用或消费产品或服务的一整套相互依存的组织，它们是产品或服务在生产环节后所经历的一系列途径。[①] 有学者将分销渠道定义为“商品所有权从生产者或商人手中转移至消费者手中所经过的路径”，并将营销渠道界定为“采购原材料和销售成品引起的所有权转移”。[②] 渠道概念和内涵的丰富性可见一斑。

在营销实践中，营销渠道和分销渠道经常混用，实际上两者有一定的区

① 菲利普·科特勒，凯文·凯恩·凯勒. 营销管理：第15版. 上海：格致出版社，2016：464.

② 尹元元，朱艳春. 渠道管理. 2版. 北京：人民邮电出版社，2016：14.

别。营销渠道是指配合生产、分销和消费某一制造商的产品和服务的所有企业和个人，它包括供、产、销全过程的参与者，如各类供应商、制造商、各类经销商、各类代理商、消费者。而分销渠道又称销售通路，则是指在某种产品和服务从制造商向消费者转移的过程中，取得这种产品和服务的所有权或帮助所有权转移的所有企业和个人。因此，二者涉及的范围不同，分销渠道是营销渠道的重要组成部分，不包括供应商，是从制造商的视角研究产品被生产制造出来后如何尽快地配置给消费者这一过程。不过，对这两个概念的区分主要存在于理论界，在实际应用中两个概念往往是不加区分、交替使用的。本书研究的对象主要是生产制造型企业集团，因此本章也多使用“分销渠道”这一表述。

在产品、价格高度同质化的背景下，分销渠道建设及管理已成为企业制胜的关键。就分销渠道的本质而言，有如下两点：

（1）分销渠道是组织网络而非物化的“通道”。分销渠道是由一系列相互依存的组织按一定目标结合起来的网络系统，其组织成员通常包括制造商、批发商、零售商和消费者，以及一些为分销提供支持的辅助机构，如物流公司、仓储公司、金融机构、市场调研公司、广告公司等。这些组织之间多是平等的竞争与合作关系，而非主从关系。

（2）分销渠道是营销者组织的某种“延伸”。分工是人类社会进步的标志之一，可以使专业的人做专业的事。多数生产企业都是把销售工作全部或部分委托给分销经验更为丰富的外部组织，自己则集中资源强化对主营业务的研发、生产等核心竞争力。因此，该类企业内部没有或只有很少的销售人员，此时渠道中的中间商和辅助机构就成为企业分销组织的外延部分。分销渠道的存在填补了产品、服务与实际需求在时间、空间和所有权方面的差距。一些企业号称“没有中间商赚差价”，抹杀了中间商的功劳。当然，渠道层级过多确实可能会导致产品成本过高，并增加渠道控制的难度。

（二）集团公司渠道管理的内涵与特点

作为一种重要的营销管理职能，渠道管理（channels management）是指企业通过计划、组织、激励、控制等环节来协调与整合分销渠道中所有参与者的工作活动，与渠道成员合作，以有效完成分销任务的管理活动。[①] 这一概念有以下要点：（1）渠道管理的目的是使整个渠道的运行过程更加富有成效；（2）渠道管理的对象是分销渠道中所有的参与者，既可能是企业内部的机构或员工，也可能是其他企业或个人；（3）渠道管理的内容主要包括选择渠道成员、激励渠道成员、评估渠道绩效、调整（或再造）渠道、退出渠道等。

集团公司渠道管理就是对集团渠道系统中的实物流、信息流、所有权流、促销流、谈判流等进行计划、组织、协调和控制的管理过程，并通过协调和整合分销渠道中所有参与者的经营行为以及渠道结构的动态优化，实现对市场需求的有效响应，达到以最低的分销成本提供最好的顾客服务、为顾客创造最大价值的目标。简言之，集团公司渠道管理是指集团公司为实现集团整体的营销目标而对集团现有的渠道系统进行管理的过程，包括确保渠道成员间的相互协调和通力合作的一切活动。

与单体企业不同，企业集团的层级结构特征决定了集团公司中的渠道管理是对母子公司的渠道组合和渠道系统的综合控制与协调，有区别于单体企业的显著特点：

（1）渠道控制层级增加。集团公司作为法人实体对具有独立法人资格的经营实体（子公司）的渠道系统进行管理，这对于经营实体（子公司）而言，其组织内的渠道管理活动的管理控制主体不仅仅包括本公司管理当局，同时也包括该经营实体（子公司）的控股公司（集团公司）管理当局。这对渠道管理活动本身而言，实施监管与控制主体的层级增加了。

（2）跨组织管理难度加大。集团公司渠道管理属于复杂的跨组织管理，大多数情况下除集团所属的专卖店和分支机构外，涉及的渠道成员不属于同一利益主体的组织，渠道成员间不存在管辖的主从关系，而是平等的合作关系，对渠道进行管理与控制的难度相应加大。因此，集团公司渠道管理较少依靠渠道权力进行强制约束，而多靠合同或规范进行利益协调。

（三）集团公司渠道管理的功能

随着生产规模的不断扩大和消费需求的不断增加，生产者与消费者在时

① 庄贵军．营销渠道管理．3 版．北京：北京大学出版社，2018：31.

间、地点、数量、品种、信息、价格、所有权等方面的矛盾日益激化。企业只有通过一定的分销渠道，才能将产品在适当的时间、地点，以适当的价格提供给消费者，从而克服生产者和消费者存在的各类矛盾，满足市场的需求，最终实现企业的营销目标。[①] 有效的集团公司渠道管理能够加速产品从生产到消费的流转，缩短产销周期，使企业对市场需求变化做出快速反应，增强集团的市场竞争力。集团公司渠道管理的功能主要表现在以下几个方面：

（1）保障集团市场目标实现。集团内成员企业不但要实现自身渠道管理的战略目标，同时要在更大范围内兼顾助力实现整个集团的渠道战略目标，所以集团公司要持续监控集团内各渠道系统的运作，并对子公司渠道系统的相关环节进行指导和有效干预，进行定期的评估与诊断，确保对整个集团内所有渠道组合和渠道系统进行有效整合与协同管理，最终保障集团公司市场目标的有效实现。

（2）缩短产品流转周期，快速响应消费需求。集团公司渠道管理能够通过跨组织协调与合作，大大地缩短产品流转周期，把适销对路的产品及时送到消费者手中。渠道管理综合了市场调查与预测、包装加工、储运、促销、洽谈等诸多环节，能够更好地保证服务质量，快速响应消费需求，不断提高产品的市场份额。

（3）巩固渠道关系，提升渠道忠诚。企业集团通过渠道系统的建设与管理，把相对独立的制造商、分销商、代理商、辅助商和终端客户紧密地结合在一起，并对他们进行整合与协调，使渠道上下游企业之间形成紧密的关系，逐步构筑稳固的利益共同体，并通过和渠道成员的紧密接触，不断增进情感交流，从而有效提升渠道忠诚度。

（4）形成渠道协同，加强集团控制。一方面，母子公司共同分担渠道建设与管理的费用，协同开展需求调研、产品促销、品牌宣传、渠道谈判等活动，可以达到节约营销成本、倍增营销绩效的目的，从而实现营销协同效应。另一方面，渠道管理有利于充分发挥母子公司的核心能力，实现渠道资源在集团内的共享与优化配置，从而加强母公司对各子公司的有力管理。

---

① 梁文玲，夏辉，魏文忠．市场营销学．3 版．北京：中国人民大学出版社，2019：248-249.

二、集团公司的渠道系统

系统是由若干相互联系、相互作用的组成部分按照一定的次序结合而成并具有特定功能的结构。营销渠道构成了一个自循环系统，成员间基于共同的目标及各自的利益关系组成一个上下游紧密联系、互动的交易整体和系统，成为一条渠道“价值链”。[①] 集团公司可综合考虑集团战略、业务组合、市场结构等因素，选择构建适合自身情况的渠道系统。

（一）垂直分销渠道系统

垂直分销渠道系统是指针对传统分销渠道关系松散的缺点，通过产权联结、特约代理或者加盟合作的方式建立的一种由制造商、批发商和零售商组成的统一联合体。这种联合体可以由制造商领导，也可以由批发商或零售商领导。

垂直分销渠道系统是实行专业化管理和集中执行的网络组织。建立垂直分销渠道系统，有利于控制整个渠道的行动，消除渠道成员之间因追求各自利益而产生的冲突。垂直分销渠道系统通过扩大规模、增强谈判实力和减少重复服务来获取效益，从而获得最佳的经济收益和顾客反应。

垂直分销渠道系统按照系统内成员之间的关系和管理方式可以分为以下几种类型：

1. 公司式垂直分销渠道系统

公司式垂直系统是由同一个所有者名下的相关制造商、分销商组成的分销系统。其本质特征是：系统内部的所有成员均为同一个产权主体所有，同属于一个企业组织。例如在美国，西尔斯作为一家大型零售商，从它拥有全部和部分产权的公司中采购超过 50% 的商品。在国内，像海信、海尔、金猴等科工贸一体化的大型企业集团，都有集生产、销售为一体的公司式垂直分销渠道系统。如海信集团旗下设有多个负责生产的产品子公司和负责集团销售的营销子公司，在零售环节线下有海信专卖店、线上有海信网上商城和品牌网店等。

公司式垂直分销渠道系统的优点：（1）由于同属于一家公司和一个领导

① 郑锐洪．营销渠道管理．2 版．北京：机械工业出版社，2016：4.

层，企业的分销策略可以得到有效的贯彻执行。（2）制造商可以避开来自大零售商的控制，独立制定和执行营销策略。（3）可以统一策划、统一宣传，有利于树立和提升企业的品牌形象。（4）企业可以更直接地接触市场，容易了解市场需求变化，并随时调整营销策略。

公司式垂直分销渠道系统的缺点：（1）需要投入大量的人力、物力和财力，成本花费较高。（2）各个市场的差异较大，若由一个企业运作其市场适应性较差。（3）公司垂直分销渠道系统涉及生产、批发、销售、运输、仓储等方面的多种业务，企业人员需要学习较长的时间才能适应系统。

2. 管理式垂直分销渠道系统

管理式垂直分销渠道系统是指以一家龙头企业为核心，由位于商品流通链不同环节的众多中小企业自愿参与而构成的、在核心企业控制下运作的分销渠道系统。渠道的领导不是通过所有权或合同契约方式产生的，而是由一个规模和实力在渠道中占支配地位的成员来担任。顶级品牌制造商往往有能力从渠道的下游获得强有力的贸易合作与支持。例如，通用电气、宝洁等都能够从其销售者那里获得有关商品展示、货架空间、促销活动和定价政策等方面的特别合作。

管理式垂直分销渠道系统的特点：（1）有一个龙头企业。由于系统内的企业之间没有所有权关系，因此，必须有一个德高望重、有影响力的企业牵头，才能吸引更多的中小企业参与到系统中来。（2）有一个组织体系。系统内的企业之间不是领导和被领导的关系，而且参与各方的实力会有很大差异，各方在系统内的作用和贡献也不尽相同，如果没有一个公平合理的竞争环境和高效率的管理、协调中心，就很难形成一个统一的整体来完成共同的事业。（3）有统一的营销策略。在以制造商为龙头企业的管理式垂直分销渠道系统中，通常是由龙头企业供应商品，统一品牌和包装，规定统一的商品销售价格，并要求系统内成员按照统一的促销策略开展促销活动。

龙头企业在管理式垂直分销渠道系统中起着关键作用，系统借助其影响力来统一和协调其他企业，这就要求龙头企业拥有丰富的资源、强大的市场影响力和协调管理能力。当龙头企业不具备这些条件时，就会失去系统成员的信任，整个系统也会因缺乏领袖而产生矛盾和冲突，甚至瓦解。

3. 契约式垂直分销渠道系统

契约式垂直分销渠道系统是指商品从制造商向消费者转移的过程中，各种独立的制造商、批发商、零售商甚至最终消费者，为了共同的利益而自愿结合起来，通过不同形式的合法契约来确定各自在渠道系统中的地位、作用和协作关系，从而形成分销渠道系统。例如，在国内饮料行业著名的娃哈哈“联销体”模式就是典型的契约式垂直分销渠道系统。

契约式垂直分销渠道系统的优点：（1）渠道建设成本低。渠道成员是以契约而不是产权、资金或物质为纽带联系起来的，渠道的组建成本较其他模式要低得多。（2）渠道成员之间有明确的分工与合作。（3）具有很高的运作效率。契约是渠道成员自觉意志的反映，具有较强的约束力。在契约期限内，渠道成员会努力履行自己的职责。为了赢得下一步的合作，渠道成员会努力强化自身的优势，抵制潜在的竞争对手，提高工作效率。（4）渠道调整具有较大的灵活性。每个契约都是有期限的，契约的内容也是可以调整和变更的。合同期满需要重新签订时，就为渠道成员调整渠道结构、改进合作关系提供了机会。

但是，契约式垂直分销渠道系统成员之间是通过分割销售利润联系在一起的，前一个环节的价格决定了后一个环节的成本，不同环节的渠道成员为了自身利益最大化会要求前一环节的价格尽量低一些，这表明契约式垂直分销渠道系统的内部关系是高度市场化的，而且契约式垂直分销渠道系统比其他两种垂直分销渠道系统的可控性更低。

案例

专卖店模式将终结？

在很多人眼中，董明珠是一位具有传奇色彩的市场营销高手。

2000 年以后，随着连锁巨头的快速扩张，家电业走进大连锁时代，家电厂商和连锁企业在进场费等方面的矛盾激化，家电生产厂商纷纷欲通过自建渠道摆脱渠道受制于人的现状。然而在内外资品牌夹击的情况下，自建渠道谈何容易。

在众多家电厂商被强势的连锁巨头国美、苏宁钳制时，2004 年格力高调宣布与国美决裂，果断开启专卖店模式。短短几年里，格力在全国开设了超 7 000 家专卖店，这些专卖店主要建在了三四级市场，为格力贡献了大部分收入和利润。

2007 年，格力电器大股东格力集团在资本层面引入格力经销商，向其核心经销商转让格力电器 10% 的股权，与经销商建立起一种产权关系，将经销商与格力电器的利益捆绑在了一起。

此后，董明珠重整渠道，成立了一家名为盛世欣兴格力贸易有限公司的销售公司，这家公司掌控了格力全部的销售渠道，随后各分部陆续建立起来，但总部对渠道的控制力却在加强。

在盛世欣兴诞生之际，董明珠此举曾被业内认为是有意将格力渠道独立，并运作上市，成为格力新的融资平台。不过这个说法遭到格力方面的否认。有格力人士表示，或许是太相信格力庞大的专卖店网络，董明珠在很长一段时间内没把电商当回事。

家电业观察家刘步尘认为："过去几年里，电商大规模兴起，如果家电厂商过度依赖专卖店，则除自建渠道之外的渠道将无法真正发挥作用。不过一旦格力大力发展大连锁和电商，将触及原有经销商的利益。过去这几年格力电商一直难以实现大规模的发展，主要是受经销商制衡所致。"

如今电商已快走过红利时代、新零售大规模兴起，这些因素都促使格力不得不加快自己的渠道变革。

正是如此，近年来格力与其他渠道的关系也在缓和。格力先是与国美时隔十年摒弃前嫌再度牵手，格力空调、晶弘冰箱、大松小家电全线进驻国美线上线下门店；后又与两大电商渠道——阿里、京东达成合作关系，并与十多年来都未曾合作过的苏宁结盟。

产业经济学家梁振鹏表示："格力在渠道上主要依赖于经销商。在渠道普遍扁平化的大环境中，经销商自建渠道会增加多项采购环节，让产品价格缺乏竞争力，产品则需要实现较高的毛利率来保证销售体系，这在今天电商、渠道商结盟的新零售时代并不适用。董明珠对格力销售管理进行的变革，需先打破原有的经销商销售体系。"

资料来源：贾丽．格力 2018 年或再迎巨变，董明珠将操刀渠道变革．证券日报，2018-02-26.

4. 特许经营组织

特许经营组织属于契约式垂直分销渠道系统的一种特殊类型，其成员之间的联结依靠的是特许契约，这种契约转让的不是有形商品，而是一种知识产权、特定品牌的市场份额。

特许经营的主要方式有：（1）一次性特许，指特许人只授予特许经营者一次性的特许权利，因此连续使用特许客体的特许经营者要重复向特许人申请特许权利。（2）非排他性特许，指特许人在向一个特许经营者授予特许权利之后，还可在当地向其他公司授予同样的特许权，将其吸引到现有的特许经营组织系统中。如迪士尼将其卡通人物形象授权给同一地区的服饰、玩具、食品饮料等制造商使用的就是这种形式。（3）地区发展特许，也称独家特许，是指特许经营者获得在某一特定地区独家特许代理的权利。如福特汽车与其在各地的独家特许经销商。（4）多层次特许，指特许经营者有权利在特定区域再发展下属的特许经营者，即一方面特许经营者获得特许权利，另一方面又将特许权利转让给下属的特许经营者来经营，也称可转让许可。如可口可乐公司特许各个市场上的装瓶商（批发商）购买该公司的浓缩饮料，然后由装瓶商充碳酸气、装瓶，再把它们出售给本地市场的零售商。

（二）水平分销渠道系统

企业为了扩大销售、在竞争中谋求发展，不仅要建立垂直分销渠道系统，而且要与同一层次内的其他成员建立各种各样的横向合作关系。

水平分销渠道系统是指处于分销渠道同一层次的若干企业采取横向联合的方式，通过合资或合作寻找新的营销机会、组成新的渠道系统。这种联合主要是为了获得更大的协同效应，借助各方力量减少独立运作的风险等。这种合作可以是暂时的，也可以是永久的。例如，飞利浦同 TCL 交换股份，以利用 TCL 在中国开设的 2 000 家分销门店。又如，可口可乐和雀巢组成合资企业在全球开发咖啡和茶饮料的潜在市场，可口可乐提供在全球的饮料营销和分销经验，雀巢则提供两个成功的品牌——雀巢咖啡（Nescafe）和雀巢冰爽茶（Nestea）。

（三）多渠道分销系统

多渠道分销系统是指一个企业同时建立两条以上的分销渠道，以到达更多细分市场。近年来，越来越多的大型企业集团和一些小型企业都采用了多渠道分销系统或复合渠道分销系统的模式。如海信集团既使用线下的直营渠道和中间商渠道，也使用线上的各种新兴渠道，通过多渠道分销系统为其多个细分市场服务，客户遍及各类企业和个人，从大型集团到小型企业，再到家庭和个人。

多渠道分销系统的优点主要表现为：（1）增加市场覆盖面，使企业的产品到达更深、更广泛的细分市场，比如到达偏远的农村市场，这是单一渠道无法做到的。（2）降低分销成本，企业可以增加以更低的成本向现有目标客户进行销售的渠道，比如电话销售、电视直销、网络销售等。（3）为顾客提供定制化销售，企业可以增加更加适合顾客要求的渠道，如为特定顾客进行特殊设计、制作、安装产品等。

综上所述，集团公司选择何种渠道系统或组合，受多种因素的影响。一般来说，越倾向于采取集权式管理的集团公司，越倾向于选择垂直分销渠道系统，而公司式、管理式和契约式垂直分销渠道系统的可控性依次降低。此外，集团的规模、实力和业务组合也会对集团公司渠道系统的选择产生一定的影响。对于规模小、实力弱的单一业务型企业集团，倾向于选择单一渠道系统；而对于规模大、实力强的多元业务型企业集团，更倾向于选择多渠道分销系统。当然，集团的发展历史、产业类型、市场结构等也会影响集团公司对渠道系统的选择。

三、不同模式下的渠道管理职责划分

（一）行政管理型模式

行政管理型模式下的集团公司通常采用垂直管理的方式，即集团公司负责全集团所有单位的渠道决策工作，下属子公司只负责配合集团公司做好相关的执行工作，并在实施过程中及时向集团公司反馈执行情况。

（二）治理型模式

该模式下的集团公司主要负责集团所有单位在渠道建设中对重大事项的决策，如渠道整体目标、渠道发展规划、渠道基本政策、渠道重大调整、年度计划和重要活动等，并对子公司的渠道规划提供指导和建议。所有子公司必须严格执行集团公司在渠道重大事项方面的决策，并负责所在单位日常渠道建设事项的决策和实施工作。

（三）自主管理型模式

子公司具有渠道管理自主权，根据内外部环境做出渠道规划，并报集团公司审批备案。集团公司基本不干涉子公司具体的渠道管理工作，主要负责对子公司的渠道执行情况进行监督与考核。子公司在渠道策略实施过程中，根据内外部环境变化自行调整渠道。

以上三种模式下母子公司之间渠道管理职责的划分如表 10－4 所示。

表 10－4　母子公司渠道管理职责划分

	行政管理型模式	治理型模式	自主管理型模式
母公司渠道管理职责	1. 进行环境分析，根据集团整体战略和营销战略，确定集团和子公司的渠道目标； 2. 制定具体的渠道方案，确定渠道结构与类型、中间商层次、渠道功能安排、渠道成员责权利等； 3. 组织实施渠道方案，并监督、控制、评估母子公司渠道执行情况； 4. 根据环境变化调整渠道策略	1. 根据集团整体战略和营销战略，制定集团渠道目标和发展规划； 2. 协助子公司制定渠道规划； 3. 监督、控制、评估子公司的渠道方案执行情况； 4. 根据环境变化，协助子公司调整渠道策略	1. 根据集团战略和营销战略要求，制定集团渠道目标和发展规划； 2. 对子公司渠道建设情况进行监督与考核
子公司渠道管理职责	1. 协助集团公司执行渠道方案； 2. 向集团公司反馈执行结果	1. 在集团公司指导与帮助下制定本公司的渠道方案，并报集团公司审批； 2. 执行经集团公司审批通过的渠道方案； 3. 根据环境变化调整渠道策略	1. 自主制定本公司渠道规划方案，并报集团公司备案； 2. 组织执行本公司渠道方案； 3. 根据环境变化和渠道评估结果，适时调整渠道策略

四、不同模式下的渠道管理流程

在不同的管理模式下，母子公司分别承担着不同的渠道管理职责，这也决定了在不同的管理模式下，集团公司渠道管理的流程也将有所差异。

（一）行政管理型模式

集团公司层面的渠道管理机构负责全集团所有单位的渠道决策工作，子公司主要负责配合集团公司做好相关的执行工作。因此在行政管理型模式下，集团公司渠道管理的流程表现为：集团公司董事会/经理层在环境分析的基础上，确定集团发展战略和营销战略，进而提出集团渠道总体发展的目标和要求，以此作为对渠道主管部门考核的基础；集团公司渠道主管部门根据内外部环境和集团渠道发展目标，形成具体的渠道发展规划；根据渠道发展规划，集团公司渠道主管部门制定相应的渠道策略和渠道实施方案，并与子公司共同执行该方案；集团公司渠道主管部门定期监督、评估渠道执行情况，并上报经理层或董事会审核，而后根据渠道评估结果适时进行渠道调整。

（二）治理型模式

集团公司层面的管理机构主要负责集团渠道建设中的重大事项决策，并对子公司渠道规划提供指导和建议；子公司除了要执行集团公司渠道重大事项决策，还要负责所在单位对日常渠道建设事项的决策和实施工作。因此在治理型模式下，集团公司渠道管理的流程主要表现如下：集团公司董事会/经理层在环境分析的基础上，确定集团发展战略和营销战略，进而提出集团渠道总体发展的目标和要求，以此作为对母子公司渠道主管部门考核的基础；集团公司渠道主管部门根据内外部环境和集团渠道发展目标，形成具体的渠道发展规划；子公司在集团公司的指导与帮助下制定本公司的渠道方案，并报集团公司审批；审批通过后，子公司执行渠道方案；集团公司渠道主管部门定期监督、评估子公司的渠道执行情况，并上报经理层或董事会审核，而后子公司在集团公司的协助下根据渠道评估结果适时进行渠道调整。具体流程见图 10－4。

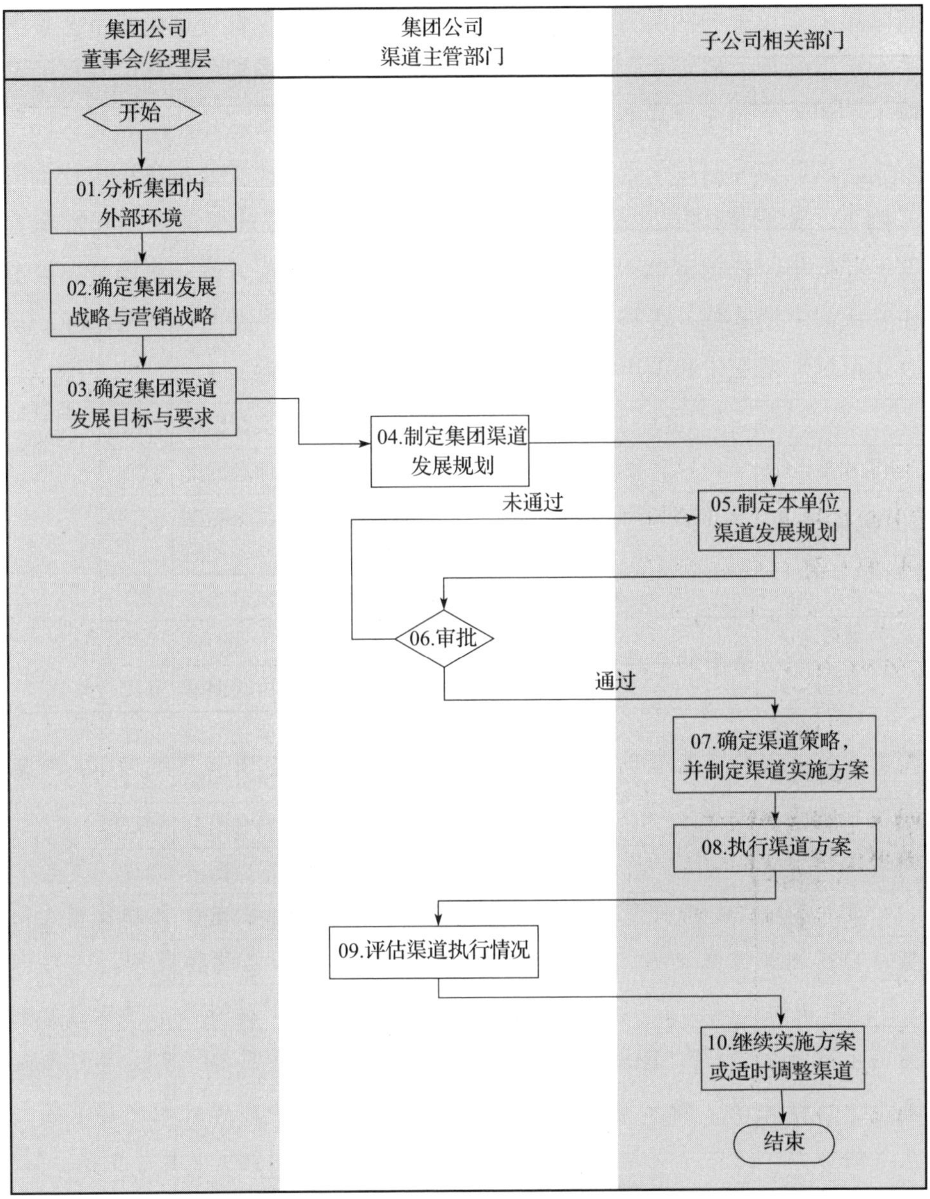

图 10-4　治理型模式下渠道管理流程

（三）自主管理型模式

集团公司层面的渠道管理机构主要负责对集团渠道的发展目标与规划的制定，及对子公司渠道建设情况的监督与考核；子公司全权负责对所在单位日常渠道建设事项的所有决策和实施工作。因此在自主管理型模式下，集团公司渠道管理的流程主要表现如下：集团公司渠道管理部门在环境分析的基础上，根据集团发展战略和营销战略要求，制定集团渠道总体的发展目标与规划，以此作为对母子公司渠道管理部门考核的基础；子公司在环境分析的基础上，依据集团渠道发展目标与规划，制定本单位的渠道规划和实施方案，并报集团公司审批；审批通过后，子公司执行渠道方案；集团公司渠道主管部门定期监督、考核子公司渠道建设情况，并给予及时反馈与指导；子公司根据环境变化和渠道评估结果，适时调整渠道策略。

□ 案例分析

海信集团公司的营销管理

一、海信集团的品牌沿革

1969 年，青岛无线电二厂成立。第二年春天，这家工厂研制成功了超外差式晶体管台式收音机，并取名“红灯”。1979 年，青岛无线电二厂被国家正式批准为电视机定点生产厂，并更名为青岛电视机总厂，自此“青岛”牌正式亮相。

进入 20 世纪 90 年代，因“青岛电视机厂”这一名称行业特征过于明显、存在地域性限制等，企业领导班子决定更改企业名称和商标。1993 年 3 月，新商标正式注册，“青岛”牌正式更名为“海信”，并导入了以蓝红相间的品牌标志——“HiSense”为基础的 CI 工程（见图 10－5），将“海纳百川、信诚无限”确立为企业与品牌的内涵，开始了品牌营销之路。经过几年的努力，海信从区域性品牌成长为全国性品牌。1999 年 1 月 5 日，“海信”“HiSense”被国家工商局认定为中国驰名商标，创造了新商标获得中国驰名商标时间最短的纪录。

图 10－5　20 世纪 90 年代的海信集团标志

为了适应国际化发展的需求，海信集团于2000年4月18日又进行了一次大规模的品牌形象转换工程。新的标志以橙色为首，绿色为主，以略微倾斜的英文字母“Hisense”组合取代了原来的红蓝标志（见图10-6）。略带动感的斜体英文体现了海信集团国际化的气度和不断进取的精神，字首的橙色方块代表着生机、活力以及鲜明的创造色彩，而橙色的一点还昭示着海信发展比别人更快一点、更努力一点、更好一点……标志整体体现了海信集团不断超越、不断创新的企业核心价值。

Hisense 海信

图10-6 2000年后的海信集团品牌标志

2012年4月开始，国际化的海信集团进行第二次品牌升级。海信集团此次率先在海外发布了新标识，进行品牌升级。经过一年的市场检验，海信集团在2013年品牌诞生20周年之际，在中国地区正式启用新品牌标识，启动全球范围的品牌升级活动。新的品牌标志去除了橙色色块，通体绿色。经过微调后的海信集团品牌标志，色彩更加年轻时尚，字体更加简洁国际化，品牌升级本身也代表了海信集团全球化的目标和战略思考（见图10-7）。

Hisense

图10-7 2013年后的海信集团品牌标志

二、海信集团的品牌管理

为保证企业品牌战略持续有序地贯彻执行，海信集团还从品牌管理的组织体制上进行大刀阔斧的改革，引入品牌经理制，并设计“地上走”和“空中飞”兼收并蓄的品牌管理模式。在集团层面，海信集团设立了品牌部，负责对“海信”品牌的近远期规划、推广、规范和监督；而各产品公司则具体负责“海信”品牌与产品特性的结合，即在共用品牌的约束下建设、维护自己的产品品牌，塑造共用品牌内涵下各产品品牌的独特个性，重点在产品而非“海信”。如电视公司对“海信电视”品牌负责，塑造其环保科技、关爱生命的高科技产品形象。

海信集团还十分注重建设品牌管理制度，将品牌塑造提升到企业战略管理的高度，在2000年、2001年组织品牌管理专家分别就海信品牌的愿景、架构、内涵、范围、组织管理等困扰品牌长期发展的问题作了战略性规划，制定了《海信品牌管理手册》《海信品牌视觉形象设计手册》《海信品牌市场推广手册》等三部基本大法。这三部手册的制定与发布，均先得到企业高层的认可，并以多种形式在中层和基层人员中进行宣传推广，逐步建立起一个渗透企业各环节的认同体系。这些品牌管理制度的出台，实际上就等于为海信集团品牌的建设与管理工作颁布了“宪法”，确立了标准，指明了方向。同时，海信集团还强调“执法必严”，对违反三部手册规定的单位、个人施以经济处罚和通报批评，同时在企业内部媒体上进行针对性点评，发挥文化对品牌管理的推动作用。通过这一系列的制度建设和措施，海信集团各产品公司的品牌管理很快规范起来。

三、海信集团的销售管理

海信集团近年来的营销组织变革可以划分为两个阶段的两种模式，即2003年前的子公司产销一体化模式，以及自2003年海信营销公司成立直到2006年海信营销公司分拆的母子公司产销分离模式。

在2003年成立青岛海信营销有限公司之前，海信集团各产业板块的产品销售工作都由各子公司负责，海信彩电、空调和冰箱在国内外的销售分别由海信电器、海信空调和海信北京负责，各子公司在销售体系上没有交叉。在这种组织架构下，集团下属的各产品子公司既组织对产品的生产，同时负责产品的销售，因此各子公司是产销一体化的。

随着各子公司生产与销售规模的逐步扩大，这种产销一体化的营销组织模式开始暴露出一些弊端。特别表现在，各子公司在营销方面各自为战，销售人员重复配备，各地销售机构重叠，不利于实现营销协同。

2003年7月28日，在经过长时间的酝酿、论证后，海信集团正式对海信电器股份有限公司、海信空调有限公司、海信（北京）电器有限公司实行产销分离，整合三公司的销售渠道，正式成立了青岛海信营销有限公司。该公司以海信空调有限公司、海信电器（北京）有限公司的原销售公司为基础，并管理股份公司的部分市场营销系统。整合后，海信集团产品公司的核心是成本与质量；而销售公司的核心则是产品营销的差异化。尽管青岛海信营销有限公司是海信集团的子公司，但它是作为海信集团在国内的整合销售平台而成立并发挥作用的。

2005 年 7 月，海信集团又对旗下另一子公司——海信通信公司实行产销分离，将其营销中心剥离到青岛海信营销有限公司。至此，青岛海信营销有限公司作为集团统一销售平台的作用更加明显，它完全按照现代营销体系的组织架构设置市场调研、产品规划、渠道拓展、物流管理、网络管理等业务部门和业务流程，从事电视、空调、冰箱、手机等家用电器、通信产品的全国市场营销工作，起到为各产品子公司提供统一营销服务的功能。在此组织体系中，对产销的分工是各子公司负责生产，母公司统一销售，充分实现了整个集团的营销协同。

2006 年初，为符合上市公司监管要求，海信集团把原来的将黑电与白电合二为一的营销公司一分为二，青岛海信营销有限公司变为由冰箱、空调、小家电、通信四大产品组成的白电销售公司，而剥离出来的电视销售业务则由海信电器（海信集团上市子公司）单独成立的销售分公司负责，青岛海信营销有限公司各地的分公司很快也拆分为二。同年 5 月，海信集团的手机销售业务又从白电销售公司中分离出来，单独成立海信通讯营销分公司，至此，白电销售公司作为一个白电营销公司其业务领域定位更加清晰明确。

通过以上一系列整合措施，海信集团营销组织体系分产业整合的产销分离模式初步形成。在白电领域，白电销售公司是海信集团的统一销售平台，是母子公司产销分离模式的代表。在黑电及通讯产品领域，营销组织体制是集团子公司与分公司之间的产销分离模式。这种按产业领域整合的产销分离模式实现了相同类别产品的销售整合，在产品销售活动中发挥了销售人员的专业化优势。

四、海信集团与科龙的营销整合

2006 年 4 月，海信集团完成对科龙的收购。在并购之前，海信集团多年的发展一直采取的是单一品牌策略。并购后，如何将“海信”“科龙”“容声”“华宝”四个品牌及其销售渠道进行科学高效的整合，实现协同效应，是海信集团营销管理面临的新命题。

2006 年 9 月，海信集团的多品牌战略正式实施。在标识方面，科龙新标识是在基本保留原有风格和元素的基础上，把海信基因植入科龙的识别系统，将象征海信集团科技和创新精神的字首橙色方块，移入科龙的标志，替代科龙字首“K”上红色的一笔，形成具有海信集团橙色基因的新标志（见图 10－8 和图 10－9）。

图 10－8　海信集团基因植入前科龙品牌标识

图 10－9　海信集团基因植入后科龙品牌标识

在品牌定位方面，公司保留了科龙和容声品牌，并将“擦亮容声，重塑科龙”作为多品牌运作的重点。将科龙定义为空调专家，着力打造成为空调专业产品品牌；将容声定义为冰箱专家，着力打造成冰箱专业产品品牌。而母品牌海信不仅仅是集团标识，更是电视、空调、冰箱、手机等超越家电的多个产品的综合品牌。海信集团也因此成为国内唯一一个持有三个“中国驰名商标”的企业集团。

2012 年，海信科龙再升级，纯蓝色标更具独立性，也更醒目（见图 10－10）。随着标升级，科龙空调也朝更专业、更时尚的方向发展。

图 10－10　2012 年升级后的科龙品牌标识

在销售渠道方面，2006 年 12 月初，在科龙和海信集团的营销公司联合召开的内部视频会议上，海信集团决定把两者的销售渠道合二为一。海信集团和科龙原来各自分布在全国的销售系统将被划归为 45 个分公司和 240 个办事处，并致力于双方渠道的整合，整合完毕后公司运营成本能降低 20% 以上。

2012 年，海信科龙对营销团队进行调整，原来的海信科龙的营销团队划分更细，分为海信科龙电器股份有限公司空调营销公司和冰洗营销公司，分别负责空调和冰洗业务，团队更加专业化、细分化。

2014年、2015年，商用空调事业部和环境电器事业部分别成立，随后在2016年，商用空调被划入海信日立空调公司，其营销运营进一步专业化，空调产业不论从产品还是营销运营上，都开始进一步向专业化、精细化推进。冰洗营销同理，在2016年，洗衣机事业部成立，2018年冷链事业部成立，白电产业深挖产品品类，开始走向多品类、专业化、精细化道路。

思考题：

1. 谈谈集团公司营销管理的主要内容。
2. 集团公司如何进行多品牌管理，海信集团为什么多次进行品牌升级？

第十一章

集团公司绩效管理

第一节　绩效管理概述

一、集团公司绩效管理的含义

（一）绩效与业绩

描述企业经营成果的变量通常包括绩效、业绩和效绩，理论界和实务界很少对三者进行严格区分，由此也引发了一些对基本概念的争论。如1999年财政部出台的《国有资本金效绩评价规则》中就使用“效绩”一词，并认为三者是不同的：一方面，“效绩”和“绩效”包含业绩和效益双重含义，其内涵要比“业绩”广泛；另一方面，“效绩”往往指外部评价，而“绩效”只能用于内部管理评价。2002年财政部印发的《企业集团内部效绩评价指导意见》，继续沿用了“效绩”一词。2003年国务院国资委颁布的《中央企业负责人经营业绩考核办法》，采用了“业绩”一词。池国华教授在研究时指出，“业绩”“绩效”“效绩”三者并没有本质区别，理由在于三者的英文表达均为“performance”。2006年国务院国资委出台的《中央企业综合绩效评价管理暂行办法》采用了“绩效”一词，并分为财务绩效和管理绩效两个方面。因此，鉴于“绩效”和“业绩”在内涵界定、适用范围、管理模式等方面并未呈现出显著的差异性，本章“绩效”的概念包含业绩和效益双重含义：一是以结果为导向的绩效，指在特定时间内由特定的工作职能或活动产生的产出记录；二是以行为为导向的绩效，指与企业目标有关的，可以按照个体的能力（价值贡献程度）来测量的行动。①

（二）集团公司绩效管理

企业绩效管理是指为达成战略目标而对企业的投入、运营过程以及最终产出等环节做出的系统全面的绩效管理。Herman Aguinis（2013）认为绩效

① 冯丽霞. 企业财务分析与业绩评价. 长沙：湖南人民出版社，2002：1-3.

管理是为了实现组织战略目标，持续识别、测量和开发个人绩效和团队绩效的过程。有效的绩效管理需具备以下要素：明确一致且令人鼓舞的战略；进取性强且可衡量的目标；与目标相适应的高效组织结构；透明而有效的绩效沟通、绩效评价与反馈；迅速而广泛的绩效结果应用。

集团绩效管理是指集团公司运用绩效评价方法，对下属子公司的绩效计划、评价、反馈和改进等工作进行控制的持续循环的过程，其目的是利用各种绩效评价手段对各子公司进行引导、监督、控制和激励，使其按照集团总体发展战略目标来运营。

集团公司绩效管理要注意以下几点：（1）母公司对子公司的战略定位会影响其经营业绩，这是对其进行绩效管理所要考虑的问题。（2）短期内集团利益最大化与子公司利益最大化的矛盾。母公司要从集团利益最大化的战略高度出发，通过绩效管理来协调集团成员间的利益冲突，保证子公司分工协作关系的稳定健康。（3）集团非财务绩效的重要性。一般而言，母公司更注重追求长期利益，关注子公司的长远发展，这使得对非财务绩效的考核和管理显得尤为重要。

二、集团公司绩效管理的功能

（一）促进战略管理实施

集团公司通过对子公司的投入绩效管理实现事前反馈，通过对子公司的过程绩效管理实现事中反馈，通过对子公司的产出绩效管理实现事后反馈，三者结合有利于母公司进行战略评估和调整，实现集团公司的动态战略管理。集团公司战略管理、绩效管理与管理控制是三位一体的（见图 11－1）。

（二）实现激励与约束功能

绩效管理是约束监督子公司代理人的行为的重要途径。首先，集团公司通过对子公司的绩效评价，及时发现问题并引导其改正，实现对子公司代理人的约束，使其目标符合母公司的利益要求；其次，将绩效评价结果与激励政策相配合，可以引导子公司代理人的行为，充分调动其积极性和主动性，提高子公司绩效。

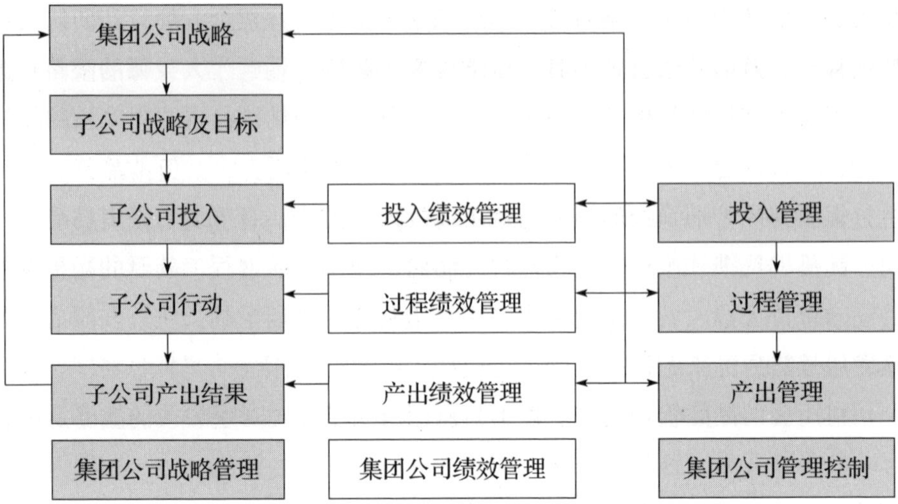

图 11－1　集团公司战略管理、绩效管理与管理控制关系图

（三）优化子公司间的竞合关系

完善的集团绩效管理系统有助于协调各子公司之间的关系，引导各子公司建立一种既竞争又协作的关系，缓解集团成员间的关系冲突，以便形成协同共生的组织氛围，发挥内部资本配置协同优势，构建起企业集团内部的多维协同体系。

三、基于控制流程的绩效管理内容

集团管理可按运营流程分为投入管理、过程管理以及产出管理三种类型（见图 11－2）。投入管理是指母公司对子公司的人力资源、供应商原材料等投入状况进行的评价与监控，是一种事前控制；过程管理是指母公司对子公司内部运营流程进行的全方位监控与评价，是一种事中控制；产出管理也叫结果管理，指母公司通过对子公司经营结果进行评价以影响控制其经营行为，是一种事后控制。

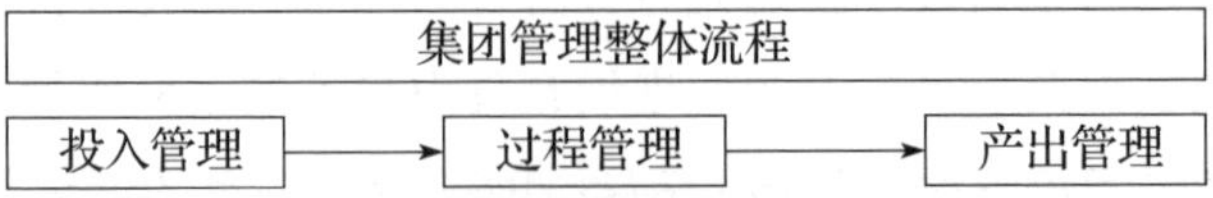

图 11－2　基于控制流程的集团管理方式

资料来源：罗伯特·西蒙斯．战略实施中的绩效评估和控制系统．大连：东北财经大学出版社，2002：53.

集团公司在上述三阶段绩效管理的控制点如图 11－3 所示。

投入管理阶段	过程管理阶段	产出管理阶段
融资渠道与成本 原料投入差异与管理 员工投入程度（情感、精力与兴趣维度） 长期资产投入与增长率 研发经费投入强度与持续性 集团内部资源投入水平 投入占集团整体的比例 财务资源投入比例 创新型资源投入比例 ……	产品或服务设计与生产 企业研发支撑体系建设 新工艺与新技术开发率 营运资金持有水平与效率 预算执行与成本控制 组织文化改进与辐射 组织知识获取与共享 人力资本开发与培育 品牌维护与价值提升 投资效率与财务管理水平 供应链优化 ……	EVA 净资产回报率 新产品收入占比与增长率 专利技术增长率 全员劳动生产率与满意度 市场占有与客户开发 交叉销售占比与增长率 与其他成员的资源共享度 集团利润的净贡献程度 利润配置的效率性与公平性 ……
投入绩效评价	过程绩效评价	产出绩效评价

图 11－3　基于控制流程的集团公司绩效管理控制点

集团绩效管理的协同点主要体现在对子公司间的评价制度、体系的交流和共享，同时通过绩效考核形成的子公司比较效应有利于集团业绩的提升。

四、基于财务共享的绩效管理内容

在集团战略的指引下，集团公司成立财务共享服务中心，并依据财务共享服务中心提供的规范化信息和绩效评价标准进行业绩考核，能够及时地记录财务数据，获取各子公司相关业务信息，满足平衡计分卡等非财务绩效评价工具的信息需求，使集团绩效评价更加科学、合理，有助于集团战略的实施。

传统的绩效考核方法中考核指标和目的单一，较少考虑企业的战略目标、管理流程。在财务共享模式下，绩效评价体系将发生深刻变化，财务共享是对原有组织结构与业务流程的系统性变革，重新定义了成本中心与利润中心的概念，财务共享服务中心作为统一、标准、全面的运营保障平台，能够促使各集团子公司更加关注核心业务，聚焦于核心竞争力的提升。

第二节　集团公司绩效管理体系

集团公司绩效管理体系包括绩效目标、评价以及实施与控制等内容。构建绩效管理体系的步骤包括：首先，根据总体战略要求，制定集团公司绩效管理体系的战略目标，并作为最高指南和准则；其次，根据绩效管理战略目标，设计绩效评价方案，包括绩效评价的指标体系、方法、周期等内容；最后，按照绩效管理体系的战略目标要求以及绩效评价方案，对各子公司进行绩效评价，对子公司进行管理。

集团公司通过综合评估子公司内外的经营环境，依据子公司战略，制定实施方案，并由子公司进一步分解成自身的战略地图，制定相应的绩效考核指标。

根据母子公司绩效评价模型，基于控制流程的母子公司绩效评价指标可以划分为投入、过程和产出等三类绩效指标。需要指出的是，不同阶段的指标体系应包括能促进公司资源共享和协同运营的指标。

如前文述及的浪潮集团为鼓励集团内人力资源的流动，实行 KPI 加分措施：年终决算时，集团根据单位输出人才的情况，按照 1 ～ 2 分 / 人（职级越高，奖励分数越高）的标准给该单位总经理的 KPI 加分，最高加 10 分，同时每输出一位人才给该单位 5 000 ～ 10 000 元的现金奖励，KPI 总分将直接影响该单位总经理的个人薪酬，现金奖励可以发放给培养人才的部门或干部。

一、投入绩效评价

母公司对子公司进行投入绩效评价，一方面，有利于提高子公司对投入资源的重视程度和综合利用率；另一方面，母公司能够对子公司绩效进行事前控制，避免产生大的绩效目标偏差。在投入阶段，子公司投入的资源包括人、财、物三个方面，其中“财”需要在产出控制阶段进行评价，因此对子公司的投入绩效评价主要包括员工评价和供应商评价两个方面。

（一）员工评价

人力资源是企业最宝贵的资源，子公司的管理者应重视对其员工的投入，努力提高员工的能力和素质。子公司员工的投入绩效体现在员工培训、员工能力、员工满意度等方面。

(二) 供应商评价

随着专业化分工协作水平的提高，供应商绩效已成为影响子公司绩效的重要因素，而以往的母子公司绩效评价却对此不够重视。进行供应商评价的目的是促进加强对供应商的管理，提高投入资源的质量，降低投入资源的成本。对供应商的评价主要集中于产品价格、产品质量、交货情况、售后服务等方面。

二、过程绩效评价

内部管理过程包括确定顾客需求、研制并销售产品或服务、提供售后服务、满足顾客要求等一系列活动。内部管理过程的效率、效果是实现顾客满意和财务业绩的必要条件，是企业改善其经营业绩的重点，也是母公司控制子公司的重要环节。按照企业内部价值链的构成，内部管理过程可划分为创新过程、经营过程和售后服务过程（见图 11－4）。

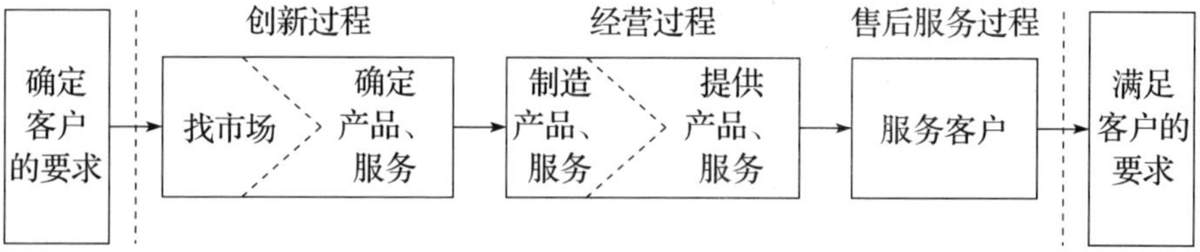

图 11－4　企业内部管理过程

资料来源：罗伯特·S. 卡普兰，戴维·P. 诺顿. 综合记分卡：一种革命性的评估和管理系统. 北京：新华出版社，2002：92.

(一) 创新过程评价

创新过程是一个不断改良和变革的过程，表现为企业确立和培育新的市场、新的客户，开发新的产品和服务。研发是创新过程中的重点活动，也是企业价值链的重要环节，因此创新过程的绩效主要体现为研发绩效。研发绩效评价指标主要体现在研发费用、研发能力以及获利能力等方面。

(二) 经营过程评价

经营过程即生产过程，指从接受客户的订单到将完工产品交付给顾客的过程。这一过程强调为现有客户及时、有效、连续地提供产品和服务。对经营过程的绩效评价应做到成本、质量、效率并重，其评价指标有成本费用利润率、产品合格率、生产效率、设备效率等。

（三）售后服务过程评价

售后服务是指在客户购买产品后企业向客户提供的有关安装、使用和维修等各种服务的活动。产品的整体概念包括核心产品、形式产品和附加利益三部分，其中附加利益又称为延伸产品，即通常所说的售后服务，因此售后服务是完整的产品不可分割的组成部分，也是企业赢得顾客的重要环节。评价售后服务过程有利于企业重视和改善售后服务，提高顾客满意度。对售后服务进行评价最主要的指标是售出产品故障及时排除率，即在售出产品出现故障后企业及时排除故障的效率，这一指标可用本期售出产品故障及时排除次数与售出产品出现故障次数之比计算得到。

三、产出绩效评价

产出控制是指集团对子公司的当期经营成果进行及时监控，并根据其成果进行相关决策的过程，因此产出控制是企业最常用的手段也是最后一环。产出控制包括两个方面：一是子公司的财务结果，即子公司的财务绩效如何；二是子公司的客户结果，即子公司对客户的管理绩效。两者存在一定的因果关系，子公司加强对客户的管理，提高客户满意度，可获得更好的财务结果。因此，产出绩效评价包括两个部分：客户绩效评价和财务绩效评价。

（一）客户绩效评价

客户关系管理（CRM）的目的就是企业通过持续提高客户满意度，获得更多新客户，留住更多老客户，从而扩大市场份额，提高企业利润率。因此客户绩效评价应包括以下内容：客户满意度、客户获得率、客户保持率、客户利润率以及市场占有率。

（二）财务绩效评价

虽然进行财务绩效评价的重要性因平衡计分卡评价方式的推广似有降

低，但作为对最终产出结果进行评价的财务绩效评价始终是绩效评价的落脚点，因此财务绩效评价指标仍为最重要的评价指标之一。财务绩效评价指标体系包括企业盈利能力、偿债能力、营运能力等众多类别，其各项财务绩效评价指标根据资产负债表、利润表和现金流量表中的财务数据计算得出。其中，反映盈利能力的包括投资报酬率、净资产收益率、销售毛利率以及销售净利率等；反映偿债能力的包括流动比率、速动比率、资产负债率、所有者权益比率等；反映营运能力的包括存货周转率、应收账款周转率、资产周转率、流动资产周转率等。

根据上述分析，本书构建了基于控制流程的母子公司绩效评价体系模型（见图 11－5）。

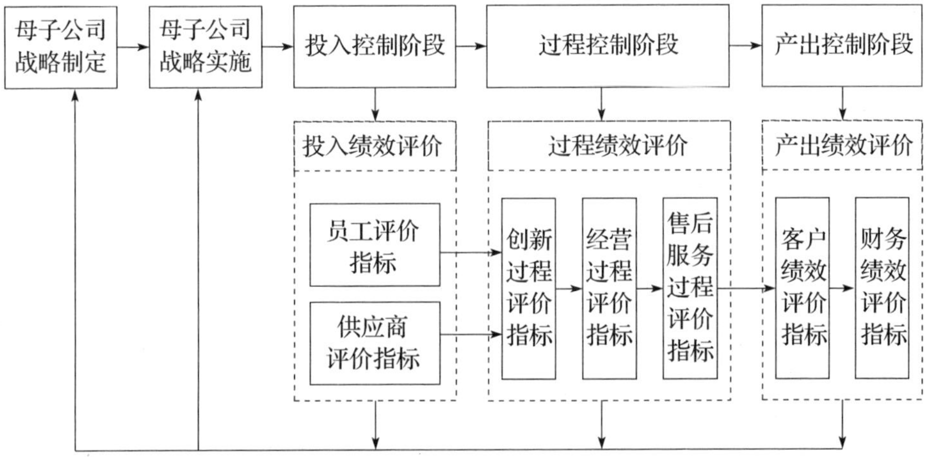

图 11－5　基于控制流程的母子公司绩效评价体系模型

基于控制流程的母子公司绩效评价指标体系与传统的基于财务指标的绩效评价指标体系有明显的区别，它建立在管理控制流程的基础上，适应了母子公司管理控制的要求，具体表现为：

（1）控制流程与绩效评价流程相辅相成。母公司对子公司的控制流程可按经营过程分为投入、过程和产出三个控制阶段，而每一阶段都需要相应的绩效评价予以辅助：投入控制阶段需进行人员和供应商绩效评价，过程控制阶段需要做好创新、经营及售后服务过程的绩效评价，产出控制阶段需要评价子公司的客户绩效和财务绩效。

（2）各绩效评价指标之间存在逻辑关系。控制流程前端的绩效影响后续控制流程的绩效，因此为了取得满意的最终产出绩效，必须努力提高各个控制流程阶段的绩效。

（3）各控制流程阶段的绩效评价结果有利于母公司及时发现子公司在战略实施过程中的偏差，并采取相应的纠偏措施，避免对子公司的管理失控。

第三节　集团公司绩效评价模式

一、绩效评价模式的类型

在不同管理控制模式下，母公司对子公司进行绩效评价的方法、侧重点均有所不同，即不同的管理控制模式需要与之相配套的绩效评价模式。根据母子公司管理模式的不同，本书概括总结了三种母子公司绩效评价模式：全程绩效评价、投入－产出绩效评价及产出绩效评价。

（一）全程绩效评价

母公司对子公司整个运营流程进行控制，母公司对子公司的绩效评价包括投入、过程以及产出等全流程的绩效评价，此为全程绩效评价。全程绩效评价中，母公司主导绩效评价，子公司处于被动评价的位置，此式适用于行政管理型模式。

（二）投入－产出绩效评价

该方式是一种主要对投入、产出进行绩效评价的母子公司绩效评价模式。对于生产过程，母公司不做过多干预，也不进行严格考核，生产过程的考核以子公司自我考核为主，此式适用于治理型模式。

（三）产出绩效评价

子公司自主实施投入阶段和过程阶段的绩效评价，母公司的关注重点是财务绩效，此种绩效评价模式称为产出绩效评价模式，适用于自主管理型模式。

不同管理模式下集团公司的绩效评价模式如表 11－1 所示。

表 11-1　母子公司管理控制模式与绩效评价模式的关系

特征项	行政管理型	治理型	自主管理型
绩效评价模式	关注产出，注重投入-内部过程	关注产出，注重投入-产出平衡	产出为主
财务指标占比	高	高	高
考核制度详细程度	高	一般	一般
关心经营成果程度	高	高	高
关心经营过程程度	高	低	低
绩效评价周期	年度、季度、月度	年度、季度	年度、半年度
绩效评价主体	母公司董事会、总经理、部门经理	母公司董事会、总经理	母公司董事会
评价信息来源	子公司财务报表、ERP信息系统	子公司财务报表、ERP信息系统	子公司财务报表

资料来源：陈志军．母子公司管理控制研究．北京：经济科学出版社，2006：197．

案例

山东省对国有企业经营业绩的考核办法

根据企业在全省经济发展中的功能作用及自身业务特点，分类确定经营绩效考核内容。

对不同功能的企业，突出不同的考核重点，科学设置经营绩效考核指标及权重，合理确定差异化考核标准。对商业一类企业重点考核企业经济效益、国有资本回报和市场竞争能力；对商业二类企业在考核经济效益和国有资本回报的同时，加强对服务全省经济战略、发展前瞻性战略型的产业的考核；对公益类企业重点考核产品服务质量、成本控制、营运效率和保障能力等。

经营绩效考核指标实行任期与年度相统一的原则。考核指标分为基本指标、个性化指标和限制性指标。

分类确定经营绩效考核基本指标。商业类企业基本指标包括净利润、归属于母公司所有者的净利润（以下简称归母净利润）、净资产收益率（不含少数股东权益，下同）和经济增加值。其中，商业一类企业基本分 70 分，净利润基本分 20 分、归母净利润基本分 20 分、净资产收益率基本分 15 分、经济增加值基本分15分；商业二类企业基本分60分，净利润基本分15分、归母净利润基本分15分、净资产收益率基本分15分、经济增加值基本分15分。公益类企业基本指标包括归母净利润、净资产收益率和经济增加值，基本分40分，归母净利润基本分15分、净资产收益率基本分15分、经济增加值基本分10分。

经营绩效考核个性化指标，根据企业类别及不同行业的特点、发展阶段、产业引领任务等，针对企业提高核心竞争力、增强可持续发展能力及防控经营风险中的“短板”，实行一企一策制，即经企业申请设定2～3项可量化的考核指标。个性化指标权重分类确定：商业一类企业基本分30分，商业二类企业基本分40分，公益类企业基本分60分。

从山东省国资委对省属企业的考核办法来看，其建立了分类考核的原则，针对不同类型的省属企业，确定不同的考核指标和权重。对商业一类企业重点考核企业经济效益、国有资本回报和市场竞争能力，类似于母子公司绩效评价中的产出绩效评价模式；对商业二类企业在考核经济效益和国有资本回报的同时，加强了对服务全省经济战略、发展前瞻性战略型产业的考核，此外除了考核经济效益等指标，还加入了一些辅助性指标，类似于投入－产出绩效评价模式；对公益类企业重点考核产品服务质量、成本控制、运营效率和保障能力等，关注事前、事中、事后的全过程，类似于全程绩效评价模式。

资料来源：《山东省省属企业负责人经营业绩考核办法》.

二、不同绩效评价模式下的指标体系构成

不同评价模式下的绩效评价重点各异，因此其评价指标体系构成也是不同的，需要根据绩效评价重点设立评价指标。根据指标的重要性程度，可分为基本指标和辅助指标两个部分，其中基本指标是进行绩效评价的主要指标，辅助指标是母公司根据需要选择的补充评价指标。

（一）全程绩效评价模式

行政管理型模式下，母公司全面控制子公司的内部运营过程，子公司

能够控制的只有生产过程。此模式下，母子公司绩效评价涵盖整个控制流程，即包括投入绩效、过程绩效以及产出绩效评价，其评价指标体系构成见表 11－2。

表 11－2　全程绩效评价模式下的指标体系构成

<table>
<tr><th colspan="3">基本指标</th><th colspan="3">辅助指标</th></tr>
<tr><th>控制流程</th><th>指标类型</th><th>具体指标</th><th>控制流程</th><th>指标类型</th><th>具体指标</th></tr>
<tr><td rowspan="3">过程控制</td><td>创新过程</td><td>研究开发费用率
研究开发成功率
新产品利润率</td><td rowspan="3">过程控制</td><td>创新过程</td><td>新产品贡献率
新产品产销率</td></tr>
<tr><td>经营过程</td><td>实际成本
实际成本与标准成本的差异率
产品优等率
产品返修率
生产循环效率
生产能力利用率</td><td rowspan="2">经营过程</td><td rowspan="2">产品次品率
产品退货率
产品质量效益率
生产能力利用率
机器设备完好率</td></tr>
<tr><td>售后服务过程</td><td>售出产品故障及时排除率</td></tr>
<tr><td rowspan="4">产出控制</td><td rowspan="4">财务绩效</td><td rowspan="4">净利润
净资产收益率
销售净利率
现金流量
资产周转率
三年销售平均增长率
三年资本平均增长率</td><td rowspan="2">产出控制</td><td>客户绩效</td><td>客户满意度
市场占有率</td></tr>
<tr><td>财务绩效</td><td>销售净利率
流动比率
存货周转率
应收账款周转率</td></tr>
<tr><td rowspan="2">投入控制</td><td>员工绩效</td><td>员工满意度</td></tr>
<tr><td>供应商绩效</td><td>产品价格</td></tr>
</table>

说明：在母子公司绩效考核实践中可对上述绩效评价指标做出调整和增减。

（二）投入－产出绩效评价模式

投入－产出绩效评价模式是一种主要对投入和产出流程进行综合评价的绩效评价模式，适用于治理型管理模式，其评价指标体系见表 11－3。

表 11－3 投入－产出绩效评价模式下的指标体系构成

基本指标			辅助指标		
控制流程	指标类型	具体指标	控制流程	指标类型	具体指标
产出控制	财务绩效	净利润或经济增加值（EVA 或 REVA）	过程控制	创新过程绩效	研究开发费用率
		净资产收益率、流动比率			研究开发成功率
		资产负债率、资产周转率			新产品利润率
	客户绩效	客户满意度		经营过程绩效	实际成本与标准成本差异率
		市场占有率			产品优等率
		客户利润率			生产循环效率
投入控制	员工绩效	员工培训费用比率		售后服务过程绩效	售出产品故障及时排除率
		知识员工比率			
		员工满意度			
	供应商绩效	产品价格			
		供应商产品合格率			
		供应商准时交货率			

说明：在母子公司绩效考核实践中可对上述绩效评价指标做出调整和增减。

（三）产出绩效评价模式

在产出绩效评价模式下，母公司对子公司的投入阶段和过程阶段关注较少，控制重点为子公司的财务产出结果，其绩效评价的对象为子公司的财务绩效。产出绩效评价模式下，母子公司绩效评价指标体系构成可以为：

（1）单一指标（价值评价模式）。在产出绩效评价模式下，可采用具有较具综合性的单一指标。在财务绩效评价指标中，综合性强的指标有利润、投资报酬率以及经济增加值（EVA 或 REVA）。

（2）综合指标（财务评价模式）。根据相关研究，在我国 EVA 指标并未显示出比净资产收益率更高的相关性，这与我国的证券市场和公司治理结构不完善有很大关系，因此在我国利用单一指标 EVA 评价企业的经营绩效存在较大偏差，应用效果并不理想，应引入综合性的绩效评价体系。

经过多年的探索，我国先后出台了《国有资本金效绩评价规则》、《国有资本金效绩评价操作细则》以及《企业集团内部效绩评价指导意见》。这一系列评价规则是我国母子公司绩效评价的指南，有利于规范我国国有企业集团内部对子公司的绩效评价，提高企业集团内部的管理水平和经营绩效。总体来说，企业集团内部绩效评价体系脱胎于传统的财务绩效评价体系，以财务绩效评价指标为主体，再辅之以部分非财务绩效评价指标。因此可以"国有资本金效绩评价模式"为主体构建产出绩效评价模式下的母子公司绩效评价综合指标体系。这一综合指标体系又称为财务评价模式，其指标构成见表 11－4。

表 11－4　财务评价模式下的指标体系构成

基本指标			辅助指标		
控制流程	指标类型	具体指标	控制流程	指标类型	具体指标
产出控制	财务盈利能力	净利润 净资产收益率 总资产报酬率	产出控制	财务盈利能力	主营业务利润率
	财务偿债能力	资产负债率 流动比率		财务偿债能力	利息保障倍数 速动比率
	资产营运能力	总资产周转率 流动资产周转率		资产营运能力	存货周转率 应收账款周转率
	财务发展能力	销售增长率 资本积累率		财务发展能力	三年销售平均增长率 三年资本平均增长率

说明：在实际应用中，绩效评价指标可以根据母子公司的具体情况做出调整。

三、不同绩效评价模式下的管理流程

不同模式下，母子公司绩效考核的内容和重点虽不同，考核流程却是基本相同的，图 11－6 以产出绩效评价模式为例给出了详细的绩效管理流程。

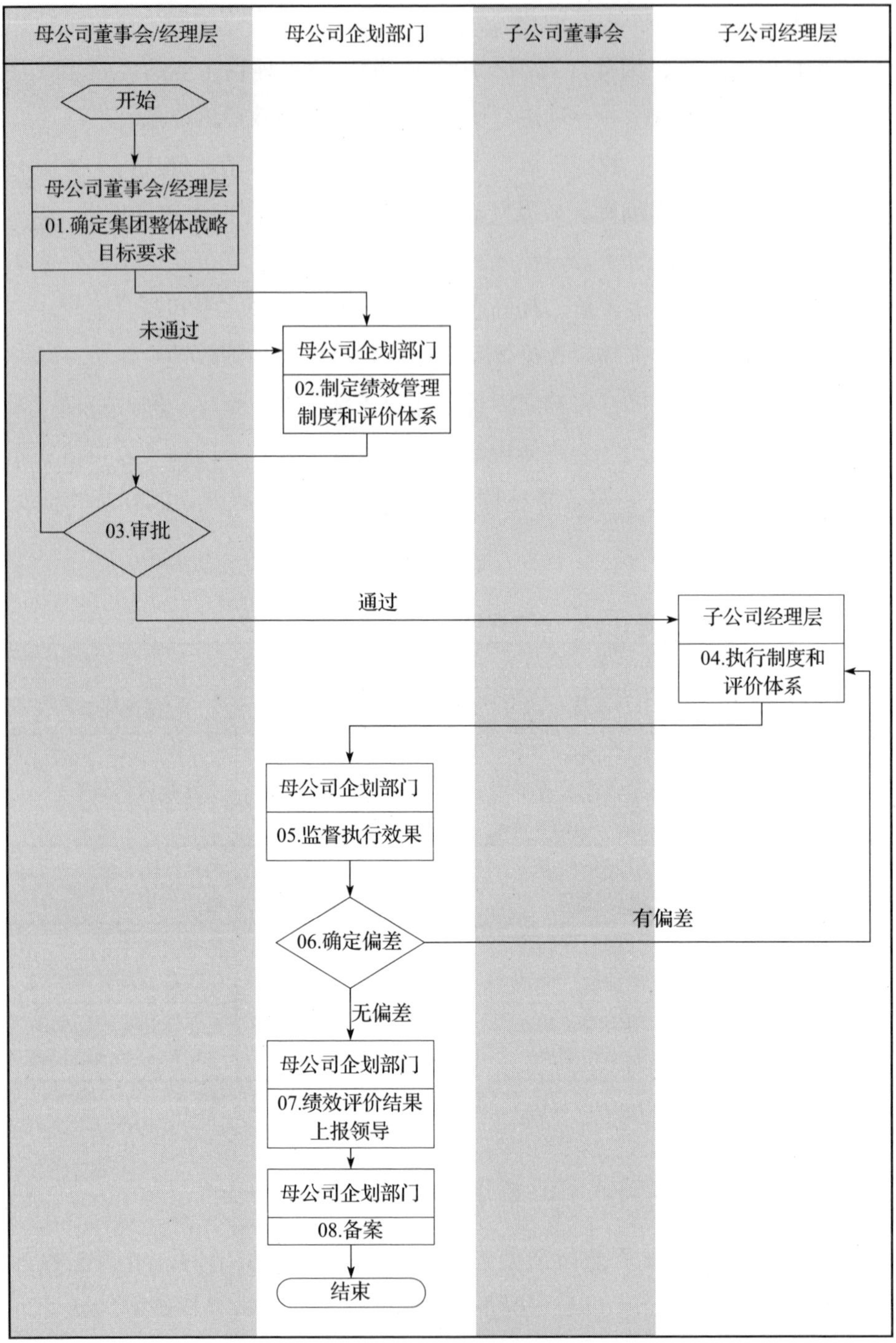
母公司董事会/经理层
母公司企划部门
子公司董事会
子公司经理层
开始
母公司董事会/经理层
01.确定集团整体战略目标要求
未通过
母公司企划部门
02.制定绩效管理制度和评价体系
03.审批
通过
子公司经理层
04.执行制度和评价体系
母公司企划部门
05.监督执行效果
06.确定偏差
有偏差
无偏差
母公司企划部门
07.绩效评价结果上报领导
母公司企划部门
08.备案
结束

图 11－6　绩效管理流程

四、不同绩效评价模式下的控制点

（一）全程绩效评价模式

母公司主导对子公司的绩效考核，即对子公司的全程绩效进行考核。其控制点是：

（1）评价制度和评价体系。由母公司制定关于子公司的全程绩效评价制度和评价体系，子公司只需要按照这一制度和评价体系运营。

（2）运营报表。为保证子公司的活动在母公司的可控范围内，子公司需要及时报送生产运营报表，母公司根据生产运营报表对子公司进行详细评估和审核。

（3）绩效偏差的控制。如果绩效有偏差，母公司应对子公司采取相关的控制措施。

（二）投入－产出绩效评价模式

母公司注重对子公司的投入绩效评价及产出绩效评价，对过程绩效的考核则以子公司为主。其控制点是：

（1）绩效评价制度和体系。母公司与各子公司共同协商制定母公司对子公司的绩效评价制度和体系，一经确定，子公司照章执行即可。

（2）生产运营状况。子公司的生产运营状况需要及时上报母公司相关部门，由其审核和评估。

（三）产出绩效评价模式

母公司只注重子公司的经营绩效，对其具体的生产经营运作不加以控制。对投入和过程绩效的考核由子公司做出。其控制点是：

（1）评价制度和评价体系。由母公司制定关于子公司的财务绩效评价制度和评价体系，子公司只需要按照这一制度和评价体系运营。

（2）报表备案。为保证子公司的活动在母公司的可控范围内，母公司只要求子公司将生产运营报表报母公司备案。母公司相关部门根据子公司的生产运营报表进行评估，以保证各子公司在分权状态下的生产经营不偏离战略目标。

□ 案例分析

某企业集团对子公司的考核办法

根据子公司所处的市场竞争环境和功能定位，集团可将其划分为充分市场竞争类、依托资源竞争类、特许经营类。充分市场竞争类，是指主营业务处于充分竞争行业和领域的单位；依托资源竞争类，是指主营业务虽处于竞争行业和领域，但还在较大程度上依托集团内部市场和资源开展经营活动的单位；特许经营类，指主营业务处于相对垄断行业，有特许经营权或实现特定功能的单位。

集团公司依据子公司功能定位、主营业务收入和利润变化等情况，进行动态调整。每年初，集团公司根据子公司上年度财务决算数据和功能定位情况，确定其类别，并据此设定当年的目标增幅；年终考核时，子公司可提供有关的证明材料，向集团公司申请调整类别。

集团公司依据子公司分类、收入和利润构成情况，分别设定绩效年薪分类系数，从特许经营类、依托资源竞争类、充分市场竞争类逐级提高。

经营业绩考核分为目标值、利润总额争取值和经营保障考核三类。目标值考核包括利润总额（90分）和个性化指标（10分）。超额完成利润总额目标值的部分，按完成争取值的比例加分，最多加20分。

经营保障考核包括鼓励性指标和约束性指标，不设基本分，在经营业绩考核中直接加减分。鼓励性指标：子公司在党建、科技创新、发明创造、重要和专项工作等方面受省部级及以上表彰、奖励，以及在高端人才引进等方面取得突出成绩的，予以加分。约束性指标：子公司在党建和纪检监察、安全生产、重要和专项工作落实、执行集团规章制度和要求等方面，发生未完成、不达标、有明显不足或问题的，予以减分。

该企业集团为国有资本投资运营公司，其考核办法是在深化国资国企改革，落实以管资本为主加强国有资产监管，以及对国有企业实施分类管理的背景下制定的。其考核的重点是管资本，考核企业的经营绩效，采取的形式是分类考核。在指标设置上，落实对子公司管资本的要求，体现了放权子公司使其自主经营的指导思想，更加关注对产出绩效的考核，经营效益考核指标的权重比较高，超额完成经营指标的，可以获得考核加分。同时，兼顾过程管理及投入管理，通过设置经营保障考核来体现，设计鼓励性指标和约束性指标，这些指标虽不占权重，但在考核总分的基础上直接加减分，影响力度相当大，可以根据企业的不同类型设置相应的鼓励性指标和约束性指标，基本实现了“一企一策”的考核，使得考核更加符合企业实际，更加具有针对性，能够充分发挥考核的指挥棒作用。

思考题：

1. 谈谈集团管理模式与绩效考核的关系。
2. 如何完善集团公司绩效考核？

第十二章

集团公司管理研究演变与变革

第一节 集团公司管理研究演变

近年来，随着企业集团的发展，相关研究领域也发生了相应变化。以“集团”或“母子公司”为主题，检索出CSSCI数据库2003年至2019年7月间已发表的760篇文献，利用CiteSpace软件绘制基于时间线的关键词图谱（见图12－1），发现企业集团管理研究的焦点随时间推移发生转移，包括财务管理、公司治理、管控模式、知识转移、协同效应、内部资本配置等。这里主要从基于股权关系的母子公司管理模式、企业集团内部资本市场、企业集团协同创新、企业集团平台化运作四个方面总结相关研究的演变。

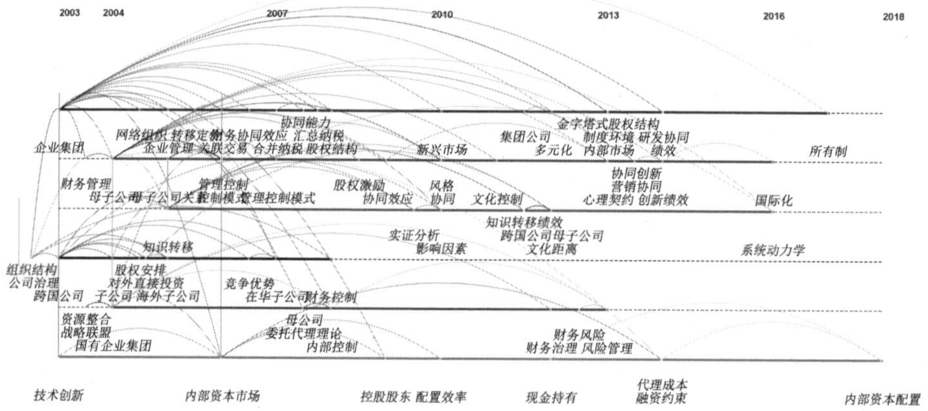

图12－1 关键词图谱

一、母子公司管理模式

在新兴经济体国家（如中国、印度等），企业集团成立之初是为了弥补外部要素市场和制度环境的不完善。集团公司凭借股权在集团内部居于主导地位，通过命令统一调配内部资源以降低经营成本，实现规模经济和范围经济。许多企业集团实施集权管理模式，子公司主要执行母公司的命令，自主决策权较低，集团优势作用的发挥主要通过母公司实现。

随着新兴经济体市场制度的不断完善以及子公司经营能力的不断提高，作为企业集团与当地市场联系的桥梁，子公司将从外部环境获取的稀缺资源转移到集团内部，促进了企业集团整体的发展。子公司由资源接收者逐步成为资源提供者，其在集团内部的战略性地位也相应提高。此时，子公司需要更多的决策权以灵活应对外部市场环境的变化，企业集团独特优势作用的发挥取决于母子公司之间的权力配置。杨阳等（2015）将中央企业集团决策权分为战略、投资、人事、财务、预算和经营六个板块后发现：我国大型国企中战略、投资权高度集中，经营权高度分散，其他权限（财务、预算、人事）呈现为“大权独揽、小权分散”的差异化配置特征。①

根据企业集团的独特性，可以将母子公司权力分配的影响因素分为三类：

第一，从子公司自身角度讲，子公司的经营能力和持有资源的冗余度均会影响到其获取的权力。如果子公司自主经营能力不高，则其发展更依赖企业集团的扶持，基于投入－产出的角度，母公司会加强对该类子公司经营行为的监督控制，这类子公司自主决策权相应降低。如果子公司经营能力较强，则其在集团的战略地位就会相对重要，拥有更多底气同母公司讨价还价，提高自主决策权。子公司持有的资源同样影响了其在集团的影响力。②若子公司持有重要的战略资源、技术或信息，就有能力不依赖母公司而独立发展，母公司则可赋予子公司一定程度的自主权以方便子公司加强与外部市场的联系，子公司的经营行为类似于单体公司，母公司由管理者的身份转变为投资者的身份，即由以管资产为主转变为以管资本为主。若子公司缺乏影响公司发展的重要战略资源，则其发展所需资源可以从企业集团获取，相应地，为了保证对资源的高效利用，母公司倾向于加强对子公司资源利用的监督管理，此时子公司的自主决策权较低。

---

① 杨阳，王凤彬，孙春艳．集团化企业决策权配置研究：基于母子公司治理距离的视角．中国工业经济，2015(1)：108-120.

② Dorrenbacher C, Gammelgaard J. Subsidiary initiative taking in multinational corporations: the relationship between power and issue selling. Organization Studies，2016，37(9)：1249-1270.

第二，从企业集团角度讲，母公司对子公司的管理模式主要基于股权结构，表现在直接持股比例和金字塔控股两种。母公司直接持有子公司股权越多，越有利于对子公司实施集权控制，从而对子公司决策的话语权也就越大。我国企业集团控股模式呈金字塔式控股结构，集团公司位于第一层，后续依次是一级子公司、二级子公司……母子公司间金字塔层级链条越长，集团总部通过层层控制链干涉底层子公司耗费的成本就越高。因此，相对来说母公司会放松对层级较远的子公司的监督管理，金字塔底层子公司的决策权较高。母公司对子公司控制的具体操作方式主要体现在，母公司凭借股权向子公司派遣代表自身利益的人员以监督管理子公司，母公司向子公司派遣的人员越多，子公司的决策受母公司的干涉也就越多，相应地，子公司的自主决策权越低。[①]

第三，从企业集团所处产业环境角度讲，企业集团的主营业务所处的市场是完全竞争市场、非完全竞争市场还是垄断市场，对其经营模式会产生明显影响。处于垄断市场（尤其是国有控股企业），企业集团的管理模式会相对集权；处于完全竞争市场，企业集团的管理模式则更多地体现出相对分权的特征。

二、企业集团内部资本市场

作为不完善制度的替代，我国企业集团存在活跃的内部资本市场。在外部市场融资难、成本高的制度环境下，集团子公司的投资资金不仅来源于自有资金，还来源于集团其他子公司的资金，集团内部的资金流动降低了母子公司的融资约束。但是杨棉之等（2010）的研究发现，进行集团内部资金配置不是为了实现集团整体利益最大化而是为了追求控股股东利益最大化。[②]Peng et al.（2011）的研究认为，集团公司更倾向通过内部资本市场从上市子公司抽取资金以促进集团整体发展[③]，即企业集团内部资源的流动会产生两种情况：一种是跨公司之间的资源流动收益大于流动成本，即溢价效

---

① 陈志军，郑丽．不确定性下子公司自主性与绩效的关系研究．南开管理评论，2016，19(6)：91-100.

② 杨棉之，孙健，卢闯．企业集团内部资本市场的存在性与效率性．会计研究，2010(4)：50-56.

③ Peng W Q, Wei K C J, Yang Z. Tunneling or propping: evidence from connected transactions in China. Journal of corporate finance，2011，17(2)：306-325.

应；另一种是跨公司之间的资源流动收益小于流动成本，即折价效应。[①]影响集团内部资本市场运营效率的因素可分为三类：

第一，从子公司自身角度讲，当其财务状况良好时，集团总部更倾向于通过内部市场交易实现隧道效应[②]，获取超额收益，也可能抽取该类子公司资源以扶持其他更迫切需要该资源的子公司。相似地，当子公司存在破产风险时，企业集团会通过关联交易给予支持，帮助其渡过难关[③]，即集团内部资本市场对子公司的影响视子公司经营状况权变而定。

第二，从企业集团角度讲，集团内部的资本流动发挥了内部资本市场的“溢价效应”还是“折价效应”并非显而易见。一方面，集团公司利用控制权抽取旗下一家子公司的资源以扶持其他子公司，资源的抽取不利于被抽取子公司的快速发展，但对其他子公司来说，资源的流入提高了自身的经营能力，即其他子公司的发展以某子公司的损失为代价，企业集团内部资本市场运营效率的边界条件在于对其他子公司进行资源扶持产生的收益大于抽取某家子公司资源导致的损失。另一方面，企业集团是由多家子公司聚集而成，通常而言，规模越大，其发展对当地经济繁荣、就业率、社会稳定等就越重要。相较于单体公司，集团总部可以相对容易地从金融机构获取较低成本的金融资本，降低子公司的融资约束，促进子公司的发展，从这方面讲，企业集团发挥了优势作用。

第三，从外部环境因素角度讲，企业依赖于外部市场环境，其生产产品所需的原材料、半成品等上游渠道以及销售产品给制造商、消费者等下游渠道均需要通过外部市场实现。因此，市场环境的变化会影响其运营决策的变革。另外从资源基础观角度讲，企业集团在不同地区设立子公司的目的是通过子公司嵌入当地市场环境以获取集团所需的稀缺、有价值的资源，然后将资源从子公司转移到集团内部，这样可以有效克服单一地区的资源约束，实现资源在全国甚至全球范围内的优化配置，保证企业集团的可持续发展。虽

---

① 郭晨曦，吕萍．集团成员企业的国际化战略：资源折价溢价效应的视角．中国工业经济，2017(3)：139-155.

② Peng W Q, Wei K C J, Yang Z. Tunneling or propping: evidence from connected transactions in China. Journal of Corporate Finance，2011，17(2)：306-325.

③ 许荣，徐星美，权小锋．中国企业集团关联交易：掏空支持还是相互保险．经济理论与经济管理，2015(12)：66-77.

然企业集团成立的最初目的是对外部不完善制度的替代，但其扩张发展需关注外部环境的变化。

三、企业集团协同创新

在当前经济增速趋缓的背景下，企业面临较高的生存和发展压力，如何实现突破式创新以在竞争激烈的市场环境中脱颖而出成为企业关注的焦点。与单体公司不同，子公司获取创新所需资源（如知识、原材料、资本等）的路径有两条：一是外部市场；二是集团内部市场。因此，相较于单体公司，子公司可以通过两种途径提高创新能力。

从企业集团角度讲，企业集团在成立之初实施的是纵向层级制，母公司是资源和能力的持有者，并凭借股权将资源和能力在子公司间进行分配。企业集团的创新能力取决于母公司的管理和经营能力。随着子公司对所在地资源和知识的获取能力以及独立经营能力的提高，子公司开始向集团输送信息、技术和知识。集团的创新能力取决于母子公司之间的技术转移和知识共享。

从子公司角度讲，子公司作为企业集团的一员，可以共享集团信息、资源和知识，获取创新资源；对外作为企业法人，可以通过嵌入所在地市场环境获取创新资源。但是子公司过度依赖企业集团不利于培养自身的独立经营能力，并且可能开发出不符合当地消费者的产品；子公司过度依赖外部市场会使其行为类似于单体公司，难以发挥企业集团的优势。如何权衡两种嵌入性以最大化提高创新能力是子公司关注的焦点。

从外部市场环境角度讲，集团协同创新不能忽视市场环境的变化。在流程创新方面，需要不断调整结构以适应市场环境的变化；在产品创新方面，集团必须开发出符合消费者需求的产品。

四、企业集团平台化经营

目前，越来越多的企业集团开始尝试进行平台化的管理变革，即打破传统的组织内科层结构和母子公司间的边界壁垒，将集团内的各部门或单元视作不同的市场群体，依托内部平台进行资源交互，以实现资源和信息的高效协同。企业集团平台化变革的实践探索，正遵循“功能平台—平台组织—平台生态”的路径演进。平台化变革初期，企业集团重点从职能部门切入，建立基于职能服务的功能型平台，打破组织边界，将各子公司内职能部门的基础工作统一到集团公司进行管理，通过搭建职能共享平台的方式，实现集团协同。功能型平台能够有效提高职能部门的工作效率，将部门员工从繁杂的重复劳动中释放出来；同时，能够有效减少对各子公司资源的重复配置，提高整个集团的资源利用效率。

随着转型的深入，部分企业集团不再局限于进行简单的基于功能型平台的资源共享变革，开始将平台的多边市场和价值交换特征引入变革之中，海尔集团的“人单合一”模式就是此类变革的典型代表。企业集团通过平台等工具，搭建内部交易市场，各子公司及公司内各部门直至员工个人均作为交易的主体，按照市场规则在集团内开展工作。同时，建立面向外部市场的平台，围绕用户需求进行组织架构和工作流程的变革，进而向“平台组织”演进。

更进一步，企业集团平台化变革正逐步上升至战略层面，建立以集团为核心的平台生态系统是此类转型的重点。随着平台化变革的推进，集团内部生态系统逐步形成，各子公司遵照生态战略，以用户需求为起点开展业务活动。同时，随着物联网等技术的发展，以集团为核心的外部生态系统也逐步成型，依托集团搭建的生态平台，多种多样的互补企业和用户开始成为价值共创伙伴，共同维系生态的发展。

第二节　集团公司的平台化管理变革

一、平台化变革的内涵

（一）“平台”的含义

“平台”一词在《辞海》中原指高出地面的宽平场所，也有施工所用的工作台之意。随着 B2C、C2C、O2O 等商业模式的出现，基于双边或多边市场的平台交易逐步进入大众视野，不同领域的学者对此也给出了不同的定义。Robertson et al.（1998）从产品视角切入，认为平台是一组产品所共享的包括组件、流程、人员在内的资源的集合。[①]Geoffrey et al.（2018）将平台定义为一种基于外部供应商和顾客的价值创造互动的商业模式，基于开放式的参与架构，在一定的治理规则下，通过商品、服务或社会货币的交换为所有参与者创造价值。[②] 陈威如等（2013）则认为平台模式是连接两个或更多特定群体，为他们提供互动机制，满足所有群体的需求并巧妙地从中盈利的商业模式。[③] 在现有关于平台的研究中，人们更多地聚焦于滴滴、淘宝等以互联网技术为基础设施，支撑双边用户的交易和创新活动，或提升交易和创新活动效率的平台提供商。[④] 但随着大数据、云平台等技术的迅速发展，“互联网＋”与传统行业日渐融合，平台模式不再仅仅聚集于互联网行业，其边界正逐步拓展至各个传统行业，平台亦不再是平台型企业的专属标签，越来越多的企业开始进行平台化的管理变革。

案例

没有一辆汽车的“出租车公司”——优步的平台化经营

站在街头打不到车、节假日出租车坐地起价、距离太近或地点太偏导致司机拒载……为了解决公共出行的种种难题，优步（Uber）公司应运而生。这家成立于2009年的打车服务公司，仅用不到10年的时间，便成为估值高达1 000亿美元（数据截止到2019年4月12日）的全球第二大独角兽企业，业务遍布63个国家和地区。即便如此，优步旗下的自有汽车数量在其业务总量中仍为九牛一毛，平台模式在其运营发展中发挥着巨大的作用。

优步通过搭建线上平台，连接起司机和乘客的双边市场，一方面通过对汽车闲置价值和司机碎片时间的挖掘为司机带来额外收入，另一方面为乘客提供低价便捷的乘车服务。优步前期以补贴的形式聚集了大量的司机和乘客，形成了有效的双边市场，为乘车的即时性和低价性提供了保障。此后，

① Robertson D, Ulrich K. Planning for product platforms. Sloan Management Review，1998(4).

② 杰奥夫雷 · G. 帕克，马歇尔 · 范 · 埃尔斯泰恩，桑基特 · 保罗 · 邱达利. 平台革命：改变世界的商业模式. 北京：机械工业出版社，2017：6.

③ 陈威如，余卓轩. 平台战略：正在席卷全球的商业模式革命. 北京：中信出版社，2013.

④ 王节祥. 互联网平台企业的边界选择与开放度治理研究：平台二重性视角. 杭州：浙江大学，2016：8.

又推出了 Uber Pool 的拼车服务和基于供给需求的动态定价策略，进一步降低了乘车费用，以吸引更多用户。

目前，优步除了原有的打车服务外，还将业务拓展至外卖、快递等领域，并于 2019 年 5 月上市。

（二）集团公司的“平台化”

基于平台对信息的共享传导功能和对多边群体的衔接价值，越来越多的企业集团开始利用平台这一工具进行组织与管理变革。平台作为嵌入在产品、服务或技术中的接口，可以用于调解多边交易，同时其作为一个架构，可以为其他公司的相关产品建构提供基础服务。[①]

企业集团的平台化转型遵循着“功能平台—平台组织—平台生态”的路径演进，并在实践中分化出“平台化 +”和“ + 平台化”的双变革路径。平台型集团以搭建平台生态为目标，转型为以多边市场为依托的“平台化 +”企业，通过连接两个或多个群体、提供双方或多方的互动机制，以满足群体需求并从中获利。[②] 企业集团平台化则是利用平台架构，以实现子公司间协同共享为目标的集团内部组织变革，即由集团公司提供的共用资源及子公司与各公司内部自组织的微型单元共同构成的“ + 平台化”变革转型。[③]

平台型集团聚焦于平台的外部服务功能，通过为互补的合作者及用户提供共用资源，形成以集团为核心的企业网络[④]，并逐步建立以平台网络为基础的商业生态系统。平台型集团中各子公司利用同一个或多个可相互转换的平台，实现对集团内部多市场用户需求的衔接与共享。同时，对外开放一定的平台端口，以多边用户群带来的网络效应吸引众多合作互补的企业，开发

① Daid P. M, Arati S. Networks, platforms, and strategy: emerging view and next step. Strategic Management Journal，2017(10).

② 李雷，赵先德，简兆权．网络环境下平台企业的运营策略研究．管理科学学报，2016(3)：15.

③ Luo J, et al. Transitioning from a hierarchical product organization to an open platform organization: a Chinese case study. Journal of Organization Design，2018(1).

④ Tura N, Kutvonen A, Ritala P. Platform design framwork: conceptualisation and application. Technology Analysis & Strategic Management，2017(10).

与集团内各产品线相匹配的产品与服务，形成以集团为核心的生态圈。

企业集团平台化则倾向于聚焦子公司间的协同共享。通过搭建集团内平台，整合嵌入各子公司资源，实现集团内部资源和信息的协同。通过向各子公司开放平台权限，允许各子公司上传及使用相应的平台资源，减少集团内对资源的重复配置，提高资源利用效率，实现协同创新与共享。

案例

海尔集团的“人单合一”变革

2005 年 9 月，海尔集团正式提出“人单合一”双赢模式。“人”即员工，“单”不是狭义的订单，而是用户资源。双赢，则是指将每一个员工和用户联系到一起，让员工在为用户创造价值的同时实现自身价值。

要建成生态圈，组织结构就需要做出改变。“现在的海尔，没有层级，只有三种人——平台主、小微主、创客”。平台主由原有管理层转型而来，其从管控者变为服务者，员工从听从上级指挥转变为为用户创造价值的创客。小微主则是由创客共同选举产生，摆脱了原有企业直接任命的方式。创客和小微主之间也存在互选机制，对于不称职的小微主，创客成员有权提出异议，重新选举。同时，外部端口予以开放，外部人员和资源也可进入集团内部参与运营。这些小微主加上社会的资源，就变成了一个生态圈，共同去创造不同的市场，并形成有很多并联平台的生态圈，面对不同的市场以及不同的用户。

截至 2019 年 2 月，海尔集团共有 150 个链群、776 个创业小微和 4 595 个节点小微。创业项目涉及家电、智能可穿戴设备等产品类别，以及物流、商务、文化等服务领域。另外，海尔的创业平台，已经诞生了 470 个项目，汇聚 1 328 家风险投资机构，吸引 4 000 多家生态资源，孵化和孕育着 2 000 多家创客小微公司。

资料来源：海尔官网．www.haier.net．

二、平台化变革的几种常见类型

根据变革需求的不同，集团内部出现了多种平台化变革方式。按照平台的功能，Evans（2003）将平台分为市场制造者、受众制造者和需求协调者三类[①]；Gawer（2014）则将平台划分为产品平台、供应链平台、产业平台三类[②]；基于平台的连接架构，徐晋等（2006）将平台分为纵向平台、横向平台和观众平台。[③]但是，回顾上述已有分类，同一划分规则下的不同平台类型均存在重叠性，且无法涵盖现在所有主流平台的类型。因此，结合价值链模型，根据集团平台设计逻辑的起点，本书将其划分为价值链辅助平台和价值链增值平台两大类。

价值链辅助平台服务于集团内部的协同共享，侧重"功能平台—平台组织"的变革转型。目前，企业集团平台化变革中常见的价值链辅助平台包括财务共享平台和人力资源共享平台。

1. 财务共享平台

财务共享平台是企业集团平台化变革中职能部门转型的典型代表，即集团公司通过搭建共享平台，对企业集团内的各子公司财务部门的重复事务性工作（如会计账务处理、员工报销处理等）进行集中处理，其目的在于解决子公司资源和人力的重复配置等问题，降低管理成本，提高整个集团的财务管理效率。同时，能够将各子公司原有的财务人员从重复的事务性工作中解放出来，提高工作效率，进而充分发挥财务的职能。

2. 人力资源共享平台

人力资源共享平台是集团公司将各子公司人力资源部门的事务性工作（如员工招聘、薪酬福利核算与发放、社会保险管理、人事档案人事信息服务管理、劳动合同管理、新员工培训、员工投诉与建议处理、咨询与专家服务等）集中起来，建立一个共享服务中心。与财务共享平台类似，人力资源共享平台的建立可以有效解决企业集团内各子公司资源的重复配置问题，降低管理成本，并通过剥离事务性工作的方式，提高各子公司人力资源部门的工作效率，有利于实现战略性人力资源管理的转型。

---

① Evans D. The antitrust economics of multi-sided platform markets. Yale Journal on Regulation, 2003, 20(2).

② Gawer A, Cusumano M A. Industry platforms and ecosystem innovation. Journal of Product Innovation Management, 2014, 31(3): 417-433.

③ 徐晋，张祥建. 平台经济学初探. 中国工业经济，2006(5)：40-47.

案例

浪潮的财务共享云平台

浪潮财务共享云平台基于浪潮自主GSP开发平台，以开放式平台设计思路，支持多种模式的财务共享。浪潮财务共享云平台能够帮助集团下属企业进行日常的财务核算、财务管理等，对外提供财务会计信息，更有效地支持集团的财务监控，进而支持集团经营业务的协同增效（见图12－2）。通过实施可控制的标准化与规范化会计流程，满足集团和子公司对外对内的会计信息需求，及时形成符合投资人与内部管理者需求的合并财务报告，规范会计核算，真实地记录业务活动、资产状态和经营成果，为业绩考核提供数据支持。

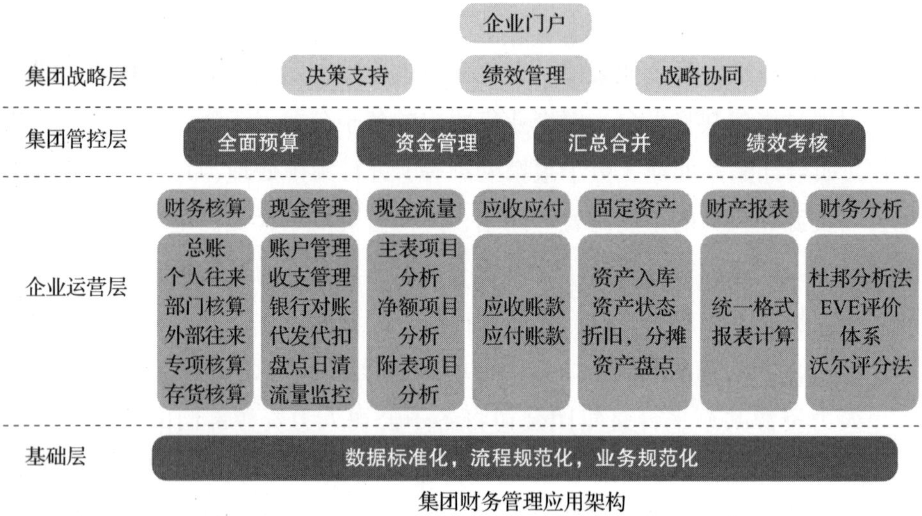

图12－2 浪潮集团财务管理应用架构

浪潮的财务共享云平台由五大平台组成：运营支撑平台、网上报账平台、业务操作平台、运营管理平台、资金结算平台（见图12－3）。

（1）运营支撑平台主要对财务共享中心的业务开展和运营进行基础信息管理，包括共享中心定义、作业规则管理及共享中心服务参数定义等。

（2）网上报账平台作为采集企业财务数据的入口，将企业的报账支付数据完全电子化，利用信息技术再现原始业务活动，为每笔支出建立了单独的审计线索。

（3）共享中心业务人员依托于业务操作平台完成对业务单据及凭证的审

核审批，及实物、电子档案的管理。

（4）运营管理平台包括作业管理、信用管理、质量管理、绩效管理、服务管理，从而实现按业务类别自动分配任务，支持对作业任务的质量管理、绩效管理及对员工和组织运营KPI指标进行实时分析的绩效看板，服务管理是对共享中心门户的管理。

（5）资金结算平台为不同共享中心模式下的资金结算业务提供了统一的办理平台，通过参数配置，满足不同企业由于共享中心和资金中心的组织定位及分工差异形成的不同共享模式下的结算场景需要，实现报账、结算、线上支付的一体化管理。

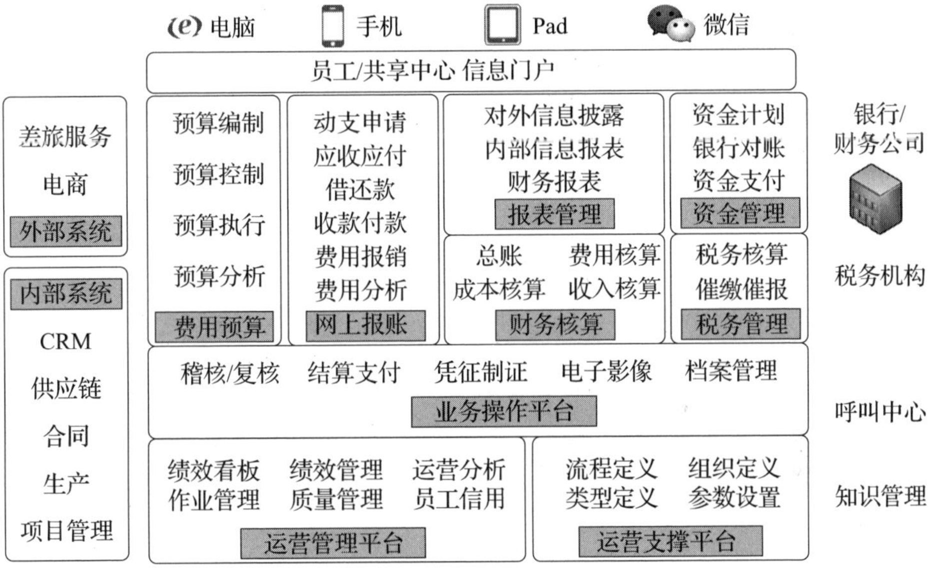

图 12－3　浪潮集团的财务共享云平台

资料来源：浪潮官网．www.inspur.com.

价值链增值平台更注重企业集团与外部互补企业和用户的连接，为多方价值共创提供桥梁。目前常见的用户导向型平台包括研发共享平台、开放式创新平台、生态社群平台。

1. 研发共享平台

与财务、人力资源共享平台剥离子公司部分工作内容并进行集中整合不同，研发共享平台是由集团公司统一建设的，依靠行政权力在全集团推行的研发协同新模式。子公司以研发共享平台为基础进行项目研发，各子公司之间相似或重复的研发资源可以协同共享，从而减少了重复的研发活动，提高了研发效率，降低了研发成本。同时，研发共享平台的搭建也有利于研发知识在集团内进行跨组织传播，更好地发挥集团研发的溢出效应。

2. 开放式创新平台

自 Chesbrough 提出开放式创新概念以来，越来越多的企业开始寻求外部资源的协同创新。企业集团在构建内部研发共享平台的同时，也尝试建立了多种多样的面向外部群体的开放式创新平台，通过整合全球创新资源，实现集团的价值创造活动。

3. 生态社群平台

除开放式创新平台，企业集团还尝试建立了更聚焦于用户需求的生态社区平台。通过与互补企业和用户的实时互动，及时收集需求痛点，更精准地实现产品的升级转型。

案例

腾讯 AI 开放平台

腾讯 AI 开放平台，汇聚了来自全球的多位专业人才、顶尖技术和行业资源，依托于腾讯 AI Lab、优图实验室、微信 AI、腾讯云及合作伙伴的 AI 技术能力，从技术资源、市场资源、导师资源、资金资源和产业资源五大板块为创新创业者提供支持，共同打造 AI 领域的智慧生态圈。

创新者可以利用腾讯提供的基础技术及服务，进一步开发 AI 的应用场景，发布更多的互补功能、产品或服务，共同建设 AI 智慧生态。

资料来源：腾讯 AI 开放平台官网．https://ai.qq.com/.

三、平台化变革的影响因素

（一）集团内部因素

（1）集分权程度。企业集团的集分权程度会对平台化变革产生一定的影响。集权程度相对高的企业集团，平台化变革的速度就相对快。基于集团公司纵向的行政手段，可以高效协调资源，快速集中资源完成对平台架构的建设。同时，集团的集权管理，使得数据资源格式的一致化程度高，便于平台内容的搭建。

（2）信息化水平。企业集团的信息化水平是影响平台化变革的重要因素。平台的搭建及内容的填充要求各子公司及下属单位的各个环节均能够以电子化的形式呈现，同时还需要多种软件与硬件的协同支持。因此，较高的信息化水平能够有效推进集团的平台化变革。

（3）多元化程度。平台内容的搭建主要以集团内的各子公司为依托，因此对于相关多元化程度较高的企业集团来说，子公司间资源的同质化特征较为明显，有利于集团的资源协同，但同时互补性资源的缺少则不利于平台的长期发展；而对于不相关多元化程度较高的企业集团来说，子公司间资源的异质性程度较高，平台内容的多元性会带来跨领域的交叉创新，但短期协同效率的提升并不明显。

（二）集团外部因素

（1）资源互补程度。多元化程度影响着集团内部平台变革的效率，而外部企业的资源互补程度，则会对企业集团的生态平台建设带来一定影响。在企业集团的生态平台变革中，外部资源的互补程度越高，越能够为集团生态平台的发展带来活力。每一次生态平台的跃迁，都伴随着互补资源的升级，只有外部互补资源能够支撑集团生态平台的转型升级时，才能实现生态平台的螺旋上升发展。

（2）资源利用成本。外部资源的利用成本也是影响企业集团生态平台跃迁升级的重要因素之一。当外部互补资源的成本较高时，集团生态平台转型的经济性较低，无法形成有效的网络效应，不利于集团平台生态的发展。高额的专项投入也会使许多外部企业望而却步，无法形成有效的互补生态。

四、新模式下的机遇与挑战

（一）集团平台的开放度

（1）内部平台的开放度。集团内部平台开放度主要指基于集团管理的考虑，在平台端口及权限方面，对各子公司及其内部不同岗位设置的资源或服务的开放程度。在企业集团内部，由于各子公司均具有独立的法人地位，所以会有相应的制度要求，特别是对于上市子公司来说，根据上市公司的独立运行条例，若开放度太高，会影响上市公司的独立性；若开放度较低，则无法充分发挥集团协同的有效性。因此，如何设置企业集团内各子公司及部门的平台开放度以实现集团的有效协同，是内部变革的重要挑战。

（2）外部平台的开放度。若集团外部平台的开放度较高，则可以吸引较多数量的互补企业和用户参与其中，增强生态平台的网络效应，但需要较为强势的平台管控制度做辅助，增强平台黏性，否则容易带来资源的泄露与流失。若集团外部平台的开放度较低，虽然可以在一定程度上给集团内部资源的流动提供保障，但对于互补企业和用户来说，会失去深度参与价值共创的兴趣，相应的生态专项投入也会成为互补企业和用户进入该生态平台的重要壁垒。

（二）生态平台搭建

集团的平台化变革越来越趋向于对生态平台的构建转型。目前，企业集团特别是传统行业集团的转型还处于生态平台构建的初期，平台同质化问题较为突出，如何在同质化的生态平台中脱颖而出是企业集团需要解决的重要问题。同时，如何设置平台机制以保证互补企业和用户黏性、降低平台转换率、建立基于平台的核心竞争力，也是生态平台建构过程中需要重点解决的问题。

（三）角色定位

作为生态平台秩序的构建者和主导者，集团公司往往需要具备较强的开放能力和整合能力，拥有较高的溢出价值。而随着生态平台的逐步完善，生态平台参与者的功能与地位也会逐渐凸显。各子公司在内部生态平台中扮演什么样的角色，如何更好地实现资源流动与协同以达到集团整体效益最大化是集团内部平台发展的重要问题。同时，在以企业集团整体为核心的外部生态平台中，各子公司应明确自身具有怎样的角色定位，才能更好地实现集团生态平台的良性发展。特别是，在生态平台构建前期快速扩容和增量，会导致大量同质化的参与方聚集。伴随着生态平台初建红利的逐步下降，同质化参与方的竞争会日趋激烈，作为参与者的各子公司如何在平台生态中保持健康长久的发展成为亟待解决的问题。

第三节　国有企业集团混合所有制改革

一、国企混改的演进和内涵

（一）国企改革的历史演进

国有企业（简称国企）自成立以来始终是国民经济发展的支柱。为促进企业健康发展，适应外部不断变化的市场环境，我国自 1979 年开始启动以放权让利和扩大企业自主权为主要内容的国企改革。1993 年中共十四届三中全会明确国企改革方向在于建立现代企业制度。1999 年中共十五届四中全会提出国企改革的任务在于战略性重组，国企改革始终是经济体制改革的中心环节。2003 年国资委的成立在机构上实现了政府公共管理职能和出资人职能的分离，建立了国资监管体制，完善了国有企业业绩考核机制，强化了责任追究机制。2013 年中共十八届三中全会《中共中央关于全面深化改革若干重大问题的决定》明确提出“积极发展混合所有制经济”，对于如何进一步提高国企的治理水平和经营效率开出了引进非国有股东和利用市场手段调节的“混改药方”。①2015 年 9 月《中共中央、国务院关于深化国有企业改革的指导意见》提出，稳妥推进国有企业发展混合所有制经济，实现各种所有制资本取长补短、相互促进、共同发展的目标。2017 年 10 月 18 日中共十九大，习近平总书记强调了“深化国有企业改革，发展混合所有制经济”的新时代国企改革方向，还在 2018 年 12 月召开的中央经济工作会议上再次强调“积极推进混合所有制改革”。

国企改革经历了从最初的利改税和承包制以给企业扩权，到股份制确立企业法人地位，再到混合所有制完善法人治理结构三个阶段，目前已经进入了改革的“深水区”。国企混合所有制改革（简称国企混改）的主要内容——“从哪改，如何改”成为亟待解决的问题。蔡贵龙等（2018）认为，国企混改能否顺利执行主要在于国企的监督控制机构——政府，对企业的放权意愿。② 即政府是否愿意放权给部分国有企业，让非国有企业参

① 杨红英，童露．论混合所有制改革下的国有企业公司治理．宏观经济研究，2015(1)：42-51.

② 蔡贵龙，等．国有企业的政府放权意愿与混合所有制改革．经济研究，2018，53(9)：99-115.

与到国有企业的运营流程。戚聿东和张任之（2019）认为，国企应该从去行政化、去独资化、去独治化、去垄断化、去独享化、去刚性化六个方面进行深化改革，并且根据简政放权原则的要求，政府放松对国企的规制。①

（二）国企混改的内涵

从企业的微观层面讲，混合所有制是指国有资本与民营资本交叉持股、相互融合的股权结构，即国企允许民营资本参股和民企允许国有资本参股，参股股东处于非控股地位。通常而言，有参股股东存在的公司可以称其受多个股东控股，这在国际上非常普遍，例如美国公司的股权非常分散，持有公司5%股份的股东可能就是大股东。参股股东可以制约大股东的“一言堂”行为，帮助公司改善治理机制。

国企混改是指国有企业的部分股权让位于民营企业，但是政府仍是国企的控股股东，民企属于参股股东。让民企参股，实施国企混改主要是因为国企设立之初是由政府管理，沿袭至今，其行政性管理模式仍然盛行，如经营目标行政化、资源配置行政化、高管任命行政化。民企更适应外部市场经济要求，经济性的管理模式更明显，国企混改有利于帮助公司由行政型治理机制转向经济型治理机制。郝阳和龚六堂（2017）的研究表明，在国有控股企业中让民营资本参股，有利于提高企业绩效，体现了股东互补性的股权结构特征。②

二、混改模式与治理变革

（一）国企混改的类型

不论西方企业还是中国民营企业，均追求经济目标即利润。然而对中国企业来说，国企类型不同，追求的目标也存在明显差异。改革迄今，虽多数国企已成为追求经济性目标的市场经济主体，但仍有部分国企被赋予公共服

① 戚聿东，张任之．新时代国有企业改革如何再出发？基于整体设计与路径协调的视角．管理世界，2019，35(3)：17-30.

② 郝阳，龚六堂．国有、民营混合参股与公司绩效改进．经济研究，2017，52(3)：122-135.

务和保障国家安全等社会性功能。因此，要探讨中国企业的控制体系类型，不能忽视其控制体系所支撑的企业目标的差异性。①

2013 年，党的十八届三中全会通过的《中共中央关于全面深化改革若干重大问题的决定》首次提出应当“准确界定不同国有公司功能”，分类推进国企改革。2015 年 12 月，国务院国资委、财政部、发改委联合发布《关于国有企业功能界定与分类的指导意见》，要求根据国有资本的战略定位和发展目标，结合不同国有企业在经济社会发展中的作用、现状和发展需要，将国企分为商业类和公益类。通过界定功能、划分类别，实行分类改革、分类发展、分类监管、分类定责、分类考核，提高改革的针对性、监管的有效性、考核评价的科学性，推动国有企业同市场经济深入融合，促进国企实现经济效益和社会效益的有机统一。按照“谁出资谁分类”的原则，由履行出资人职责的机构负责制定其所出资企业的功能界定和分类方案，并报本级政府批准。各地区可结合实际，划分并动态调整本地区国企功能类别。

商业类国企按照市场化要求实行商业化运作，该类企业发展得比较成熟或者市场化程度较高，采用治理型模式更佳。其应积极引入其他国有资本或各类非国有资本以实现股权多元化，而国有资本可以绝对控股、相对控股，也可以参股，以增强国有经济活力、放大国有资本功能、实现国有资产保值增值为主要目标。对这些国有企业，应重点考核经营业绩指标、国有资产保值增值和市场竞争能力。

公益类国企以保障民生、服务社会、提供公共产品和服务为主要目标，政府应加强对其的管制，这种类型的子公司采用行政型管理模式更佳，总部控制的主要作用在于使成员单位的行为与总部的目标或期望一致，以保障国家赋予的社会性目标得以实现。这类企业可以是国有独资的形式，具备条件的也可以推行投资主体多元化的做法，还可以通过购买服务、特许经营、委托代理等方式，鼓励非国有企业参与经营。对公益类国企，应重点考核成本控制、产品服务质量、营运效率和保障能力，根据企业的不同特点有区别地考核经营业绩指标和国有资产保值增值情况，考核中还要引入社会评价。陈

① 王璁，王凤彬. 大型国有企业集团总部对成员单位控制体系的构型研究：基于 102 家中央企业的定性比较分析. 南开管理评论，2018，21(6)：185-197.

林（2018）认为，混改不应该在全国和所有公用事业领域内“一窝蜂”地推进，混改的商业类国企生产效率得到显著提升，体制改革的“政策红利”更大。[①] 因此，混改应优先在商业类国企开展。

（二）国企混改与治理的变革

1. 国企混改股权结构变化

股权结构是企业产权归属的基础，股权性质不同的企业具有不同的资源禀赋和治理结构，并最终影响着企业的财务行为和经营绩效。[②] 在国企混改过程中，股权结构的动态变化将会影响其资源禀赋及治理结构的变化，主要表现在：一方面，随着民企的股权投资，国企的国有股比例下降，使得国企受政府干预的程度下降，相应地，企业承担的政策性任务减少，经济性目标得到重视，有利于激发国企的市场活力；另一方面，随着股权结构中非国有资本的引入，非国企管理者基于资本逐利的特性，更有动机监督国企管理者，促使其制定适应外部市场环境的竞争战略，可以有效抑制国企中所有者缺位引致的代理成本，形成相互制衡的多元股权结构。

但需要注意的是，简单的股权多元化并非混合所有制改革，混合所有制改革的关键是引入持股量较高和负责任的民营资本，让民企参与到国企的经营流程中，双方通力合作提高企业的经营活力，其本质是改善公司的治理机制。[③] 如果民企仅仅是参股，并不参与国企的决策流程，则民企扮演了投资者的角色，公司的管理结构没有发生变化，只是表面上国有股比例减少而已，政府仍然按以前惯例行事，这种形式的股权混改也就失去了混改的根本意义，无法激发国企的市场活力。全国工商联通过调研发现，多数民企对入股国企的基本态度是：投资国企后其至少要能派个董事，能“说了算数”。[④] 也就是说，国企混改不仅体现在股权结构的变化上，还需体现在承担制定公司战略决策职责的董事会结构的变动上。张继德和刘素含（2018）研究联

---

① 陈林. 自然垄断与混合所有制改革：基于自然实验与成本函数的分析. 经济研究，2018，53(1)：81-96.

② 杨兴全，尹兴强. 国企混改如何影响公司现金持有. 管理世界，2018，34(11)：93-107.

③ 郝阳，龚六堂. 国有、民营混合参股与公司绩效改进. 经济研究，2017，52(3)：122-135.

④ http://companies.caixin.com/2014-03-02/100645379.html.

通引入民营资本的案例发现，联通不仅通过增发股份引入高质量的民营企业资本，如百度、阿里、腾讯、京东等，还分别给予这四家企业董事席位，打破了联通集团在联通A股公司的“一言堂”现状，激发了联通的市场活力。[①]

2. 国企混改与董事会结构

母子公司之间的股权控制模式在外观上表现为金字塔式的控制模式，母公司控制几家一级子公司，每家一级子公司控制几家二级子公司，以此类推。而在母子公司管理体制中，除独立董事外二级及以上子公司的董事会成员可能均由母公司的人员担任，体现了母子公司跨越控制链条的管理模式。如果金字塔层层控制链条均为100%控股，那么母公司人员担任二级及以上子公司的董事则表现为传统的集权管理模式，没有侵犯其他股东的利益。如果层层控制链条并非均为100%控股，那么母公司对二级及以上子公司董事会人员的派遣就属于跨层级管理，实际上表现为母公司通过持有子公司较少比例的股权超额委派董事，有利于母公司利用控制权攫取超额利润，使其他股东的利益蒙受损失。

国有企业集团混改尤其是二级及以上子公司的改革涉及集团公司对子公司董事会结构的变革。虽然国有企业的每一项改革都是去行政化的，但如果子公司除独立董事之外的其他所有董事都由集团公司派遣，受政府干涉影响，集团公司与政府联系紧密，集团运营会更多地体现为行政化的管理色彩。因此，为实现从行政型管理模式向治理型和自主型管理模式转变的目标，集团公司在对子公司引入非国有资本实施混改过程中，也需对子公司董事会的决策权让步，放松对子公司的战略集权。混改实践中民企最看重的是在持有少数股权的情况下能否在国企董事会中占有一席之位，以参与公司的战略决策，维护自身利益。蔡贵龙等（2018）研究发现，国有企业股权中非国有股东持股比例越高，委派董事的比例也越高。[②]

相较于公益类国企集团，民营资本进入商业类国企集团的难度较低，民企可以通过对国有子公司参股，向国有子公司派遣董事参与公司治理。民

① 张继德，刘素含. 从中国联通混合所有制改革看战略投资者的选择. 会计研究，2018(7)：28-34.

② 蔡贵龙，等. 国有企业的政府放权意愿与混合所有制改革. 经济研究，2018，53(9)：99-115.

企参与公司治理的目的一是监督国有子公司的管理层，维护自身利益；二是面对行业竞争压力，督促国企制定适应市场发展的经济目标，提高投资回报。在民企参与商业类国企决策、提高企业整体效益过程中，为了激发国企管理者的经营活力，也需根据市场行业薪酬标准，设计更为合理的国企高管薪酬契约，以激发国企管理层的主动性，高效实现国企的经济性目标。

3. 国企混改与激励机制变革

（1）高管激励。部分国企不仅具有经济目标，还需要完成诸如促进当地就业、维护社会稳定等政策目标，因此难以区别国企的低绩效是因为经济目标还是政策目标，为高管的机会主义行为提供了便利。而且国企的“限薪令”弱化了高管的薪酬激励，促使高管转而寻求在职消费和权力寻租等补偿机制①，不利于激发高管的工作主动性。非国企参与国企混改的过程中，非国企的逐利天性使得其更有动机监督国企高管的努力程度和在职消费行为，可以在一定程度上弥补国企所有者缺位的制度缺陷，完善了国企内部治理机制。2013 年，中共十八届三中全会通过的《中共中央关于全面深化改革若干重大问题的决定》中指出，国有企业总体上已经同市场经济相融合，必须适应市场化、国际化新形势，并要求国有企业要合理增加市场化选聘比例，合理确定并严格规范国有企业管理人员薪酬水平、职务待遇、职务消费、业务消费。建立职业经理人制度，更好地发挥企业家作用。建立长效激励约束机制，强化国企经营投资责任追究。马连福等（2015）指出，混改后公司效率的提升主要在于产权主体的明晰及其产权主体变更后对经理层激励的改善。②设计良好的高管薪酬契约是建立经理人制度，发挥企业家作用的有效手段。

混改对国企高管的经营能力提出了更高的要求。因为混改主要发生在商业类国企中，该类企业更看重经济目标，高管以企业的经济目标是否实现衡量其工作能力。根据公平理论，提高对高管能力的要求必须配备适宜的薪酬水平，以确保企业目标与管理层目标相一致。根据国资委颁布的《中

① 卢锐，柳建华，许宁．内部控制、产权与高管薪酬业绩敏感性．会计研究，2011(10)：42-48，96.

② 马连福，王丽丽，张琦．混合所有制的优序选择：市场的逻辑．中国工业经济，2015(7)：5-20.

央企业负责人薪酬管理暂行办法》和《中央企业负责人经营业绩考核暂行办法》，国企高管的薪酬由基薪、绩效薪金和中长期激励单元构成，其中绩效薪金和中长期激励单元与经营业绩考核结果挂钩，并以绩效薪金基数为依据，根据企业年度经营业绩考核级别及考核分数确定。党的十八届三中全会通过的《中共中央关于全面深化改革若干重大问题的决定》也指导性地提出了调整国企经理人薪酬结构与水平的原则，以此来强化高管薪酬激励。

（2）员工持股。为了贯彻落实党的十八届三中全会和《国务院关于进一步促进资本市场健康发展的若干意见》精神，经国务院同意，证监会制定并发布《关于上市公司实施员工持股计划试点的指导意见》(以下简称《指导意见》)，在上市公司中开展员工持股计划试点。《指导意见》明确，上市公司可以根据员工意愿实施员工持股计划，通过合法方式使员工获得本公司股票并长期持有，并按约定将股份权益分配给员工。实施员工持股计划，相关资金可以来自员工薪酬也可以以其他合法方式筹集，所需本公司股票可以通过上市公司回购、直接从二级市场购买、认购非公开发行、公司股东自愿赠与等合法方式获得。员工持股可以使员工在劳动的同时享有资本的回报，有利于缩减资本分配差距扩张的趋势，建立和完善劳动者与所有者的利益共享机制，改善公司治理水平，提高职工凝聚力和公司竞争力。

国资委于 2016 年颁发《关于国有控股混合所有制企业开展员工持股试点的意见》，细化并完善了国有企业实施员工持股计划的政策约束，对实施员工持股计划的国有企业提出了以下几点新的要求：1）主业处于充分竞争行业和领域的商业类企业；2）非公有资本股东所持股份应达到一定比例，公司董事会中有非公有资本股东推荐的董事；3）公司治理结构健全，建立市场化的劳动人事分配制度和业绩考核评价体系，形成管理人员能上能下、员工能进能出、收入能增能减的市场化机制；4）营业收入和利润 90% 以上来源于所在企业集团外部市场。此外，员工持股总量原则上不高于公司总股本的 30%，单一员工持股比例原则上不高于公司总股本的 1%。实施员工持股后，应保证国有股东控股地位，且其持股比例不得低于公司总股本的 34%。作为一种员工激励机制，员工持股计划的实施将给员工带来正效用，使员工对企业更为满意。同时，持股计划本身还可以成为保留和吸引核心人才的手段，因为核心人才的流失会损害企业未来的生产效率。[①]

三、混改过程中党组织的作用

国有企业同时承担着经济目标和政策目标的重任。非国有资本参与的混合所有制改革强化了国企的经济目标。为了保证国企的某些政治目标，必须发挥党对企业的正确领导。事实上，无论国企改革处于哪个阶段，党对企业的领导以及党组织参与公司治理将一直存在于国企中。2017 年，国务院办公厅印发的《关于进一步完善国有企业法人治理结构的指导意见》强调，落实全面从严治党战略部署，把加强党的领导和完善公司治理统一起来，明确国企党组织在法人治理结构中的法定地位，发挥国企党组织的领导核心和政治核心作用，保证党组织把方向、管大局、保落实。坚持党管干部原则与董事会依法选择经营管理者、经营管理者依法行使用人权相结合，积极探索有效实现形式，完善反腐倡廉制度体系。习近平总书记在全国国有企业党的建设工作会议上提出，要把企业党组织内嵌到公司治理结构之中，明确和落实党组织在公司法人治理结构中的法定地位，再次强调党组织在国企治理主体中的重要性。

党组织可以通过“双向进入、交叉任职”的制度安排嵌入董事会、监事会和经理层。郝云宏和马帅（2018）认为，党组织需要根据国有企业的分类改革参与公司治理。[②]在商业类国有企业中，由于其以增强国有经济活力、放大国有资本功能、实现国有资产保值增值为主要目标，因此在这类国企中，党组织应该选择以监督为主的嵌入模式，避免对公司董事会和高管层做过度干涉。在牢牢坚持“把方向、管大局、保落实”的原则下，对企业内部可能出现的高管腐败和灰色交易等损害国有资产和国民利益的行为及时纠正和查处，充分发挥党组织的政治核心和领导核心作用。公益类国企以保障民生、服务社会、提供公共产品和服务为主要目标，其所在行业多为关乎国民切身利益的领域，如电力、铁路交通和天然气等。这类企业在股权上宜采用国有独资的形式，在经营决策上也应该充分发挥党的领导作用，尤其是董事

---

① 孔东民，王亚男，代昀昊．为何企业上市降低了生产效率？基于制度激励视角的研究．金融研究，2015(7)：76-97.

② 郝云宏，马帅．分类改革背景下国有企业党组织治理效果研究：兼论国有企业党组织嵌入公司治理模式选择．当代财经，2018(6)：72-80.

会的重要决策往往关乎企业经营的走向，更需要党组织在董事会做决策时把握大局，防止内部人利用决策漏洞做出损害国民利益的行为。在执行层面，公益类国企应该充分发挥党员的先锋模范作用，积极落实董事会做出的决策，提高公共产品和服务的质量，提升经营效率，控制成本，最大化国有资本价值。

□ 案例分析

中国联通的混合所有制改革

中国联合网络通信集团（以下简称中国联通）是我国第一家从集团层面实施混合所有制改革的中央企业，主要经营通信业务以及各类电信增值业务。为了提升核心竞争力，中国联通于2016年分别与百度、阿里、腾讯、京东签署战略合作协议，引入这些商业巨头的用户、技术、数据、人才等资源；2016年9月28日，中国联通被列入国家第一批混合所有制改革试点企业名单；2018年1月24日，中国联通董事会成员由过去的7名扩充至13名；2018年2月11日，公司发布限制性股票计划。此后，中国联通混合所有制改革从制度层面告一段落，实现从管理协同到治理协同的演进。

一、股权结构

在混合所有制改革之前（见图12-4），联通集团持有联通A股公司的股份比例为62.74%，国有资本绝对控股；实施非公开发行与股票转让相结合的举措后（见图12-5），联通集团持股比例下降至36.67%，转为相对控股，形成较为分散的多元化股权结构，在一定程度上削弱了第一大股东联通集团的控制权。

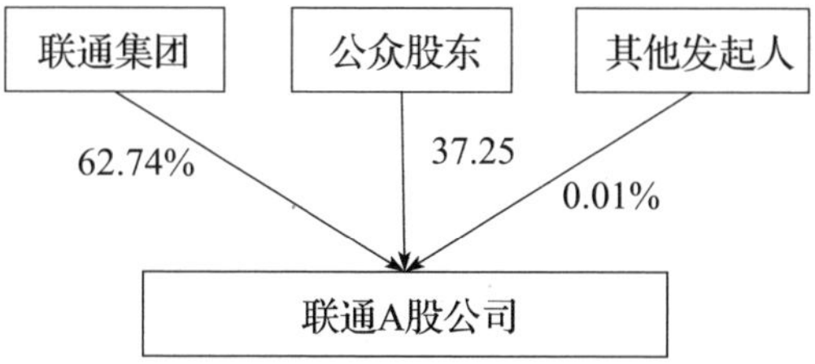

图12－4　混合所有制改革以前中国联通股权结构图

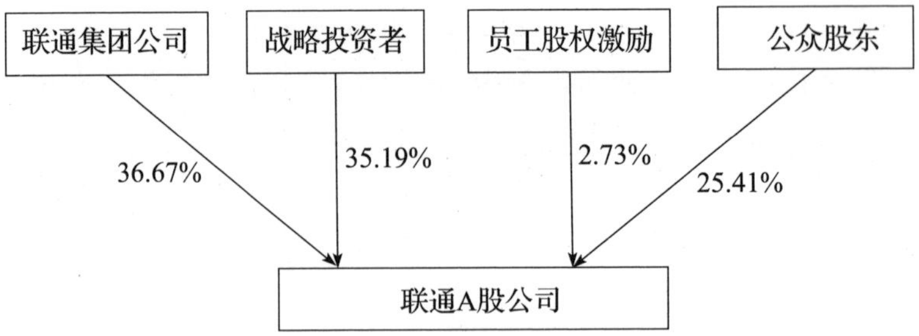

图 12－5 混合所有制改革以后中国联通股权结构图

二、董事会结构

中国联通实行定向增发和股票转让的同时，董事会结构也发生了变化（见图 12-6）。百度、阿里、腾讯、京东和中国人寿分别派遣一名非独立董事入驻董事会。董事会人数从 7 人扩充至 13 人，其中独立董事由 3 人扩充至 5 人，非独立董事扩充为 8 人，民营企业的董事会席位占非独立董事的 50%，表明联通集团在董事会的话语权降低，打破了传统国企董事长“一言堂”的局面。

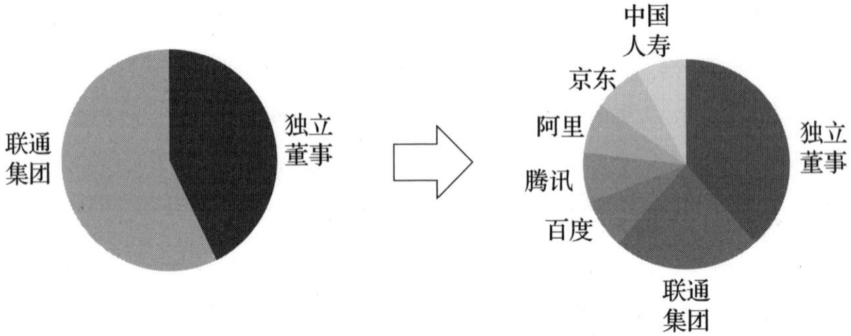

图 12－6 中国联通董事会结构变化

三、混合所有制改革效果

民营投资者的引进使中国联通自上而下发生了重大变革。百度、阿里、腾讯、京东等企业不仅拥有强大的资金实力，满足投资需求，更具有先进的技术、广阔的市场和成熟的管理，中国联通通过与这四家民营企业合作，从各方面实现了优势互补（见表 12-1），带来了收入和利润的大幅增长。

表 12-1　中国联通新型商业模式

零售体系	与阿里、京东、苏宁进行新零售门店试点，在打造智慧生活体验店的基础上建立联通新零售体系
内容聚合	与百度、腾讯、阿里、苏宁开展大视频产品全面合作
云计算	与腾讯、阿里合作的公有云服务平台正式发布上线，为客户提供公有云及混合云的服务
大数据	与中国人寿、阿里、腾讯、百度、京东、苏宁开展大数据合作。聚焦征信、数字营销、风控等领域
物联网	与阿里、腾讯、百度、京东、苏宁聚焦物联网安全、车联网、智慧家居等领域并开展深入合作
基础通信	与中国人寿、阿里、腾讯、百度、京东等战略合作伙伴在基础通信领域均保持深入合作

同时，民营企业从中也能够获得一定的协同效应。其一，获取长期利益。中国联通拥有众多的用户及海量的有效数据，其所处行业的特殊性能够为互联网企业的业务带来巨大的流量。同时随着大数据的兴起，百度、阿里、腾讯、京东可以利用合作便利同中国联通共享数据，提高自身数据储量。其二，增强行业影响力。互联网巨头无法进入国家的垄断行业，如通信、石油、铁路等。加入中国联通之后，随着国有企业市场化，非国有资本有望进入通信领域，民营企业有优势进行业务布局，扩大业务板块，增强行业影响力。其三，获取超额垄断收益。垄断国有资本可以借助改革良机吸收非国有资本，壮大自身的资本体量，而民营企业可以更好地把握政策导向，抓住改革提供的市场机会，最大化获取股权制度变革带来的收益。

资料来源：张继德，刘素含．从中国联通混合所有制改革看战略投资者的选择．会计研究，2018，(7)：28-34.

思考题：

1. 谈谈你对集团平台化变革的认识。
2. 评价中国联通的混合所有制改革。

图书在版编目（CIP）数据

集团公司管理 / 陈志军著 . --2 版 . -- 北京：中国人民大学出版社，2020.12
ISBN 978-7-300-28567-2

Ⅰ. ①集…　Ⅱ. ①陈…　Ⅲ. ①企业集团 – 企业管理　Ⅳ. ① F276.4

中国版本图书馆 CIP 数据核字（2020）第 172177 号

集团公司管理（第二版）

陈志军　著

Jituan Gongsi Guanli

出版发行	中国人民大学出版社		
社　　址	北京中关村大街 31 号	**邮政编码**	100080
电　　话	010－62511242（总编室）		010－62511770（质管部）
	010－82501766（邮购部）		010－62514148（门市部）
	010－62515195（发行公司）		010－62515275（盗版举报）
网　　址	http://www.crup.com.cn		
经　　销	新华书店		
印　　刷	天津中印联印务有限公司	**版　　次**	2014 年 11 月第 1 版
规　　格	170mm×240mm　16 开本		2020 年 12 月第 2 版
印　　张	26 插页 2	**印　　次**	2020 年 12 月第 1 次印刷
字　　数	455 000	**定　　价**	65.00 元